डॉ. आंबेडकर
आयाम दर्शन

डॉ. आंबेडकर
आयाम दर्शन

संपादन

किशोर मकवाणा

प्रभात प्रकाशन

प्रकाशक
प्रभात प्रकाशन प्रा. लि.
4/19 आसफ अली रोड, नई दिल्ली–110002
फोन : 011–23289777 • हेल्पलाइन नं. : 7827007777
इ–मेल : prabhatbooks@gmail.com ❖ वेब ठिकाना : www.prabhatbooks.com

संस्करण
2026

पेपरबैक मूल्य
पाँच सौ रुपए

मुद्रक
नरुला प्रिंटर्स, दिल्ली

———— ★ ————

DR. AMBEDKAR : AAYAAM DARSHAN
Ed. Shri Kishor Makwana

Published by **PRABHAT PRAKASHAN PVT. LTD.**
4/19 Asaf Ali Road, New Delhi-110002

ISBN 978-93-5322-165-2

₹ 500.00 (PB)

समता…

स्वतंत्रता…

और

बंधुता की

नींव पर

अपनी राष्ट्रभावना को

सुदृढ करते हुए

'पहले भी राष्ट्र और अंत में भी राष्ट्र'

जैसे प्रेरक मंत्र के उद्गाता

महामानव **डॉ. भीमराव रामजी आंबेडकर**

के पावन चरणों में…

अपनी बात

भीमराव रामजी आंबेडकर केवल भारतीय संविधान के निर्माता एवं करोड़ों शोषित-पीड़ित भारतीयों के मसीहा ही नहीं थे, वे उत्तम समाज-सुधारक, श्रेष्ठ विचारक, तत्त्वचिंतक, अर्थशास्त्री, शिक्षाशास्त्री, पत्रकार, धर्म के ज्ञाता, कानून एवं नीति-निर्माता और महान् राष्ट्रभक्त थे। उन्होंने समाज और राष्ट्र-जीवन के हर पहलू पर अपनी अमिट छाप छोड़ी है। सामाजिक समता और बंधुता के आधार पर एक नूतन भारत के निर्माण की नींव उन्होंने रखी। उनका व्यक्तित्व एक विराट् सागर और कृतित्व उत्तुंग हिमालय जैसा था।

डॉ. बाबासाहब के जाज्वल्यमान जीवनदर्शन, विचार और कृतित्व पर अंग्रेजी सहित भारतीय भाषाओं में अब तक सैकड़ों ग्रंथ लिखे जा चुके हैं। भारत एवं विदेश में ऐसे बहुत कम महापुरुष होंगे, जिनके ऊपर इतनी विशाल संख्या में पुस्तकों का लेखन हुआ है। ऐसे में पाठकों के मन में एक प्रश्न जरूर उठ सकता है कि तो फिर पुन: और वह भी चार खंडों में पुस्तक तैयार करने की क्या आवश्यकता थी? यह सवाल अपने आप में सही भी है, मगर एक सत्य यह भी है कि आज भी इस महामानव के व्यक्तित्व के अनेक आयाम अनछुए रह गए हैं।

गत अनेक वर्षों से वैचारिक अस्पृश्यता और राजनीतिक स्वार्थ के लगातार बढ़ते जा रहे विस्तार ने हमारे जिन राष्ट्रनायकों के बारे में अनेक भ्रांतियुक्त धारणाओं को जनमानस में मजबूत करने का दूषित प्रयत्न किया है, उनमें डॉ. बाबासाहब आंबेडकर प्रमुख हैं। उन्हें किसी जाति या वर्ग विशेष अथवा दल विशेष तक सीमित कर दिए जाने के कारण सामाजिक समता-समरसता ही नहीं, राष्ट्रीय एकता की भी अक्षम्य क्षति हो रही है। डॉ. बाबासाहब को कुछ लोगों द्वारा एक चौखट में बंद कर देने से उनके महान् व्यक्तित्व को अक्षम्य नुकसान हुआ। आज कुछ राष्ट्र विरोधी ताकतों द्वारा अपने निजी स्वार्थ हेतु डॉ. बाबासाहब को एक गलत रास्ते

पर ले जाने की कुचेष्टा हो रही है। ऐसे माहौल में डॉ. बाबासाहब का सही रूप भारतीयों के समक्ष आना बहुत जरूरी है। डॉ. बाबासाहब आंबेडकर पर अब तक जितनी पुस्तकें अथवा ग्रंथ प्रकाशित हुए हैं, उनमें से एक-दो को छोड़कर प्राय: सभी एकांगी या एकपक्षीय होने के कारण उनके व्यक्तित्व एवं कृतित्व का सही आकलन करने में भारत के लोग समर्थ सिद्ध नहीं हुए हैं। इस दृष्टि से चार खंडों में खंड एक—'जीवन दर्शन', खंड दो—'व्यक्ति दर्शन', खंड तीन—'आयाम दर्शन' और खंड चार—'राष्ट्र दर्शन', प्रसिद्ध पुस्तक—'डॉ. बाबासाहब आंबेडकर : एक नाम विविध आयाम' डॉ. बाबासाहब भीमराव आंबेडकर को समग्रता में प्रस्तुत करनेवाला एक ऐसा अनन्यतम दस्तावेज है, जो डॉ.बाबासाहब आंबेडकर के बारे में फैले या फैलाए गए सारे भ्रमों के निवारण में तो समर्थ है ही, साथ ही उन्हें एक चरम कोटि के दृष्टापुरुष तथा राष्ट्रनायक के रूप में प्रस्थापित करने में भी समर्थ सिद्ध होगा। पुस्तक के चार खंडों में पहली बार बाबासाहब के व्यक्तित्व के हर आयाम को स्पर्श करने का प्रयत्न किया गया है।

बाबासाहब के विराट् व्यक्तित्व और राष्ट्रभाव से अभिभूत अंत:करण एवं जीवनदर्शन और विचार-तथ्यों को पुस्तक के इन चार खंडों द्वारा प्रकाश में लाने का प्रयत्न किया गया है। इनमें कई ऐसी बातें हैं, जिनके बारे में ज्यादा चर्चा अथवा लेखन नहीं हुआ है। आपको यह पुस्तक डॉ. बाबासाहब के व्यक्तित्व के अनेक नए आयामों का परिचय जरूर कराएगी। बाबासाहब का व्यक्तित्व विविधायामी है। उन्होंने अभावों, अपमानों और अड़चनों के पहाड़ों को चीरकर अपने सामर्थ्य और मेधावी शक्ति से सर्वोच्चता प्राप्त की थी। विपरीत धारा को पार कर शताब्दियों से अन्याय सह रहे और अधिकारों से वंचित बंधु-बांधवों के लिए अपना जीवन समर्पित कर दिया। उन्होंने अपने 65 वर्षीय जीवन में वह मुकाम हासिल करवाने की ठान ली थी, जिनसे अस्पृश्य समाज वंचित था।

डॉ. बाबासाहब आंबेडकर ने अनेक संघर्षों के बीच भी अपनी भारत भक्ति को हृदय से दूर नहीं किया। सामाजिक संघर्षों में भी केंद्रबिंदु एवं अंतिम लक्ष्य राष्ट्रीय हित ही रहा। डॉ. बाबासाहब आंबेडकर का जीवनदर्शन और महान् कार्य अनगिनत शताब्दियों तक प्रेरणा देते रहेंगे। भारतरत्न पूज्य डॉ. बाबासाहब आंबेडकर ने सालों पहले वर्तमान समय के राष्ट्र निर्माण के विभिन्न क्षेत्रों में भी कितना अधिक योगदान दिया है यह स्मरण करना समीचीन होगा। उनका मूल मंत्र कहें या सूत्र; यह है कि 'जब तक समाज के निचले तबके का मनुष्य आत्मगौरव से खड़ा नहीं हो पाएगा, जब तक यह देश भी खड़ा नहीं होगा।'

इस दृष्टि से देखें तो डॉ. बाबासाहब के अविस्मरणीय योगदान को दो अलग-अलग दृष्टिकोण से देखा जा सकता है। पहला, समाज और देश के लिए वे कैसे जिए? दूसरा, देश की एकता, विकास, देश के प्राकृतिक संसाधनों और देश की सुरक्षा का विचार उन्होंने कैसे किया? बाबासाहेब ने अपने जीवन-यज्ञ को धधकते अग्निकुंड में तपाया था। सामान्य व्यक्ति को अगर ऊपर उठाना है तो शिक्षा की अत्यंत आवश्यकता है। इसलिए बाबासाहेब जब कहते थे, 'जीवन में आत्मविश्वास और शक्ति से ही आप सफल होंगे', तब यह उनका कोरा उपदेश नहीं होता था। अनेक प्रकार के अपमानजनक व्यवहार को झेलकर भी उनके मन में द्वेष नहीं आया, कलुषता भी नहीं आई। राष्ट्र और समाज को वे एक अच्छा दर्शन देने के लिए निरंतर प्रवृत्त रहे।

आर्थिक मुश्किलों के बावजूद विदेश में जाकर अनेक प्रकार की डिग्रियाँ उन्होंने प्राप्त कीं। आश्चर्य की बात यह है कि एक ऐसे गरीब परिवार में जन्म लेनेवाले, समाज में किसी भी प्रकार का सम्मान न प्राप्त करनेवाले युवा बाबासाहब कोलंबिया विश्वविद्यालय से एम.एस-सी. करते हैं। वे लंदन में जाकर लंदन स्कूल ऑफ इकोनॉमिक्स से एम.ए. करते हैं, पी-एच.डी. करते हैं और चार बड़ी-बड़ी डिग्री लेकर आते हैं। इस तरह वे असंभव को संभव करके दिखाते हैं। वे एम.ए. हैं, वे पी-एच.डी. हैं, वे एम.एस-सी. हैं, वे डी.एस-सी. हैं; परंतु ये चारों डिग्रियाँ जो हैं, सभी अर्थशास्त्र की ही हैं। उन्होंने बड़े-बड़े शोध-पत्र भी लिखे थे। क्या हमारा देश डॉ. बाबासाहब आंबेडकर के गुणों और उनके शोध शास्त्रों के बारे में जानता है? वे शोध में लिखते हैं कि हमारा देश कैसा महान् देश है। मेरे देश का भूगोल कैसा है? वे लिखते हैं कि मेरे देश का सारा उत्तरी भारत हिमालय से आच्छादित है, सुरक्षित है। मेरे देश का दक्षिणी भाग समुद्र से घिरा है। मेरे देश में कितने जीव-जंतु रहते हैं? मेरे देश में कितनी वनस्पतियाँ हैं? मेरे देश में कितने नेचुरल रिसोर्सेज हैं?' ये सारी बातें कोई देशभक्त ही लिख सकता है और डॉ. आंबेडकरजी ने यह सब लिखा है। 'पहले भी देश, बाद में भी देश और अंत में भी देश...' उनके ये शब्द प्रत्येक भारतीय के लिए राष्ट्रसूत्र सरीखे हैं।

साहित्यकार श्रीनेत्र पांडेय ने उचित ही कहा है—"शोषित-शूद्र-कुलोत्पन्न, दरिद्रता में पले, अस्पृश्यता के अभिशाप के भुक्तभोगी, दलितों के कर्णधार, दीन-दुखियों के दर्दनाक दुखों से द्रवीभूत होनेवाले पीड़ितों के आशा-प्रदीप एवं अधिवक्ता, भारत के महान् मनीषी, गंभीर ग्रंथकार, अप्रतिहत समाज-सुधारक, राजनीति तथा विधि-विधान के प्रकांड-पंडित, महान् विचारक एवं तत्त्व-चिंतक,

घनघोर बुद्धिवादी, महान् मानवतावादी, भारतीय संविधान के प्रधान शिल्पी, हिंदू कोड बिल के प्रणेता, बौद्ध धर्म के पुनरावर्तक तथा विश्वबंधुत्व के उपदेशक डॉ. भीमराव बाबासाहब आंबेडकर के व्यक्तित्व में आक्रोश तथा आर्द्रता, विद्रोह तथा विराम, क्रांति तथा शांति, सहयोग तथा असहयोग, कठोरता तथा कोमलता, संकीर्णता तथा व्यापकता, जातीयता तथा राष्ट्रीयता, देशप्रेम तथा विश्वबंधुत्व का सुंदर समीकरण तथा समन्वयकारी चित्र दृष्टिगोचर होता है।''

सामाजिक संदर्भ में देखा जाए तो, उनका जन्म पूर्व की सभी सामाजिक क्रांतियों की विफलताओं को सफल बनाने के लिए ही हुआ था। उनका जीवन हिंदू धर्म पर सदियों से काबिज वर्णभेद, जातिभेद तथा अस्पृश्यता जैसी सामाजिक विकृतियों के विरुद्ध सशक्त विद्रोह तथा सतत संघर्ष की रोचक, रोमांचक, विचारोत्तेजक एवं प्रेरणादायी अमरगाथा है। वास्तव में देखा जाए तो डॉ. बाबासाहब का राष्ट्र-निर्माण में सबसे बड़ा योगदान तो है यही कि उन्होंने समाज के निचले तबके के मनुष्य को जगाया। हजारों सालों से हिंदू समाज में पिछड़ी मानी गई जातियों को सामान्य नागरिक अधिकार, सामाजिक अधिकार, राजनीतिक अधिकार तक न थे। वे सामाजिक दासता से भी भयानक-बर्बरता में जी रहे थे। इस दासता को धर्म की मनगढ़ंत व्याख्या कर खड़ा किया गया था। इस कारण यह दासता धार्मिक दृष्टि से भी अपरिवर्तनीय बन गई थी। विषमता का शास्त्र खड़ा किया गया। अस्पृश्यता सामाजिक पाप है, इस बात की बाबासाहब के जन्म के पूर्व अस्पृश्य समाज को कोई जानकारी न थी।

बाबासाहब आंबेडकर के व्यक्तित्व एवं कृतित्व का मूल्यांकन करते हुए हिंदी जगत् के मूर्धन्य साहित्यकार क्रांतदर्शी मन्मथनाथ गुप्त ने एक स्थान पर अपने निबंध 'भारतीय समाज और डॉ.आंबेडकर' में कुछ वर्ष पूर्व लिखा था—''भारत का कुछ ऐसा दुर्भाग्य रहा है कि जब-जब यहाँ कोई क्रांतिकारी विचारों वाला व्यक्ति उत्पन्न हुआ है तो या तो उस पर कोई ध्यान ही नहीं दिया गया, या यदि वह ऐसा व्यक्ति हुआ कि उसके व्यक्तित्व को किसी तरह अस्वीकार नहीं किया जा सका, यदि उसका व्यक्तित्व ऐसा रहा कि वह जादू की तरह सिर पर चढ़कर बोला, तो उसके साथ यह चालाकी की गई कि उसके व्यक्तित्व को सम्मान तो दिया गया, उसे पूजा तो गया, उसे अवतार तो बना दिया गया, पर उसके विचारों को भुला दिया गया। भारत के इसी दुर्भाग्य के कारण भारत उस प्रकार से प्रगति नहीं कर पाया, जैसी कि उसे करनी चाहिए था। नतीजा यह हुआ कि भारत पिछड़ गया। वह सैकड़ों वर्षों तक पराधीन रहा और आज हम संसार के सबसे पिछड़े हुए देशों में हैं।''

डॉ. बाबासाहब के सार्वजनिक जीवन में उदय होने से पूर्व साधारणत: ऐसी परिस्थिति थी। सामाजिक दासता में जीनेवाले मनुष्य को सैकड़ों सालों की सामाजिक दासता की बेड़ियाँ तोड़ने हेतु प्रेरित करना, उसे संघर्ष के लिए खड़ा करना, यह साधारण बात नहीं है। बाबासाहब की यह सबसे बड़ी राष्ट्रसेवा है। बाबासाहब ने जो किया, उसे संक्षेप में इस प्रकार बताया जा सकता है—

1. उन्होंने निचले तबके के मनुष्य को सोचने के लिए प्रवृत्त किया, अन्यायी सामाजिक व्यवस्था को तोड़ने के लिए उन्हें विद्रोही बनाया।

2. आत्मसम्मान की ज्योति जगाई। इज्जत रक्षा की प्रेरणा जगाई और मूल्यों के लिए जीना-मरना सिखाया।

उनके जीवन के स्वाभाविक रूप से जो चार कालखंड बनते हैं, उसका भी उल्लेख करना आवश्यक है। उनके जीवन का प्रथम कालखंड सामान्यत: 1920 से 1935 तक माना जाता है। इस कालखंड की प्रमुख घटनाएँ हैं—महाड, कालाराम मंदिर, पार्वती सत्याग्रह, गोलमेज परिषद्, साइमन कमीशन के आगे निवेदन और पूना पैक्ट। इस कालखंड में बाबासाहब की वैचारिक भूमिका—अस्पृश्यता की समाप्ति, हिंदू समाज में जाति निर्मूलन और स्वतंत्रता, समता और बंधुता—इन तत्त्वत्रयी पर समाज की पुनर्रचना की रही है। महाड चवदार तालाब सत्याग्रह के समय उन्होंने जो घोषणा-पत्र प्रकाशित किया था, उसका शीर्षक था—'हिंदू मात्र के जन्मसिद्ध अधिकारों का घोषणा-पत्र।' गोलमेज परिषद् के समय के उनके घोषणा-पत्र का भी बहुत सा हिस्सा संविधान में है। साइमन कमीशन के सामने गवाही देते समय उन्होंने कुछ बातें कही थीं, जैसे 'हम हिंदू समाज का अंग नहीं हैं, हमें आप प्रोटेस्टेंट हिंदू अथवा नॉन कॉन्फार्मिस्ट हिंदू कहिए।' उनके इस कथन को हमें ठीक से समझना चाहिए। भारत पर मुसलिम आक्रमणों और गुलामी के कारणों पर डॉ. बाबासाहब की अलग मीमांसा है। उन्होंने कहा था, "अस्पृश्यों के हाथों से अगर शस्त्र नहीं निकाले गए होते तो यह देश कभी गुलाम नहीं हो पाता।"

उनके जीवन का दूसरा कालखंड 1935 से 1947 तक का था। 1935 में उन्होंने येवला में घोषणा की थी, "मैं हिंदू के रूप में जन्मा अवश्य हूँ, लेकिन हिंदू के रूप में मरूँगा नहीं।" इसी कालखंड में उन्होंने इंडिपेंडेंट लेबर पार्टी की स्थापना की। 1942 में उसे बरखास्त करके 'शेड्यूल्ड कास्ट फेडरेशन' की स्थापना की। कारण था कि भारत की आजादी निकट आ रही थी। क्रिप्स कमीशन भारत से लौट गया था। संविधान सभा निर्माण की प्रक्रिया आरंभ हो गई थी। मुसलमानों को पाकिस्तान और हिंदुओं को खंडित भारत मिलने वाला था। बननेवाला हिंदुस्थान

एक मायने में हिंदू राज्य ही होना था, यानी बहुसंख्यक हिंदुओं का राज्य। लेकिन ध्यान रहे, बाबासाहब वैसा नहीं मानते थे। देश की राजनीतिक परिस्थिति में तेजी से आते बदलाव को ध्यान में रखकर ही बाबासाहब ने शेड्यूल कास्ट फेडरेशन की स्थापना की। केवल अनुसूचित जातियों का दल बाबासाहब को इसलिए स्थापित करना पड़ा, क्योंकि उस दल के बिना इस वर्ग का स्वतंत्र प्रतिनिधित्व नहीं हो पाता। नागपुर में ऑल इंडिया डिप्रेस्ड क्लासेस की परिषद् हुई। इसमें 70,000 प्रतिनिधि आए। तीन प्रस्ताव पारित हुए। बाबासाहब का मानना था, मुसलमानों की तरह अनुसूचित जातियों को भी अल्पसंख्यक मानकर उनको अलग और संरक्षित राजनीतिक अधिकार मिलने चाहिए।

उनके जीवन का तीसरा कालखंड संविधान निर्माण का और चौथा कालखंड 1949 से 1956 का है। इस कालखंड में हम डॉ. बाबासाहब आंबेडकर को एक राष्ट्र निर्माता और धम्म पुरुष के रूप में देख सकते हैं। राष्ट्र के प्रति उनका समर्पण भाव कितना अनन्य और अनुपम है, यह दिखाई देता है। राष्ट्र का विचार अर्थात् जन का विचार, भूमि का विचार, संस्कृति का विचार है। इस संदर्भ में डॉ. बाबासाहब का योगदान क्या है? जन का विचार करते समय बाबासाहेब ने 'शूद्र पहले कौन थे?' नामक पुस्तक में आर्य आक्रमण सिद्धांत को अस्वीकृत किया है। बाबासाहब ने बताया है, ''वैदिक आर्यों का मूलस्थान हिंदुस्थान में ही होगा, इस बात के सबूत वैदिक साहित्य में ही प्राप्त होते हैं।'' डॉ. बाबासाहब का यह प्रतिपादन भारतीय राष्ट्रवाद के संदर्भ में अत्यंत मौलिक है।

बाबासाहब ने जन की संस्कृति की ही तरह इस भूमि का भी विचार किया है। 'एनशिएंट इंडियन कॉमर्स' लेख में भारत का वर्णन उनके ही शब्दों में इस प्रकार है—''भारतभूमि समृद्ध भूमि थी। इसलिए वह अनेक आक्रांताओं के हमलों की शिकार बन गई।'' प्राकृतिक संसाधनों के बारे में बाबासाहेब का स्वतंत्र दृष्टिकोण था। खेती का राष्ट्रीयकरण होना चाहिए। उस पर निजी अधिकार समाप्त करने चाहिए। खेती की उत्पादकता उसके आकार पर नहीं, बल्कि उर्वरक, मानव संसाधन, जन आदि पर निर्भर करती है। खेती पर निर्भर अतिरिक्त संख्या को कम करने हेतु भारत का तेजी से औद्योगीकरण करना आवश्यक है। अतिरिक्त मानव संसाधन उद्योग में लगाना चाहिए, ऐसा उनका मानना था।

डॉ. बाबासाहब आंबेडकर वायसराय के कार्यकारी मंडल में 1942 से 1946 तक श्रम मंत्री थे। जलसंपदा विभाग का कार्यभार भी उन पर था। बाबासाहब जब केंद्रीय मंत्री बने तब उनके कार्यकाल में दामोदर नदी पर हीराकुड बाँध परियोजना

शुरू हुई थी। उनका कहना था, पानी का अभाव दूर करना है तो उसे जमा करना चाहिए। सबसे पहले बाबासाहब ने ही 'नदी जोड़' विषय रखा था। आज हम नदी जोड़ परियोजना पर बहस करते हैं, लेकिन इस बात को भूल जाते हैं कि यह अवधारणा बाबासाहब ने 1944 में ही रखी थी। महान् अर्थशास्त्री होने के कारण आज अमली भारत की सुवर्ण नीति और आर.बी.आई. की संकल्पना भी उनके ही विचारों की देन है।

25 नवंबर, 1949 को संविधान सभा के आखिरी भाषण में उन्होंने कहा, "जातियाँ राष्ट्र विघातक हैं। जल्दी हमें उनसे मुक्त होना चाहिए। एक अन्य भाषण में उन्होंने कहा, "मेरे विचार में जाति-रहित संघ बनकर हिंदू समाज आत्मरक्षा हेतु अधिक शक्तिशाली बन जाता है तो ही उससे कुछ आशा कर सकते हैं। अन्यथा हिंदुओं का स्वराज गुलामी के गर्त में उतरने का एक पायदान सिद्ध होगा।"

एक राष्ट्र की भावना कैसी निर्मित हो पाएगी, यह डॉ. बाबासाहब के चिंतन का अत्यंत महत्त्वपूर्ण पहलू था। बाबासाहब के शब्दों में बताएँ तो इससे 'सह अस्तित्व की भावना' निर्मित नहीं होती है। एक तरफ सांस्कृतिक एकता है, भौगोलिक अखंडता है, इसके साथ ही यहाँ लोगों को एक-दूसरे से विभक्त करनेवाले वंश और पंथ हैं। जन, भूमि और संस्कृति, ये तीन घटक राष्ट्रवाद की जगमान्य त्रिमिति हैं। मगर उनसे ही राष्ट्र नहीं बनता है। यह बाबासाहेब ने अलग तरीके से समझाया है। उन्होंने कहा, चौथी मिति है सर्वत्र बंधुभाव, यानी कि हम सब एक ही परमात्मा की संतान हैं अथवा एक ही आत्मतत्त्व हम सब में विद्यमान है, इस तरह का भाव।

बाबासाहब लोकतंत्र के परम उपासक थे। लोकतांत्रिक व्यवस्था में उनकी प्रगाढ़ आस्था थी। उनकी लोकतंत्र की अवधारणा तीन तत्त्वों पर आधारित थी—समता, स्वतंत्रता और बंधुता। भारत जब आजाद हो रहा था तब 565 रजवाड़ों को भारत में शामिल करने का अत्यंत कठिन कार्य सरदार पटेल ने कर दिखाया। यह एक राज्य-एक राष्ट्र की अवधारणा थी। कठिन कार्य था भारत को 'नेशन-स्टेट' अर्थात् 'राष्ट्र-राज्य' के रूप में खड़ा करना। बाबासाहब ने मूर्त रूप में राष्ट्र-राज्य की अवधारणा रखी।

बाबासाहब हमारे सामने सामाजिक न्याय पर आधारित संविधानमूलक लोकतांत्रिक राष्ट्रवाद की संकल्पना रखते हैं। राष्ट्रनिर्माण में डॉ. बाबासाहब आंबेडकर का यह योगदान अलौकिक है। डॉ. बाबासाहब की नजर में राष्ट्रवाद और सामाजिक न्याय एक ही सिक्के के दो पहलू हैं। राष्ट्र का अर्थ होता है जन,

भूमि और संस्कृति। जन, भूमि के आधार पर संस्कृति का विकास होता है और यह संस्कृति राष्ट्र को जोड़ने का काम करती है। डॉ. बाबासाहब ने 1916 में कोलंबिया यूनिवर्सिटी में 'कास्ट इन इंडिया' शोध निबंध प्रस्तुत किया, जिसमें उन्होंने लिखा है—"भारत में सर्वव्यापी सांस्कृतिक एकता है। यद्यपि समाज अनगित जातियों में बँटा है, फिर भी वह एक संस्कृति से बंधा हुआ है।" बाबासाहब का कहना है कि राष्ट्र केवल एक संस्कृति से खड़ा नहीं होता। राष्ट्र के खड़े होने के लिए सांस्कृतिक एकता के साथ-साथ सामाजिक एकता का भी इतना ही महत्त्व है। जब समाज विभिन्न जातियों में आपस में बँट जाता है, तब उसके आदर्श अलग-अलग होते हैं और वे एक-दूसरे से टकराते हैं। समाज का एक एकवर्णीय होना बहुत महत्त्वपूर्ण है।

आगे 50 वर्ष बाद बाबासाहब इसी बात को अपने जीवन के अंतिम ग्रंथ 'भगवान् बुद्ध और उनका धम्म' के पृष्ठ 236 पर अलग शब्दों में कहते हैं—"धर्म को सधर्म का स्वरूप देने के लिए धर्म में सामाजिक भेद से उत्पन्न सभी कानून नष्ट कर देने चाहिए। ब्राह्मण सबसे श्रेष्ठ और शूद्र सबसे कनिष्ठ, इस प्रकार की बात से राष्ट्र खड़ा नहीं होगा। राष्ट्र के खड़े होने के लिए 'जैसे दूसरे वैसा ही मैं, जैसे हम वैसे ही दूसरे... । इस विचार से दूसरों के साथ समरस हो जाओ' इस विचार को खूले दिल से अपनाना होगा।"

सामाजिक एवं राष्ट्र-निर्माण में महत्त्वपूर्ण भूमिका अदा करनेवाले महानायक डॉ. बाबासाहब आंबेडकर के पहलू के दर्शन पर आधारित चार खंड एक—'डॉ. आंबेडकर : जीवन दर्शन', खंड दो—'डॉ.आंबेडकर : व्यक्ति दर्शन', खंड तीन—'डॉ. आंबेडकर : आयाम दर्शन' और खंड चार—'डॉ. आंबेडकर : राष्ट्र दर्शन' प्रकाशित पुस्तकों द्वारा भारतीय जनों को यथार्थ में डॉ. भीमराव बाबासाहब आंबेडकर के दर्शन होंगे, ऐसा मेरा विश्वास है।

डॉ. भीमराव आंबेडकर की इस जीवन और विचारयात्रा में मुझे सहयोग करनेवाली अनीता परमार (संपादक 'संवेदना समाज' पत्रिका-गुजराती) का हृदयपूर्वक धन्यवाद।

आज और भविष्य की पीढ़ी को डॉ. बाबासाहब आंबेडकर के व्यक्तित्व के सभी पहलुओं को समझने में और उस पर संशोधन करने में ये चार खंड सहायक होंगे तो मेरा परिश्रम व्यर्थ नहीं जाएँगा...

—किशोर मकवाणा

अनुक्रम

एक नाम हजार आयाम

—डॉ. कृष्ण गोपाल

डॉ. आंबेडकर का जीवन बड़ा व्यापक, विस्तृत और बहुआयामी था, लेकिन देश का दुर्भाग्य है कि उनका समग्रता में अध्ययन और विश्लेषण बहुत दुर्लभ दिखता है। सभी लोगों ने उनका कोई-न-कोई एक ही पक्ष देखा और उसी को लेकर अपना मन बनाना प्रारंभ किया। डॉ. आंबेडकरजी के बारे में हमें अनेक प्रकार के मत देखने और सुनने को मिलते हैं।

बहुत से लोग कहते हैं कि वे हमारे लिए भगवान् थे और साक्षात् ईश्वर के अवतार के रूप में आए थे, हमारी स्थिति को सुधारने के लिए जो प्रयत्न उन्होंने किए, वे किसी भगवान् से कम नहीं हैं। इसलिए कुछ लोग उनको साक्षात् ईश्वर का अवतार मानते हैं। कुछ ऐसे भी हैं, जो उन्हें झूठा ईश्वर कहते हैं और उनकी बातों को नकार देते हैं। कुछ कहते हैं कि वे केवल अनुसूचित वर्ग के थे, वहीं कुछ लोग कहते हैं कि वे समग्र समाज के लिए थे, कुछ लोगों का मानना है कि महात्मा गांधी और कांग्रेस से उनका भारी मतभेद था, लेकिन कुछ लोगों का मानना है कि गांधीजी और आंबेडकरजी दोनों का उद्‌देश्य एक ही था। मार्क्सवादी विचारधारा के लोग मानते हैं कि वे वर्ग संघर्ष में विश्वास रखते थे, लेकिन आंबेडकरजी ने स्पष्ट लिखा है कि मैं कम्युनिज्म और कम्युनिस्टों का शत्रु नंबर एक हूँ।

कुछ कहते हैं कि वे धर्म विरोधी थे, लेकिन डॉ. आंबेडकर ने स्वयं कहा है कि मैं धर्म पर विश्वास रखता हूँ। धर्म के मूल्यों के बिना समाज का संघर्ष केवल ईर्ष्यालु तथा सत्ता प्राप्त करनेवाले लोगों का एक क्षुद्र संघर्ष बन जाएगा। धर्म पर उनका बड़ा व्यापक विश्वास था।

कुछ लोगों का मानना है कि वे सवर्णों और ब्राह्मणों के विरोधी थे, लेकिन उनके जीवन में एक बार भी ऐसा मत नहीं आया कि उन्होंने किसी भी एक वर्ग

विशेष को कुछ खराब बोला हो। वे कुछ व्यवस्थाओं को लेकर संघर्ष कर रहे थे। उनका संघर्ष कुछ मान्यताओं से था। उनका संघर्ष उच्च जाति के लोगों से नहीं था। इसलिए उनके इस सारे संघर्ष में सभी जातियों और वर्गों के लोग शामिल थे।

यह बात सच है कि जीवन के अंतिम दिनों में उन्होंने बौद्ध मत अपनाया था। उन्होंने सभी धार्मिक मान्यताओं के बारे में बहुत विस्तार से लिखा है, परंतु इन विषयों एवं विचारों का समग्रता में विश्लेषण और अध्ययन नहीं हुआ है।

उनका जीवन विशाल एवं विराट है। चिंतन, अध्ययन और लेखन शोधपरक है, उनका संघर्ष अतुलनीय है, उसके आयाम भी बहुत हैं, विस्तृत हैं। मैं कुछ बिंदुओं की व्याख्या आपके सामने संक्षेप में रखने का प्रयास करता हूँ।

महार नाम की तथाकथित अस्पृश्य जाति में जन्म लेनेवाला एक बालक जिसका नाम भीमराव था, उनके पिता का नाम रामजी सकपाल था, वे सेना में सूबेदार थे। 14 भाई-बहनों में सबसे छोटे भीमराव का जीवन कष्ट एवं संघर्षयुक्त रहा, परंतु वे मैट्रिक करनेवाले महार जाति के पहले छात्र बने। उनकी इस सफलता में उनके एक ब्राह्मण अध्यापक, जिनका सरनेम (उपनाम) आंबेडकर था, बहुत रचनात्मक सहयोग प्राप्त हुआ।

उनके एक और अध्यापक कृष्णा जी केलुस्कर ने भीमराव को भगवान् गौतम बुद्ध की एक छोटी-सी जीवनी पढ़ने को दी। भीमराव बताते हैं कि मैं जीवन भर केलुस्कर जी को और भगवान् गौतम बुद्ध को भूल नहीं सका। केलुस्कर ही भीमराव को बड़ौदा के राजा साहेब के पास ले गए और उनको पच्चीस रुपए की छात्रवृत्ति मिलने लगी। मुंबई यूनिवर्सिटी से उन्होंने अर्थशास्त्र और राजनीति विज्ञान लेकर 1912 में बी.ए. किया। राजा बड़ौदा ने छात्रवृत्ति बढ़ाकर 75 रुपए कर दी। उन्होंने थोड़े दिनों के लिए बड़ौदा राज्य में नौकरी की। वहाँ भी भेदभाव का वातावरण था, तो भीमराव नौकरी छोड़कर वापस आ गए।

केलुस्करजी के प्रयास से साढ़े 92 पाउंड प्रति माह की छात्रवृत्ति पक्की हुई और भीमराव उच्च अध्ययन के लिए कोलंबिया चले गए। वहाँ उन्होंने एम.ए. और पीएच.डी. की डिग्री प्राप्त की। वे कोलंबिया में तो पढ़ते ही थे, साथ-ही-साथ समय निकालकर लंदन स्कूल ऑफ इकोलॉमिक्स में भी पढ़ते थे। दोनों स्थानों पर पढ़ते हुए वे डिग्री प्राप्त कर रहे थे। एक जगह से वे एम.ए. और पीएच.डी. करते हैं, तो दूसरी जगह से एम.एससी. और डी.एससी. करते थे। यह कोई आसान काम नहीं था। उन्होंने ये चारों डिग्रियाँ प्राप्त कीं। इसके साथ ही उन्होंने विदेश में ही बार एट लॉ भी पूर्ण किया।

पढ़ाई पूरी करने के बाद वे सामाजिक जीवन में आए। उनके मन में समाज का काम करने का भाव था। वे एक अच्छे समाज सुधारक, अच्छे श्रमिक नेता, एक बैरिस्टर, कुशल राजनीतिक नेता भी थे। वे कई पत्रों के संपादक भी रहे, वे कुशल वक्ता, अच्छे अर्थशास्त्री, अच्छे एंथ्रोपोलिजिस्ट (नृ. विज्ञानी), सामाजिक विषयों पर कई सिद्धांत देनेवाले भी थे, अनेक देशों के संविधानों के वे ज्ञाता तथा संविधान निर्माता भी थे। वे क्या नहीं थे? ध्यान में आएगा कि उनके जीवन के अनेक आयाम हैं।

जीवन संघर्षमय था, लेकिन उनका कोई शत्रु नहीं था। वे संघर्ष करते रहे, लेकिन किसी को शत्रु नहीं मानते थे। महात्मा बुद्ध कहते थे कि बैर से बैर समाप्त नहीं होता, शत्रुता से शत्रुता नहीं जाती, इसलिए बैर करते हुए समता और ममता लाना संभव नहीं है। किसी से भी बैर किए बिना, यह व्यक्तित्व आगे बढ़ता है।

यह सच है कि उनके जीवन के बहुत थोड़े से प्रसंग ही लोगों के सामने आए हैं। सारे जीवन के प्रसंग और आयाम, उनकी विलक्षण क्षमताएँ लोगों के सामने नहीं आई हैं। यहाँ पुरुषों के साथ ऐसा ही होता है। डॉ. जॉनसन लिखते हैं कि व्यक्ति के अंदर बहुत सारी क्षमताएँ होती हैं, लेकिन नियति उनकी किसी एक क्षमता को चुन लेती है और उसी को लेकर आगे बढ़ती है।

हम जानते हैं कि लोकमान्य तिलक गणित के बड़े अच्छे विद्यार्थी थे, लेकिन गणित के काम में उनको आगे बढ़ने का समय नहीं मिला। अटल बिहारी वाजपेयी बड़े अच्छे कवि रहे, लेकिन उन्हें कविता और लेख लिखने का समय नहीं मिला। स्वामी रामतीर्थ और स्वामी विवेकानंद गणित और विज्ञान के अच्छे विद्यार्थी थे, लेकिन दोनों के जीवन में शायद संन्यास ही लिखा था।

नियति कहाँ से कहाँ ले जाती है। आंबेडकरजी का जीवन भी ऐसा ही है। इसलिए हमें यह कोशिश करनी चाहिए कि हम उनके जीवन का समग्रता से अध्ययन कर सकें, समग्रता से विचार कर सकें, तभी किसी व्यक्ति का उचित मूल्यांकन हो सकता है।

समझौते के अनुसार शिक्षा प्राप्तकर वे बड़ौदा आ गए। वे सेक्रेटरी ऑफ बड़ौदा स्टेट बन गए। यहाँ भी वातावरण अच्छा नहीं था। उनका जो क्लर्क था, वह भी उनको फाइल फेंककर देता था। अपना पानी अपने साथ लाना पड़ता था। क्लब में उनके साथ कोई खेलता नहीं था। उनकी कुरसी अलग थी। उनको कोई भी मकान भाड़े पर नहीं मिला और अंत में एक झूठा नाम रखकर एक पारसी धर्मशाला में उन्होंने कमरा भाड़े पर लिया, नाम रखा आदलजी सोराबजी।

डॉ. आंबेडकर वर्णन करते हैं, ''एक दिन बड़ी संख्या में पारसी लोग लाठी-डंडे लेकर मेरे पास आ गए और कहा तुरंत निकल जाइए यहाँ से।'' आंबेडकरजी बोलते हैं कि सारा सामान लेकर मैं बाहर सड़क पर पेड़ के नीचे था। सारी डिग्री पास में होने के बाद भी उनका कोई अर्थ नहीं है। मैं कहाँ जाऊँ? कोई मित्र भी मदद को तैयार नहीं। ऐसे अपमानजनक व्यवहार के कारण उनके मन में एक टीस उठी। सारी डिग्री किस काम की है, समाज में सम्मान तो मिलता नहीं है। आँखों में आँसू बहने लगे और शायद उसी दिन उनके जीवन में एक संकल्प गहरे बैठ गया। यही संकल्प धीरे-धीरे आँखों से बहते-बहते जीवन का संकल्प बन गया और उन्होंने निर्णय किया कि यह जीवन इस समाज के परिवर्तन के लिए लगा दूँगा। वह इस पर अंतिम सांस तक दृढ रहे।

जो बच्चा मिट्टी के एक छोटे से लैंप से रात-रातभर पढ़ता था, बिना भोजन के दो-चार ब्रेड के पीस लेकर कोलंबिया और लंदन स्कूल ऑफ इकोनॉमिक्स में पढ़कर आ गया, वह कितना भी धन कमा सकता था, लेकिन नहीं, उसने सारा जीवन समाज परिवर्तन के लिए समर्पित किया था। इस समाज के वर्तमान दुःख और दैन्य को, समाज की सारी विभेदकारी परंपराओं और मान्यताओं को बदलने के लिए वे समर्पित हो गए।

उनका सारा जीवन तीन आदर्शों के पीछे चलता है। पहले गुरु उनके महात्मा बुद्ध हैं। बुद्ध ने विद्रोह किया, उस समय की परंपराओं से, मान्यताओं से, रूढ़ियों से, पाखंड से, कर्मकांडों से, लेकिन मौलिक तत्त्व को पकड़कर रखा। इस देश का मौलिक तत्त्व प्रेम, एकात्म बोध, दया और करूणा, श्रद्धा, निष्ठा और आत्मीयता है। इन मौलिक तत्त्वों को अपनाकर बुद्ध ने कर्मकांडों को दूर ले जाकर रख दिया और बुद्ध इस देश के सनातन दर्शन को फिर से ले जाकर खूँटे पर बाँधते हैं, प्रेम से, श्रद्धा से, करुणा से, ममता से, संघर्ष से नहीं। इस प्रकार गौतम बुद्ध उनके पहले गुरु थे।

दूसरा बगावती नेतृत्व कबीर का था। कबीर भी धर्ममय हैं। कबीर राम के भक्त हैं। अपने आपको राम का कुत्ता कहते हैं, लेकिन कबीर प्रेम, करुणा, दया, ममता, श्रद्धा की वाणी बोलते हैं। उनका सारा धर्म ढाई आखर प्रेम में है। वे इस धर्म में कबीर को अपना गुरु मानते हैं। कबीर की बगावत पक्की है, लाठी लेकर बात करते हैं, लेकिन किसी को शत्रु नहीं मानते। धर्म के आधार पर संघर्ष करते हैं, लेकिन किसी से बैर नहीं ठानते, लेकिन परिवर्तन की एक वाणी देते हैं। जिनको वाणी नहीं, उनको स्वर देते हैं, जिनको मंच नहीं है, उनको मंच देते हैं, जो तिरस्कृत हैं, उनको सम्मानित करते हैं, उनका नाम कबीर है, वे उनके दूसरे गुरु हैं।

तीसरे गुरु महात्मा फुले थे। भारतीय परंपरा में विराजे जो व्यर्थ के कर्मकांड हैं, जो व्यर्थ की मान्यताएँ, पाखंड और झूठ है, जो ढोंग है, शास्त्रों की गलत व्याख्या है, उसके विरुद्ध मोरचा उन्होंने भी लिया। महात्मा फुले ने बगावत का बिगुल बजाया। लोगों ने विरोध किया, लेकिन फुले डटे रहे।

ये तीनों गुरु एक दृष्टि देते हैं, एक दर्शन देते हैं, जिसके आधार पर आंबेडकर संघर्ष को आगे बढ़ाते हैं। आंबेडकर के सारे संघर्ष में जो आत्मतत्त्व है, वह बुद्ध, कबीर और महात्मा फुले से आता है। बुद्ध, कबीर और फुले को समझे बिना, आंबेडकर को समझना अधूरा रह जाएगा।

आंबेडकर का व्यक्तित्व बड़ा क्रांतिकारी है। वे बोलते हैं, ''मैं किसी भी प्रकार की हीरोवर्शिप (नायकपूजा) में विश्वास नहीं रखता, व्यक्तियों की पूजा मत करो।' इसलिए अपना जन्मदिन मनानेवाले लोगों को मना करते हैं कि मेरा जन्मदिन मनाने क्यों आते हो तुम लोग, भगा देते हैं, भाग जाओ यहाँ से। आंबेडकरजी अपने उन मित्रों को बोलते हैं कि, ''तुम विगत पंद्रह वर्षों से मेरा जन्म दिवस मना रहे हो, किंतु मैं उनमें सम्मिलित नहीं हुआ हूँ। मैंने सदैव इनका विरोध ही किया है। आप लोगों ने मेरे जन्म दिन की स्वर्ण जयंती मनाई है। अब ऐसा कोई उत्सव मनाने की आवश्यकता नहीं है। अपने लिए प्रतिष्ठा माँगनेवाले, प्रतिष्ठा चाहनेवाले ऐसे व्यक्ति वे नहीं थे।

वे कहते हैं, ''बड़े-बड़े नेताओं से, बड़ी पार्टी से, बड़े चुनावी उद्धारकों से, तुम्हारा उद्धार होनेवाला नहीं है। अपना उद्धार स्वयं करने का प्रयत्न करो, अध्ययन करो, संगठित हो जाओ, आचरण ठीक रखो, जीवन में सुधार लाओ, किसी के भरोसे मत रहो। कोई दूसरा व्यक्ति आकर तुम्हारा उद्धार करनेवाला नहीं है।'' अपने को प्रतिष्ठित करना, महिमामंडित करना, अखबारों में फोटो निकलवाना, इससे वे बहुत दूर थे। यह उनका एक व्यक्तित्व है। मैं तुम्हारे उद्धार के लिए किसी एक व्यक्ति के ऊपर तुमको आश्रित कर देना नहीं चाहता हूँ। अपने प्रयत्नों से, अपने सामर्थ्य से, अपनी जिजीविषा से अपना उद्धार करने का प्रयत्न करो।''

बहुत बार लोग कहते हैं कि आंबेडकरजी स्वतंत्रता के आंदोलन में कहाँ थे? वे कहते थे, ''इस देश की आजादी आनी चाहिए, जितना आप चाहते हैं, उतना ही मैं भी चाहता हूँ, लेकिन मेरे मन में एक प्रश्न है कि देश की आजादी आएगी तो मेरी और मेरे मित्रों और बंधुओं की आजादी आएगी या नहीं या वे वैसे ही गुलाम बने रहेंगे?'' वे कांग्रेस के नेताओं से पूछते थे, ''क्या आप मुझे विश्वास दिला सकते हो कि आजादी आने के बाद मेरे इन बंधुओं की भी आजादी आ जाएगी, क्या वे स्वतंत्र होंगे?''

26 अप्रैल, 1942 को मुंबई में, उन्होंने कांग्रेस के नेताओं को कहा, ''मैं आपको विश्वास दिलाता हूँ कि आजादी के लिए आप जैसे लड़ रहे हो, आपसे ज्यादा ताकत से मैं लड़ूँगा, लेकिन मुझको भरोसा तो दिलाओ कि स्वराज में मेरे समाज की क्या भागीदारी होगी?'' वे कहते थे, ''मुझ को विश्वास तो दिलाओ कि तुम मेरे बंधुओं को स्वतंत्र करोगे, अगर नहीं करोगे तो मैं क्या करूँगा स्वराज का? मैं देश की आजादी चाहता हूँ, लेकिन साथ-साथ मेरे इन बँधुओं की भी आजादी चाहिए।''

वे बड़े अर्थशास्त्री थे, लेकिन दुर्भाग्य कैसा है कि देश का कोई विश्वविद्यालय उनके आर्थिक सिद्धांतों पर शोध नहीं कराता है। कोलंबिया यूनिवर्सिटी से उन्होंने एम.ए. किया, वहीं से उन्होंने पीएच.डी. की। लंदन स्कूल ऑफ इकोनॉमिक्स से उन्होंने एम.एससी. किया, वहीं से उन्होंने डी.एससी. किया। ये सारी उपाधियाँ उनकी अर्थशास्त्र की हैं।

भारत के गाँवों में कैसे जोत छोटी-से-छोटी होती चली जा रही है, खेती की जमीन बहुत छोटी होती चली जा रही है और वह बिखर जाती है। स्माल होल्डिंग से इस देश का इकोनॉमिक डेवलमेंट संभव नहीं है। वे सौ वर्ष पहले बता रहे थे कि इस देश का इंडस्ट्रियलाइजेशन जल्दी से करो। कृषि पर दबाव बहुत ज्यादा है। 80, 85 से 90 प्रतिशत आदमी कृषि पर आधारित हैं। कृषि की समस्या, गाँव की समस्या का एक मात्र समाधान भारत का औद्योगिकीकरण है। उन्होंने 1920 के दशक में कहा कि इंडस्ट्रियलाइजेशन ऑफ इंडिया इज दी साउंडेस्ट रेमेडी फॉर एग्रीकल्चरस प्रॉबलम्स ऑफ इंडिया। सारे किसान, यूरोप और अमेरिका में खेती छोड़कर उद्योग धंधों में लग गए और हम लोग सारे उद्योग धंधे बंद करके, खेती में लगे हुए हैं। 80-85 प्रतिशत आदमी खेती से ही अपना विकास चाहते हैं। उनके सारे सिद्धांत और सारे शोधप्रबंध कहाँ हैं? उन पर अच्छा शोध होना चाहिए था, लेकिन सौ वर्ष बाद भी इसकी कोई संभावना नहीं दिखती है।

उन्होंने वंचित लोगों को सच का मंच दिया, मूक लोगों को वाणी दी, जैसा कि 'मूकनायक' नाम के उनके समाचार पत्र से हम जानते हैं। एक अस्तित्व दिया, आधार दिया, उनमें आत्मविश्वास पैदा किया। बहुत संक्षेप में उन्होंने अधिकारों के लिए लोगों को जागरूक किया, संगठित किया, अनुशासित किया, संघर्ष के लिए तैयार किया। लोगों को स्वाभिमानी बनाया, शिक्षित होने का आह्वान किया, अपने अधिकार लेने के लिए लोगों को एकत्रित किया और कई आंदोलन सफल किए।

महाड का सत्याग्रह हम लोग जानते हैं। तालाब से पानी पीने की अनुमति

कानूनन है, लेकिन पानी नहीं पी सकते। मुसलमान, ईसाई पानी पी सकते हैं, सवर्ण पी सकते हैं, लेकिन जो अस्पृश्य कहे जाते हैं, वे नहीं पी सकते हैं। उन्होंने आंदोलन किया, पानी पिया। वहाँ के जो रूढ़िवादी लोग थे, उन्होंने पंचगव्य डालकर, उस तालाब को शुद्ध किया। जो लोग आए थे, उनके साथ मारपीट कर डाली। आंबेडकर जी कहते हैं, ''देखो हम अगर मुसलमान हो जाते हैं, तो इसी तालाब से पानी पिएँगे, तब आप हमको नहीं रोकेंगे, हम ईसाई हो जाते हैं, तब आप हमको इसी तालाब से पानी पीने दंगे, आप हमें नहीं रोकेंगे। हम हिंदू हैं, हिंदू रहना चाहते हैं, इसलिए आप हमें पानी नहीं पीने देना चाहते हैं। हमें क्यों पानी पीने नहीं देते हैं।'' ऐसा ही सत्याग्रह उन्होंने नासिक के राममंदिर में प्रवेश के लिए किया। हम हिंदू हैं। हम मंदिर में दर्शन करने के लिए जाना चाहते हैं, लोगों ने विरोध किया, मारपीट की। वे कहते हैं, 'यह जो अस्पृश्यता है, हिंदू समाज के ऊपर और हिंदू धर्म के ऊपर लगा हुआ एक कलंक है, इसे हम दूर करेंगे।' वे संघर्ष करते हैं तो आंबेडकरजी का स्वर बदल जाता है। आंबेडकरजी कहते हैं, ''यह हिंदू धर्म के ऊपर लगा हुआ कलंक नहीं है, यह कलंक हमारी देह पर लगा है।'' अर्थात् जो अस्पृश्य हैं, उनके शरीर पर लगा कलंक है। इसे दूर करने की जिम्मेदारी उन लोगों की नहीं है, जो अपने आपको सवर्ण कहते हैं, यह जिम्मेदारी हमारी है, हम स्वयं इसको दूर करेंगे। अब हम लोग स्वयं इस संघर्ष को अलग प्रकार से चलाएँगे। याचना का स्वर बंद हो गय।

हम कहते हैं कि उनके जीवन में कई चरण अलग-अलग प्रकार के हैं। कभी ऐसा लगता है, वे कहते हैं, ''गीता मेरे सत्याग्रह करने की प्रेरणा का स्रोत है। गीता मुझे सत्याग्रह करने के लिए आह्वान करती है।'' अपने अखबार के ऊपर 'जय भवानी' लिखते हैं, अपने आपको हिंदू कहने में गौरवान्वित होते हैं। सैकड़ों लोगों का यज्ञोपवीत करवाते हैं। आगे चलकर उनका स्वर बदल गया है। उन्होंने कहा कि हिंदू समाज हमें सम्मानित करता ही नहीं, हम क्या करें? वे यह कहते हैं कि हम आपस में सुधार लाएँगे। सामाजिक सुधार, राजनीतिक सुधार और आर्थिक सुधार, इन तीनों के लिए संघर्ष का आयाम बदला।

वे परिवर्तन का आधार धर्म मानते हैं, समाज सुधार का आधार भी धर्म है। धर्म के प्रति नवयुवकों को उदासीन देखकर उनके मन को दुःख होता है। वे कहते हैं, ''धर्म आशा देता है, धर्म विश्वास देता है। धर्म समाज में मान्यताओं को स्थापित करता है। धर्म का अर्थ है परमार्थ का चिंतन करना, धर्म का अर्थ है अपना पेट भरने के साथ-साथ दूसरे के पेट की भी चिंता करना। अपना पेट भरने का काम भिखमँगे

भी कर लेते हैं। धार्मिक लोग सभी की चिंता करते हुए आगे बढ़ते हैं। समाज के कल्याण की भावना धर्म के अंदर निहित है।'' इसलिए वे मार्क्सवादियों के विरुद्ध हैं। वे कहते हैं, ''मार्क्सवादी धर्म को अफीम मानते हैं। इनको मक्खन और टोस्ट मिला, मुर्गे की टांग मिली, वे प्रसन्न हो जाते हैं। मैं इनके मत का समर्थन करता हूँ। इसलिए मौलिक सिद्धांत बचाकर, रखकर, इस समाज में परिवर्तन लाना है।'' लेकिन साथ-ही-साथ बोलते हैं, 'धर्म के नाम पर जो ढोंग है, धर्म के नाम पर जो पाखंड, यह धर्म का मजाक है। मैं इसको मानने के लिए तैयार नहीं हूँ।'

वे कहते हैं, ''द्वेष और वैमनस्य, कभी भी सुधार के आधार नहीं बन सकते। सुधार का आधार इस देश में केवल और केवल धर्म बनेगा। वे कहते हैं कि राजनीतिक सुधारों से ज्यादा महत्त्वपूर्ण है सामाजिक सुधार। राजनीतिक सुधार आप कर देंगे, संविधान का अधिकार दे देंगे, तब भी उनका पालन कौन करेगा? अगर पालन करनेवाली आत्मिक भावनाएँ समाज में नहीं होंगी, समाज उसे मान और सम्मान नहीं देगा, तो सुधार केवल कागजों में रह जाएँगे।''

यह भी कहते हैं, ''सामाजिक, आर्थिक और राजनीतिक हमें तीनों प्रकार की आजादी चाहिए और किसी एक के अभाव में आजादी अपूर्ण रह जाएगी।'' वे सावधान करते हैं कि देश स्वतंत्र तो हो रहा है, लेकिन करोड़ों लोगों का क्या होगा, उनकी सामाजिक और आर्थिक स्थिति कैसी है? अगर आर्थिक विपन्नता बनी रही तो राजनीतिक स्वतंत्रता का लंबे समय तक कोई अर्थ नहीं रहेगा।

अस्पृश्यता के बारे में उनका एक मत है। वे कहते हैं कि इस देश में अस्पृश्यता कभी थी ही नहीं। दो हजार साल पहले अस्पृश्यता का शब्द इस देश के किसी भी शास्त्र में नहीं है, न वेद में है, न उपनिषद् में है, न ब्राह्मण ग्रंथों में है, न आरण्यक में, न गीता में है। यह कहाँ से आया, कैसे आया? वे बताते हैं कि मुश्किल से बारह, तेरह सौ वर्ष पहले से अस्पृश्यता आई है।

आंबेडकर कहते हैं कि गाय के मांस का भक्षण इस देश में जब अक्षम्य अपराध हो गया, तब से अस्पृश्यता आई। सबसे पहला अस्पृश्यता का उदाहरण है, वह दाहिर के परिवार में आया। दाहिर हार गया और दाहिर के महल में ये आक्रामणकारी मुसलमान लोग घुसे, तो दाहिर के परिवार की महिलाएँ बोलती हैं कि वे आ रहे हैं, म्लेच्छ हैं, हमें स्पर्श करेंगे, हम तो अपवित्र हो जाएँगे। उनके स्पर्श करने के पहले अपने को मर जाना चाहिए। इसलिए अग्नि तैयार करो। ये जो अस्पृश्य शब्द महिलाएँ बोलती हैं, भारतीय इतिहास में वह पहला उदाहरण है।

उन्होंने कम्युनिस्टों के बोर में बहुत कुछ बोला है। 1937 में मैसूर के एक

दलित वर्ग के सम्मेलन में वे बोल रहे थे, ''मैं कम्युनिस्टों से मिल जाऊँगा, ऐसा कुछ लोग बोलते हैं, इसकी जरा भी संभावना नहीं है। अपने राजनीतिक स्वार्थ के लिए मजदूरों का शोषण करनेवाले कम्युनिस्टों का मैं कट्टर दुश्मन हूँ।''

''मनुष्य केवल रोटी पर जिंदा नहीं रहता। उसके पास मन है। उस मन को विचार की खाद चाहिए। धर्म मनुष्य के मन में आशा का संचार करता है। उसे काम करने के लिए प्रवृत्त करता है, लेकिन मार्क्सवादी लोग धर्म को अफीम मानते हैं'', जो कम्युनिस्ट वर्ग आज आंबेडकर का चित्र लगाकर कहता है कि वे वर्ग संघर्ष का पुरोधा था, यह बात कैसे मानी जाए? स्वतंत्रता वर्ष 1942 से 1946 तक आंबेडकर वायसराय काउंसिल में लेबर मिनिस्टर रहे। वे पहले व्यक्ति थे, जिन्होंने मजदूरों की सुरक्षा नीति तैयार कराई। वे पहले मंत्री थे, जिन्होंने लेबर पॉलिसी तैयार कराई। श्रमिक, मालिक और सरकार तीनों अलग-अलग नहीं हैं, मिलकर बैठो, मजदूरों का हित, उद्योग का हित और सारे समाज का हित अलग-अलग नहीं है, विरोधाभासी नहीं है, तीनों मिलकर कार्य करें। त्रिपक्षीय वार्त्ता जब से शुरू हुई। मजदूरों के लिए उन्होंने कानून बनाए। उद्योगों से जुड़े हुए झगड़ों के निपटारे के लिए उन्होंने समितियाँ बनाईं।

मिनिमम वेजेज, फैक्ट्री एक्ट, प्रोविडेंट फंड, ओवर टाइम के लिए एक्सट्रा पेमेंट, सब्सिडाइज्ड फूड, फैक्ट्री के अंदर कैंटीन, फैक्ट्री के अंदर मेडिकल एड। ये सारे प्रावधान श्रम क्षेत्र में लानेवाले आंबेडकर ही थे। चीफ लेबर कमिश्नर, प्रोविंशियल लेबर कमिश्नर, लेबर इंस्पेक्टर्स, ये नियुक्तियाँ करवानेवाले डॉक्टर साहब ही थे। मैटरनिटी लीव मिले, इसके लिए बाबासाहब ने मुंबई की एसेंबली में जमकर संघर्ष किया। महिलाओं को पूरी मैटरनिटी लीव चाहिए।

वे संविधान सभा में गांधीजी के कारण आए। गांधीजी के साथ उनका विवाद भी चलता रहता था, लेकिन जब देश का संविधान बनने को आया और गांधीजी ने वल्लभ भाई पटेल और जवाहर लाल नेहरू को बुलाकर पूछा कि किसको काम सौंप रहे हैं आप लोग, तो जवाहर लाल नेहरूजी ने कहा कि हम जर्मनी के ख्याति प्राप्त संविधानविद् सर ज्योर तेरी को बुला रहे हैं। गांधीजी ने कहा, इतना बड़ा देश है, दुनिया क्या कहेगी कि इस देश में कोई संविधान बनानेवाला नहीं है। तब गांधीजी ने डॉ. आंबेडकर को दो न, वे बहुत विद्वान् व्यक्ति है, उनको यह काम दे दो।

हम जानते हैं कि वे संविधान सभा में आए, ड्राफ्टिंग कमेटी में आए, चेयरमैन बने, संविधान बना, अंतिम भाषण का एक पैराग्राफ आपके सामने रखता हूँ। हमको यह भी ध्यान में में आएगा कि इन सारी विपरीत परिस्थितियों में भी उनका मन

कितना उदार, कितना बड़ा है, चिंतन समाज को जोड़नेवाला है, वे कृतज्ञता से भरे हैं। वे बोलते हैं, "मैं संविधान सभा में आया, तो अपने जो पिछड़े बंधु हैं (अर्थात् जो अस्पृश्य बंधु हैं) उनके हितों के संरक्षण का ध्यान एकमात्र ध्यान था। मुझको सपने में भी उम्मीद नहीं थी कि मैं ड्राफ्टिंग कमेटी में आऊँगा। मेरे आश्चर्य की सीमा नहीं रही, जब मुझे इसका अध्यक्ष बनाया, जबकि मुझसे अधिक योग्य, अधिक क्षमतावान लोग यहाँ पर थे।"

वे रेडियो पर अपना एक भाषण 1954 में दे रहे थे। संविधान बन चुका था। वे मजाक करते थे, थोड़ा सा व्यंग्य भी है, लेकिन कहीं मन में वेदना भी है। "हिंदुओं को जब वेद चाहिए थे तो उन्होंने एक निम्नवर्णीय व्यास को यह कार्य सौंपा। वैदों के संपादन का कार्य वेदव्यास ने किया था। हिंदुओं को जब महाकाव्य रामायण चाहिए थी, तो उन्होंने वाल्मीकि को याद किया और वाल्मीकि से रामायण लिखवाई। हिंदुओं को राज्य का संविधान चाहिए था तो उन्होंने मुझको बुला लिया।"

25 नवंबर, 1949 को संविधान सभा में अंतिम भाषण में संविधान सफल होगा या संविधान फेल हो जाएगा—इस सवाल पर आंबेडकरजी कहते हैं कि "यह इस बात पर निर्भर करेगा कि यह कैसे लोगों के हाथ में रहेगा। संविधान कोई भी अच्छा या बुरा नहीं होता। बुरे-से-बुरे लोग होंगे, लेकिन यदि अच्छे-से-अच्छा संविधान होगा, तो उसको भी वे असफल कर देंगे। इसलिए संसद्, कार्यपालिका और न्यायपालिका तीनों मिलकर अच्छे लोगों का सहारा लेकर, संविधान को सफल करेंगे, यह उन्हीं पर निर्भर करेगा। व्यक्ति अच्छे होने चाहिए।" वे बोलते हैं, "यदि राजनीतिक दल, दलों की महत्त्वाकांक्षाओं की पूर्ति में राष्ट्र की महत्त्वाकांक्षाओं को छोड़ देंगे। तो क्या यह सफल होगा, कुछ सफल नहीं होगा।" वे बोलते हैं, "26 जनवरी, 1950 को भारत एक स्वतंत्र राष्ट्र हो जाएगा। लेकिन क्या हम पहले स्वतंत्र नहीं थे, क्या यह स्वतंत्रता स्थिर रहेगी, हम क्यों गुलाम हुए?" वे बोलते हैं, "मुहम्मद बिन कासिम का आक्रमण हुआ, तो यहाँ का सेनापति वहाँ जाकर मिल गया, मौहम्मद गौरी का आक्रमण हुआ तो जयचंद वहाँ जाकर मुगलों से मिल गया। ब्रिटिश लोग लड़ रहे थे, सिख राज्य को समाप्त कर रहे थे, गुलाब सिंह शांत बैठा था। 1857 में जब देश स्वतंत्रता के लिए संघर्ष कर रहा था, तब कई लोग शांत बैठे थे। यह विचार मुझको व्यग्र कर देता है, क्या हम अपनी स्वतंत्रता को बनाए रखेंगे?" इस देश के बारे में वे कितने चिंतित हैं? स्वतंत्रता तो आ रही है, हमारा संविधान भी आ रहा है। इस देश के लोग कैसा व्यवहार करेंगे, क्या देश के लोग देशभक्त रहेंगे या नहीं, उनकी चिंता का सबसे बड़ा प्रश्न यह है।

भाषा के आधार पर जब प्रांत रचना प्रारंभ होने को आई, तो आंबेडकर ने कहा, ''मैं नहीं समझता, एक ही भाषाभाषी सब मिलकर एक राज्य में आने चाहिए, इसकी क्या आवश्यकता है, सारे भाषाभाषियों को बुलाकर एक राज्य में उनको इकट्ठा कर देने का क्या मतलब है ? इसलिए सारे तेलुगुवाले लोग एक तेलुगु राज्य में, सारे मराठी बोलनेवाले एक मराठी राज्य में, सारे हिंदी बोलनेवालों को एक बड़ा प्रांत, यह आवश्यकता मैं नहीं समझता। एक भाषाभाषी का एक प्रांत या एक प्रांत की एक भाषा, इन दोनों में अंतर है।'' वे कहते हैं, ''एक भाषा भाषियों को एकत्रित करके एक प्रांत में ला देना, यह मेरी समझ के बाहर है। राजनीतिक रचना प्रशासनिक आधार पर होनी चाहिए और सारे देश के लिए एक केंद्रीय राजभाषा बनी चाहिए, जो सबके लिए अनिवार्य हो।'' वे कहते थे, ''मैं हिंदीभाषी नहीं हूँ, किंतु हिंदी को सभी प्रांत स्वीकार करें और अपने-अपने प्रांतों में हिंदी पढ़ाएँ, तभी इस देश को हम ठीक प्रकार से एकात्म और बड़ा करके रख सकते हैं।''

वे विदेश नीति पर बोलते हैं, ''15 अगस्त, 1947 को जब हम स्वतंत्र हुए, हमारा कोई दुश्मन नहीं था। आज 1948-49 में क्या हो गया ? जब कश्मीर का मुद्दा लेकर संयुक्त राष्ट्र संघ में भारत गया, तो भारत का समर्थन करनेवाला कोई भी देश वहाँ नहीं मिला।'' तिब्बत पर जब चीन का आक्रमण हुआ, तो आंबेडकर जी ने कहा, ''यह क्या हो रहा है, हमारे प्रधानमंत्री क्या कर रहे हैं ? भविष्य में चीन की सीमा हमारी सीमा से लग जाएगी, क्या यह खतरा उनको नहीं दिखता है ? चीन हमारे दरवाजे पर आ रहा है, नेहरूजी सपनों की दुनिया में रह रहे हैं। हम अपनी रक्षा नहीं कर सकते।''

संविधान के अनुच्छेद 370 पर शेख अब्दुल्ला से उनकी बातचीत हुई। शेख अब्दुल्ला से बोलते हैं, 'आप मेरे साथ हैं, भारत कश्मीर की रक्षा करेगा। कश्मीरियों को पूरे भारत में समान अधिकार होंगे।' परंतु आप भारत और भारतीयों को कश्मीर में पूरे अधिकार नहीं देना चाहते ? मैं भारत का कानून मंत्री हूँ और मैं अपने देश के साथ इस प्रकार की धोखाधड़ी और विश्वासघात में शामिल नहीं हो सकता।'' 370 के ऊपर उनका यह मत क्या आज के राजनीतिक नेताओं कोऔर सभी दलों को मालूम है ?

उन्होंने कहा कि यह कहना, ''आर्य लोग बाहर से आए, यह मूलतः गलत सिद्धांत है। कायरतापूर्ण नीति है। जिस प्रकार से अमेरिका में यूरोप के लोग पहुँच गए और वहाँ के स्थानीय लोगों को मारकर भगाया, जैसा कनाडा में बाहर के लोग गए, आस्ट्रेलिया में गए, ऐसे ही वे यहाँ स्थापित करना चाहते हैं कि आर्य लोग

बाहर से आए, स्थानीय लोगों को मारकर भगाया और उसमें से दलित लोग पैदा हो गए, यह गलत है।''

आज के समाजशास्त्री, राजनीतिक क्षेत्र के लोग उनके इस सिद्धांत को नहीं बोलते हैं, वे चुप्पी साधे हुए हैं। आंबेडकरजी कहते हैं, ''यह कल्पना ही गलत बनाई गई थी और इसे स्थापित करने के स्रोत ढूँढ़े गए। आर्य कोई नस्ल नहीं थी। आंबेडकर लिखते हैं कि ऋग्वेद में 33 बार आर्य शब्द का प्रयोग आया है, एक स्थान पर भी वह नस्ल के रूप में नहीं है। सभी स्थानों पर उसका अर्थ गुणवाचक है।''

आंबेडकरजी ने कहा, ''शूद्र लोग जो भारत में हैं, वे सब आर्य हैं और शूद्र भी क्षत्रिय हैं। ऋग्वेद के नौ मंडल में कहीं भी शूद्र शब्द नहीं है। दशम मंडल में बाद में जोड़ा है। उसके बाद ही शूद्र शब्द आया है।'' वे कहते हैं, ''शूद्र आर्य थे और शूद्र क्षत्रिय वर्ग में थे। राजा वेन, राजा पुरुरवा, राज नहुश, राजा निमि और राजा सुदास राजाओं के ब्राह्मणों के साथ संघर्ष हुए। ब्राह्मणों पर उन्होंने अत्याचार किए। इतने अत्याचार हुए कि ब्राह्मण लोग कराह उठे। इस प्रतिशोध का बदला कैसे लिया जाए, इन्होंने क्षत्रियों का यज्ञोपवीत कराना बंद कर दिया। यह दंड पर्याप्त था।'' आंबेडकर बोलते हैं, ''क्षत्रियों का एक वर्ग, जिसका यज्ञोपवीत नहीं हो सका, वह धीरे-धीरे शिक्षा के क्षेत्र से भी वंचित हो गया। वह पूजा, यज्ञ, कर्मकांड से दूर हो गए, वह संपत्ति के अधिकार से दूर हो गया। उपनयन पहनना या न पहनना, यह महत्त्व की बात नहीं थी, महत्त्व की बात थी, उपनयन पहनने का अधिकार रखना या नहीं रखना। इनको अधिकार ही नहीं था। धीरे-धीरे सामाजिक परिस्थिति में गिरते चले गए। आज जो शूद्र हैं, वे सब पुराने क्षत्रिय हैं। उनके कुल और वंश एक ही हैं।''

वे लिखते हैं, ''शूद्र आर्य थे, शूद्र सूर्यवंशी थे, शूद्रों की गणना क्षत्रियों में होती थी, कुल तीन ही वर्ण थे, ब्राह्मण, क्षत्रिय और वैश्य एक बार जिसको यज्ञोपवीत से वंचित कर दिया, उसको यज्ञोपवीत कराने के लिए कोई सामने नहीं आता था।''

जब तय हुआ कि शिवाजी महाराज का राज्यभिषेक होगा, तब कुछ लोगों ने प्रश्न खड़ा कर दिया कि शिवाजी महाराज क्षत्रिय नहीं हैं, इनका राज्यभिषेक कैसे होगा? समर्थ गुरु रामदास ने काशी से एक गंगाभट्ट को बुलाया, गंगाभट्ट ने एक वंशावली निर्माण की। उस वंशावली में गंगाभट्ट ने पक्का किया कि शिवाजी महाराज कुछ पीढ़ी पहले राजस्थान से आए एक क्षत्रिय हैं। उनका यज्ञोपवीत हो सकता है।

शिवाजी का राज्यभिषेक होने के पहले यज्ञोपवीत हुआ, उसके पहले उनके

दो विवाह हो चुके थे। उनके दो पुत्र भी थे, राजाराम और संभाजी। शिवाजी का यज्ञोपवीत हुआ, उसके बाद लोगों ने आख्या दी कि अब शिवाजी का पुनर्विवाह होगा। अपनी ही पुरानी पत्नियों और बच्चें के सामने बैठकर शिवाजी का फिर विवाह हुआ। इसके बाद राज्यभिषेक हुआ। हम यह कह सकते हैं कि एक परंपरा जब आ जाती है तो कितनी गहरी जड़ जमाती है।

आंबेडकरजी बताते हैं, ''पंजाब में जो अस्पृश्य कहे जाते हैं, चूहड़ और संयुक्त प्रांत (अब उत्तर प्रदेश) के ब्राह्मण, उनका जो नेजल इंडेक्स है, वह बराबर है। बिहार में जो चमार, अस्पृश्य हैं और बिहार के ब्राह्मणों का नेजल इंडेक्स बराबर है। कर्नाटक के अस्पृश्य और वहाँ के ब्राह्मणों का नेजल इंडेक्स बराबर है। तमिलनाडु के चेरमल और वहाँ के ब्राह्मण, आयंगार और अय्यर का नेजल इंडेक्स बराबर है। वे बताते हैं चाहे बिहार हो या पंजाब हो, महाराष्ट्र हो, तमिलनाडु हो, वहाँ के रहनेवाले अस्पृश्य और तथाकथित सवर्ण एक ही नेजल इंडेक्स के हैं।''

बड़े-बड़े नृ विज्ञानियों का मानना है कि इन सब जातियों के गोत्र तो एक ही हैं। जो गोत्र अस्पृश्यों के हैं, वही गोत्र वहाँ के ब्राह्मणों के हैं। इसलिए यह कहा जा सकता है कि इन सबके पूर्वज कहीं-न-कहीं एक ही हैं।

भारत में जो मुसलिम समस्या है, एक बड़ी समस्या है। उसके ऊपर एक मोटा शोध ग्रंथ उन्होंने लिखा है। इसका समाधान कैसे होगा, हमारे मित्रों को उसका अध्ययन करना चाहिए। वे कहते हैं, ''कांग्रेस जिस तरह से (मुसलिमों की) सारी माँगों को मानती चली जाती है, उससे वह किसी निष्कर्ष पर नहीं पहुँचेगी। ऐसी माँगों को मानते जाने से कोई भी समझौता या समानता का व्यवहार कभी हो नहीं सकेगा। वे कहते हैं कि जब साइमन कमीशन भारत में आया, तब मुसलिम लीग ने यह माँग की कि बॉम्बे प्रेसीडेंसी से सिंध को अलग कर दो। आंबेडकर कहते हैं कि इस माँग की क्या जरूरत थी, बॉम्बे प्रेसीडेंसी में से सिंध को अलग क्यों करना, कुछ जिलों में मुसलमान बहुसंख्यक थे, यह सच बात है, लेकिन जहाँ बहुसंख्यक हैं, उसको अलग राज्य बना देना, यह आवश्यक है क्या?''

आंबेडकर जी ने उस समय अपनी एक अलग रपट दी। बॉम्बे प्रेसीडेंसी के आंबेडकरजी भी सदस्य थे। आंबेडकर जी ने कांग्रेस की इस राय का विरोध किया। बाद में सिंध प्रांत अलग बना और कम्युनल अवार्ड आया, 1932 में, आंबेडकरजी ने दोनों बातों का जमकर विरोध किया। आंबेडकरजी कहते हैं, ''मौलाना आजद कांग्रेस के बड़े राष्ट्रवादी नेता हैं, लेकिन वे बोल क्या रहे हैं? उन्होंने कहा है, 'हिंदुओं के पास नौ प्रांत हैं, जहाँ वे बहुसंख्यक हैं, सिंध एक नया प्रांत बनने से

अब मुलसमानों के पास पाँच प्रांत होंगे, जहाँ वे बहुसंख्यक होंगे। अगर हिंदू लोग कुछ करते हैं, तुम लोग यहाँ बदला ले सकते हो।' आंबेडकर जी कहते हैं कि क्या यह आप लोगों को राष्ट्रवादी लोगों की भाषा प्रतीत होती है ? वे आगे बोलते हैं, 'कम्युनल अवार्ड में जो परसेंटेज मुसलमानों को हिंदू प्रांतों में दिया गया है, अल्पसंख्यक मानकर, क्या वही हिस्सा हिदुओं को उन मुसलिम प्रांतों में दिया गया है, जहाँ हिंदू अल्पसंख्यक हैं ? जहाँ मुसलमान अल्पसंख्यक हैं, उनकी सीटें बढ़ाई हैं, तो जहाँ हिंदू अल्पसंख्यक हैं, उनकी सीट आप लोग क्यों नहीं बढ़ाते हैं ?'' आंबेडकरजी ने कहा, ''यह पृथक् मतदाता मंडल इसका मतलब है कि हमेशा के लिए अलगाव हो जाएगा। इसलिए मुसलमानों को सीट आरक्षण ठीक है, लेकिन उनके चुनाव संवर्ग को अलग कर देना, एक भयंकर बीमारी है, जो कभी नहीं रुकेगी।''

डॉ. आंबेडकर कहते हैं कि कौन से मुद्दे ऐसे हैं, जहाँ एकता हो सकती है, वे कहते हैं, ''सन् 711 से लेकर जो इतिहास है, वह युद्ध का, आक्रमण का और क्रूरतम घटनाओं का है।'' वे कहते हैं कि मुसलमानों में अनेक आक्रमणकारी थे, जिन्होंने भारत पर आक्रमण किए। उनका सम्मिलित उद्देश्य केवल एक था, हिंदू धर्म का विनाश।'' वे कहते हैं, ''ऐतिहासिक, धार्मिक और सांस्कृतिक और सामाजिक विरोध मिलकर एक गहरी राजनीतिक विरोध की नदी खड़ी कर देते हैं। जो हिंदू-मुसलिम एकता की बात करते हैं, वे इस बात को ध्यान में रखें कि इस विरोध के कारण ऐतिहासिक हैं, धार्मिक हैं, सांस्कृतिक हैं, सामाजिक हैं, जो राजनीति विरोध दिख रहा है, वह ऊपर का है, सब मिलाकर इतनी गहरी खाई खड़ी हो हो जाती है, जिसको पाटना इतना आसान काम नहीं है। मौलाना मोहम्मद अली अपने आपको सच्चा मुसलमान मानते हैं। जो सच्चा मुसलमान अपने को मानता है, वह भारत में अपने को दफनाने से मना कर देता है। येरुशलम में जमीन माँगकर उसको दफनाने के लिए ले जाया जाता है।'' आंबेडकर लिखते हैं, 'क्या सच्चा मुसलमान भारत को अपनी मातृभूमि मानेगा।' मान लो अगर अफगानिस्तान आक्रमण करता है तो भारत के मुसलमान कहाँ जाएँगे ? इस पर विचार करने की आवश्यकता है। पहले अफगानिस्तान के आक्रमण के समय यहाँ के मुसलमानों का व्यवहार कैसा रहा है, क्या हम उसे भूल जाएँ ?'' वे आगे बोलते हैं, ''अगर विभाजन आवश्यक और अटल है, तो एक बार सारी जनसंख्या की अदला-बदली कर दो, हमेशा के लिए इस समस्या का समाधान हो। मैं मुसलिम भारत और गैर-मुसलिम भारत में विश्वास करता हूँ। यूरोप ने इस समस्या से समाधान पाया है।

मिस्र, बल्गेरिया सहित आठ देशों ने अपने अल्पसंख्यकों की पूर्ण अदला-बदली की और इस समस्या से वे बाहर आए।''

हैदराबाद में अनुसूचित वर्ग के जो लोग रह रहे थे, उनको उन्होंने चेतावनी दी। उन्होंने सरकार को भी कहा, 'विभाजन से पहले लोगों की सुरक्षा की गारंटी तो लो। क्या होगा उसके बाद?' हैदराबाद में बड़ी संख्या में लोग रह गए, उन लोगों पर खतरा था। इत्तेहादे मुसलमीन उन्हें मुसलमान बना रही थी। वे असहाय थे। आंबेडकरजी ने पत्र उन लोगों को भेजा और कहा, ''तुम किसी भी तरीके से भारत में आ जाओ, मैं हिंदू शास्त्रों की उन बातों को नहीं मानता, एक बार हिंदू धर्म से गया, हमेशा के लिए चला गया, मैं तुम्हें शुद्ध करके फिर से हिंदू बनाऊँगा, तुम भारत में आ जाओ।'' यह आंबेडकर का वक्तव्य है, हैदराबाद के अपने अनुसूचित वर्ग के लोगों के लिए।

हम देखते हैं कि उन्होंने संकल्प लिया था, मैं हिंदू समाज को एक झटका जरूर दूँगा। एक शॉक ट्रीटमेंट जरूरी है। 1935 में उन्होंने कहा, मैं जनमा तो हिंदू था, मरूँगा नहीं। 21 साल तक धैर्य से उन्होंने हिंदू समाज को प्रतीक्षा के लिए समय दिया। हिंदू समाज को ब्रेक दिया, कहा कि हिंदू समाज अच्छा सकारात्मक उत्तर देगा। 21 साल प्रतीक्षा करने के बाद 1956 में उनको लगने लगा कि मेरा जीवन अब लंबा नहीं है। गांधीजी को उन्होंने वचन दिया था, मैं कम-से-कम हानि करूँगा। देश का अधिक-से-अधिक हित हो, वही रास्ता अपनाऊँगा। इस कारण उन्होंने बौद्ध मत अपनाया। 1935 से लेकर 1956 तक उन्होंने प्रतीक्षा की कि हिंदू समाज क्या प्रतिक्रिया करता है, हिंदू समाज उदार मन को दिखाता है या नहीं। अंत में वे बौद्ध बने।

उनके पास पोप के प्रतिनिधि आए, निजाम के लोग भी आए। सबको मना किया। मैं यदि ईसाइयत में गया या इसलाम स्वीकार किया तो यह देश एक बड़े खतरे में चला जाएगा। इसलिए मैं उसी रास्त को अपना रहा हूँ, जिससे इस देश के मौलिक तत्त्व-ज्ञान के साथ मैं जुड़ा रहूँगा। दलाई लामा बुद्धिस्ट और हिंदू दोनों को आध्यात्मिक भाई बताते हैं। हम छोटे भाई हैं, भारत का हिंदू हमारा बड़ा भाई है। उन्होंने वह रास्ता अपनाया, जिससे देश को कम-से-कम हानि हो। इस देश की सांस्कृतिक, वैचारिक, दार्शनिक विरासत में वे जुड़े रहे। संक्षेप में अगर कहें तो आंबेडकर का जीवन एक बहुआयामी जीवन है। बहुत सारे विषयों पर उन्होंने बेबाक लिखा है, अध्ययन के साथ लिखा, अनुभव के साथ लिखा। बहुत गरीबी में अस्पृश्यता के अपमानजनक वातावरण में पला और बढ़ा बालक सबसे अच्छी

डिग्री प्राप्त करने के बाद भी सम्मान नहीं प्राप्त कर सका। इतनी वेतना में बहुत बातें मन में आ सकती हैं। वे लोगों को खराब लग सकती हैं। उन्होंने 'रिडल्ज इन हिंदुइज्म' पुस्तक भी लिखी, लेकिन प्रकाशित नहीं कराई। उसे उन्होंने जीवन पर्यंत अपनी अलमारी में ही रखे रहने दिया, मरने तक भी उसे नहीं निकाला। वह गुस्से में थी, प्रतिक्रिया में थी। बाद में मन बदल गया। उसमें कई लाइन गायब हैं, नीचे संपादक नोट में लिखा है कि इन पंक्तियों को दीमक खा गई।

उनके जीवन में कई उतार-चढ़ाव आए। समाज की परिस्थिति जैसे-जैसे बदलीं, उनका थोड़ा-थोड़ा मत भी बदला, लेकिन देशभक्ति का भाव, सारे समाज को साथ लेकर चलने का भाव नहीं बदला। यह मौलिक था। इसलिए वे जन्म से लेकर जीवन के अंतिम श्वास तक भारतीय ही रहे। वे बौद्ध मत में जरूर चले गए। हिंदू समाज के अंदर जो ढोंग था, पाखंड था, कर्मकांड का अतिरेक था, अमानवीय व्यवहार था, इससे उनको गुस्सा था, लेकिन वे मौलिक दर्शन से भारतीय धरती से जुड़े रहे।

उनका जीवन बड़ा अशांत था, लेकिन मन सदैव शांत रहा। संघर्षमय जीवन था, लेकिन उनका शत्रु कोई नहीं। ब्राह्मणवाद का उन्होंने विरोध किया, लेकिन ब्राह्मण उनके अच्छे मित्र थे। प्रारंभ में वे रामभक्त दिखते हैं, राम मंदिर में जाने का प्रयास करते हैं, लेकिन बाद में हिंदू धर्म में नहीं रहने को भी कहते हैं। वे पृथक् मतदाता मंडल का विरोध करते हैं, लेकिन बाद में इसकी माँग भी करते हैं। पूना समझौते के समय गांधीजी को कड़ा बोलते हैं और बोलते हैं कि महात्मा आएँगे, महात्मा जाएँगे, महात्मा कोई अमर नहीं है, लेकिन महात्मा गांधी की मृत्यु पर बहुत दुःखी भी हैं। महात्मा गांधी भी उनको संविधान निर्माण करने के लिए बुला लेते हैं।

स्वतंत्रता की लड़ाई में हमको लगता है कि वे दूर खड़े हैं, लेकिन मन से साथ खड़े हैं। वे 'रिडल्स इन हिंदुइज्म' लिखते जरूर हैं, लेकिन छपवाते नहीं है। हिंदू धर्म को छोड़ने की घोषणा करते हैं, किंतु 21 साल तक प्रतीक्षा भी करते हैं। कांग्रेस के घोर विरोधी हैं, लेकिन कांग्रेस के मंत्रिमंडल में भी जाते हैं। हम कह सकते हैं कि एक विराट हृदय लेकर पैदा हुए वे एक ऐसे व्यक्ति थे, जो इस देश को सौभाग्य से मिले थे। उनका महान जीवन बहुत सारी बातों को लेकर है। प्रारंभ में बताया कि ऐसे जो विलक्षण लोग होते हैं, उनका एकाध गुण ऐसा होता है, जो नियति उनके लिए निश्चित कर देती है और शेष प्रतिभाएँ कुछ छिप जाती हैं।

अंत में मेरी यही प्रार्थना है कि डॉ. आंबेडकरजी को हम सापेक्षता में पढ़ें, समग्रता में अध्ययन करें। वे जिस उद्‌देश्य पर निकले थे, वह उद्‌देश्य अभी पूरा

नहीं हुआ है। गाँव-गाँव में क्या व्यवहार होता है, वह स्थिति सबके ध्यान में है। सामाजिक विषमता को, चाहे वह आर्थिक हो, सामाजिक हो, राजनीतिक हो, उसको कैसे शीघ्रातिशीघ्र दूर करें और सारा देश, एकजुटता के साथ खड़ा हो। देश का भविष्य अच्छा हो। देश अपने गौरव को प्राप्त करे। हमारा समाज एक भावना से, एक विचार से, एक आत्मभाव से मिलकर खड़ा हो। जो वैदिक ऋषियों की कल्पना थी, महात्मा बुद्ध की जो मान्यता थी, उसको लेकर हम खड़े हों और विश्व में अपना एक ऊँचा स्थान बनाएँ और यही डॉ. आंबेडकरजी की भी इच्छा थी।

□

बाबासाहब ने आर्य आक्रमण को नकारा

—डॉ. विजय कायत

औपनिवेशिक इतिहासकारों, विशेषकर भारतीयविद् (इंडोलोजिस्ट) एवं जर्मनभाषाविद् मैक्समूलर ने उन्नीसवीं शताब्दी में भारत के इतिहास की व्याख्या करते हुए आर्यों के आक्रमण के सिद्धांत को आधिकारिक तौर पर स्थापित किया। इस सिद्धांत का प्रभाव विशेषकर सत्तासंघर्ष और समाज परिवर्तन के संदर्भ में आज भी भारतीय समाज के विभिन्न आयामों पर देखा जा सकता है। इन्हीं आयामों में एक से विकसित हुई दरार ने धर्म एवं जाति पर आधारित राजनीति, सामाजिक आंदोलनों के सरोकारों को आधार तथा प्रगति के लिए सामग्री व विचार उपलब्ध कराने में योगदान दिया। इस सिद्धांत के अस्तित्व में आने से लेकर वर्तमान तक लगातार अनुसूचित जातियों-जनजातियों, पिछड़ी जातियों बनाम आर्यों उच्च जातियों में जनमे समाज सुधारकों, धर्मयोद्धाओं और राननीतिज्ञों में वैचारिक मतभेद को जन्म दिया। उनके द्वारा अपने हितों में विचार गढ़ने और उन्हें आधार बनाकर आंदोलनों को संचालित करने संबंधी कई बड़ी घटनाएँ न केवल इतिहास के पन्नों में दर्ज हैं, बल्कि वर्तमान में जारी भी हैं।

महात्मा ज्योतिबा फुले ने इस संदर्भ में आर्यों के और विशेषकर ब्राह्मणों के वर्चस्व के विरुद्ध वैचारिक-सामाजिक आंदोलन की पृष्ठभूमि तैयार की। आगे चलकर बीसवीं शताब्दी के अस्सी के दशक में जन्मे दलित पेंथर तथा इसी प्रकार तीन संगठनों बामसेफ, डीएस-फोर तथा बहुतजन समाज पार्टी के प्रमुख नेता श्री कांशीराम ने इन्हीं मुद्दों पर आर्यों व ब्राह्मणवाद की सत्ता को चुनौती देते हुए, भारत की अनुसूचित जातियों-जनजातियों और पिछड़ों को मुख्य रूप से लामबंद कर सड़क से लेकर संसदीय लोकतंत्र तक उनके हितों का सामाजिक-राजनीतिक आंदोलन खड़ा किया। पिछले दिनों बिहार के पूर्व मुख्यमंत्री जीतनराम मांझी ने

इसी मुद्दे पर नारा दिया—आर्य विदेशी आक्रमणकारी हैं और अनुसूचित जातियों, जनजातियों और पिछड़ों को एकजुट होकर उनकी सत्ता को समाप्तकर अपनी सत्ता स्थापित करनी है। लगभग पिछली दो शताब्दियों से दोनों ही पक्षों के चिंतकों, समाजसुधारकों और राजनीतिज्ञों द्वारा अपने-अपने पक्ष के हितों को साधने व पूर्वाग्रहों से ग्रस्त होने के कारण वह विषय विवादास्पद बना रहा है।

आर्यों को विदेशी बताने के सिद्धांत की जड़ें उन यूरोपियन भाषाशास्त्रियों के अध्ययनों में निहित हैं, जिन्होंने पहली बार एक भाषा के रूप में संस्कृत का अध्ययन किया और उसे यूनानी, लेटिन, प्रशियन तथा कुछ अन्य यूरोपीयन भाषाओं के समकक्ष बताया। ब्रिटिश ईस्ट इंडिया कंपनी के एक प्रशासनिक उच्चाधिकारी एवं मनुस्मृति के अनुवादक सर विलियम जोन्स ने 1788 में अपने अध्ययनों की उपलब्धि में बताया कि विश्व की छह प्रमुख भाषाओं में संस्कृत बोलनेवालों समेत अन्य दूसरी भाषाओं में समानता के साथ-साथ उनके बोलनेवाले सभी के पूर्वज एक समान थे (थर्ड एनिवर्सरी डिस्कोर्स, एशियाटिक रिसर्चेज)। उन्नीसवीं शताब्दी के मध्य तक आर्य शब्द उन सभी लोगों के लिए प्रयोग किया जाने लगा, जो इन भाषाओं को बोलते थे। यह शब्द ऋग्वेद के आर्य और ईरानी ग्रंथ जेंद अवेस्ता के ऐरीय से लिया गया था। जहाँ तक आर्य एक प्रजातीय संवर्ग का विषय है, इसे प्रारंभ में यूरोपियन और बाद में भारत के संदर्भ में प्रस्तुत करना उचित प्रतीत होता है। वास्तव में आर्य का प्रयोग उस अवस्था में केवल एक भाषाविशेष को चिह्नित करना था—भारतीय आर्य (इंडो आर्य) भाषा। अत: तकनीकी तौर पर आर्य शब्द भारतीय आर्य भाषा बोलनेवाले लोगों के लिए प्रयोग किया गया था। इसमें ध्यान देने योग्य बात यह है कि प्रजाति एवं जैविक संवर्ग है तो भाषा एक सांस्कृतिक और सामाजिक संवर्ग। इसी संदर्भ में भारतीय परिप्रेक्ष्य में, संभवत: द्रविड़ शब्द भी एक प्रजातीय संवर्ग को नहीं, बल्कि भाषा को चिह्नित करता है।

सबसे पहले जर्मन भारतविद् मैक्समूलर ने आर्यों के भारत के लिए विदेशी होने का सिद्धांत प्रतिपादित किया। उनके तर्क के अनुसार भारत में प्रवेश करने से पहले आर्य प्रजाति दो बड़े समूहों में बँट गई थी। एक समूह इंडो-यूरोपीयन यूरोप की ओर तथा दूसरा समूह इंडो-आर्यन का ईरान की ओर आगमन हुआ। आगे चलकर ईरान के समूह में से एक अन्य समूह निकलकर भारत आया और भारत में आनेवाला यह समूह आर्य कहलाया।

उनकी मातृभूमि के बारे में मैक्समूलर कहते हैं कि यूरोप और ईरान की ओर आगमन से पहले आर्य मध्य एशिया से आए थे अर्थात् वे मध्य एशिया के निवासी

थे। अपने विश्लेषण में वे आगे लिखते हैं कि भारत आनेवाली शाखा के आर्यों ने उत्तर भारत में बसे द्रविड़ों पर आक्रमण किया और समर्पण करनेवालों को अपना दास बनाकर शेष को दक्षिण भारत की ओर खदेड़ दिया, परंतु दस्युओं ने निरंतर आर्यों के वर्चस्व को चुनौती दी और उनकी अधीनता स्वीकार नहीं की (1862, लेक्चर्स ऑन द साइंस ऑफ लेंगुएजेज 1883, इंडिया-वाट कैन इट टीच अस)। आक्रमण के इस सिद्धांत को प्रतिपादित करते समय मैक्समूलर ने प्रजाति संवर्ग एवं भाषासंवर्ग दोनों को मिश्रित कर दिया।

वेदों एवं ब्राह्मणीक शास्त्रों के विद्वान् और आर्य समाज के संस्थापक महर्षि दयानंद सरस्वती ने आर्य प्रजाति को तिब्बत का मूल निवासी बताया। उन्होंने आर्यों की भाषायी एवं प्रजातीय शुद्धता को रेखांकित करते हुए उन्हें उच्च जाति का बताया और अस्पृश्यों (वर्तमान अनुसूचित जातियों) को आर्यसमाज की व्यवस्था से बाहर के लोग बताया। यद्यपि उन्होंने अस्पृश्यों को शुद्धि नामक अनुष्ठान से अपनी जाति के सुधार को भी संभव बताया। राष्ट्रवादी नेता बाल गंगाधर तिलक ने आर्यों को आर्कटिक क्षेत्र के मूलनिवासी बताया। अपनी पुस्तक 'द आर्कटिक होम इन द वेदाज' में उन्होंने लिखा कि वेदों की रचना इसी हिमक्षेत्र अर्थात् आर्कटिक क्षेत्र में की गई थी, जहाँ छह महीने की रात और छह महीने के दिन होते थे।

उपरोक्त विचारों के विपरीत राष्ट्रवादी विचारकों ने आर्यों के विदेशी होने के सिद्धांत को सैद्धांतिक तौर पर नकार दिया। इनमें मुख्यतः विनायक दामोदर सावरकर (1922, हिंदुत्व, हूइज ए हिंदू) तथा एम.एस. गोलवलेकर (1938, वी आर आवर नेशनहुड डिफाइंड) के मतानुसार आर्य वास्तव में भारत के मूल निवासी थे तथा सभी हिंदू आर्य हैं अर्थात् भारत ही उनकी पितृभूमि तथा पुण्यभूमि है। इसी संदर्भ में वे आगे लिखते हैं कि संस्कृत मानव भाषाओं में सबसे पुरानी है और भारत में जनमी है। सावरकर ने हिंदू को परिभाषित करते हुए कहा कि यह प्रजाति न तो आर्य है, न ही द्रविड़, बल्कि वे सब लोग हैं, जो एक साँझी मातृभूमि और पुण्य भूमि में निवास करते हैं और सभी हिंदू भारत वर्ष के निर्भीक देशभक्त निवासी हैं। गोलवलकरजी को तिलक द्वारा बताए गए आर्कटिक क्षेत्र पर दी गई व्याख्या तर्कसंगत प्रतीत नहीं होती, जिसमें उन्होंने कहा था कि उत्तरी ध्रुव स्थायी नहीं होने के कारण घूम गया और वर्तमान साइबेरिया के उत्तर में स्थित यह स्थान कभी प्राचीन काल में भारत का आधुनिक बिहार व उड़ीसा का क्षेत्र था।

इन राष्ट्रवादी विचारकों का उपरोक्तमत ब्रिटिश थियोसोफिस्ट विचारक कर्नल अलकोट के विचार से नजदीक से मेल खाता है। वह भारत में सक्रिय रहे और

उनका मानना था कि आर्य हिंदुओं के पूर्वज थे तथा मूल भारतवासी थे। उनका यह भी मानना था कि इन्हीं भारतीय आर्यों ने यूरोप में जाकर यूरोपियन सभ्यता को जन्म दिया था। (जे. लियो पोल्ड, 74, ब्रिटिश एप्लिकेशन ऑफ द आर्यन थ्योरी ऑफ रेस टू इंडिया, 1850-70)

1920- 22 में सिंधु सभ्यता की खोज प्राचीन भारतीय इतिहास में आर्य सभ्यता के संदर्भ में स्थापित मानदंडों पर एक और प्रश्न खड़ा करनेवाली थी, क्योंकि इतिहासकारों और पुरातत्त्व शास्त्रियों ने इस नगरीय सभ्यता का समय आर्यों के प्रारंभिक कबीलाई समाज से लगभग एक हजार वर्ष पूर्व निर्धारित किया था और यह निर्धारित किया था कि भारत आगमन के उपरांत उन्होंने ऋग्वेद की रचना लगभग एक हजार ई.पू. के आस-पास की थी। सिंधु सभ्यता में आर्यों को जोड़ना और आगे बढ़कर आर्य सभ्यता का ही पूर्वगामी विस्तार बताते हुए राष्ट्रवादी पुरातत्त्वविदों ने एक अन्य विचार को प्रस्तुत किया। इसके लिए उन्होंने कहा कि हड़प्पन संस्कृति को पूर्व वैदिक न मानकर सिंधु-सरस्वती सभ्यता मानना चाहिए। इस विचार को प्रस्तुत करनेवाले पुरातत्त्वविदों एस.पी. गुप्ता 'क्रोनोलोजी ऑफ द इंड सरस्वती सिविलाइजेशन' (पुरातत्व 1992-93) और वी.एन. मिश्र, 'इंडस सिविलाइजेशन एंड ऋग्वेदिक सरस्वती', (साउथ एशियन आर्केलॉजी, 1994) ने अपनी उपलब्धियों के उपरांत कहा कि सिंधु सभ्यता को सिंध सरस्वती सभ्यता नाम दिया जाना चाहिए। अपने तर्कों में उन्होंने तीसरी सहसाब्दिक ई.पू. में चोलिस्तान के क्षेत्र में बड़ी संख्या में पूर्व हड़प्पन स्थलों का पाया जाना बताया और यह भी कि घग्गर-हाकड़ा नदी के किनारे अथवा इस के क्षेत्रों (वर्तमान पाकिस्तान में लिए कुछ हड़प्पन पुरास्थल) में ये स्थल पाए गए हैं। इस नदी को ऋग्वेद में सरस्वती नदी कहा गया है और क्योंकि सरस्वती नदी के किनारे ही आर्यों की सभ्यता, वेद साहित्य आदि का उद्गम हुआ था। इस प्रकार उनके मतानुसार सिंधु संस्कृति को सरस्वती नदी के साथ जोड़कर आर्य संस्कृति का विस्तार मान लेना उचित होगा।

इतिहासकार और पुरातत्त्वशास्त्री, जो आर्यों को विदेशी मानते हैं, अपने तर्कों का मुख्य आधार एशिया माइनर के बोगाज कोई नामक स्थान से मिले लगभग चौदहवीं शताब्दी ई.पू. के शिलालेख को मानते हैं। इसमें आर्यों के देवताओं में इंद्र, मित्र वरुण और नास्त्य (द्वय) का उल्लेख है। दरअसल प्राचीन सीरिया उस समय मिश्र के फराओं शासन के अधीन था। एक अन्य स्थान तेल-एल अमरन से मिले अभिलेख में सीरियाई राजाओं के नाम आए हैं, जो आर्यों के समान हैं। इनमें एक वर्तन, त्रिवर्तन, वर्तन आदि शुद्ध संस्कृत के शब्द हैं। इस पर उनका मानना है कि

ये अभिलेख उस समय आर्यों के उस क्षेत्र में होने के द्योतक हैं।

पुरातत्वविदों के अतिरिक्त इतिहासकारों में मुख्य रूप से रोमिला थापर ने आर्यों के बारे में विस्तार से अध्ययन किया है (द आर्यन रिकास्टिंग कन्सट्रक्ट्स 2008)। वे कहती हैं कि हड़प्पन संस्कृति (सिंधु सभ्यता) मूल रूप से नगरीय तथा वैदिक संस्कृति (आर्यों की संस्कृति) मूल रूप से ग्रामीण थी, दोनों के प्राचलक भिन्न-भिन्न हैं और दोनों संस्कृतियों की विशेषताएँ भिन्न हैं। अत: हमें उनको उनके मापदंडों के अनुरूप समझने की आवश्यकता है। आर्यों का समाज छोटे-छोटे पशुचारी समूहों में रहनेवाला, धार्मिक विश्वासों-अनुष्ठानों सहित जीवन व्यतीत करनेवाला और छोटे-छोटे ग्रामों में रहनेवाला था। उनकी अर्थव्यवस्था अधिकतर घोड़ों और गायों पर निर्भर अर्थात् चलीय अर्थव्यवस्था थी और जिसके लिए उनमें आपसी मुठभेड़ होती रहती थी। यही नहीं, बल्कि रोमिला थापर आगे आर्यों के स्थानांतरण की दिशा पर विश्लेषण करती हुई कहती हैं कि सामान्यतया उनका स्थानांतरण उत्तर-पश्चिमी दिशा में गंगाघाटी के जलवाले मैदानी क्षेत्रों की ओर देखा जा सकता है। इस संदर्भ में वे उत्तरी सीरिया में मिले उपरोक्त वर्णितहित्ती और मितानी समुदायों में 14वीं शताब्दी के बोगाज कोई शिलालेख में वर्णित समझौते का उल्लेख पुष्टि के रूप में करती है। इस समझौते में हित्ती समुदाय के लोग अपने देवताओं में मित्र (मिश्रशील) वरुण (उरूवशिल) इंद्र (इंद्रुह) औरनास्तय (नास्तयन) का गवाही के लिए आह्वान करते हैं। यह इस तथ्य का स्पष्ट संकेत है कि भारतीय आर्य (इंडो-आर्यन) उस समय में सोपोटामिया और सीरिया में मौजूद थे। यह मार्ग-क्षेत्र घोड़ों को प्रशिक्षण देने के लिए जाना जाता था, जिन्हें आर्य अपने साथ लेकर आए थे। वे आगे कहती हैं कि यद्यपि इस संदर्भ में पूर्ण विषय-वाक्य उपलब्ध नहीं हैं, फिर भी जो हैं, उससे यही माना जाए कि इंडो-आर्यन अर्थात् आर्य भाषा बोलनेवाले ये लोग द्वितीय सहस्राब्दि के मध्य में घोड़ों के व्यापार सहित और उनको अपने साथ लेकर ईरान की ओर आए थे। इसके उपरांत वे लिखती हैं कि ईरानी (इंडो-यूरोपियन की शाखा के ही लोग) बोली बोलनेवालों का एक समूह अफगानिस्तान की ओर आया था। ऋग्वेद में आर्यों के अफगानिस्तान से पंजाब की ओर स्थानांतरण संबंधी संदर्भों का स्पष्ट उल्लेख मिलता है। अपने तर्क को आगे बढ़ाते हुए यह इतिहासकार ऋग्वेद में उल्लेखित मुजांवत पहाड़ा (जहाँ आर्यों में लोकप्रिय सोम पौधा उगता था, जिसका पेय उन्हें प्रिय था) से उतरने बाद जल से उफनती नदी को आर्यों के देवता इंद्र ने यदु और तुरसों (आर्य कबीलों के नाम) का पार करवाने में सहायता प्रदान की थी।

इसी संदर्भ में वे आगे चलकर पंजाब के बाद भरत कबीले के लोगों द्वारा रावी नदी पार करके गंगाघाटी के मैदानी भागों में फैलने व बसने का विचार प्रस्तुत करती हैं। इस सारी प्रक्रिया में यह यद्यपि आर्यों के आक्रमण को सिद्धांततया व्यापक अथवा बड़े पैमाने पर स्थानांतरण को नहीं मानती हैं, परंतु उनके छोटे-छोटे समूहों में अलग-अलग समय में भारत आगमन का विचार प्रस्तुत करती हैं।

डॉ. बी.आर. आंबेडकर, बहुमुखी प्रतिभा के धनी एवं विश्वविख्यात कानूनवेत्ता, अर्थशास्त्री एवं राजनीतिज्ञ थे, जिन्होंने प्रजाति, वर्ण व्यवस्था, जाति व्यवस्था व अस्पृश्यता पर गहन अध्ययन किया, उन्होंने भी आर्यों के विषय में विश्लेषण करने के बाद अपने निष्कर्ष दिए हैं। उन्होंने इस विषय पर अपनी पुस्तक 'हू वर द् शूद्राज' (हिंदी अनुवाद मोजज माइकेल एवं प्रस्तावना लेख डॉ. प्रदीप अग्रवाल, सम्यक प्रकाशन, दिल्ली-2007) के अध्याय चार शूद्र बनाम आर्य में विस्तार से अध्ययन-विश्लेषण किया। उनका अध्ययन वास्तव में मूलरूप से साहित्यिक स्रोतों पर आधारित विभिन्न पहलुओं और दूसरों विद्वानों द्वारा अपनाए गए तर्कों का आलोचनात्मक अध्ययन है। अपने अध्ययन में वह शूद्रों (जिन्हें वर्ण व्यवस्था में चौथे पायदान पर रखा गया) की उत्पत्ति से शुरू करते हुए आर्यों का सात पहलुओं पर अध्ययन करते हैं, जिनमें वैदिक साहित्य की रचना, क्या आर्य प्रजाति विदेशी आक्रमणकारी थी, क्या भारत के मूल निवासी दास-दस्यु आर्य प्रजाति से भिन्न थे, क्या आर्य गौरवर्णीय तो दास और दस्यु काले थे। क्या आर्यों ने दास-दस्युओं को पराजित किया था, क्या पराजित होने और गुलाम बना लिये जाने के बाद वे शूद्र कहलाए? आर्य लोग मनुष्य की चमड़ी के रंग के बारे में पूर्वाग्रह से ग्रस्त थे इसलिए उन्होंने चातुर्वर्ण व्यवस्था कायम की और इसके अंतर्गत गोरी प्रजाति (नस्ल) को काली प्रजाति—जैसे दास और दस्यु से अलग किया।

डॉ. आंबेडकर भारतीय-आर्यों के समाज में ऋग्वेद में शूद्रों की उत्पत्ति और स्थिति (ऋग्वेद के दसवें मंडल में पुरुष सूक्त पर आधारित) पर दिए गए विवरण के संदर्भ में इसे एक सामाजिक तथ्य की स्वाभाविक व्याख्या तक उचित मानते हैं, परंतु इसे दैवीय विधान का रूप देने पर इसे मूर्ख मस्तिष्क का बेतुका उफान कहकर निरस्त कर देते हैं।

उन्होंने भाषा विज्ञान के अंतर्गत आर्य प्रजाति शब्द का अभिप्राय मैक्समूलर द्वारा बनाए निम्न तीन अर्थों में दिया है—1. जीती हुई भूमि तथा आर्य अर्थात् भूस्वामी, इस संदर्भ में उनका यह कहना है कि यद्यपि यह शब्द संस्कृत से लुप्त हो गया है, परंतु यूनानी भाषा में यह शब्द आज भी संरक्षित है। 2. मनु की पुत्री

इड़ाजोती हुई भूमिका एक और नाम है और संभवत: अराही इसका संशोधित रूप है अर्थात् आर्य शब्द का व्यापत्तिमूलक हल चलानेवाला अथवा जोतनेवाला भी था। उन्होंने यह नाम संभवत: खाना बदोश प्रजातियों, तुरानियों से स्वयं को भिन्न दिखाने के उद्देश्य से रखा होगा, जिसके मूल नाम तुरा का अर्थ घुड़सवारों की तेजी होता है। 3. तीसरे अर्थ के अंतर्गत आर्य का अभिप्राय: श्रेष्ठकुलवाला बताया गया है।

अपनी विस्तृत व्याख्या में मैक्समूलर का विशेष मत यह है कि वे आर्य प्रजाति का संबंध रक्त से नहीं, बल्कि भाषा से मानते हैं। इस पर डॉ. आंबेडकर आर्य शब्द का खुलासा करते हुए लिखते हैं कि इस शब्द से मेरा आशय न रक्त से है, न अस्थियों से, न बालों से और न ही खोपड़ी से है। यही बात (वे कहते हैं) हिंदुओं, यूनानियों, रोमनों, जर्मनों, केल्टो और स्लाबों पर भी लागू होती है। अत: मैक्समूलर के अनुसार आर्य प्रजाति का आधार उनकी भाषायी विशिष्टता है। वे एक साझा भाषा बोलनेवाले लोग थे। आर्यों के मूल स्थान के विषय पर एक अन्य विद्वान् बेनफे द्वारा वनस्पति और जीव-जंतुओं को आधार बनाकर किए गए अध्ययनों का भी उन्होंने अध्ययन किया। बेनफे के विचारों को आईजरटेलर ने (दि ओरिजन ऑफ दि आर्यंस) ने संक्षेप में वर्णन करते हुए कहा है कि आर्य सर्व प्रथम भालू और भेड़ियों जैसे कुछ जानवरों का करंज और भूर्ज जैसे कुछ पेड़ों से परिचित रहे होंगे अर्थात् वे यूरोपवासी थे, जबकि दक्षिण एशिया के विशिष्ट पशु और वृक्ष जैसे बाघ और ताड़ से केवल भारतीय और ईरानी परिचित थे। इस सिद्धांत को यदि मान लिया जाए तो आर्य लोग कैस्पियन सागर के पूर्वीक्षेत्र से आए थे, तो उनके शब्द भंडार में दो शिकारी पशु शेर और बाघ तथा एशिया की सवारी पशु ऊँट का नाम न मिलना उनके यूरोपीयन होने के सिद्धांत पर निश्चित ही संदेह व्यक्त करता है।

एक अन्य विद्वान् जाइगर के अध्ययन को समायोजित करते हुए डॉ. आंबेडकर आगे लिखते हैं कि यद्यपि जाइगर भी बेनफे की दलीलों से लगभग सहमत थे, परंतु वे उनका मूल स्थान कृष्णासागर के उत्तर में न बताकर थोड़ा और उत्तर-पश्चिम की ओर अर्थात् मध्य और पश्चिमी जर्मनी को बताते हैं। इसी तरह उन्होंने एक अन्य ओसेटजन के बारे में पाया कि यदि वे आर्य हों तो भी वे न तो काकेशिया के मूलनिवासी थे और न आसपास रहनेवाली अन्य कौमों में श्रेष्ठ थे। न ही उनमें वह शारीरिक सौंदर्य था और न ही साहस, क्योंकि उन्होंने तो रूसियों के आगे कायरतापूर्ण, बगैर प्रतिरोध किए घुटने टेक दिए थे। डॉ. आंबेडकर आगे लिखते हैं कि आर्य काकेशियाई भी नहीं थे, क्योंकि काकेशस तो कौमों का, भाषाओं का, प्रथाओं का और शारीरिक प्रकारों का पालना नहीं, बल्कि कब्रिस्तान है। उन्होंने

तिलक द्वारा बताए गए उत्तरी ध्रुव के सिद्धांत पर अपने विश्लेषण उपरांत पाया कि उत्तरी ध्रुव में घोड़ा (जिसका आर्यों के जीवन में बहुमूल्य स्थान था) न पाए जाने के कारण यह सिद्धांत अत्यंत निराधार हो जाता है।

पीटी श्रीनिवास आयंगर (लाइफ इन एनशियंट इंडिया इन दि ऐज ऑफ द मंत्राज) की व्याख्या का अध्ययन भी डॉ. आंबेडकर ने निम्न प्रकार से किया। इस व्याख्या के अनुसार ऋग्वेद के जिन मंत्रों में आर्य, दास, दस्यु शब्द आते हैं, उनका संबंध प्रजाति से न होकर पूजा-पद्धति से है और यदि वे आक्रमणकारी होते तो स्वाभाविक तौर पर उन पर अपनी सैनिक उपलब्धियों की डींग मारते, जिसका कोई विवरण नहीं मिलता। दूसरे, वैदिक साहित्य का साक्ष्य इस सिद्धांत के विपरीत है कि आर्यों का मूल निवास स्थान भारत से बाहर था। डी.एस. त्रिवेद (ऐनल्स अफद भंडारकर ओरियएंटल रिसर्च इंस्टीट्यूट, खंड 20, पृ. 13) सप्त नदियों के विषय में ऋग्वेद (10,775) का उद्धरण देते हुए उजागर करते हैं कि इसमें 'मेरी गंगा, मेरी यमुना, मेरी सरस्वती' आदि कहकर संबोधित किया गया है—कोई विदेशी किसी नदी को इतने परिचित और प्रेमिल अंदाज में तभी संबोधित करेगा, जब बहुत समय उनके सान्निध्य में रह लेने के बाद उनके साथ भावनात्मक लगाव हो जाए, अर्थात् यह एक और तथ्य उनके भारतीय होने की पुष्टि करता है।

इन तथ्यों के अतिरिक्त डॉ. आंबेडकर ऋग्वेद में आर्यों की दास, दस्युओं के साथ हुई झड़पों पर भी ध्यान आकर्षित करते हुए लिखते हैं कि कुल 33 स्थानों में दासों के विरुद्ध तथा सात स्थानों पर दस्युओं का उल्लेख आया है। उनका मानना है कि ये छिटपुट झड़पे थीं और किसी एक प्रजाति की दूसरी प्रजाति पर जीत या अधीनता का साक्ष्य नहीं है। वे आगे आर्यों तथा दास और दस्युओं में सम्मान और शांति पर आधारित समझौते की बात भी करते हैं। ऋग्वेद के मंडलों को उद्धृत करते हुए बताते हैं कि किस प्रकार दास और आर्य एक साझा दुश्मन के खिलाफ एकजुट होकर लड़े। इनके निष्कर्षों में उनका कहना है कि उनमें टकराव जिस सीमा तक रहा हो, परंतु यह प्रजाति का टकराव नहीं था। यह एक ऐसा टकराव था, जो पृथक् धार्मिक मान्यताओं व विश्वासों को लेकर था। उदाहरण के तौर पर ऋग्वेद में विभिन्न स्थलों पर दस्युओं को आव्रत (संस्कारविहीन), अपव्रत अन्य व्रत (भिन्न संस्कारवाले), अग्निनत (अग्निविहीन), अब्रहा (प्रार्थनारहित), ब्राह्मणद्वेषी (ब्राह्मणों से घृणा करनेवाले), अनिंद्र (इंद्र से रहित अर्थात् इंद्र की अवमानना करनेवाले) वे न सोम निचोड़ते, न कड़ाही ग्रम करते हैं, ब्राह्मणों को दान नहीं देते हैं। इसी प्रकार ऋग्वेद में उनके लिए मृघ्रावक (असहाय भाषा बोलनेवाला)

और 'अनास' शब्दों का प्रयोग हुआ है। अनास के संदर्भ में वे 14वीं शताब्दी के भाष्यकार सायण द्वारा निकाल गए अर्थ अर्थात् अन-असा (मुखविहीन-अर्थात् उत्तम वाणीरहित) बताते हैं। वे इंद्र को उनसे अपनी रक्षा करने की प्रार्थना भी करते हैं। अत: उनके अनुसार, ऋग्वेद के उपरोक्त कथनों से इस सिद्धांत के लिए कोई स्पष्ट जगह नहीं है कि आर्यों ने दासों और दस्युओं पर सैनिक विजय हासिल की होगी।

अत: अंत में डॉ. भीमराव आंबेडकर अपने विश्लेषण के उपरांत यह स्पष्ट लिखते हैं कि कहना न होगा कि पाश्चात्य लेखकों ने आर्य प्रजाति का जो सिद्धांत दिया है, वह हर तरह से धराशाही हो गया है। यह सिद्धांत वैज्ञानिक अनुसंधान का विकृत रूप है। इसे तथ्यों पर आधारित नहीं किया गया। इसके विपरीत यह सिद्धांत पूर्वकल्पित है और तथ्यों का चयन उसे प्रमाणित करने के लिए किया गया है। जहाँ तक आर्यों के आक्रमण के सिद्धांत का प्रश्न है, डॉ. आंबेडकर लिखते हैं कि आक्रमण का सिद्धांत तो एक आविष्कार है। यह आविष्कार पाश्चात्य सिद्धांत में निहित एक अकारण धारणा के कारण आवश्यक हो गया। धारणा यह कि भारतीय-जर्मन लोग तो मूल आर्य प्रजाति के वर्तमान प्रतिनिधियों में सब से शुद्ध हैं, इनका पहला मूलनिवासी यूरोप में कहीं माना गया है। इन धारणाओं में एक सवाल उठता है—आर्य भाषा भारत में कैसे आई होगी ? इस सवाल का जवाब केवल इस धारणा में मिल सकता है कि आर्य लोग भारत में बाहर से ही आए होंगे। इसीलिए आक्रमण-वाले सिद्धांत का आविष्कार करना आवश्यक हो गया।

उपरोक्त सभी साहित्यिक, भाषायी, ऐतिहासिक, पुरातात्त्विक, मानवभीति स्रोतों पर विद्वानों द्वारा विभिन्न सिद्धांतों के अध्ययनों को यदि निष्कर्ष स्वरूप देखा जाए तो हम पाते हैं कि इनमें आर्यों के विदेशी होने के ठोस प्रमाण प्रतीत नहीं होते हैं। औपनिवेशिक इतिहासकारों, अंग्रेज प्रशासनिक अधिकारियों से लेकर भारतविद् मैक्समूलर जैसे तमाम विद्वानों ने उन्हें साझी इंडो-यूरोपियन भाषा के बोलनेवालों के संदर्भ में मध्य एशिया, यूरोप निवासी बताया है। शारीरिक विशिष्टताओं को अध्ययन करनेवाले मानवभीति विज्ञानी इस विषय को दो भिन्न प्रजातियों के मध्य छोड़ देते हैं। प्रसिद्ध इतिहासकार रोमिला थापर, बोगाज कोई शिलालेख के आधार पर उत्तरी सीरिया से ईरान, अफगानिस्तान और पंजाब की ओर से भारत में छोटे-छोटे समूहों में समय अंतराल पर भारत में उनका आगमन मानती हैं। पुरातत्त्वविद् हीलर, गॉर्डन चाइल्ड आदि भी उन्हें विदेशी आक्रमणकारी मानते हैं। चोलिस्तान, (वर्तमान पाकिस्तान के क्षेत्र) में हाकड़ा-घग्गर नदी के किनारे के क्षेत्रों में सिंधु सभ्यता से संबंधित मिले भग्नावशेषों के आधार पर पुरातत्त्वविद् एस.पी. गुप्ता

आदि राष्ट्रवादी विचारकों के पक्ष में लिखते हुए और आगे बढ़कर सिंधु सभ्यता को सिंधु-सरस्वती संस्कृति नाम दिए जाने का सुझाव देते हैं।

डॉ. आंबेडकर आर्यों को न केवल प्रजाति होने से नकार देते हैं, बल्कि वह उनके बारे में विदेशी आक्रमणकारी होने के सिद्धांत को भी अपने आलोचनात्मक विश्लेषण के उपरांत नकार देते हैं। उनका मत स्पष्ट एवं उचित प्रतीत होता है कि पाश्चात्य लेखकों द्वारा पूर्व कल्पित तथ्यों का चयन उसे प्रमाणित करने के लिए कर लिया गया है। अंत में डॉ. आंबेडकर के शब्दों में, आर्यों का विदेशी प्रजाति और भारत पर उनके आक्रमण का सिद्धांत मात्र एक मान्यता और धारणा है, इससे अधिक कुछ भी नहीं।

(लेखक महर्षि दयानंद विश्वविद्यालय रोहतक में आंबेडकर पीठ के अध्यक्ष हैं)

□

डॉ. बाबासाहब आंबेडकर की जल नीति

—रमेश पांडव

मांटेग्यु चेम्सफोर्ड सुधार 1919 के द्वारा जल प्रबंधन का कार्य केंद्र से राज्य को सौंपा गया, तो भी अंतिम नियंत्रण केंद्र के हाथों में ही था। दो राज्यों के बीच बहनेवाली नदियों की 50 लाख रुपए से अधिक की योजनाओं को स्वीकृति केंद्र सरकार ही देती थी। रियासतों के अंतर्गत जलप्रबंधन पर ब्रिटिश सत्ता का हस्तक्षेप नहीं था। ब्रिटिश क्षेत्र व रियासतों के बीच बहनेवाली नदियों के लिए ब्रिटिश सरकार एवं रियासतों के बीच विशेष अनुबंध हुआ करता था।

आगे 1935 में सुधारों के द्वारा राज्यों को अधिक स्वायत्तता प्राप्त हुई, परंतु अंतरराज्यीय विवाद या ब्रिटिश सरकार व रियासतों के बीच होनेवाले विवादों का आपसी निबटारा न होने पर मामला केंद्र के पास ही जाता था। उस समय केंद्र के पास इस विषय से संबंधित कोई अलग कार्यालय नहीं था।

अंतरराज्यीय विवादों में केंद्र की भूमिका निर्णायक की नहीं थी। केंद्र की कोई कार्यकारी भूमिका नहीं थी।

संवैधानिक दृष्टि से तो यह स्थिति थी, परंतु व्यवहार में किसान एवं शासन के बीच के संबंध एवं कार्यपद्धति कैसी थी, यह देखना भी आवश्यक है।

इस संबंध में 1871 का पश्चिम महाराष्ट्र (मुंबई प्रांत) का अधिनियम, 1939 का विदर्भ मध्यप्रांत के लिए सेंट्रल प्रोविंस एंड करार एक्ट, तो मराठवाडा के लिए (हैदराबाद स्टेट) निजाम का 1948 का अधिनियम लागू था। इन अधिनियमों के अनुसार किसान शासन को एक निर्धारित प्रपत्र में जल के लिए प्रार्थना पत्र देते थे। स्वीकृति के बाद पानी के लिए पास दिया जाता था। पानी प्राप्त होने पर उसकी प्रविष्टि पास बुक में की जाती थी। बुआई के अंतर्गत फसल का आकलनकर उसके अनुसार कर का निर्धारण एवं वसूली होती थी। इस सारी प्रक्रिया में कोई भूल होने

पर अधिकारियों के पास पानी बंद करने का अधिकार भी हुआ करता था। यद्यपि उस काल में मानव निर्मित माध्यमों से दी जानेवाली सिंचाई की क्षमता बहुत सीमित थी। महाराष्ट्र में ही देखा जाए तो सिंचाई की क्षमता 60 लाख हेक्टेयर हो सकती थी, परंतु भारत के स्वतंत्रता के समय यह क्षमता केवल डेढ़ लाख हेक्टेयर थी।

बाबाराहब आबेडकर सिंचाई व विद्युत मंत्री के रूप में

बाबासाहब का जल विषय न होते हुए भी मांटेंग्यु चेम्सफोर्ड सुधार एवं साइमन कमीशन (1928) के साथ डॉ. आंबेडकर का संबंध आ चुका था। उलझानेवाले सरकारी कानूनों का केस सरलीकरणकर उन्हें भारतीयों एवं भारतीय दलितों के हित में लागू करना, इस बात का अनुभव उन्हें हो गया था। इसी परिप्रेक्ष्य में 1942 से 1946 तक वे वायसराय की कार्यकारिणी में मजदूर, सिंचाई व विद्युत संबंधी प्रभाग की जिम्मेदारी सँभालते रहे।

उत्तरी भारत का 80 प्रतिशत पानी हिमालय से निकलनेवाली नदियों तथा दक्षिण भारत का 90 प्रतिशत पानी पठारों से बहनेवाली नदियों से निकलकर समुद्र में बह जाता है। बारिश के तीन-चार महीनों के बीच छह से सात दिन के लिए आनेवाली वर्षा के पानी को उपयोग में लाने की कोई सुविधा नहीं थी। बांधों की परिकल्पना सरकार के दिमाग में तब भी थी। अंग्रेज बाँध के लिए उचित स्थान (साइट) देखकर बाँध बनाते भी थे, पर इंग्लैंड को जिस फसल की आवश्यकता होती, वही फसल बोना किसान के लिए बंधनकारी था। अतएव केवल सिंचाई के उद्देश्य से ही बाँधों के निर्माण की ओर ब्रिटिश सरकार ने सीमित ध्यान दिया।

बाबाराहब का मौलिक चिंतन

बाबासाहब ने इस विश्व पर पूरे भारत को सामने रख करविचार किया एवं उसे साकार भी किया। भारत में 20 बड़ी नदियों की विशाल समस्या है। नदियाँ एक ही स्थान से निकलकर उसी प्रांत में बहकर समुद्र में मिल जाती हैं। कुछ नदियां दो-तीन प्रांतों से होकर बढ़ती हैं। नदी के पानी के राज्यों में बँटवारे का नियम-कानून बनाने, देखभाल एवं निर्णय लेना बहुत जटिल प्रक्रिया होती है। जल की धारा को तो जिले या राज्य की सीमाओं का ज्ञान नहीं होता। उद्‌गम से लेकर समुद्र तक नदियों में पानी विभिन्न स्त्रोतों से आता है।

इसको आधार बनाकर यदि योजनाएँ बनाई जाएँ व क्रियान्वित की जाएँ तो अधिक सुविधाजनक होगा। पानी के उपयोग का क्षेत्र किसी भी जिले या राज्य में

हो, पर स्रोत से पानी प्राप्त होगा, तभी उपयोग संभव है। इन्हीं बिंदुओं को आधार मानकर यूरोप व अमेरिका में पानी के उपयोग किए जाने की बात डॉ. आंबेडकर की जानकारी में थी, जिसका उन्होंने चिंतन भी किया। अमेरिका में इसी में से एक टेनेसी वैली भी है।

कलकत्ता परिषद् में

23 अगस्त, 1944 में कलकत्ता परिषद में दिए गए भाषण के अंत में बाबासाहब कहते हैं, ''There is only one thing which the Govt. of India expects the provinces to do. It expects the provinces to bear in mind the absolute necessity of ensuring that benefits of the project get ultimately right down to the grass roots i.e. everyone living in the valley…''

3 जनवरी, 1944 को वे कलकत्ता परिषद् में कहते हैं, 'The Govt. of India has very much in its mind the Tennessee valley scheme operating in uthe nited States. They are studying the schemes and feel that something along that time can be done in India if the provinces offers their co-operation and agree provincial barriers…'

अखिल भारतीय दृष्टिकोण व गरीबी उन्मूलन का उद्देश्य ध्यान में रखकर सिंचाई विभाग का कार्यभार प्राप्त होते ही बाबासाहब ने पहले बंगाल एवं उड़ीसा राज्यों पर ध्यान दिया। वहाँ पर नदियों की बाढ़ के कारण जनजीवन अस्तव्यस्त हो जाता था तथा बाढ़ के विध्वंसकारी परिणामों का सामना करना पड़ता। जीवनदायी जल काल बन जाता था। इस समस्या का अध्ययन करने हेतु एक कमेटी बनाई, जिसे स्वयं बाबासाहब का मार्गदर्शन मिला। इसी विषय पर 3 जनवरी, 1944 को दामोदर वैली स्कीम से संबंधित कलकत्ता में सम्पन्न परिषद के प्रारंभ में दिए गए भाषण में बाबासाहब ने कहा, 'I must also pay my tribute to the committee for very sound views they have expressed both on particular problem of dealing with floods of Damodar river & on the general problem of the best uitilisation of the water resources in the country…भाषण के अंत में वे कहते हैं, "I hope we shall be guided by the right spirit, leaving aside sectional points of view and proceed to our business with a determination to agree upon the best solution and open a way to the inauguration of a new policy in regard to our waterways and lay the foundation for a regime of povery & stricken millions of this country."

इस प्रकार उन्होंने क्षेत्रीय स्वार्थ को एक किनारे रखकर राष्ट्रीय दृष्टिकोण से समस्या को देखने की दृष्टि दी, जिससे गरीबों का भला हो सके।

बहुआयामी योजनाओं की रचना

सिंचाई व विद्युत मंत्री के रूप में केवल सिंचाई को ही एकमात्र उद्देश्य न बनाकर बाँधों एवं सिंचाई योजना का बहुआयामी उपयोग सुनिश्चित करने का काम उन्होंने किया। यह सर्वविधित है कि उड़ीसा में महानदी, ब्राह्मणी, वैल्रणी ये बड़ी नदियाँ बहती हैं। ये सब बड़ी क्षमतावाली नदियाँ हैं। इन नदियों, उपनदियों से उड़ीसा के कटक, पुरी, बालासोर जिले का 8000 वर्ग मीटर का त्रिभुज प्रदेश प्रभावित रहता है। ये तीनों नदियाँ विभिन्न प्रांतों के 6000 वर्ग मील के पानी लेकर आती हैं। परिणामस्वरूप हर साल भारी बाढ़ आती रहती है।

इस बाढ़ से इन नदियों का (90000000 वर्ग फुट) 111043 दस लाख घन मीटर पानी प्रति वर्ष समुद्र में चला जाता है। हर साल जनधन की भारी हानि तो होती ही है। इस विषय की (1872, 1928, 1936, 1939, 1945) विभिन्न समितियों के अध्ययन के बाद बाबासाहब कहते हैं, 'I am sorry to say that they did not bring right approach to bear on the problem. Ttrey were influenced by the idea that water in excessive quantity was an avil. They were guiled by the conception that when water comes in excessive quantity what needs to be done is to let it run into the sea in an orderly flat. Both these views are now regarded as grave misconceptions and as positively dangerous from the point of view of the people. It is wrong to think that water in excessive quantity is an evil. Water can never be excessive as to be an evil.'

वे कहते हैं—

"if conservation of water is mandatory from the point of view of public good, obviously, the plan of embankment is wrong plan. It is a means which does not subserue the can, namely the conservation of water and must therefore be abandoned..."

यहाँ डॉ. आंबेडकर का बाँधों के कार्य को प्राथमिकतापूर्वक कराने का कितना आग्रह दिखाई देता है। इसी उद्देश्य की प्राप्ति के लिए सेंट्रल वाटर कमीशन तथा

दामोदर घाटी योजना कारपोरेशन की स्थापना की (1945)। इतना ही नहीं, तो जल संपत्ति के विकास के लिए नदी के स्रोतों को इकाई मानकर राष्ट्रीय जल नीति की नींव रखी। शील महानदी जैसी नदियों के लिए अलग से नियमों की स्थापना की। उड़ीसा के लिए विभाग बनाने के रास्ते में बहुत सी बाधाओं को दूरकर नियम की स्थापना का कार्य प्रारंभ किया। कृष्णा कोयना, गोदावरी, तापी इन नदियों का पानी बेकार न जाए, इस हेतु उन्होंने जोड़ नदी योजना का भी सुझाव दिया।

रेलवे मार्ग की तरह जलमार्ग को भी आगे बढ़ाया जाए

रेलवे मार्ग का साल पूरे देश में फैला हुआ है, जो केद्र सरकार के अधिकार क्षेत्र में है। बाबासाहब ने जल मार्ग के विषय में भी अध्ययन किया था। वे कहते हैं, जलमार्ग के संबंध में सारी व्यवस्थाएँ कंपनी सरकार ही करती थी, रेलवे मार्ग जैसा ही महत्त्व जलमार्ग को दिया जाता था, पर 1875 में इस बात पर विरोध दिखाई देता है। सर काटन ने केंद्रीय व्यवस्था के लिए संघर्ष भी किया, परंतु वे हार गए। मैं उससे अप्रसन्न था। ऐसे जलमार्ग के अधूरे काम के कारण रेवेन्यू देने की क्षमता कम हुई। हमें जर्मनी एवं रूस से बहुत कुछ सीखने की जरूरत है। यदि रेलवे को एक राज्य के साथ बाँधकर नहीं रखा जा सकता तो अलग-अलग प्रांतों से बहनेवाली नदियों के जलमार्ग पर एक राज्य का अधिकार कैसे हो सकता है ?

जल प्रबंधन एवं जलमार्ग ये राज्य के अधिकार क्षेत्र में होने कारण होनेवाले नुकसान के विषय में वें कहते हैं, एक राज्य को बिजली चाहिए तो उसके लिए उत्पादन का केंद्र दूसरे राज्य में होना मान्य होता है, यदि उस दूसरे राज्य की विद्युत उत्पादन में रुचि न हो, या उस राज्य में धन का अभाव हो तो प्रांतीय स्वायत्तता के नाम पर शत्रुतापूर्ण दृष्टिकोण अपनाया जाता है, इसे न्यायसंगत भी ठहराया जाता है।

डॉ. आंबेडकर सुझाव देते हैं कि संवैधानिक परिवर्तन करके स्वतंत्र प्राधिकरण की स्थापना की जानी चाहिए, उसी प्रकार अंतरराज्यीय विवादों में केंद्र को हस्तक्षेप करना चाहिए।

आधुनिक भारत का संविधान

बाबासाहब जब संविधान निर्माण समिति के प्रमुख बने तो उन्होंने संविधान में इस विषय पर धारा 269 एवं 242 संविधान में जोड़कर अपने इस चिंतन को कार्यरूप में लाने का हर संभव प्रयास किया। वर्तमान में तो अलग-अलग प्रांतों ने

विभिन्न नदियों के लिए प्राधिकरण बना लिये हैं। जल का विषय पूर्ण रूप से राज्यों के हाथ में है। यदि यह विषय पूर्ण रूप से केंद्र के हाथ में होता तो शायद कावेरी जल विवाद जैसे मसले इतने लंबे न खींचे होते।

आज की जल समस्या को देखते हुए गाँवों से लेकर राष्ट्रीय स्तर तक की लघु तथा महा सिंचाई योजनाओं को लागूकर जल संपदा विकास की शृंखला बनानी होगी, उसके बिना समस्या का निदान नहीं हो सकेगा। यदि इसी प्रकार घटनाक्रम आगे बढ़ता गया और देश को जल समस्या से मुक्ति प्राप्त हो गई तो संपूर्ण भारतीय समाज बाबासाहब को 'जल समस्या मुक्ति के प्रेरणा स्रोत' के रूप में याद रखेगा। □

डॉ. आंबेडकर और सामाजिक-आर्थिक लोकतंत्र

—नरेंद्र जाधव

डॉ. आंबेडकर मानवाधिकारों तथा लोकतंत्र के प्रबल समर्थक थे, 'अखिल भारतीय डिप्रेस्ड क्लासेस' के अधिवेशन में भाषण करते हुए उन्होंने कहा "मैं यह मानता हूँ कि मनुष्यों के बीच संबंधों का निर्धारण करनेवाला 'लोकतंत्र' का सिद्धांत इस दुनिया से लुप्त न हो जाए, यह देखने का महत्त्वपूर्ण दायित्व हम सभी को उठाना है। यदि हम लोकतंत्र में विश्वास रखते हैं तो हमें इसके प्रति ईमानदार और निष्ठावान् रहना होगा। केवल लोकतंत्र के संबंध में विश्वास रखने से काम नहीं चलेगा। अपने किसी भी कृत्य से लोकतंत्र के शत्रुओं द्वारा स्वतंत्रता, समता और बंधुत्व जैसे लोकतंत्र के आधारस्तंभों को हानि पहुँचाने से भी सुरक्षित रखना होगा। यह हम सभी का परम कर्तव्य है।"

डॉ. आंबेडकर की लोकतंत्र की संकल्पना राजनीतिक स्वतंत्रता, समता तथा बंधुत्व की आम संकल्पना से अधिक व्यापक थी। उन्होंने लोकतंत्र के आर्थिक और सामाजिक पहलुओं पर बल दिया और यह कहा कि यदि आर्थिक और सामाजिक लोकतंत्र न हुआ तो केवल राजनीतिक लोकतंत्र सफल नहीं हो पाएगा।

इस अध्याय में उनके लेखों, भाषणों और संवैधानिक समिति के समक्ष किए गए बयानों के आधार पर उनके द्वारा प्रतिपादित सामाजिक-आर्थिक संकल्पना का विवरण दिया गया है।

लोकतंत्र की परिभाषा

डॉ. आंबेडकर ने अनेक दार्शनिकों, समाजशास्त्रियों तथा राजनीतिज्ञों द्वारा की

गई लोकतंत्र की परिभाषाओं का उल्लेख किया है। वॉल्टर बॅगेहोट की परिभाषा 'चर्चा के माध्यम से शासन' तथा लिंकन की परिभाषा 'जनता का, जनता के लिए जनता द्वारा किया जानेवाला शासन' वे विशेष रूप से याद करते हैं, तथापि इन बहुश्रुत और रूढ़ परिभाषाओं से भिन्न वे लोकतंत्र को ''रक्तपात पर निर्भर न करते हुए जनता के आर्थिक और सामाजिक जीवन में क्रांतिकारी परिवर्तन लानेवाली शासन प्रणाली'' कहते हैं। वे कहते हैं, जिस शासन प्रणाली में शासकों द्वारा जनता के आर्थिक और सामाजिक जीवन में आमूल परिवर्तन लाना संभव हो तथा जिन्हें जनता भी रक्तपात से मुक्त बिना शिकायत स्वीकार कर ले, उसे मैं लोकतंत्र मानता हूँ। यही इसकी असली परीक्षा है। यह परीक्षा अत्यंत कठिन हो सकती है, परंतु जब आप किसी वस्तु के गुण-दोषों का मूल्यांकन करते हैं तो आपको कड़ी-से-कड़ी कसौटी का प्रयोग करना ही चाहिए।'' इससे स्पष्ट है कि डॉ. आंबेडकर लोकतंत्र को एक अंतिम लक्ष्य नहीं, बल्कि वांछित सामाजिक और आर्थिक परिवर्तन लाने का एक प्रभावशाली साधन मानते थे। 'सामाजिक और आर्थिक लोकतंत्र तो राजनीतिक लोकतंत्र की कोशिकाओं और तंतुओं (टिश्यू एंड फाइबर) के स्थान हैं। कोशिकाओं और तंतु जितने बलवान होंगे' उतना ही शरीर भी बलवान होगा,'' यह उनका दृढ विश्वास था। सामाजिक और आर्थिक लोकतंत्र न रहने पर राजनीतिक लोकतंत्र सफल हो ही नहीं सकता। डॉ. आंबेडकर कहते हैं कि इस सिद्धांत को न समझ पाने के कारण अनेक स्थानों पर संसदीय लोकतंत्र को व्यर्थ माना गया है।

बाद में 20 मई, 1956 को डॉ. आंबेडकर ने 'वॉयस ऑफ अमेरिका' द्वारा आयोजित एक वार्त्ता में 'भारतीय लोकतंत्र का भविष्य' पर भाषण दिया। इसमें उन्होंने कहा, ''लोकतंत्र का अर्थ मात्र गणराज्य अथवा संसदीय सरकार नहीं है। लोकतंत्र का मूल शासन प्रणाली अथवा संसदीय या किसी अन्य प्रणाली में नहीं है।'' वे आगे कहते हैं, ''लोकतंत्र का अर्थ है साथ-साथ जीवन बिताने की एक प्रणाली। लोकतंत्र की जड़ें उन लोगों के सामाजिक संबंधों में ही नजर आती हैं, जो एक समाज में साथ-साथ जीवन बिताते हों।''

लोकतंत्र के प्रबल समर्थक डॉ. आंबेडकर की दृष्टि में एक विशाल चित्र था, जिसमें मनुष्य-मनुष्य के बीच के राजनीतिक, आर्थिक और सामाजिक संबंधों के विविध रंग एकरूप होकर एक परिपूर्ण सामाजिक-आर्थिक दृश्य निर्मित करते हैं।

सामाजिक-आर्थिक लोकतंत्र के लिए अत्यावश्यक मदें

राजनीतिक समता तथा विचार और कार्य करने की स्वतंत्रता किसी भी लोकतंत्र की आधारशिलाएँ मानी जाती हैं, परंतु डॉ. आंबेडकर ने इस पर अधिक बल दिया कि ''लोकतंत्र का संबंध मात्र राजनीतिक अधिकारों तक सीमित नहीं होना, बल्कि सामाजिक और आर्थिक विषयों में भी समान अवसर प्रदान करना ही लोकतंत्र का सही अर्थ है।''

डॉ. आंबेडकर का कहना था कि यदि स्वतंत्रता के साथ-साथ लोगों को सामाजिक और आर्थिक विकास में भाग लेने के समान अवसर प्राप्त न हों तो वह स्वतंत्रता ही नष्ट हो जाएगी।

जिन लोगों का आर्थिक जीवन उनकी जाति के आधार पर निर्धारित किया गया हो और जिनकी सौदा करने की शक्ति छीन ली गई हो, उनके लिए व्यापार या व्यवसाय अथवा अनुबंध करार करने की स्वतंत्रता निरर्थक है। समताविहीन स्वतंत्रता का अर्थ है, 'जमींदारों को किराए बढ़ाने की स्वतंत्रता, पूँजीपतियों को काम का समय बढ़ा देने और मजदूरी घटा देने की स्वतंत्रता' ऐसी स्थिति में गरीब, निरक्षर, बेरोजगार लोगों को जो समाज का निचला वर्ग कहलाते हैं, अपना पेट पालने के लिए आर्थिक स्वतंत्रता गिरवी रख देनी पड़ती है। इसीलिए डॉ. आंबेडकर ने आर्थिक विषयों में सरकारी हस्तक्षेप का समर्थन किया। उन्होंने इस बात पर बल दिया कि समाज के गरीब, दलित और दुर्बल वर्ग की आर्थिक स्वतंत्रता बनाए रखने के लिए सरकार समान आर्थिक अवसर उपलब्ध कराने का पूर्ण आश्वासन दे।

लोकतंत्र को सफलतापूर्वक स्थापित करने के लिए अत्यावश्यक बातों की चर्चा करते हुए डॉ. आंबेडकर कहते हैं कि पहली शर्त यह है, ''समाज में ऊँच-नीच की भावना नहीं रहनी चाहिए। समाज में उत्पीड़ित वर्ग नहीं होना चाहिए, शोषित वर्ग नहीं होना चाहिए। सभी सुख-सुविधाएँ प्राप्त एक वर्ग और केवल दुःखों, अभावों को भोगनेवाला एक वर्ग, ऐसी स्थिति नहीं होनी चाहिए। रक्तरंजित क्रांति के बीज इस प्रकार विभाजित समाज में मौजूद होते हैं और लोकतंत्र ऐसी क्रांति को रोक नहीं सकेगा।

इसी भाषण में डॉ. आंबेडकर ने भविष्यवाणी की, ''समाज के भिन्न-भिन्न वर्गों के बीच की यह गहरी खाई लोकतंत्र की सफलता के मार्ग में सबसे बड़ी बाधा सिद्ध होगी। लोकतंत्र में सभी को समान मतदान करने का अधिकार हो, चाहे वह उत्पीड़ित हो या दलित, उसके अधिकार छिन गए हों या वह बोझ ढोता हो,

चाहे वह सधन हो या निर्धन और संभवत: सधनों की अपेक्षा निर्धनों की संख्या कहीं अधिक होती है। अगर हमने बहुतों की आवाज को निर्णायक नियुक्त किया है तो ऐसा भी संभव है कि यदि अल्पसंख्यक 'सधन' वर्ग स्वेच्छा से अपने आप अपनी विशेष सुविधाएँ नहीं छोड़ दे तो उसमें और समाज के निचले स्तर के वर्ग में अंतर बढ़ता जाएगा, जिससे लोकतंत्र नष्ट होकर उसके स्थान पर कुछ और ही खड़ा हो जाएगा। यदि आप विश्व के अलग-अलग स्थानों में लोकतंत्र के इतिहास का निरीक्षण करें तो यह ज्ञात होगा कि इन सामाजिक शर्तों की पूर्ति न होने के कारण वहाँ लोकतंत्र का विनाश हुआ है। इस संबंध में मेरे मन में रत्तीभर भी संदेह नहीं है।''

अन्यत्र वे विश्व के अन्य भागों में संसदीय लोकतंत्र की असफलता के कारणों की मीमांसा करते हुए कहते हैं[4], ''अनुबंध करने की स्वतंत्रता अनेक कारणों में से एक है। इस धारणा ने आगे चलकर एक पवित्रता प्राप्त कर ली, जिसे स्वतंत्रता के रूप में समर्थन प्राप्त हुआ। न तो अनुबंध करनेवाले दोनों पक्षों की आर्थिक स्थिति और सौदा करने के सामर्थ्य को संसदीय लोकतंत्र ने विचार में लिया और न ही अनुबंध स्वतंत्रता से इन दो पक्षों पर होनेवाले परिणामों पर ही ध्यान देने का कष्ट किया। अनुबंध की स्वतंत्रता से दुर्बल पक्ष को ठगने का सबल पक्ष को अवसर मिलता है, इसका भी ख्याल उसने नहीं रखा। परिणामस्वरूप, संसदीय लोकतंत्र ने स्वतंत्रता को पुष्ट तो किया, लेकिन इसके साथ-साथ गरीब, दलित तथा वंचित लोगों की आर्थिक कठिनाइयों में वृद्धि की। अनेक देशों में स्वतंत्रता की आशा जाग्रत् हुई, परंतु समता का महत्त्व समझने में वे असफल रहे तथा समता और स्वतंत्रता का तालमेल नहीं बिठा पाए। इसीलिए स्वतंत्रता समता पर हावी हो गई और लोकतंत्र एक 'फार्स' बनकर रह गया।''

स्वतंत्रता के समान ही 'बंधुत्व' की स्थिति। डॉ आंबेडकर के मतानुसार 'बंधुत्व' यह लोकतंत्र का दूसरा नाम है। अतएव सामाजिक अत्याचार, जातीयता, बेगारी, दुर्व्यवहार और असुरक्षितता, ये सब लोकतंत्र की स्थापना को बाधा पहुँचाते हैं।

'न्यायशीलता का अभाव' लोकतंत्र के मार्ग में एक और बाधा है, यह भी डॉ. आंबेडकर ने पहचाना था। उनके मतानुसार समाज यदि यथार्थ और आदर्श के बीच संतुलन बनाए रख सके तो न्यायशीलता प्राप्त की जा सकती है। यदि समाज यथार्थ को आदर्श मानने लगे (जैसे, अलग-अलग वर्गों का अस्तित्व) तो न्याय के सिद्धांत में बाधा पड़ेगी। इसीलिए चातुर्वर्ण में अंतर्निहित सामाजिक और आर्थिक बंधनों

को अस्वीकार करना आर्थिक न्याय के लिए पूर्व शर्त है और आर्थिक लोकतंत्र की सिद्धि के लिए एक अत्यावश्यक मद है।

डॉ. आंबेडकर कहते हैं कि लोकतंत्र के लिए एक 'सार्वजनिक अंत:करण' (पब्लिक कॉन्शस) की आवश्यकता होती है। उन्होंने एक जगह कहा है[5] कि "...हम लोग दक्षिण अफ्रीका की बात करते हैं, परंतु मुझे मन-ही-मन आश्चर्य होता है कि अफ्रीका में भेदभाव के विषय में बोलते समय क्या हमें यह स्मरण रहता है कि अपने यहाँ गाँव-गाँव में एक दक्षिण अफ्रीका है ? यह सत्य परिस्थिति है। खुद जाकर देखें तो समझ पाएँगे। इसका कारण है अपने यहाँ सार्वजनिक अंत:करण का अभाव। अन्याय से उत्पीड़ित अल्पसंख्यकों को इस अन्याय से बचाने के लिए किसी से भी सहायता नहीं मिल पाती। इसीलिए क्रांतिकारी प्रवृत्तियाँ पनपती हैं और लोकतंत्र के लिए खतरा उत्पन्न हो जाता है।"

इस प्रकार सामाजिक और आर्थिक मदों में समान अवसर, बंधुभाव पर आधारित समाज व्यवस्था, न्याय मिलने का विश्वास और सार्वजनिक अंत:करण, इन सब को डॉ. आंबेडकर सामाजिक-आर्थिक लोकतंत्र के लिए अत्यावश्यक पूर्व शर्तें मानते हैं, जो उनका स्वप्न था।

इस पृष्ठभूमि में डॉ. आंबेडकर द्वारा प्रस्तावित संवैधानिक प्रावधानों को परखना अत्यंत आवश्यक है।

संवैधानिक सतर्कताएँ

1947 में डॉ. आंबेडकर ने संविधान समिति को एक ज्ञापन प्रस्तुत किया, जिसमें उन्होंने बताया कि अनुसूचित जातियों की सुरक्षा के लिए संविधान में क्या-क्या प्रावधान होने आवश्यक हैं। इस ज्ञापन का शीर्षक था 'राष्ट्र एवं अल्पसंख्यक'। इस ज्ञापन में उन्होंने संसदीय लोकतंत्र को बरकरार रखने की आवश्यकता पर बल देने के साथ यह भी सुझाव दिया कि संसद् को यह अधिकार न हो कि वह साधारण बहुमत से राष्ट्र समाजवाद पर रोक लगाए, उसमें परिवर्तन करे या उसे निरस्त कर दे, इसलिए राष्ट्र समाजवाद का कार्यान्वयन राष्ट्र के संविधान के माध्यम से ही होना चाहिए। डॉ. आंबेडकर की धारणा थी कि केवल ऐसा होने पर ही संसदीय लोकतंत्र बनाए रखने, समाजवाद की स्थापना करने और तानाशाही से बचने के तीन लक्ष्य प्राप्त किए जा सकेंगे।

बाद में संविधान समिति के समक्ष भाषण करते हुए उन्होंने कहा कि नया

संविधान बनाने के दो ध्येय थे—

1. राजनीतिक लोकतंत्र का स्वरूप निश्चित करना।
2. आर्थिक लोकतंत्र, यही हमारा उद्देश्य है, ऐसा ऐलान करना। कोई भी सरकार सत्ता में हो, वह आर्थिक लोकतंत्र स्थापित करने के लिए कटिबद्ध रहे, यह घोषित करना। इस प्रकार आर्थिक लोकतंत्र की संकल्पना भारत के संविधान में आरंभ ही से अंतर्भूत की गई थी।

इस संकल्पना को स्पष्ट करते हुए डॉ. आंबेडकर कहते हैं, "लोगों का यह विश्वास है कि आर्थिक लोकतंत्र अनेक प्रकार से स्थापित किया जा सकता है। कुछ लोग समझते हैं कि परम व्यक्तिवाद लोकतंत्र का सर्वश्रेष्ठ प्रकार है, तो कुछ यह मानते हैं कि समाजवादी राष्ट्र द्वारा ही लोकतंत्र प्राप्त किया जा सकता है। आर्थिक लोकतंत्र की स्थापना का एकमेव मार्ग साम्यवाद ही है, ऐसा कुछ और लोगों का मत है, परंतु "एक तरल और प्रवाही धारणा को जकड़कर रखने के प्रयास ठीक नहीं है। आर्थिक लोकतंत्र एक परिवर्तनशील संकल्पना है, जो समय और परिस्थिति के साथ-साथ बदलती रहती है।" इसीलिए आर्थिक लोकतंत्र की नींव रखने के लिए उन्होंने इसे राष्ट्र के मार्गदर्शक सिद्धांतों के अंतर्गत संविधान में सम्मिलित कराए जाने का आग्रह किया।

राष्ट्र के मार्गदर्शक सिद्धांतों का संविधान में समावेश आवश्यक तो था, लेकिन आर्थिक लोकतंत्र की स्थापना के लिए काफी नहीं, इसे डॉ. आंबेडकर अच्छी तरह समझते थे। इसीलिए संविधान को अपनाते समय किए गए अपने भाषण में उन्होंने कहा था—

"26 जनवरी, 1950 को हम एक परस्पर विरोधी स्वरूप की जीवन प्रणाली अपनाने जा रहे हैं। हमारे राजनीतिक जीवन में समता होगी, परंतु आर्थिक और सामाजिक जीवन में विषमता होगी। राजनीति में एक व्यक्ति एक मत है और प्रत्येक मत का मूल्य एक-सा है, यह हम स्वीकार कर लेंगे; किंतु अपना सामाजिक ढाँचा कुछ ऐसा है कि सभी लोग समान हैं, यह हम स्वीकार नहीं कर पाएँगे। कब तक हम ऐसा परस्पर विरोधी जीवन जीते रहेंगे? कब तक हम अपने आर्थिक और सामाजिक जीवन में समानता को ठुकराते रहेंगे? यदि बहुत समय तक यह जारी रहे तो अपना राजनीतिक लोकतंत्र संकट में पड़ जाएगा। इस असंगति को यथाशीघ्र मिटाना होगा, वरना असमानता के शिकार वर्ग द्वारा राजनीतिक लोकतंत्र की इमारत को ही तहस-नहस कर दिया जाएगा।"

भारतीय आर्थिक समस्याओं के हल खोजने में तथा भारतीय अर्थशास्त्रीय

विचार को विकसित करने में डॉ. आंबेडकर का महान् योगदान रहा है। यह बात पिछले कुछ अध्यायों से स्पष्ट हो जाती है। निस्संदेह ही डॉ. आंबेडकर के आर्थिक विचारों पर ध्यान न देकर भारतीय समाज ने स्वयं पर अन्याय किया है।

भारतीय अर्थव्यवस्था में डॉ. आंबेडकर का योगदान काफी वैविध्यपूर्ण है। मोटे तौर पर देखा जाए तो उनके इस कार्य में एकसूत्रता का अभाव झलकेगा। एक ओर 'ईस्ट इंडिया कंपनी : प्रशासन तथा अर्थ प्रबंध', 'ब्रिटिश भारत में प्रादेशिक वित्त का विकास' जैसे उनके विद्वत्तापूर्ण शोधकार्य सार्वजनिक वित्त के अंतर्गत आते हैं तो दूसरी ओर 'रुपए की समस्या : उद्‌गम तथा समाधान' यह मौलिक कार्य मौद्रिक अर्थशास्त्र तथा अंतरराष्ट्रीय अर्थशास्त्र शाखाओं के अंतर्गत आते हैं। 'खोती प्रणाली' और 'महार वतन' के निर्मूलन के संबंध में डॉ. आंबेडकर द्वारा किया महत्त्वपूर्ण कार्य उन्हें एक सक्रिय कृषि अर्थशास्त्री के स्वरूप में प्रस्तुत करता है तो मजदूरों के लिए उनके द्वारा किया गया संघर्ष उन्हें एक मजदूर नेता की भूमिका में प्रदर्शित करता है। जाति व्यवस्था और अस्पृश्यता के आर्थिक पहलू पर प्रकाश डालकर उन्होंने अर्थशास्त्र और समाजशास्त्र के संबंधों को स्पष्ट किया है। इससे वे एक प्रकांड पंडित के रूप में उभरते हैं। भारतीय आर्थिक विकास में अपनी योजनाओं के द्वारा वे एक उच्च कोटि के अर्थविद् माने जा सकते हैं।

भारतीय अर्थशास्त्री विचार तथा भारत के आर्थिक प्रश्नों के संबंध में उनके इस विविधरंगी और विस्तृत कार्य के कारण इन प्रश्नों के आपसी सूक्ष्म संबंध कुछ अस्पष्ट से हो गए हैं। इसलिए ऊपरी तौर से भिन्न लगनेवाले उनके योगदान में एक गहरी एकसूत्रता है, यह मानना आवश्यक हो जाता है। वास्तव में डॉ. आंबेडकर के सभी विविध योगदानों के पीछे एक सुस्पष्ट और सुसंबद्ध आर्थिक दर्शन है। इस अध्याय में डॉ. आंबेडकर के लेखन के मुख्य अंशों की चर्चा तथा उनके द्वारा मार्गदर्शित विविध सामाजिक जन आंदोलन की आर्थिक पृष्ठभूमि का विश्लेषण करके उनके आर्थिक दर्शन पर कुछ प्रकाश डालने का प्रयास किया गया है।

डॉ. आंबेडकर का अर्थशास्त्रीय लेखन

यद्यपि 'ईस्ट इंडिया कंपनी : प्रशासन और अर्थ प्रबंध' इस पहले निबंध में उन्होंने 1792 से 1858 तक की दीर्घ अवधि में ईस्ट इंडिया कंपनी के प्रशासन और अर्थ प्रबंध में हुए परिवर्तनों की ऐतिहासिक चर्चा प्रस्तुत की थी, तथापि उनके लेखन में अधिक बल इस बात पर दिया गया कि किस प्रकार अंग्रेजों ने भारतीय

जनता पर आर्थिक अन्याय किए। डॉ. आंबेडकर कहते हैं कि किसी भी देश की आर्थिक नीति का मूल्यांकन उस देश में रेलवे, सड़क, नहरों के निर्माण इत्यादि जैसी सार्वजनिक उपयोग की सेवा तथा विकासात्मक वस्तुओं पर किए गए खर्च के आधार पर किया जाना चाहिए। 1834 से 1848 तक की अवधि में भारत जैसे खंडप्राय देश में ईस्ट इंडिया कंपनी द्वारा सार्वजनिक कार्यों पर किया गया कुल खर्च इंग्लैंड के मैनचेस्टर नगर द्वारा मात्र उसकी पानी आपूर्ति के लिए किए गए खर्च से भी कम था। यह दिखाकर डॉ. आंबेडकर ने अंग्रेजों का भारतीय जनता के प्रति अन्याय सिद्ध कर दिया है। 1858 में ईस्ट इंडिया कंपनी का अंत होने पर निर्धनता के बोझ तले छटपटाती हुई भारतीय जनता पर किस प्रकार ऋण का पहाड़ जितना बोझ लादा गया, उसका भी डॉ. आंबेडकर ने वर्णन किया है। इससे वे सिद्ध करते हैं कि भारत के इंग्लैंड के प्रति किए गए प्रचंड योगदान की तुलना में इंग्लैंड द्वारा भारत के लिए किया गया आर्थिक योगदान कितना नगण्य है!

शोषित और उत्पीड़ित भारतीय जनता के संबंध में डॉ. आंबेडकर ने जो चिंता अपनी पहली पुस्तक में व्यक्त की, वही उनकी दूसरी पुस्तक 'ब्रिटिश भारत में प्रादेशिक वित्त का विकास' में भी स्पष्ट झलकती है। यद्यपि इस पुस्तक में 1933 से 1921 तक ब्रिटिश हुकूमत के दौरान केंद्र सरकार और उस समय के प्रदेशों के बीच आर्थिक संबंधों के विकास की चर्चा की गई है, तथापि इस पुस्तक में अधिक बल दिया गया है अंग्रेजों द्वारा स्थापित दोषपूर्ण वित्त प्रबंध तथा विशाल अनुत्पादक खर्च किए जाने पर। प्रादेशिक वित्त की अर्थव्यवस्था के विकेंद्रीकरण द्वारा आम जनता का जीवन-स्तर कैसे सुधारा जा सकता है, यही प्रश्न डॉ. आंबेडकर के मस्तिष्क में गूँजता रहता होगा।

कुछ वर्षों बाद डॉ. आंबेडकर 'रुपए की समस्या' जैसी महान् पुस्तक लिखकर 1800 से 1921 तक भारतीय रुपए का विनिमय साधन के रूप में किस प्रकार विकास होता गया, इसकी चर्चा करते हुए भी आम व्यक्ति को ही अपने आर्थिक विश्लेषण का केंद्रबिंदु बनाए रखते हैं। भारत के लिए आदर्श मुद्रा प्रणाली कौन सी हो, इस प्रश्न के उनके सम्यक् विश्लेषण से यह स्पष्ट हो जाता है।

भारत के लिए आदर्श मुद्रा प्रणाली कौन सी हो, उस समय के इस ज्वलंत प्रश्न पर प्रो. जॉन मेनार्ड केन्स तथा अन्य विश्वविख्यात अर्थशास्त्रियों ने स्वर्ण विनिमय मान का समर्थन किया था। उनका कहना था कि यह प्रणाली लचीली है। इस प्रणाली में अर्थव्यवस्था में कितनी मुद्रा का निर्माण करना चाहिए, यह उस देश के सोने के संग्रह पर निर्भर नहीं करता और यह लचीलापन भविष्य में भारत के लिए उचित

साबित होगा। इसका कड़ा विरोध डॉ. आंबेडकर ने किया। डॉ. आंबेडकर का तर्क था कि स्वर्ण विनिमय मान का लचीलापन एक दोधारी अस्त्र है। लचीलापन जिस प्रकार अच्छा हो सकता है, उसी प्रकार अर्थव्यवस्था के लिए हानिकारक भी हो सकता है। देश में मुद्रा-निर्माण से मुद्रास्फीति हो सकती है, जिससे महँगाई अत्यंत बढ़ सकती है। इससे आम आदमी को कठिनाइयाँ झेलनी पड़ेंगी तथा सामाजिक-आर्थिक स्थिरता संकट में आ सकती है। यह चेतावनी कितनी सही थी, यह हम आज की बढ़ती हुई महँगाई की ओर देखकर महसूस कर सकते हैं। स्पष्ट है कि भारत के लिए आदर्श मुद्रा प्रणाली की खोज जैसे तांत्रिक प्रश्नों पर विचार करते समय भी डॉ. आंबेडकर का ध्यान साधारण जनता पर इसके संभावित परिणामों की ओर बना रहता था।

विदेश से उच्च शिक्षा से विभूषित होकर 1923 में स्वदेश लौटने पर डॉ. आंबेडकर के आम जनता की आर्थिक समस्याओं के समाधान ढूँढ़ने के प्रयत्न लगातार जारी रहे। वास्तव में, बाद के समय में उनके द्वारा छेड़े गए अनेक जन आंदोलनों से सामान्य जनता की आर्थिक खुशहाली के लिए अर्थव्यवस्था को सुदृढ़ बनाने का उनका प्रयास अधिक बलवान होता गया।

□

लोकतंत्र के उद्घोषक

—डॉ. संगीत कुमार रागी

यह कहना तो मुश्किल है कि ऐसा सत्ता प्रतिष्ठान की सुनियोजित सोच के कारण हुआ अथवा नहीं, किंतु इतना निश्चित है कि डॉ. आंबेडकर दलित राजनीति विमर्श में तो प्रधान नायक की तरह उभरते हैं, किंतु देश के महत्त्वपूर्ण सवालों पर उनकी सोच और दृष्टि को उनके समकालीन नेताओं की तुलना में कम ही लिखा अथवा पढ़ा जाता है।

लोकतंत्र पर उनके विचार बहुत ही बुनियादी एवं मौलिक सवाल खड़े करते हैं। उनके लिए लोकतंत्र का उद्देश्य व्यक्ति को अधिकार और स्वतंत्रता संपन्न करना ही नहीं है, बल्कि उसका उद्देश्य एक ऐसे समाज निर्माण से है, जिसमें बंधुता एवं सहजीवन का भाव हो। सहजीवन का मतलब एक ऐसा समाज, जिसका सामूहिक उद्देश्य सबके भले की इच्छा हो और एक दूसरे के प्रति संवेदनशीलता एवं परस्पर सहयोग की भावना हो (कलेक्टेड वर्क्स : राइटिंग एंड स्पीचीज, खंड 17 पृष्ठ 519)। वे कहते हैं कि अधिकार, समता एवं स्वतंत्रता तो ठीक है, किंतु बंधुता के अभाव में स्वतंत्रता समता को एवं समता स्वतंत्रता को नष्ट कर देती है (कलेक्टेड वर्क्स : राइटिंग एंड स्पीचीज, खंड 4, पृ. 283-284)।

उनका लोकतंत्र एक राजनीतिक व्यवस्था एवं शासन प्रणाली तक सीमित नहीं है। वह एक ऐसे समाज निर्माण से जुड़ा है, जिसमें सबका भला हो एवं सभी सहभागी महसूस कर सकें। जातिप्रथा इस सहकारी एवं सहभागी जीवन के विपरीत एक ऐसे समाज का निर्माण करती है, जो समाज को स्थायी तौर पर शासित एवं शोषित वर्ग में विभाजित कर देता है। उनका मानना था कि राजनीतिक लोकतंत्र के लिए सामाजिक लोकतंत्र की आवश्यक शर्त है। एक ऐसी समाज व्यवस्था, जो समाज को इस तरह विभाजित कर दे, जिसमें एक वर्ग हमेशा शासक के रूप में प्रतिष्ठित

हो जाए एवं दूसरा वर्ग हमेशा शासित होने की भावना से ग्रस्त हो, यह लोकतंत्र की मूल अवधारणा के विपरीत है। दुर्भाग्य से भारतीय जातीय व्यवस्था इन्हीं बुराइयों से ग्रसित है। इसलिए अस्पृश्यता जैसी जड़ जाति व्यवस्था का उन्मूलन आवश्यक है।

सामाजिक लोकतंत्र का प्रश्न आंबेडकर के प्रति महत्त्वपूर्ण है, इतना कि इस उद्देश्य की प्राप्ति के लिए उन्होंने अपना सारा जीवन खपा दिया। दलितों के लिए अलग प्रतिनिधित्व की व्यवस्था की माँग से लेकर उनके सामूहिक धर्म परिवर्तन तक की यात्रा, एक अद्भुत आंतरिक संघर्ष की यात्रा है, जिसमें उस समाज के प्रति विद्रोह भी है, प्रेमपूर्ण अद्भुत लगाव भी है और पीड़ा भी है, जिसमें वे जनमे, किंतु उससे निकलने के लिए जातीय उन्माद को नहीं चुना। न ही वर्ग संघर्ष की भाँति जातीय संघ का रास्ता चुना। आज के सामाजिक न्याय के स्वयंभू नेताओं की भाँति उनके राजनैतिक मुहावरों में जातीय घृणा का उन्माद नहीं है। यह सच है कि सामाजिक लोकतंत्र पर उनका सोच गांधी से अलग था। वे सामाजिक बदलाव की गति से असंतुष्ट थे और चाहते थे कि देश को सामाजिक व्यवस्था के सवाल को प्राथमिकता देकर उसका न्यायसंगत समाधान निकालना चाहिए। समाज के शोषित एवं वंचित लोगों की सामाजिक दशा एवं आर्थिक हालात में स्पष्ट परिवर्तन हो, किंतु यह भी सच है कि राजनैतिक भाषणों में मनुवाद एवं ब्राह्मणवाद को जी भर कर कोसने के बावजूद जब यह लिखने को आया तो वे यह लिखने से नहीं चूके कि ब्राह्मणों को कई अन्य बातों के लिए दोषी ठहराया जा सकता है, किंतु जातीय व्यवस्था के लिए न तो मनु और न ही ब्राह्मण दोषी हैं (कलेक्टेड वर्क्स : राइटिंग एंड स्पीचीज, खंड 1, पृ. 16)। आंबेडकर के नाम पर जातीय राजनीति की विषबेल को खाद-पानी देनेवाले राजनीतिकों के लिए यह तथ्य पचा पाना मुश्किल होगा कि वे जातीय राजनीति के सख्त खिलाफ थे। उनका विरोध जाति-व्यवस्था से था, किंतु इससे निकलने अथवा विकल्प के रूप में उन्होंने जातीय राजनीति को नहीं बढ़ाया। इसके विपरीत उन्होंने हमेशा कांग्रेस को इस बात के लिए कोसा कि यह पार्टी लोकसभा एवं विधानसभा चुनावों में जातीय समीकरण को ध्यान में रख उम्मीदवार खड़े करती है। (कलेक्टेड वर्क्स : राइटिंग एंड स्पीचीज, खंड 17, भाग 3ए, पृ. 522)। शिक्षित लोग चुने जाएँ, वह ठीक, किंतु औपचारित शिक्षा को आवश्यक बनाने का मतलब शोषित एवं वंचित लोगों के प्रतिनिधित्व को कमजोर करना है। लोकतंत्र पर उनकी दृष्टि गांधी से अलग थी, किंतु अंतर उद्देश्य को लेकर नहीं था, बल्कि तरीकों एवं गति को लेकर था।

उनके सामाजिक लोकतंत्र का दूसरा पहलू था, समाज के शोषित एवं वंचित समुदाय के लोगों को राजनैतिक एवं प्रशासनिक व्यवस्था में उचित प्रतिनिधित्व

देना। वे इन वंचित लोगों के लिए आरक्षण जैसे प्रावधान के बहुत मुखर समर्थक नहीं थे और इसका कारण था। वे मानते थे कि इस प्रकार का प्रावधान इस वर्ग को हमेशा के लिए अपंग बना देगा। उनका यह स्पष्ट अभिमत था कि वंचित वर्ग को उच्च शिक्षा दी जाए, जिसमें वह समाज के अन्य वर्ग के लोगों के समकक्ष अपनी क्षमता एवं गुणवत्ता के आधार पर खड़ा हो सके।

वे मानते थे कि राजनीति में ज्यादा-से-ज्यादा शिक्षित लोग आएँगे तो राजनैतिक व्यवस्था एवं लोकतंत्र की क्षमता में गुणात्मक परिवर्तन आएगा, किंतु उन्होंने चुने जानेवाले प्रतिनिधियों के लिए न्यूनतम शैक्षणिक योग्यता को आवश्यक बनाने के हर प्रस्ताव का विरोध किया। उनका मानना था कि ऐसे किसी भी प्रावधान से अशिक्षित वर्ग के हितों का नुकसान होगा। उससे भी महत्त्वपूर्ण बात यह है कि चुने हुए प्रतिनिधियों में औपचारिक शिक्षा से ज्यादा यदि कुछ अन्य गुणों की आवश्यकता है तो वह है उनका प्रज्ञावान एवं शीलवान होना (कलेक्टेड वर्क्स : राइटिंग एंड स्पीचीज, खंड 17, पृ. 16)। प्रज्ञा एवं शील के अभाव में औपचारिक शिक्षा का कोई मोल नहीं रह जाता।

स्वस्थ लोकतंत्र के आवश्यक तत्त्व

उन्होंने सामाजिक-आर्थिक विषमता को खत्म करने के अतिरिक्त जिन अन्य महत्त्वपूर्ण तत्त्वों को स्वस्थ लोकतंत्र के लिए आवश्यक बताया, वे थे—लोकतांत्रिक एवं संवैधानिक नैतिकता का प्रभावी होना, संवैधानिक संस्थानों का अपने मूल्यों के अनुरूप कार्य करना, जिम्मेदार सशक्त विपक्ष एवं जागरूक लोक समाज का होना, जिसकी संवैधानिक परिवर्तन में गहरी आस्था हो।

आंबेडकर इस बात के प्रति गंभीर थे कि संवैधानिक संस्थाओं का अवमूल्यन होने पर लोकतंत्र को सुरक्षित नहीं रखा जा सकता। विगत दशकों में जिस प्रकार से राज्यपाल, लोकसभा अध्यक्ष, सांसदों एवं विधायकों में नैतिक मूल्यबोध एवं संवैधानिक नैतिकता का क्षरण देखने को मिलता है, उसमें डॉ. आंबेडकर की चेतावनी साफ दिखती है। संवैधानिक नैतिकता का क्षरण राजनीति को सिद्धांतहीन व आधारहीन बना देता है। दलबदल कानून का दुरुपयोग, राज्यपालों के द्वारा संवैधानिक प्रतिमानों एवं परंपराओं का लगातार हनन इस बात का संकेत है कि संवैधानिक नैतिकता के अभाव में लोकतंत्र कितना तत्त्वविहीन एवं शुचिताहीन हो जाता है (कलेक्टेड वर्क्स : राइटिंग एंड स्पीचीज, खंड 17, भाग 3, पृ. 480)।

संवैधानिक नैतिकता लोकतंत्र के लिए आवश्यक है। ब्रिटेन में इसी को संवैधानिक परंपरा कहा जाता है। होती तो ये परंपराएँ ही हैं, किंतु कोई भी दल इनके अतिक्रमण को चेष्टा नहीं करता। इसी का नतीजा है कि 1922 के पश्चात् लाड्र्स सभा का कोई भी सदस्य प्रधानमंत्री नहीं बना है। यह सिर्फ मान्यता का परिणाम है कि प्रधानमंत्री सिर्फ और सिर्फ लोकप्रिय सदन से चुना जाता है। संसदीय लोकतंत्र में किसी भी सदन का सदस्य होना इस पद के लिए काफी है, किंतु इस परंपरा का निर्वाह किया जाता है, न कि राजनैतिक हितों के लिए इसकी बलि देने अथवा तोड़ने की राह खोजी जाती है। इसके ठीक विपरीत भारत में हमने एक बार 1966 में इसकी बलि क्या दी कि यह अपने आप में नियम ही बन गया। जनता का आत्मकेंद्रित होना और सामाजिक हितों के प्रति तटस्थता लोकतंत्र के लिए शुभ नहीं है।

लोकतंत्र का मतलब है कि स्वशासन, जिसमें जनता अपने चुने हुए प्रतिनिधियों द्वारा सत्ता का संचालन करती है। लोकतंत्र वंशानुगत एवं निरंकुश शासन दोनों का विरोध करता है। सत्ता निरंकुश न हो जाए, इसलिए ही चुनाव की व्यवस्था है, लेकिन एक बार चुन लिए जाने के पश्चात् भी निरंकुशता एवं स्वेच्छाचारिता की संभावना खत्म नहीं हो जाती। इसलिए एक सशक्त विपक्ष का होना आवश्यक है (कलेक्टेड वर्क्स : राइटिंग एंड स्पीचीज, खंड 17, पृ. 474-485)। एक सशक्त विपक्ष सरकार की खामियों को उजागरकर उसकी जनता के प्रति जवाबदेही को सुरक्षित करता है और सरकार को निरंकुश एवं असंवेदनशील बनने से रोकता है। आंबेडकर ने उन अखबारों एवं पत्रिकाओं को भी खबरदार किया है, जो विज्ञापन के लोभ में आकर विपक्ष की आवाज को उचित स्थान एवं महत्त्व नहीं देतीं। उनका मानना था कि ऐसी पत्रकारिता लोकतंत्र के लिए नुकसानदेह है।

उनका मानना था कि यह सरकार का भी दायित्व बनता है कि वह विपक्ष को साथ लेकर चले। बहुमत का प्रयोग विपक्ष को कुचलने या तिरस्कृत करने के लिए नहीं होना चाहिए। यदि ऐसा होता है तो वह बहुमत का अल्पमत पर अत्याचार जैसा ही है। ऐसे में अल्पमत विपक्ष संसदीय लोकतांत्रिक प्रक्रिया के विरुद्ध आवेश एवं विश्वास खो देता है तो ठीक नहीं है (आईबीआरटी 842-843) किंतु साथ-साथ यह भी आवश्यक है कि विपक्ष संवैधानिक प्रक्रियाओं का दुरुपयोग न करे। हर बात पर कामरोको अथवा निंदा प्रस्ताव लाकर संवैधानिक संसदीय प्रक्रिया को बाधित करना लोकतंत्र के लिए ठीक नहीं है। विपक्ष का बार-बार आंदोलन करना, चाहे वह असहयोग एवं अहिंसक ही क्यों न हो, लोकतंत्र को पटरी से उतारने जैसा ही उपक्रम है। ऐसे आंदोलनों को उन्होंने अराजकता का व्याकरण कहा है।

उन्होंने भाषा के आधार पर राज्यों के गठन की हिमायत की, लेकिन उनकी दृष्टि में एक राज्य की एक भाषा होनी चाहिए, न कि एक भाषावालों के लिए एक राज्य। उनके विचार में एक भाषावालों के लिए एक राज्य बनाने का मतलब भाषा आधारित क्षेत्रीय राष्ट्रवाद को जन्म देना है, जो समय के साथ क्षेत्रीय ध्रुवीकरण की राजनीति को ताकत प्रदान करेगा। एक ही भाषा-भाषी लोगों के लिए एक राज्य का गठन करना एवं सिर्फ उसी भाषा को आधिकारिक भाषा के रूप में स्वीकार करने का मतलब एक नए मजहबी उन्माद को जन्म देने जैसा ही है। इतना ही नहीं, उन्होंने यह भी कहा कि सारे राज्यों एवं केंद्र की आधिकारिक भाषा भी एक हो। यह आपसी संवाद एवं सामूहिक सोच को विकसित करेगा। भाषा सिर्फ संप्रेषण का माध्यम नहीं है, बल्कि यह समाज को जोड़ने की एक सशक्त विधा भी है।

एक सबल लोकतंत्र राष्ट्र को सबल बनाता है। उसमें जातीय, भाषायी अथवा पंथिक अलगाव की मानसिकता के लिए कोई जगह नहीं है। यही कारण है कि उन्होंने समान नागरिक संहिता की पुरजोर वकालत की। उनका मानना था कि सभी धार्मिक संप्रदाय अपने-अपने पंथिक नियमों एवं कानूनों के जरिए यदि समुदाय के लोगों को संचालित करेंगे तो संवैधानिक लोकतंत्र कमजोर होगा। मुसलिम नेताओं का यह तर्क कि उनका पर्सनल लॉ शरीअत दैवीय है, उन्हें मान्य नहीं था। उन्होंने यह तर्क मानने से इनकार कर दिया कि भारत में लागू शरीअत कानून एक दैवीय कानून है, जिसमें बदलाव नहीं किया जा सकता। उनका कहना था कि यह कानून तो ब्रिटिश शासकों द्वारा लाया गया। इतना ही नहीं, जिस शरीअत कानून में बदलाव पर मुसलिम नेता इतने उत्तेजित हो जाते हैं और उसे अल्पसंख्यकों की पहचान नष्ट करने की साजिश बताते हैं, उस शरीअत कानून को कई क्षेत्रों में मुसलिमों, उनकी परंपरा एवं रिवाजों पर जबरन थोपा गया है। वे चाहते थे कि अल्पसंख्यकों की सुरक्षा हो, किंतु 'अल्पसंख्यक पहचान' का प्रश्न फिर से राष्ट्र में नए ध्रुवीकरण का कारण नहीं बने। समान नागरिक संहिता एक नए उदारवादी लोकतंत्र की सार्थकता के लिए आवश्यक है।

आंबेडकर का लोकतंत्र जातीय लोकतंत्र नहीं है, बेशक जातीय राजनीति के ठेकेदारों ने अपने राजनैतिक हितों के लिए आंबेडकर को इसी रूप में परोसा है। यह और बात है कि इसने आंबेडकर के विचार संसार को सीमित ही किया है और उनकी बौद्धिक विरासत को राष्ट्रीय चिंतन से वंचित किया है।

(लेखक दिल्ली विश्वविद्यालय की प्रोफेसर हैं)

□

महिला सशक्तीकरण के पक्षधर डॉ. बाबासाहब

—अनीता परमार

भारतीय संस्कृति में ब्राह्मण, वैश्य, क्षत्रिय एवं शूद्र चार वर्णों की उत्पत्ति के बाद कट्टर जातिप्रथा अस्तित्व में आई। अभी जातियों में शूद्रों को सबसे निम्न कोटि का माना गया। इसके चलते सदियों तक अपने अहम व आधिपत्य भाव के सोचने के लिए तीनों उच्च जातियों ने शूद्रों का शारीरिक, मानसिक, आर्थिक व सामाजिक शोषण किया, जिससे शूद्रों की हालत बद से बदतर होती गई।

उधर दूसरी ओर वैदिक काल में भारत में मातृप्रधान समाज अस्तित्व में था, जिससे स्त्रियों का स्थान काफी उच्च व पवित्र माना जाता था, लेकिन समय के साथ महिलाओं के प्रति पुरुषों की मानसिकता का अध:पतन होता गया तथा धीरे-धीरे समाज में महिलाओं का स्थान भी गिरता गया। उसके बाद भारत पर विदेशियों के आक्रमण हुए, जिसमें वे युद्ध जीतकर राज्य को लूटते, महिलाओं को भी लूटा जाता। इसके चलते देश में पर्दा प्रथा शुरू हुई। महिलाओं पर कई प्रकार के बंधन डाले गए व अंत में उसे चारदीवारी के पीछे रहने को मजदूर कर दिया गया। धीरे-धीरे स्त्रियों का स्वाभिमान, स्वतंत्रता व अन्य अधिकार भी छिनते चले गए और उनकी हालत निम्न तथा दयनीय बनती गई। ऐसे दौर में चारों वर्ण में जब शूद्रों की हालत सामाजिक दृष्टि से दयनीय हो तो उस समाज की महिलाओं की स्थिति की कल्पना मात्र भी रूह कंपा दे, ऐसी होगी। इसके बाद समाज सुधार की हवा चली और सामाजिक सुधार के आंदोलन हुए, जिनकी शुरुआत राजाराम मोहन राय ने की।

भक्ति आंदोलन व सामाजिक सुधार आंदोलन के द्वारा अस्पृश्यता निवारण के खूब प्रयास हुए, लेकिन परिस्थिति में कोई सुधार नहीं हुआ। ऐसे समय में

अस्पृश्य समाज की महिलाओं की हृदय विदारक स्थिति को लेकर गहरी चिंता व्यक्त करते हुए समूचे अस्पृश्य समाज की महिलाओं की स्थिति में परिवर्तन आए, ऐसे दूरदर्शी विचार के साथ इन महिलाओं की परिस्थिति में सुधार की शुरुआत महात्मा ज्योतिबा फुले ने की।

युवा ज्योतिराव मानते थे कि अस्पृश्यों में मानसिक गुलामी व अंधश्रद्धा दूर करनी हो तो सबसे पहले उनकी अज्ञानता को दूर करना होगा तथा अज्ञानता को दूर करने के लिए उन्हें शिक्षित बनाना होगा। उनका दृढ विश्वास था कि भावी पीढ़ी को संस्कारवान बनाने की शक्ति महिलाओं में ही है। इसलिए सबसे पहले तो महिलाओं को शिक्षित करना होगा। अपनी इसी मान्यता पर दृढता से अमल करने के रूप में वर्ष 1848 में महात्मा फुले ने पूना में अस्पृश्य कन्याओ के लिए पाठशाला प्रारंभ की। पाठशाला की शुरुआत उन्होंने पूना के बुधवार पेठे क्षेत्र में की तथा महिलाओं के साथ बालकों को भी प्रवेश देने की घोषणा की। अस्पृश्यों के इतिहास में यह प्रथम क्रांतिकारी कदम था, जिसने दुनिया को बताया कि अस्पृश्य खुद अपना भाग्य लिखेंगे तथा अस्पृश्यता को अपना कलंक या नसीब मानकर नहीं बैठेंगे।

समाज की जड़ता और विषमता पर यह पहला प्रहार था, इस बात से जैसे हाहाकार मच गया। इसका सख्त विरोध हुआ तथा महात्मा फुले को धर्म का शत्रु घोषित किया गया, क्योंकि उस जमाने में महिलाओं को शिक्षा देने की बात का भी विरोध होता था। इस पर भी अस्पृश्य महिलाओं के लिए पाठशाला शुरू करना तो धर्म के विरुद्ध ही कार्य माना गया। अस्पृश्यों के इतिहास में महिलाओं को शिक्षित कर पुरुषों के समकक्ष बनाना यह ज्योतिराव का बहुत बड़ा साहसिक कार्य था, लेकिन उस समय कथित धर्म उपासकों और कट्टर ब्राह्मणों का बोलबाला था, जिसके चलते अस्पृश्य कन्यायों की पाठशाला में कोई शिक्षक के रूप में काम करने को तैयार नहीं था। ऐसी हालत में बीस-इक्कीस वर्ष के ज्योतिराव ने अपनी पंद्रह-सोलह वर्ष की पत्नी को शिक्षितकर समाज के समक्ष महिला शिक्षा का एक उदाहरण पेश किया तथा कन्या पाठशाला की पहली शिक्षक भी उनकी पत्नी ही बनी।

ज्योतिराव ने मृत्यु से पहले अपनी पुस्तक में घोषणा कर दी थी कि भील, कोल, किरात जैसे शूद्र तथा अतिशूद्र जाति के लोग आनेवाले समय में शिक्षित बनेंगे तथा इन्हीं जातियों में से एक महापुरुष बनेगा, जो हमारी समाधियों पर पुष्प अर्पणकर आनंद तथा उत्सव की घोषणा करेगा। यह पुस्तक महात्मा फुले की अंतिम पुस्तक बनी तथा योगानुयोग उनके निधन के पाँच ही महीनों बाद बाबासाहब का जन्म हुआ। समरसता, समता व न्याय की जो मशाल महामानव ज्योतिबा फुले ने

प्रज्ज्वलित की थी, बाबासाहब उनके प्रमुख अनुयायी साबित हुए। बाबासाहब ने केवल पिछड़े ही नहीं, लेकिन समस्त भारतीय नारी समाज की स्वतंत्रता, समानता तथा उनके अधिकारों को कानूनी कवच प्रदान करके उनके मान व सम्मान को सुरक्षित किया। उस समय महिलाओं की स्थिति के संबंध में उन्होंने प्राचीन ग्रंथों का अध्ययन किया। उन्होंने अलग-अलग समय पर लिखे गए शास्त्रों व ग्रंथों के आधार पर महिलाओं की वास्तविक हालत का चित्रण किया। उनके गहन शोध के अनुसार वैदिक काल में भारतीय नारी का स्थान सामाजिक व बौद्धिकत क्षेत्र में काफी महत्त्व का था। उस समय नारी को पुरुषों के बराबरी का दर्जा था, ऋग्वेद की ऋचाओं की रचना में सहभागी होती थी, अथर्ववेद में उल्लेख है कि उस समय महिलाओं को विद्या प्राप्त करने का अधिकार था। श्रोत सूत्र के अनुसार वे वेदों का अध्ययन कर सकती थीं तथा वेदों का गान और यज्ञ करने का भी उनको अधिकार था। महर्षि पाणिनी रचित अष्टाध्यायी ग्रंथ के अनुसार नारी वेदों की विविध शाखाओं का अध्ययन करके वेदों की शिक्षा भी देती थी। जो पतंजलि के महाभाष्य में स्पष्ट उल्लेख मिलता है कि उस समय स्त्रियाँ आचार्य पद की भी शोखा बढ़ाती थीं। वे धर्म, तत्त्व, चिंतन एवं दर्शन जैसे गहन विषयों पर पुरुषों के साथ शास्त्रार्थ करती, चर्चा में भाग लेती व वाद-विवाद में भी शामिल होतीं।

उस जमाने में राजा भी राज्याभिषेक के दौरान अपनी सभी वर्ण की रानियों की पूजा करके उन्हें श्रद्धा से नमस्कार करते थे। कौटिल्य के अर्थशास्त्र के आधार पर बाबासाहब लिखते हैं कि मौर्य काल के दौरान भी स्त्रियाँ पूरी तरह स्वतंत्र थीं, उनको समान हक व अवसर मिलते थे। शिक्षा व संपत्ति का अधिकार था। विशिष्ट संयोग सिवाय एकल पत्नी की प्रथा थी। स्त्री की मरजी बिना लग्न विच्छेद संभव नहीं था, वहीं दूसरी ओर पति चरित्रहीन व नपुंसक हो तो वे तलाक ले सकती थी। विधवा महिलाएँ पुन:विवाह कर सकती थीं तथा जिस स्त्री को विवाह नहीं करना हो, वह धर्म परायण जीवन बिता सकती थी। पति या ससुराल में कोई उसके साथ मारपीट या शारीरिक रूप से प्रताड़ित करे तो उसे मानहानि मानते हुए न्याय के लिए वह अदालत में जा सकती थी। इसके बाद की भारतीय नारी की स्थिति के संबंध में बाबासाहब ने गहन अध्ययन किया तथा शोध के आधार पर इस निष्कर्ष पर पहुँचे कि भारतीय नारी की अवदशा के मूल में मनु महर्षि रचित मनुस्मृति जिम्मेदार है। इसलिए उन्होंने स्पष्ट शब्दों में कहा कि भारतीय महिलाओं की उन्नति के नाश के लिए जो कोई जिम्मेदार हैं तो वे मनु हैं। यह सब कहने का तात्पर्य है कि देश में मनु से पूर्व नारी स्वतंत्र एवं पुरुष के बराबर थीं। उनका स्थान

पूजनीय था, लेकिन मनुस्मृति के अनुसार ढोर, गँवार, शूद्र और नारी, यह हैं ताड़न के अधिकारी अर्थात् उन्हें जानवर की तरह मारा जा सकता है, उनके साथ क्रूरता बरती जाए, ये सब इसके अधिकारी हैं। इसमें भी मनुस्मृति में महिलाओं को काफी निम्न स्तर की माना गया है। मनुस्मृति के अनुसार पति पत्नी को त्याग सकता है, गिरवी रख सकता है, बेच सकता है, परंतु महिला को ऐसा कोई अधिकार नहीं है। स्त्री, पुत्री, पत्नी, माता, कन्या युवा, वृद्ध किसी भी परिस्थिति में स्वतंत्र नहीं रह सकतीं। वह नरकगामिनी, पथभ्रष्ट करनेवाली, हृदयहीन, वासनायुक्त, बेईमान, ईर्ष्यालु और दुराचारी होती है। स्त्रियों को आजीवन पति की आज्ञा का पूर्ण पालन करना चाहिए, पति भले अवगुणयुक्त हो, नपुंसक हो, दुराचारी हो तो भी स्त्री को पतिव्रता रहते हुए उसे देव की तरह पूजना चाहिए।

इस संबंध में बाबासाहब ने अपना मत व्यक्त किया कि मनु के अनुसार स्त्रियों को अन्याय, अपमान, उपेक्षा, अत्याचार मुँह बंद रखकर सहना चाहिए। बेचारी बनकर रहनेवाली ही उत्तम स्त्री या देवी तथा जो स्त्री अन्याय व अपमान सहन नहीं करे, वह स्वतंत्रता व समानता की माँग करे, अपने हक व अधिकारों के लिए सिर उठाए, वह कुल्टा, लंपट व राक्षसी है। मनु के मतानुसार स्त्रियों के ये दो ही रूप हैं, तीसरे स्वरूप की कोई संभावना ही नहीं मानी गई। मनुष्य के रूप में नारी की कोई गणना, मूल्य या महत्त्व ही नहीं समझा गया। उसे एक निर्जीव, बाजारू एवं व्यापार की वस्तु की तरह प्रदर्शन किया जा सकता है, खरीदा या बेचा जा सकता है। उसकी नीलामी भी की जा सकती थी, भेंट में दी जा सकती है। इस प्रकार मनु ने स्त्री को बेचारी, लाचार, निस्सहाय बना दिया था। तो शूद्रों के बारे में भी मनुस्मृति में ऐसा ही लिखा गया है, जिसका बाबासाहब के मन पर गहरा असर हुआ। इसलिए उन्होंने भारतीय नारी समाज की स्वतंत्रता और समानता के लिए आंदोलन छेड़ा, इस क्रांति की शुरुआत उन्होंने महाड सत्याग्रह एवं मनुस्मृति की होली जलाकर की।

महाड के तालाब पर सभी जातियों का समान अधिकार है और सभी उसका उपयोग कर सकते हैं। इस बात को लेकर छेड़ा गया महाड सत्याग्रह बाबासाहब का धर्मयुद्ध था तथा आज महाड सत्याग्रह से बाबासाहब की ओर से समस्त भारतीय नारी समाज की स्वतंत्रता व समानता का संग्राम शुरू हुआ, परंतु इसकी शुरुआत बाबासाहब ने निचले वर्ग की महिलाओं से की। उस वक्त महाड में आयोजित सभा में भाग लेने के लिए महिलाओं ने शर्म-संकोच को बाजू में रखकर बढ़-चढ़कर हिस्सा लिया, सभा में बाबासाहब विशेष रूप से महिलाओं को संबोधित करें, इसका

आयोजन किया गया। बाबासाहब ने अपनी सहज व सरल भाषा में महिलाओं का आह्वान किया कि आप अपने आपको कभी अस्पृश्य नहीं मानना, अपना घर स्वच्छ रखो, अस्पृश्य स्त्रियाँ जिस तरीके से साड़ी पहनती हैं, उसी तरीके से साड़ी पहनो। कपड़े भले फटे हुए हों, लेकिन वे स्वच्छ होने चाहिए। आपकी कोख में जन्म लेना पाप और अन्य की कोख से जन्म लेना पुण्य क्यों माना जाता है, इसका विचार आपको ही करना है। आप ऐसी प्रतिज्ञा लो कि ऐसी कलंकित परिस्थिति में अब हमें नहीं जीना है। आपको पुराने और गंदे-खराब रिवाजों को त्यागना चाहिए। आज के समय में किसको, कैसा व्यवहार करना है, इस पर कोई प्रतिबंध नहीं है। शरीर के बराबर के वजन के चाँदी के गहने पहनना आपकी निशानी है, इसे छोड़ दो। गहने पहनना ही हो तो सोने के पहनो। घर में कोई अमंगल बात नहीं होने देना है। मरे हुए जानवर का मांस खाना बंद करो। शराबी पति, भाई और पुत्रों को भोजन कराना बंद करो। पुत्रियों को शिक्षा दो। विद्या व ज्ञान स्त्रियों के लिए आवश्यक है। बाबासाहब के शब्दों व उपस्थित का महिलाओं पर जबरदस्त असर हुआ, इसके दूसरे ही दिन सभी महिलाओं ने अपने-अपने गाँव पहुँचकर अगली सुबह अपना पहनावा अपने नेता के कहे अनुसार बदल दिया। इसे देखकर आंबेडकर खुद आनंद से गद्गद हो गए। वहाँ मौजूद सब लोगों ने आश्चर्य किया। ये आंबेडकर की युगवाणी का प्रभाव था। महिलाओं के उत्थान की शुरुआत के साथ बाबासाहब की विजय के साथ महाड के धर्मयुद्ध की शुरुआत के साथ पुराने अंधकारमय युग का अंत हुआ। इस धर्मयुद्ध का समूचे अस्पृश्य समाज पर गहरा असर हुआ।

इसके बाद संविधान के निर्माण के समय भी बाबासाहब नारी समाज के हितों को लेकर चिंतित रहे, वे सबके हितों के प्रहरी थे, ऐसा महसूस होता था। बाबासाहब ने संविधान निर्माता के तहत संविधान में मूलभूत अधिकारों का समावेशकर सामाजिक न्याय, स्वतंत्रता व समानता के पक्षधर थे, यह साबित कर दिखाया।

संविधान में मूलभूत अधिकार भाग 3 में अनुच्छेद 12 से 35 के अंतर्गत समानता के अधिकारों का समावेश किया गया है। समानता के इन अधिकारों को बाबासाहब ने 'संविधान की आत्मा' बताया है, क्योंकि इन अधिकारों के कारण भाषा, वेश, प्रांत-प्रदेश, लिंग-भेद एवं जाति प्रथा जैसे भेदभाव नष्ट होते हैं, जो आपके अंत:भाव का प्रतिबिंब है। इसके बावजूद उनको विश्वास था कि इस अधिकार से बंधुत्व की भावना विकसित होगी, जिससे देश की एकता व अखंडता कायम रहेगी। महज इस एक अधिकार से उनकी दूरदृष्टि के उपरांत उनके

अंत:करण में बसी राष्ट्रभावना भी परिलक्षित होती है। वे कहते थे उनके लिए देश सबसे प्रथम है, फिर उसके बाद भी देश ही पहले है। समानता के अधिकार के जरिए बाबासाहब ने अस्पृश्य समाज व महिलाओं को स्वतंत्रता, सामाजिक न्याय व कानून से रक्षित समानता दिलाने का पवित्र कार्य किया है, जिससे साबित होता है कि देश की महिलाएँ भी स्वतंत्र नागरिक हैं। उनको भी बोलने व अभिव्यक्ति की आजादी है। उनको शिक्षा व देश में कहीं भी बिना रोक-टोक घूमने की आजादी है। वे जुलूस निकाल सकती हैं, संगठन का निर्माण कर सकती हैं, उनको सभी प्रकार के धार्मिक, सामाजिक, सांस्कृतिक व आर्थिक अधिकार हैं। सार्वजनिक सेवा, निजी या सरकारी संस्था में नौकरी के लिए समान अवसर व वेतन का अधिकार है। उनके शोषण के खिलाफ अधिकार है, महिलाओं को संवैधानिक अधिकार देकर भी उनको संतोष नहीं हुआ। इसलिए महिला कामदारों के अधिकारों के लिए आवाज बुलंद की व लगातार अभियान चलाते रहे। महिला कामदारों को प्रसूति के वक्त अतिरिक्त आर्थिक सहायता व पूरे वेतन के साथ लंबे अवकाश के लिए सरकार व निजी संस्थाओं को बाध्य किया। इतना संघर्ष करने के बाद भी वे अपने काम से संतुष्ट नहीं थे। बाबासाहब हिंदू समाज को रूढ़िवाद व कुरीतियों से मुक्त कर एक सशक्त समाज बनाकर एक सूत्र में पिरोना चाहते थे। उनका मानना था कि हर एक समाज का अपना एक पर्सनल लॉ होना चाहिए। उनको महिलाओं की बेहतर स्थिति के लिए अभी और अधिकार व सामाजिक सुरक्षा की जरूरत महसूस होती थी। इन बातों को लेकर एक बार फिर उन्होंने हिंदू समाज के शास्त्र, स्मृति व सामाजिक परंपराओं का अध्ययनकर हिंदू कोड बिल, हिंदू संहिता विधेयक का निर्माण किया। बाबासाहब ने कुल 9 विभागों में बँटे हुए 7 परिशिष्ट व 139 अनुच्छेदवाला हिंदू कोड बिल 11 अप्रैल, 1949 को संसद में पेश किया।

इस विधेयक में विवाह की विविधता पर अंकुश लगाया गया था। महिलाओं को विवाह विच्छेद व संपत्ति का अधिकार प्रदान किया गया था। संतान गोद लेनी हो तो महिलाओं की सहमति आवश्यक की गई। ऐसे अनेक क्रांतिकारी व नवतर सुधार कानून में शामिल थे, जिनसे महिलाओं को कई प्रकार के कानूनी अधिकार मिले। 1. सिविल मैरिज—इसके अंतर्गत वयस्क युवक व युवती सरकारी कार्यालय में पंजीकरण कराकर कानूनी रूप से शादी का प्रमाण-पत्र ले सकते थे, इससे जातिगत बंधन टूटने की संभावना थी। 2. विवाह विच्छेद तलाक—यह विधेयक महिलाओं को संरक्षण व सुरक्षा प्रदान करनेवाला था। 3. दत्तक वारिस से महिलाओं को कानूनी रूप से निर्णयात्मक भूमिका निभाने का अधिकार मिला। 4. संपत्ति

का अधिकार—संविधान में कहीं कमी रह जाए तो इस विधेयक से महिलाओं को पूर्ण न्याय प्राप्त होता था, जिससे समूची संपत्ति में महिला बराबर की भागीदार बनती थी। इसके अलावा चतुर्थ वर्ण की समाप्ति, जातिगत भेदभाव का विरोध, सामाजिक विषमता व रूढ़िगत क्रूर मान्यताओं व परंपराओं को दूरकर सामाजिक समतावाले समाज के निर्माण का कानून शामिल था। उपरांत इस प्रकार के अनेक सुधारवादी प्रावधान शामिल थे, जिससे हिंदू कोड बिल को पेश करते ही हिंदू समाज में खलबलाहट मच गई। कई लोगों ने इसे 'आंबेडकर स्मृति' के रूप में पेश किया, तो कइयों ने इसे पाँचवाँ वेद कहा। वहीं दूसरी ओर परंपरावादी व जड़ रूढ़िवादियों ने इसका प्रचंड विरोध किया। विस्मृति बताकर इसे हिंदू समाज के नाश की साजिश तक बताया। 'हिंदू खतरे में है' के नारे लगाते हुए अफरा-तफरी का माहौल बनाया, जिसके चलते, इस विधेयक को छोड़ दिया गया, लेकिन बाद में इस विधेयक की चारों बातों को अलग-अलग रूप में कानूनी मान्यता दी गई, जो बाबासाहब की दीर्घदृष्टि का परिणाम है, लेकिन उस वक्त भारतीय महिलाओं को स्वतंत्रता, समानता व सशक्तीकरण के लिए हिंदू समाज को एक सूत्र में बाँधने का स्वर्णिम सपना साकार नहीं हो सका। अति उत्साह व अथक परिश्रम से तैयार किए गए हिंदू कोड बिल का करुण अंत हुआ। इससे बाबासाहब खूब व्यथित हुए। महिलाओं की मुक्ति व समानता के लिए आजीवन एकलवीर की तरह संघर्ष करनेवाले मुक्ति आंदोलन की मशाल उठाए बाबासाहब ने अपने सिद्धांत से कोई समझौता नहीं करते हुए, आंदोलन के यज्ञ में 29 सितंबर से 11 अक्टूबर, 1951 में अपना कानून मंत्री का पद न्यौछावर कर दिया। बाबासाहब के महिलाओं के संबंध में विचार बहुत उन्नत थे, उन्होंने महिलाओं के संबंध में अपना मत स्पष्ट किया और कहा कि स्त्रियाँ समाज का आभूषण हैं तथा किसी भी समाज के उत्थान व पतन का आकलन उस समाज में महिलाओं की स्थिति से किया जा सकता है। इस प्रकार बाबासाहब भारतीय महिला समाज की स्वतंत्रता व समानता के प्रखर हिमायती व सच्चे प्रहरी साबित हुए।

बाबासाहब की आज भी लोकप्रियता का अंदाजा इसी बात से लगाया जा सकता है कि एक वैश्विक सर्वे में उन्हें महात्मा गांधी के बाद दुनिया के दूसरे सबसे लोकप्रिय व्यक्ति के रूप में चुना गया।

(लेखिका-संवेदना समाज (गुजराती) सामयिक, संपादक)

□

आंबेडकर की नजरों में मार्क्सवाद एक 'बंद व्यवस्था'

—डॉ. युवराज कुमार

आधुनिक भारत के चिंतक बाबासाहब आंबेडकर ने साम्यवाद के प्रति अपना दृष्टिकोण अपने निबंध 'बुद्ध या कार्ल मार्क्स' में स्पष्ट किया है। 1956 में काठमांडू (नेपाल) में आयोजित 'बौद्ध विश्व फेलोशिप' के चौथे सम्मेलन में उन्होंने यह निबंध प्रस्तुत किया। डॉ. आंबेडकर कार्ल मार्क्स को आधुनिक समाजवाद या साम्यवाद का जनक मानते थे। मार्क्स का मूल उद्देश्य यह सिद्ध करना था कि उनका साम्यवाद का सिद्धांत मात्र एक कपोल-कल्पना नहीं, बल्कि वैज्ञानिक कसौटी पर सच्चा साबित होनेवाला एक यथार्थवादी व्यावहारिक सिद्धांत है। भारतीय साम्यवादी परंपरा में मार्क्सवाद जिस प्रकार आया, उसने अपनी दृष्टि को संकुचित रखा। साम्यवादी और समाजवादी दलों के सदस्यों ने इस अज्ञानता का औचित्य भी रखा था, पर यह सबकुछ कांग्रेस में शामिल प्रगतिशील तथा वामपंथियों पर भी लागू होता था। शोषण तथा मुक्ति के एक विस्तृत परिप्रेक्ष्य में, वर्ग श्रेणियों ने भारतीय मार्क्सवादियों को विश्लेषण के लिए एक श्रेष्ठ साधन उपलब्ध करा दिया था, लेकिन उस परिवेश में अन्य कारकों (दलितों, किसानों इत्यादि के संघर्षों) से प्रेरणा लेकर भी बँधना था, जो कि नहीं बँध पाए, क्योंकि 1930 के पश्चात् भारत में तीन अखिल भारतीय दलित संगठन उभर चुके थे। आंबेडकर ने 1930 में 'डिप्रेस्ड क्लास एसोसिएशन', जो सबसे पहला दलित वर्ग संघ था, की स्थापना की थी, 1942 के बाद जिसे 'अनुसूचित जाति संघ' कहा गया। 'डिप्रेस्ड क्लास लीग' की स्थापना जगजीवन राम ने की थी। इनमें से कोई भी संस्था सक्रिय रूप में अखिल भारतीय स्तर पर कार्य नहीं करती थी। बाद में अखिल भारतीय स्तर

पर 'अनुसूचित जाति संघ' बना। अखिल भारतीय स्तर पर ये समितियाँ, संघ और लीग विभिन्न अखिल भारतीय प्रवृत्तियों का प्रतिनिधित्व करती थीं। पहली प्रवृत्ति का संबंध हिंदू महासभा से, दूसरी का आंबेडकर के साथ और तीसरी का संबंध गांधीवादियों के साथ था। स्थानीय स्तर पर दलित संगठन इन संघों के साथ जुड़ सकते थे। गांधीवादी कांग्रेस के गठबंधन दो स्तरों पर कार्य करते थे, 'हरिजन सेवक संघ' जो हिंदू जाति संगठन था और लीग, जो कांग्रेस समर्थक दलितों को लामबंद करने का काम करती थी, पर साम्यवादियों तथा वामपंथियों ने दलितों मुद्दों पर अपने स्वयं के मोरचे खोलने की आवश्यकता नहीं समझी। अगर साम्यवादियों ने कुछ पहल की होती तो पार्टी में गैर ब्राह्मणों और दलितों की अधिक भरती होती और इससे भारतीय मार्क्सवाद का नया रूपांतरण होता (गेल आमेवेट, पृ. 173-175), लेकिन, साम्यवादियों ने कहा कि राज्य पर कब्जा करो और भूमि का पुनर्वितरण करो। यदि ऐसा हुआ तो सारी समस्याएँ सुलझ जाएँगी। व्यवहारतः साम्यवादियों ने मार्क्सवाद को एक 'बंद सिद्धांत' के रूप में देखा, विकासशील विज्ञान के रूप में नहीं। इसका परिणाम यह हुआ कि आंबेडकर जैसे नेता के साथ उनका कोई संवाद स्थापित नहीं हो सका। इसलिए जब आंबेडकर ने मार्क्सवाद पर प्रतिक्रिया दी, तब उन्होंने मार्क्सवाद को 'बंद व्यवस्था' कहा। यह कई निर्णायक बिंदुओं के संदर्भ में मात्र उदासीनता नहीं थी, बल्कि यह दलित संघर्ष के विरुद्ध की परिस्थिति थी। मार्क्सवाद से उन्होंने कई विषय लिये, पर मार्क्सवाद को विश्लेषण के स्रोत अथवा किसी कार्यक्रम को संचालित करने के लिए स्रोत के रूप में स्वीकार नहीं किया। (गेल ओमवेट, पृ. 176)

सितंबर, 1937 के प्रारंभ में आंबेडकर ने अपने स्वतंत्र मजदूर दल का प्रचार करने के दौरान दलित वर्ग द्वारा मैसूर में आयोजित जिला परिषद् के अध्यक्ष पद से भाषण देते हुए कहा, 'मेरा यह ठोस मत बना है कि गांधीजी के हाथों मजदूर और दलित वर्ग का हित नहीं होगा।' कम्युनिस्टों द्वारा चलाए गए मजदूर आंदोलन के बारे में उन्होंने कहा, 'मेरा कम्युनिस्टों से संबंध रखना बिल्कुल संभव नहीं है। मैं कम्युनिस्टों का कट्टर दुश्मन हूँ।' आंबेडकर का यह ठोस मत था कि कम्युनिस्ट अपनी राजनीतिक ध्येय सिद्धि के लिए मजदूर का शोषण करते हैं। (धनंजय कीर : पृ. 282)

आंबेकर के अनुसार, "साम्यवादी व्यवस्था शक्ति पर आधारित होती है। यदि रूस में अधिनायकवाद विफल हो जाए, तब वहाँ की स्थिति क्या होगी? जैसा कि मैं सोचता हूँ, राज्य की संपत्ति को हड़पने के लिए वहाँ रूसी लोगों में परस्पर

रक्तिम लड़ाई होगी, क्योंकि उन्होंने साम्यवादी व्यवस्था को स्वेच्छा से स्वीकार नहीं किया है। वे उनकी अनुपालना इस भय के कारण कर रहे हैं कि कहीं उन्हें फाँसी पर न लटका दिया जाए। ऐसी किसी व्यवस्था की जड़ें जम नहीं पातीं और इसलिए मेरे निर्णयानुसार, जब तक साम्यवादी इन प्रश्नों के उत्तर देने में सक्षम नहीं होते, उनकी व्यवस्था का क्या होगा?" (बी.आर. आंबेडकर : 'बुद्धिज्म एंड कम्युनिज्म', इंटरनेशनल बुद्धिस्ट कान्फ्रेंस, काठमांडू (नेपाल) में दिया गया व्याख्यान, दिनांक 20 नवंबर, 1956 (डॉ. आंबेडकर और मार्क्सवाद)।

आंबेडकर के अनुसार साम्यवाद को स्थापित करने के दो मार्ग हैं—हिंसा और श्रमिक वर्ग की तानाशाही। हिंसा द्वारा विद्यमान ढाँचा नष्ट किया जा सकता है तथा श्रमिक वर्ग की तानाशाही द्वारा नया शासन अर्थात् साम्यवादी सरकार चलाई जा सकती है। इसका अर्थ यह है कि साम्यवाद पुनर्रचना की अपेक्षा हिंसा का ही अधिक समर्थन करता है। पूँजीपतियों के विरोध पर विजय पाकर श्रमिक वर्ग के आधिपत्य को स्थापित करने के लिए साम्यवाद हिंसात्मक मार्ग को अपनाता है। मानव जीवन का इसमें कोई मूल्य नहीं है।

बुद्ध हिंसा के विरुद्ध थे, परंतु वे न्याय के पक्ष में भी थे और जहाँ पर न्याय के लिए बल प्रयोग अपेक्षित होता है, वहाँ उन्होंने बल प्रयोग करने की अनुमति दी है। बुद्ध एक लोकतंत्रवादी के रूप में पैदा हुए थे और लोकतंत्रवादी के रूप में ही मरे। वे अनिष्टकर साध्य को नष्ट करने की प्रक्रिया में यथासंभव अधिक-से-अधिक साध्यों की रक्षा कर सके। बल-प्रयोग को हटाने के बाद जो चीज इसे कायम रख सकती है, वह केवल धर्म ही है, परंतु साम्यवादियों की दृष्टि में धर्म अभिशाप है। धर्म के प्रति उनमें घृणा इतनी गहरी पैठी है कि वे साम्यवादियों के लिए सहायक पंथों तथा जो उनके लिए सहायक नहीं हैं, उनके बीच भी भेद नहीं करेंगे। (संपूर्ण वांगमय, खंड 7, भाग 11) आंबेडकर ने 'बुद्धा या कार्ल मार्क्स' पुस्तक में कार्ल माक्स की विचारधारा की तीखी आलोचना की है और समाज में स्थायी शांति के लिए बौद्ध धर्म को आवश्यक बताया है। आंबेडकर ने दोनों विचारधाराओं की तुलना करते हुए कहा, "मार्क्सवाद निश्चित रूप से भौतिक दर्शन है। उसमें मन और चित्त को भौतिक तत्त्वों से उत्पन्न बताया है, परंतु बौद्ध-दर्शन में 'भूत' से 'चित्त' की उत्पत्ति अथवा 'रूप' से 'नाम' की उत्पत्ति होने का संकेत नहीं है।"

बौद्ध धर्म पुनर्जन्मवादी है, जबकि मार्क्सवाद पुनरुत्पत्ति को नहीं मानता। मार्क्सवाद परिवर्तन लाने के लिए हिंसा और शस्त्रबल पर विश्वास करता है, परंतु बौद्ध धर्म इस संदर्भ में संपूर्ण अहिंसक है।

मार्क्सवाद ने धर्म को 'अफीम' मानकर उसका तिरस्कार किया है, जबकि बौद्ध धर्म में धर्म को समाज के नैतिक विकास में प्रधान कारण माना गया है। वह समाज का नियामक है। मार्क्सवाद मात्र आर्थिक समानता का धर्म है, जबकि बौद्ध धर्म सामाजिक समानता का पोषक है।

मार्क्सवाद में नैतिकता सर्वहारा वर्ग के हितों की रक्षा करती है। आंबेडकर केवल सर्वहारा के लिए नैतिकता नहीं, बल्कि समाज में सभी के लिए समान नैतिकता पर विश्वास करते थे।

बौद्ध धर्म में दुःख की उत्पत्ति का कारण अज्ञान, तृष्णा, राग, द्वेष और मोह है, पर मार्क्सवाद में वह दुःख आध्यात्मिक नहीं, बल्कि आर्थिक है।

बौद्ध धर्म की आध्यात्मिक समता मार्क्सवाद में दिखाई नहीं देती। बौद्ध आचार संहिता में दान का महत्त्व है, परंतु मार्क्स विचारधारा दान के प्रत्यय के बिल्कुल विरुद्ध है।

आंबेडकर को बुद्धिज्म एवं मार्क्सिज्म, दोनों का मौलिक ज्ञान था और उनका विवेक व्यावहारिक था, न कि भावनात्मक। साम्यवादी स्वयं इस बात को स्वीकार करते हैं कि एक स्थायी तानाशाही के रूप में राज्य का उनका सिद्धांत उनके राजनीतिक दर्शन की कमजोरी है। वे इस तर्क का आश्रय लेते हैं कि राज्य अंततः समाप्त हो जाएगा। दो ऐसे प्रश्न है, जिनका उन्हें उत्तर देना है। राज्य समाप्त कब होगा, जब वह समाप्त हो जाएगा, तो उसके स्थान पर कौन आएगा? प्रथम प्रश्न के उत्तर का कोई निश्चित समय नहीं बता सकते। लोकतंत्र को सुरक्षित रखने के लिए भी तानाशाही अल्पावधि के लिए अच्छी हो सकती है और उसका स्वागत किया जा सकता है, लेकिन तानाशाही अपना काम पूरा कर चुकने के बाद लोकतंत्र के मार्ग में आनेवाली सब बाधाओं तथा शिलाओं को हटाने के बाद स्वयं समाप्त क्यों नहीं हो जाती? साम्यवादियों ने इसका कोई उत्तर नहीं दिया है। जब राज्य समाप्त हो जाएगा तो उसके स्थान पर क्या आएगा, इस प्रश्न का उन्होंने किसी भी प्रकार कोई संतोषजनक उत्तर नहीं दिया। क्या उसके बाद अराजकता आएगी? यदि ऐसा होगा तो साम्यवादी राज्य का निर्माण एक निरर्थक प्रयास है। यदि इसे बल प्रयोग के अलावा बनाए नहीं रखा जा सकता और जब उसे एक साथ बनाए रखने के लिए बल प्रयोग नहीं किया जाता और यदि इसका परिणाम अराजकता है, तो फिर साम्यवादी राज्य से क्या लाभ है।

□

बाबासाहब के विचारों से ही उपजा लैंड सीलिंग एक्ट

—मिलिंद कांबले

बाबासाहब डॉ. आंबेडकर का विचार था कि बिना औद्योगिकीकरण के भारत का विकास नहीं हो सकता। वे सोचते थे कि इससे बड़े पैमाने पर रोजगार सृजित होंगे और लोगों के उपयोग के लिए जरूरी उत्पादन किया जाएगा। कच्चे माल का इस्तेमाल होगा और विदेशी निर्भरता में कमी आएगी। मजदूरों में सुरक्षा की भावना भी विकसित होगी। ये सभी बातें देश के विकास के लिए महत्त्वपूर्ण होंगी। उन्होंने कई मर्तबा जोर देकर कहा कि उत्पीड़न कई प्रकार का होता है। भारत के परिदृश्य में सामाजिक और धार्मिक शोषण आर्थिक शोषण से कम नहीं है और इसका खात्मा होना चाहिए।

डॉ. आंबेडकर ने भारतीय वृ षि का गहन अध्ययन किया था और कई सिंचाई आर्टिकल्स भी लिखें। उन्होंने खेती पर कई सेमिनार और कॉन्फ्रेंस कराए ताकि किसानों की समस्याओं को दूर किया जा सके। उन्होंने किसानों के कई आंदोलनों का भी नेतृत्व किया। खेती पर उनके विचार, 'स्मॉल होल्डिंग्स इन इंडियन एंड देयर रेमिडीज' (1917) और 'स्टेटस एंड माइनॉरिटीज' (1947) आर्टिकल में पढ़े जा सकते हैं। उन्होंने बार-बार उल्लेख किया कि कुछ लोगों में ही खेती की ज्यादातर जमीन बँटी होना भारतीय किसानी के लिए बड़ी समस्या है और इसके तमात दुष्प्रभाव भी हैं। इन दुष्प्रभावों में उन्होंने खेती करने में दिक्कत, संसाधनों के इस्तेमाल में समस्याएँ, खेती की लागत में इजाफा, कम उत्पादन, कम आमदनी और जीवनयापन के मानकों में गिरावट को गिनाया था। बाबासाहब के मुताबिक खेती में उत्पादन न केवल जमीन के साइज पर निर्भर करता है, बल्कि पूँजी, श्रम और दूसरे साधनों का भी इसमें अहम

रोल होता है। इसलिए अगर पूँजी या श्रम उपयुक्त मात्रा और गुणवत्ता में उपलब्ध नहीं होगा तो खेत का बड़ा भाग भी गैर उत्पादकतावाला हो जाएगा। वहीं इसके उलट अगर संसाधन सही मात्रा में मौजूद होंगे तो जमीन का छोटा हिस्सा भी प्रॉडक्टिव हो सकता है। इन्हीं विचारों के आधार पर आजादी के बाद 'लैंड सीलिंग एक्ट' पास हुआ। खेती से जुड़ी दूसरी समस्याओं को दूर करने के लिए उन्होंने सामूहिक खेती, जमीन का बराबर बँटवारा, बड़े पैमाने पर औद्योगिकीकरण, सरकार की तरफ से आर्थिक सहायता, सिंचाई के लिए पानी, बीज और उर्वरक, भूमिहीन मजदूरों को गैर इस्तेमालवाली जमीन देने, श्रमिकों के लिए न्यूनतम आय तय करने और किसानों को लोन देने वाले साहूकारों पर नियंत्रण करने का सुझाव दिया था।

डॉ. आंबेडकर का तर्क था कि भारत में मानव को पूँजी के रूप में देखे जाने का विचार ज्यादा अहमियत नहीं रखता। गरीबों और दलितों के साथ सामाजिक और धार्मिक आधार पर भेदभाव किया जाता है। इसलिए जरूरी है कि देश के विकास के लिए मनुष्यों को संसाधन के तौर पर इस्तेमाल किया जाए। ब्रिटिश राज के दौरान जब भारतीय रुपयों का अवमूल्यन होने लगा तो बाबासाहब ने 1923 में 'भारतीय रुपए की समस्याएँ, उसका उद्‌भव और समाधान' लिखा था और सुझाव दिए थे। 1923 में ही डॉ. आंबेडकर ने ही फ्री-इकॉनमी का सुझाव दिया था और उदारीकरण की बात कही थी। इस तरीके से देखा जाए तो डॉ. आंबेडकर एक शताब्दी आगे थे।

वर्तमान भारत सरकार डॉ. आंबेडकर के इस विचार को अपना रही है। मौजूदा केंद्र सरकार ने दलित उद्यमियों को बढ़ावा देने के लिए कई अहम काम किए हैं। बीते दिनों डिक्की की नेशनल कॉन्फ्रेंस में सरकार ने हिस्सेदारी की। इसके अलावा स्टैंड अप पॉलिसी, कैपिटल वेंचर, मुद्रा बैंक जैसी दूसरी योजनाएँ दलितों के विकास और उद्योगों के विकास में अहम हैं। इस तरह से देखा जाए तो दलितों को उद्यम के लिए 50 हजार से लेकर डेढ़ करोड़ रुपए की आर्थिक मदद दी जा रही है। इसके अलावा बाबासाहब ने बिजली, सड़क और पानी पर काफी काम किया। वर्तमान सरकार इन क्षेत्रों में काम कर रही है। काफी चर्चा हो रही, जो सुखद है। उन्होंने कहा था कि अगर फ्री-इकॉनमी के विचारों को सफल बनाना है तो रुपए की वैल्यू स्थिर रखनी होगी। उन्होंने दास प्रथा और श्रमिकों के शोषण को भारतीय अर्थव्यवस्था के लिए घातक बताया और इसे हटवाने के लिए लड़ते रहे। इन्हीं विचारों के आधार पर लैंड सीलिंग एक्ट और न्यूनतम मजदूरी अधिनियम समेत अन्य अस्तित्व में आए।

□

डॉ. आंबेडकर का आर्थिक दर्शन

—डॉ. महेश सोनारा

बाबासाहब डॉ. आंबेडकर सामाजिक सुधार आंदोलन एवं स्वतंत्रता आंदोलन के तारामंडल में धुव्र तारा के समान थे। डॉ. आंबेडकर की भारतीय संविधान के वास्तुकार के रूप उनके योगदान की सराहना हो रही है। उपरांत शिक्षणविद, पत्रकार, तुलनात्मक धर्मों के अधिकृत व्यक्ति, महान समाज सुधारक और भारत में दलितों के उद्धारक के रूप से सबसे बड़ा योगदान करनेवाले और विद्वान् के रूप में उनका व्यापक स्वीकार हो रहा हैं, हालाँकि उनकी बहुमुखी प्रतिभा का एक महत्त्वपूर्ण पहलू —एक अर्थशास्त्री के रूप में उनके योगदान को अभी भी पूरी तरह से समझा नहीं गया है।

डॉ. आंबेडकर : एक आर्थिक अध्ययन

एक विद्वान् राजनेता होने के अलावा डॉ. आंबेडकर अर्थशास्त्र के ज्ञाता थे। उनके कार्यकाल में ये अकेले ऐसे सांसद् थे, जो भारतीय मुद्रा एवं बैंकिंग व्यवस्था के बारे में सम्मति दे सकते थे। डॉ. आंबेडकर विदेश में अपने अध्ययन के दरम्यान प्रो. सेलिंगमन, प्रो. एडविन केनन, प्रो. लास्की, लार्ड एटली और दूसरे महान् अर्थशास्त्रियों और विद्वानों के संपर्क में आए थे। डॉ. आंबेडकर उनकी बुद्धि प्रतिभा और ज्ञान के कारण आर्थिक मुद्दों की समझ में अधिकृत व्यक्ति थे। उन्हें आर्थिक सिद्धांत का पूरा ज्ञान था और विभिन्न आर्थिक समस्याओं के बारे में उनके विचार को आधिकारिक विचार माना जाता था। डॉ. आंबेडकर के आर्थिक चिंतन पर प्रो. सेलिंगमन, प्रो. एडविन केनन के विचारों का असर देखा जाता है।

डॉ. आंबेडकर ने संयुक्त राज्य अमेरिका में कोलंबिया विश्वविद्यालय में

दो साल के कठिन अभ्यास और संशोधन के परिणाम 1915 में 'प्राचीन भारत में व्यापार' विषय पर निबंध लिखकर एम.ए. की डिग्री प्राप्त की। 1916 में कोलंबिया विश्वविद्यालय ने भारत की राष्ट्रीय आय वितरण : एक ऐतिहासिक और विशेषणात्मक अध्ययन (नेशनल दिविडंड ऑफ इंडिया—ऐ हिस्टोरिकल एंड एनालिटिकल स्टडी) शोधनिबंध स्वीकार कर डॉक्टरेट की डिग्री प्रदान की। लंदन के एक प्रकाशक ने आठ साल बाद ब्रिटिश भारत की क्षेत्रीय आर्थिक उत्क्रांतियों के रूप में शोधनिबंध प्रकाशित किया था। प्रो. सेलिंगमन पुस्तक की प्रस्तावना में लिखते हैं कि इस विषय के हर पहलू का इस तरह का विस्तृत अध्ययन अन्य किसी ने किया हो, ऐसा मेरे ध्यान में नहीं है। इस पुस्तक में डॉ. आंबेडकर ने ब्रिटिश नौकरशाही, साम्राज्यवाद और भारतीय सामाजिक स्थिति पर हमले किए है। ब्रिटिश शासक ब्रिटिश के उद्योग-व्यवसायों और पूँजीपति के हितों को नजर में रखकर नीति बना रहे थे और राज्य की नीति को प्रभावी ढंग से चला रहे थे, यह डॉ. आंबेडकर ने खुलासा किया। डॉ. आंबेडकर ने आगे के अध्ययन और संशोधन के लिए लंदन स्कूल ऑफ इकॉनॉमिक्स में प्रवेश लिया। 1917 में अधिक छात्रवृत्ति मंजूर न होने कारण से उन्होंने अध्ययन को बीच में छोडकर बड़ौदा राज्य की नौकरी स्वीकार कर ली। वहाँ सहकार्यकारों से सहकार और रहने की जगह न मिलने की वजह से उन्होंने बड़ौदा राज्य की नौकरी छोड़ दी और मुंबई के सिडनहम कॉलेज में राजकीय अर्थशास्त्र विषय के अध्यापक के रूप में दो साल कार्य किया। वहाँ बचत का संग्रह करके अधूरे शोध अध्ययन को पूरा करने के लिए 1920 में लंदन वापस लौटे। 1921 में लंदन स्कूल ऑफ इकोनॉमिक्स से 'प्रोविंशियल दिसेन्त्रलैयजेसन ऑफ इंपीरियल फाइनेंस इन ब्रिटिश इंडिया' विषय पर शोध निबंध लिखकर एम.एससी. की पदवी प्राप्त की। 1922 में 'प्रॉब्लम ऑफ द रूपी: इट्स ओरिजिन एंड इट्स सलूशन' विषय पर शोध निबंध लिखकर डॉक्टर ऑफ साइंस की पदवी के लिए लंदन विश्वविद्यालय में प्रस्तुत किया। बाद में प्रो. एडविन केनन की सलाह पर मुंबई में संशोधित शोध निबंध 'द प्रॉब्लम ऑफ रूपी' प्रस्तुत किया, जिसे लंदन विश्वविद्यालय ने स्वीकारकर उनको डी.एससी. की पदवी दी। डॉ. आंबेडकर का ज्यादातर समय कायदा और राजनीति के क्षेत्र में बीतने के कारण उनका आर्थिक चिंतन का ज्यादातर लाभ अर्थशास्त्र विषय और देश-दुनिया को मिल नहीं सका।

डॉ. आंबेडकर ने ज्ञान का उपयोग मानव कल्याण के लिए इस्तेमाल किया। उस समय भारत एक बहुत ही गरीब देश था और अब भी आबादी का लगभग 50

प्रतिशत गरीबी रेखा के आसपास रहता है। गरीबी अधिकतर दलित और आदिवासी समुदायों में देखी जाती है। इसलिए स्वाभाविक रूप से अपने कैरियर के शुरुआती दिनों में विशेष रूप से अर्थशास्त्र में रुचि थी। 1923 में 32 साल की आयु में उनकी पुस्तक 'रुपये की समस्या' प्रकाशित हुई थी। भारतीय चलन और वित्त के बारे में ब्रिटिश सरकार ने रॉयल आयोग का गठन किया। वर्ष 1925 में चर्चा के लिए डॉ. आंबेडकर को अर्थशास्त्री के रूप में आमंत्रित किया। डॉ. आंबेडकर ने इस विषय पर अपना ज्ञापन दिया।

डॉ. आंबेडकर ने भारत में मुद्रास्फीति के कारण और उसको दूर करने के उपाय तथा सोनाधोरण और रुपए के अवमूल्यन और सोने को आयात के बारे में जो विचार प्रस्तुत किए थे, वे आज भी मार्गदर्शक हैं। डॉ. आंबेडकर ने अर्थशास्त्र का विचार देश के दलितों, आदिवासियों और सर्व समाज के गरीबों की आर्थिक और सामाजिक स्थिति में सुधार लाने की दृष्टि से किया था। उन्होंने राजनीतिक लोकतंत्र क आर्थिक लोकतंत्र और सामाजिक लोकतंत्र तक विस्तार करने की कोशिश की, क्योंकि इसके बिना राजनैतिक लोकतंत्र अर्थहीन रह जाएगा—ऐसा उनका मानना था। एक विद्वान् अर्थशास्त्री के रूप में उनके प्रदाय को समझने के लिए उन्होंने निम्नलिखित विभिन्न विषयों के संदर्भ में जो विचार पेश किए हैं, उसे समझना आवश्यक है।

1. मुद्रास्फीति और सोनाधोरण के संदर्भ में

बाबासाहब आंबेडकर डॉ. भारतीय मुद्रा व्यवस्था और वित्त के विकेंद्रीकरण के प्रखर हिमायती थे। उनके इस विचार ने आगे जाकर रिजर्व बैंक ऑफ इंडिया की स्थापना करने में नींव का कार्य किया। डॉ. आंबेडकर के अनुसार मुद्रास्फीति का कारण पैसे की आपूर्ति में अत्यधिक वृद्धि है और इसके लिए सरकार जिम्मेदार हैं। वे मानते थे कि चीजों की अछुत नहीं, पर मुद्रा में अत्यधिक वृद्धि मुद्रास्फीति के लिए जिम्मेदार है। लोगों को पैसा प्राप्त करने के लिए विभिन्न चीजों का उत्पादन करना पड़ता है। जिससे मुद्रा एक हाथ से दूसरे हाथ में जाती है। यह मुद्रा की आपूर्ति में वृद्धि नहीं करता है। जब सरकार मुद्रा की आपूर्ति में वृद्धि करती है, तब विभिन्न चीजों का उत्पादन किए बिना नई मुद्रा अर्थव्यवस्था में प्रवेश करती है, जिससे लोगों की आमदानी बढ़ने से माँग में बढ़ोतरी होती है और उससे मुद्रास्फीति, मूल्य स्तर बढ़ता है। डॉ. आंबेडकर मुद्रास्फीति के खिलाफ थे, क्योंकि भाव बढ़ने से देश के गरीब और साधारण स्थिति के लोगों की वास्तविक आमदानी घटती

है और धनिक लोगों की वास्तविक आमदनी बढ़ती है। इस प्रकार मुद्रास्फीति से अमीर लोगों और सरकार को परोक्ष रूप से फायदा होगा।

मुद्रास्फीति पर काबू पाने के लिए डॉ. आंबेडकर मुद्रा की आपूर्ति बढ़ोतरी करने की सरकार की सत्ता को समाप्त करने के मत में थे। उनकी राय में, अगर सरकार मुद्रा की आपूर्ति में वृद्धि ही नहीं करती तो कीमतों में वृद्धि होने का सवाल ही नहीं रहता। बाबासाहब का मानना था कि एक्सचेंज स्टेंडर्ड और गोल्ड स्टेंडर्ड रिजर्व से अलग करेंसी सिस्टम लागू करना बेहतर होगा। उन्होंने किस और गोल्ड एक्सचेंज स्टेंडर्ड के समर्थकों की आलोचना की। डॉ आंबेडकर ने देश की मुद्रा प्रणाली के संदर्भ में 1925 में चार मुद्दों के कार्यक्रमों का प्रस्ताव दिया था, जो इस प्रकार हैं—

1. टंकशाला में सरकार द्वारा रुपये के सिक्के ढालना बंद करे।
2. टंकशाला में जो लोग सोना लाते है, उसे सोने के सिक्के बना दे।
3. जो मुद्रा परिसंचरण में है, उन्हें रहने दे और नयी मुद्रा बाहर न पाड़े।
4. सरकार को सोने को मुद्रा में और मुद्रा को सोने में परिवर्तित नहीं करना चाहिए।

आंबेडकर सोनाधोरण में मानते थे और सोने का उपयोग सिर्फ आरक्षण की तरह ही नहीं, पर मुद्रा के रूप में इस्तेमाल किया जाए ऐसा आग्रह रखते थे। अगर लोग टंकशाला में सोना लेकर गोल्ड सर्टिफिकेट मांगें तो उन्हें देना चाहिए, जिससे वह भी मुद्रा के रूप में परिसंचरण में रहे।

डॉ. आंबेडकर द्वारा दरशाई हुई प्रणाली में वस्तुओं की कीमत कम होने की संभावना ज्यादा है, क्योंकि हर साल सोने की आपूर्ति में उतनी वृद्धि नहीं होती, जितनी राष्ट्रीय उत्पादन में होती है। इससे उत्पादकता बढ़ने से राष्ट्रीय उत्पादन में वृद्धि होती है, जिससे कीमत कम होती है। इससे आर्थिक रूप से कमजोर, गरीब, मध्यम वर्ग के लोगों को फायदा होता है।

डॉ. आंबेडकर की राय में मुद्रा का बाह्य मूल्य हमारे अंतरराष्ट्रीय व्यापार के द्वारा निर्धारित नहीं होता, पर मुद्रा की आंतरिक खर्च करने की शक्ति से होता है। इस संबंध में वे प्रसिद्ध अर्थशास्त्री केयेंस के मत से विरुद्ध और नोबेल पुरस्कार विजेता अर्थशास्त्री मिल्टन फ्रीडमैन के मत के पक्ष में थे। उन्होंने केयेंस के उस धारणा को गलत निर्धारित किया था कि रुपये का डॉलर और पाउंड में मूल्य विदेश व्यापार के बाह्य कारकों द्वारा निर्धारित होता है।

डॉ. आंबेडकर ने बताया कि हमारे निर्यात घटने और कृत्रिम आयात में वृद्धि होने की वजह आंतरिक मुद्रास्फीति है, जिससे अंतरराष्ट्रीय व्यापार तुला में और

लेनदेन के चालू खाते में खाद्य देखने को मिलती है। क्योंकि निर्यात की कमी से विदेशी मुद्रा कम मिलती है और आयात बढ़ने से विदेशी मुद्रा की माँग में वृद्धि से नुकसान होता है। इस प्रकार विदेशी व्यापार के खाद्य और रुपये के अवमूल्यन के लिए मुद्रास्फीति जिम्मेदार है।

2. कृषि, उद्योग और बीमा क्षेत्र में राज्य समाजवाद

डॉ. आंबेडकर ने राज्य समाजवाद की आवश्यकता दरशाते बताया कि आर्थिक लोकतंत्र को लागू करने के लिए तीन वैकल्पिक तरीके हैं।

1. व्यक्तिवाद मतलब व्यक्ति के अधिक आर्थिक स्वातंत्र्य और मुक्त बाजार तंत्र द्वारा।
2. राज्य समाजवाद, जिसमें राजनीतिक लोकतंत्र की निरंतरता के अलावा आर्थिक सत्ता राज्य हस्तक।
3. साम्यवाद, जिसमें राजनीतिक तानाशाही, जिसका मतलब कि सभी आर्थिक सत्ता राज्य हस्तक।

डॉ. आंबेडकर दूसरे प्रकार के राज्य समाजवाद को भारत के संविधान में मौलिक अधिकारों के तीसरे अध्याय में दाखिल करना चाहते थे, जिससे लोकसभा एवं राज्यसभा सामान्य बहुमत से या मंत्रिमंडल अपनी मर्जी से इससे न तो दूर कर सके या तो फेरफार कर सके, जिसका कि उस समय मौलिक अधिकारों की पेटासमिति ने उसका स्वीकार नहीं किया था।

डॉ. आंबेडकर के शब्दों में राज्य समाजवाद की रूपरेखा निम्नलिखित प्रकार की थी—

1. जो उद्योग प्रमुख उद्योग है, उसका स्वामित्व और संचालन राज्य के पास रहेगा।
2. जो उद्योग प्रमुख उद्योग नहीं है, पर बुनियादी उद्योग है, उसका स्वामित्व राज्य के पास और संचालन राज्य के द्वारा होगा।
3. कृषि, राज्य के स्वामित्ववाले उद्योग रहेगा।
4. कृषि उद्योग को निम्नलिखित आधार पर व्यवस्थित किया जाएगा।
    1. राज्य जमीन को एक निश्चित आकार के खेतों में विभाजित करके, यह भूमि गाँव निवासियों के किरायेदारों को खेती करने के लिए दे देंगे।

2. यह जमीन गाँव निवासियों को जाति या धर्म की सीमा के बिना इस तरह बाँटी जाएगी कि कोई जमींदार, किरायेदार या खेत मजूर न रह पाए।
3. यह सामूहिक पानी, उपकरण, खाद, बीज आदि देने तथा वित्तीय मदद की जिम्मेदारी राज्य की होगी।

5. बीमा क्षेत्र में राज्य का एकाधिकार होगा और देश के हर वयस्क नागरिक का कर्तव्य है कि वह विधानमंडल द्वारा निर्धारित, व्यक्ति की आमदनी के मुताबिक जीवन बीमा पॉलिसी का स्वीकार करे।
6. कृषि, उद्योग और बीमा क्षेत्र में राज्य के अधिकार कायम रहेंगे और उनको भूमि मूल्य का मुआवजा डिबेंचरों के रूप में भुगतान किया जाएगा।

मतलब कि कृषि, उद्योग और जीवनबीमा क्षेत्र में राज्य का स्वामित्व और राज्य के द्वारा संचालन और इस बाबत समावेश व्यक्ति के आर्थिक मौलिक अधिकारों में करना।

डॉ. आंबेडकर ने सबसे पहले व्यक्ति के आर्थिक मौलिक अधिकारों की बात की थी। डॉ. आंबेडकर ने आर्थिक लोकतंत्र स्थापना की राय से राज्य समाजवाद का महत्त्व समझाते लिखा है कि सिर्फ राजकीय लोकतंत्र द्वारा या व्यक्ति के सिर्फ राजकीय और नागरिक मौलिक अधिकार से दलितों और गरीबों का भला नहीं होगा। गाँवों में, दलित अकसर खेत मजदूर होते हैं, जिनके पास कोई जमीन नहीं होती या जिनके पास गाँव में या शहर में कोई उद्योग नहीं होता, उनको तो हर क्षेत्र में निम्न स्तर की नौकरी या मजदूरी करनी पड़ती है, इस से जमींदारों को स्वतंत्रता मिल जाती है कि वे खेत मजूरों का काम का समय ज्यादा रखें, मजदूरी या वेतन कम दें। उद्योग क्षेत्र में भी कई निजी मालिक दलितों और गरीबों का शोषण करने के लिए स्वतंत्र हैं। समाज के उच्च वर्ग या अभिजात वर्ग के और आर्थिक रूप से समर्थ लोगों की गरीब और असहाय लोगों के ऊपर आर्थिक तानाशाही है, जिसमें एक व्यक्ति की आर्थिक स्वतंत्रता में बाधा आती है। डॉ. आंबेडकर ने तर्क दिया है कि देश के दलित, गरीब लोगों का आर्थिक स्वातंत्र्य कायम करने के लिए राज्य का हस्तक्षेप और राज्य समाजवाद की आवश्यकता है। डॉ. आंबेडकर आर्थिक लोकतंत्र नाम देते हैं और राजकीय मौलिक अधिकारों के साथ आर्थिक मौलिक अधिकारों की बात करते हैं। वे मानते थे कि सभी मनुष्यों के लिए समानता होनी चाहिए।

3. सार्वजनिक मुद्रा के मामले में

वित्तीय अर्थशास्त्र में डॉ. आंबेडकर का प्रदान उनके शोध निबंध 'रुपए की समस्या' में देखा जा सकता है। इस पुस्तक में डॉ. आंबेडकर ने विनिमय के माध्यम के रूप में भारतीय मुद्रा की उत्तक्रांति और सोना-चाँदी जैसी कीमती धातुओं के सदंर्भ में उनकी समतुल्यता के बारे में श्रेष्ठ परिचय दिया है। डॉ. आंबेडकर 1800-1893 के भारतीय मुद्रा के समय को परखते हैं।

इस तरह से सार्वजानिक मुद्रा के मामले में भी डॉ. आंबेडकर का प्रदान बहुत महत्त्वपूर्ण है। उन्होंने शोध निबंध 'द इवोल्युशन ऑफ प्रोविंशियल फाइनांस इन ब्रिटिश इंडिया' लिखा था। वह भारत के सार्वजनिक वित्त के इतिहास में प्रमुख योगदान है। इस पुस्तक में वह केंद्र और राज्यों के बीच के ब्रिटिश भारत के 1833-1921 के समय की बात करते हैं।

सरकार की भूमिका कर (वेरा) के माध्यम से अधिक राजस्व जुटाने की है। भारत जैसे गरीब देश में कर राजस्व बढ़ाने की सीमाएँ हैं। नतीजतन, सरकार के विभिन्न रूपों में भारग्रस्त समान वितरण मतलब केंद्र, राज्य और स्थानीय स्वशासन निकायों के बीच वितरण महत्त्वपूर्ण बन गया है। डॉ. आंबेडकर 1833-1871 तक भारत में सार्वजनिक वित्त व्यवस्था में जो केंद्रीकरण प्रवर्तमान था, वह किस तरह गलत राजकोषीय व्यवस्था के कारण विफल हो गया था और हानिकारक कर और अनुत्पादक और अनावश्यक खर्च किस तरह नुकसानकारक थे, वह दरशाते हैं। बाबासाहब आंबेडकर ने आग्रहपूर्वक कहा की टैक्स क्षमता के आधार पर लगाने चाहिए, न की देने वाले की कमाई पर। इसको सामर्थ्य सिद्धांत कहा गया। यह सिद्धांत इसलिए भी रोचक व प्रशंसनीय है, क्योंकि इसमें जाति व्यवस्था की विकृतियों, उत्पीड़न और असमानता पर भी चर्चा हुई। इस सिद्धांत के तीन संदर्भ- समान त्याग का सिद्धांत, अनुपातिक त्याग का सिद्धांत, और न्यूनतम त्याग के सिद्धांत पर कसे तो डॉ. बाबासाहब आंबेडकर अनुपातिक त्याग का सिद्धांत, जो प्रगतिशील टेक्सेशन थ्योरी की ओर ले जाता है, के हिमायती दिखते हैं। इसमें टैक्स देने में आनेवाली दिक्कतों का भी ध्यान रखा जाता है। बाबासाहब डॉ. आंबेडकर के आर्थिक चिंतन का काफी प्रभाव भारत की आर्थिक नीतियों पर है। अपने लेख में डॉ. आंबेडकर ने ब्रिटिश भारत की राजकोषीय नीति के बारे में विस्तार से चर्चा करके वो नीतियाँ किस तरह गलत थीं और वास्तव में क्या हो सकता है, इस पर प्रकाश डाला है।

सार्वजनिक पैसे के संबंध में डॉ. आंबेडकर का प्रदान नीव का काम है। उनके

मार्गदर्शक सेलिंगमन किताब के परिचय में लिखते हैं कि ब्रिटिश भारत में केंद्र-राज्य वित्तीय संबंधों में तथ्यों से व्यक्तिपरक विश्लेषण और निष्पक्ष प्रस्तुति पेश करते हैं, जो एक प्रमुख ऐतिहासिक महत्त्व है। दूसरा महत्वपूर्ण प्रदान यह है कि आधुनिक भारत के केंद्र-राज्य वित्तीय सबंध, जिन पर खड़े हैं, उसको अमूल्य संरचना प्रदान करते हैं। सेलिंगमन ने स्वीकार किया है कि इस तरह महत्त्वपूर्ण सिद्धांत पर एक विस्तृत अध्ययन हुआ हो, ऐसा मेरी जानकारी में नहीं है। स्वातंत्र्य भारत के वित्तपंच के विवरण के पीछे यह सिद्धांत मार्गदर्शक के रूप में काम कर रहा है।

4. जाति व्यवस्था और अर्थशास्त्र

हिंदू धर्मग्रंथों चार वर्गों के विभाजन को आदर्श के रूप में स्वीकार करते हैं। चातुर्वर्ण के समर्थन में और जाति व्यवस्था के बारे में एक सामान्य दलील यह होती थी कि वह युगों से चली आती श्रम विभाजन सिद्धांत पर आधारित है।

डॉ. आंबेडकर ने अपनी पुस्तक 'एनहिलेशन ऑफ कास्ट' में इस तर्क का छेद उड़ा दिया और उसकी तार्किक कमियों को दिखाई। डॉ. आंबेडकर ने बताया कि जाति व्यवस्था में जो अभिप्रेत है, वह सिर्फ श्रम विभाजन नहीं है, लेकिन मजदूरों को भी विभाजित कर रहे हैं। मजदूरों का विभाजन प्राकृतिक प्रतिभा या कौशल के आधार पर नहीं किया जाता है, लेकिन पूर्व निर्धारित पूर्वाग्रहों पर आधारित है। श्रम विभाजन गलत नहीं है, पर दुनिया के किसी भी सभ्य समाज में इस तरह के श्रम का पूरी तरह बिल्कुल अप्राकृतिक श्रम विभाजन देखने को नहीं मिलता है।

डॉ. आंबेडकर को पता था कि भारत में जाति व्यवस्था, आर्थिक वृद्धि और विकास के लिए एक प्रमुख बाधा है। जाति व्यवस्था लोगों को अपने समुदाय के लोगों की तुलना में अन्य समुदाय के लोगों को वंशानुगत कौशल सीखने के लिए अनुमति नहीं देती है। अगर कोई व्यक्ति किसी काम के लिए जरूरी कौशल धारण रखता हो, फिर भी वह अपनी जाति से निम्न जाति का व्यवसाय करेंगे नहीं। इससे अनिवार्य रूप से श्रम की गतिशीलता कम होती है। जाति व्यवस्था राजधानी की गतिशीलता को भी कम कर देती है, क्योंकि व्यवसाय जातिगत और विरासत में मिला होता है। व्यक्तिगत उद्यमी कारोबार में अपनी पूँजी का निवेश करते हैं। जाति व्यवस्था श्रम और पूँजी की गतिशीलता कम कर देती है, जिससे उत्पादन में अक्षमता का जन्म होता है और आर्थिक विकास में बाधा आती है। आर्थिक विकास की प्रक्रिया में परिवर्तन एक महत्त्वपूर्ण तत्व है और यह लगातार सामाजिक, आर्थिक

तराह में परिवर्तन की माँग करता है। जाति व्यवस्था इन परिवर्तनों के खिलाफ होने से आर्थिक विकास के लिए हानिकारक है।

मानव अधिकारों के मसीहा डॉ. आंबेडकर ने अस्पृश्यता की भी निंदा की थी। उनकी राय में अस्पृश्यता एक धार्मिक प्रणाली नहीं है, बल्कि आर्थिक प्रणाली थी, जो गुलामी से भी बदतर थी। गुलामी में मालिक गुलाम को कम-से-कम भोजन, वस्त्र, आवास आदि दायित्वों को पूरा करता है। अस्पृश्यता में ऊँची जाति के लोग ऐसी कोई जिम्मेदारी नहीं निभा रहे हैं। डॉ. आंबेडकर ने 'वोट कांग्रेस एंड गाँधी हैव डन टू अनटचेबल्स' में लिखा है कि एक आर्थिक प्रणाली के रूप में जाति-प्रथा किसी भी कर्तव्य के बिना शोषण होने देती है। अस्पृश्यता सिर्फ आर्थिक शोषण की अनिवार्य प्रणाली नहीं है, बल्कि एक अनियंत्रित आर्थिक शोषण का प्रबंध है।

अस्पृश्यों की प्रछन्न गुलामी के बारे में डॉ. आंबेडकर ने कहा है कि व्यक्तिगत स्वतंत्रता, पूँजीवाद का महामंत्र है। पूँजीवाद ने प्रत्यक्ष सर्वहारा वर्ग की व्यक्तिगत (शारीरिक) गुलामी नष्ट कर दी। अस्पृश्यता के प्रछन्न रूप में ये गुलामी प्रवर्तमान है। अस्पृश्यता के कारण पूँजीवाद के बाजार में उनको उनके श्रम को बेचने की अनुमति नहीं है। अस्पृश्यता के कारण उनके लिए सभी प्रकार के राजधानी उत्पादक प्रणाली के दरवाजे बंद कर दिए गए हैं। अस्पृश्य किसान और मजदूरों को खुले बाजार में अपनी श्रम शक्ति बेचने की आजादी होनी चाहिए।

डॉ. आंबेडकर के मत अनुसार, सभी दलित कृषि पर निर्भर हो सकें इतनी खेती होना मुश्किल है, इसलिए कृषि के अलावा अन्य कोई भी व्यवसाय करना आवश्यक है। दलित व्यापार करने वाली जाति नहीं है, लेकिन जो व्यवसाय कर सकते हैं, वह करना चाहिए। वित्त और अनुभव की कमी के कारण एक अच्छा और लाभदायक व्यवसाय करना दलितों के लिए असंभव है। डॉ.आंबेडकर का मानना था कि व्यक्ति की आर्थिक या सामाजिक स्थिति में सुधार होने से समाज में उनको मान्यता प्राप्त हो जाती है, जो वे पहले से ही अमेरिका और यूरोप में अनुभव कर चुके थे।

5. आर्थिक विकास की नीति के संदर्भ में

डॉ. आंबेडकर की राय में भारत के आर्थिक विकास की रणनीति में गरीबी उन्मूलन, असमानताओं के उन्मूलन और लोगों के शोषण के अंत पर जोर देना चाहिए।

डॉ. आंबेडकर, मार्क्स की एक राय पर सहमत थे कि दुनिया में शोषण है,

अमीरों से गरीबों का शोषण होता है, लेकिन वे मार्क्स की उस राय से सहमत नहीं थे कि मानव जीवन में, आर्थिक संबंधों ही सर्वस्व हैं और मानव की सभी गतिविधियों के पीछे प्रेरणा आर्थिक उद्देश्य है। डॉ. आंबेडकर के मत से शोषण के कई पहलू है। आर्थिक, सामाजिक, धार्मिक और यहाँ तक कि राजनीतिक भी। डॉ. आंबेडकर वर्गविहीन समाज को मानते थे, बल्कि राज्यविहीन समाज में विश्वास नहीं करते थे। उनकी राय में जब तक मानव समाज का अस्तित्व है, तब तक राज्य का अस्तित्व रहनेवाला है। उन्होंने अपनी पुस्तक 'स्टेट्स एंड माइनॉरिटीज' में राज्य को लोगों के जीवन के आयोजन की जिम्मेदारी सौंपी है, जो खानगी साहस की हर संभावनाओं को रोकने के बिना उत्पादकता को ऊपर ले जाए और धन का न्यायसंगत वितरण भी करे। डॉ. आंबेडकर मार्क्स के अधिनायकवाद और राज्य सरकार के एकाधिकार के बिना आर्थिक विकास में सरकार की सक्रिय भागीदारी चाहते थे।

6. समाजवाद के बारे में विचारों

डॉ. आंबेडकर के समाजवाद के बारे में विचार 'बुद्धिज्म एंड कम्युनिज्म' नामक एक निबंध में व्यक्त किया गया है। मार्क्स के विपरीत डॉ. आंबेडकर ने मानव जीवन में आर्थिक संबंध ही सर्वस्व है, ऐसा स्वीकार नहीं किया था। मनुष्य की सभी गतिविधियों के पीछे असली ताकत आर्थिक उद्देश्य है, ऐसा सिद्धांत भी स्वीकार नहीं किया था। डॉ. आंबेडकर की राय में समाजवाद दुःख की बात करता है, सुधार की नहीं करता है। उन्होंने कहा कि समाजवाद सर्वहारा वर्ग की तानाशाही की स्थापना करने के लिए पूँजीपतियों का विरोध पार करने के लिए क्रांतिकारी पद्धति की सिफारिश करता है। लोकतंत्र और मानव अधिकारों के पुरस्कर्ता के रूप में डॉ. आंबेडकर किसी भी रूप की तानाशाही के खिलाफ थे। उनको परिवर्तन के हिंसक तरीके पसंद नहीं थे। उनका मानना था कि वांछित उन्नयन के लिए संवैधानिक प्रावधानों और लोकतांत्रिक तरीके पर आधार रखना चाहिए।

डॉ. आंबेडकर को उत्पादन के सभी उपकरणों के लिए मार्क्स का सर्व सत्तावादी दृष्टिकोण स्वीकार्य नहीं था। वे मार्क्स की वह बात भी स्वीकार नहीं करते थे कि संपत्ति की निजी मालिकी वंचितों की गरीबी और दुःख को समाप्त करेगी और राज्य एक अस्थायी संस्थान है और समय के साथ समाप्त हो जाएगा।

बौद्ध धर्म के दर्शन पर आधार रखकर डॉ. आंबेडकर ने कहा है कि मार्क्स वह ही कहते हैं, जो बुद्ध ने 2400 साल पहले कहा था। बुद्ध और मार्क्स का उद्देश्य

एक ही है। मार्क्स ने कहा था कि निजी संपत्ति पीड़ा का मूल स्रोत है। उसका नतीजा शोषण, दु:ख और गुलामी में पाया जाता है। बुद्ध भी दु:ख का निवारण करना चाहते थे। मार्क्स और डॉ. आंबेडकर शोषण की एक ही वजह बताते हैं और गरीबी और शोषण निवारण के लिए दोनों ने सामान विचार दिया है। मार्क्स और डॉ. आंबेडकर परस्पर विरोधी नहीं थे। कई सैद्धांतिक समझ भी प्रवर्तमान हैं। दोनों बिल्कुल विभिन्न समाजों में पैदा हुए थे, फिर भी दोनों का उद्देश्य और लक्ष्य सामान था। डॉ. आंबेडकर ने कहा है कि जगत में दो वर्ग हैं। सहित और रहित, गरीब और अमीर, शोषक और शोषित। उन्होंने किसानों और मजदूरों को अपनी गरीबी के कारणों के बारे में सोचने के लिए कहा। वे चाहते थे कि गरीब और शोषित, उनका राजनीतिक अधिकार और मानव गरिमा प्राप्त करने के लिए लायक बनें। डॉ. आंबेडकर के आर्थिक चिंतन में समाजवाद को स्वतंत्र स्थान था। डॉ. आंबेडकर का विलेषण था कि भारत के समाजवादी भारतीय समाज की संरचना को नहीं समझ सके हैं।

7. भारत की कृषि समस्या के संदर्भ में

डॉ. आंबेडकर ने कहा था कि औद्योगिकीकरण के साथ-साथ कृषि की अनदेखी नहीं की जानी चाहिए। भारत जैसे देश में कृषि बढ़ती आबादी की खाद्य जरूरतों को पूरा करने के लिए और उद्योगों के लिए कच्चा माल उपलब्ध कराने के लिए एक महत्त्वपूर्ण भूमिका निभाती है। यद्यपि औद्योगिकीकरण हो, फिर भी इस देश में कृषि ही नींव होगी। यह एक ऐसी नींव होने जा रही है, जिस पर आधुनिक भारत का निर्माण हो सकेगा। इस उद्देश्य को ध्यान में रखते हुए उन्होंने कृषि क्षेत्र में पुनर्गठन के लिए अत्यंत महत्त्वपूर्ण सुझाव दिए थे। डॉ. बाबासाहब आंबेडकर की पहली प्राथमिकता श्रम सुधार थी। अनुत्पादक और आर्थिक रूप से बेकार भू-स्वामित्व की प्रकृति को लेकर उनकी विशेष चिंता थी। उत्पादन के लक्ष्य को प्राप्त करने के लिए वे उत्पादन के सभी कारकों को जरूरी मानते थे। बाबासाहब ने अपने अभ्यास के आधार पर आकलन किया था कि भारतीय कृषि उत्पादन में असफल रही, जिनकी वजह से पूँजी में कमी हुई। संसाधनों का सही इस्तेमाल न होना, अत्यधिक श्रम और जरूरत से ज्यादा लोगों के खेती में जुटने से लागत बढ़ती गई और उत्पादन घटता गया। इस वजह से डॉ. बाबासाहब ने चकबंदी और औद्योगीकरण का भरपूर समर्थन किया। वे सारे भूमि धारण का

राष्ट्रीयकरण चाहते थे। वे नहीं चाहते थे कि श्रम को जब्त किया जाए। उनका मत था कि श्रम मालिकों को भूमिमूल्य जितना डिबेंचर पुरस्कार के रूप में देकर भूमि का राष्ट्रीयकरण किया जाए।

डॉ. आंबेडकर भारत की कृषि समस्याओं की बात अन्य समस्याओं की तरह निश्चित और व्यापक सामाजिक, आर्थिक और राजनीतिक दृष्टिकोण के साथ करते थे। उन्होंने दलितों के मसीहा के रूप में अनुचित झूठी प्रथा के अंत लाते हुए कहा कि ये भूमि पर खेती करनेवालों का शोषण करती थी और जमींदारों को फायदा पहुंचाती थी। उनका मानना था कि यदि आर्थिक समानता के उद्देश्यों को हासिल करना हो तो राज्य को समाज के आर्थिक क्षेत्र में हस्तक्षेप करना चाहिए। इसी वजह से उन्होंने सामूहिक खेती का समर्थन किया, क्योंकि तभी कोई जमींदार नहीं होगा, कोई किरायेदार नहीं होगा और कोई भूमिहीन मजदूर होगा।

डॉ. आंबेडकर का मानना था कि भूमि के छोटे-छोटे टुकड़े हो रहे हैं। यह किसानों की गरीबी का कारण है। जमीन के ऊपर जनसंख्या का दबाव और बोझ बढ़ता जाता है। परिणामस्वरूप दरिद्रता बढ़ती जाती है। इस वास्तविकता को पहुँचने के लिए पुराने उद्योगों के साथ नए उद्योगों की स्थापना करके कृषि पर जनसंख्या का बोझ कम करना चाहिए।

सारांश

डॉ. आंबेडकर सिर्फ दिग्गज अर्थशास्त्री ही नहीं, बल्कि समाज सुधारक होने से मानवाधिकारों के जबरदस्त समर्थक थे, हालाँकि वे शोषण के खिलाफ होने के बावजूद हिंसा की वकालत नहीं करते थे। वे लोकतंत्र के एक जबरदस्त समर्थक थे। उनकी राय में सामाजिक और आर्थिक समानता के बिना राजनीतिक समानता का कुछ भी मतलब नहीं है। गरीबी और पीड़ा दूर करने के लिए वे लोकतांत्रिक तरीके की वकालत करते थे। स्वतंत्रता और समानता के आधार पर उनके आर्थिक विचारों पर अपनी वचनबद्धता व्यक्त करते हैं। अभी भी डॉ. आंबेडकर के आर्थिक विचारों के लिए पर्याप्त ध्यान नहीं दिया गया है। डॉ. आंबेडकर के आर्थिक विचार आधुनिक समय में न केवल पर्याप्त हैं, बल्कि फायदेमंद और मार्गदर्शक भी हैं।

डॉ. आंबेडकर राज्य समाजवाद को आर्थिक स्वातंत्र ऐसा नाम देते हैं और राजनैतिक मौलिक अधिकारों के साथ आर्थिक मौलिक अधिकारों की बात करते हैं। उनका सामाजिक दर्शन का सार स्वतंत्रता, समानता और बंधुता के सूत्र में आता है। व्यक्ति का स्वातंत्र्य मुख्य है। यह एक व्यक्ति में हो और किसी अन्य के लिए

संभव नहीं हो, ऐसा नहीं होना चाहिए। स्वातंत्र्य में सभी के लिए समानता होनी चाहिए। एक अर्थ में डॉ. बाबासाहब आंबेडकर का संपूर्ण चिंतन देखें तो ध्यान में आता है कि उनका विचार चिंतन संपूर्ण भारत वर्ष की संकल्पना का आधार है, जिसका अंतिम उद्‌देश्य समावेशी-सर्वांगीण विकास और राष्ट्र निर्माण है। डॉ. आंबेडकर के शब्दों में नूतन भारत राजनीतिक स्वतंत्रता प्राप्त करता है, लेकिन सामाजिक स्वतंत्रता और आर्थिक स्वतंत्रता प्राप्त करना अभी बाकी है।

संदर्भ—

1. डॉ. भीमराव रामजी आंबेडकर : उनकी दृष्टि और विचारों को प्रदर्शित जीवन चरित्र संपादक—वेरिंदर ग्रोवर।
2. डॉ. आंबेडकर का जीवन और कार्य, लेखक—डॉ धनंजय कीर।
3. डॉ. आंबेडकर और सामाजिक क्रांति की यात्रा, लेखक—दत्तोपंत ठेंगड़ी।
4. विद्रोही—विभूति डॉ. आंबेडकर, संपादक—डॉ रमेशचंद्र परमार।

(एसोसिएट प्रोफेसर, अर्थशास्त्र विभाग एच.ए.वाणिज्य महाविद्यालय, अहमदाबाद)

□

साम्यवाद पर डॉ. आंबेडकर के दृष्टिकोण

—डॉ. दिलीप कातरीया

वर्तमान समय में हुई दो महत्वपूर्ण घटनाएँ—जेएनयू कांड और रोहित वेमुला की आत्महत्या राष्ट्र को एक नए वैचारिक संघर्ष की ओर ले जा रही हैं। हैदराबाद स्थित केंद्रीय विश्वविद्यालय में साम्यवादी पार्टी के विद्यार्थी संगठन के कार्यकर्ता रोहित वेमुला की आत्महत्या के बाद राष्ट्र के काफी साम्यवादी विचारक साम्यवादी विचारधारा को दलित तथा अन्य शोषित वर्ग के संरक्षक के रूप में स्थापित करने का प्रयास कर रहे हैं। उनका तर्क है कि केंद्र में सत्ताधीन भाजपा सरकार हिंदुत्व के नाम पर ब्राह्मणवादी विचारधारा को पुनः स्थापित करना चाहती है, जो दलित व अन्य शोषितों के हित में नहीं है, परंतु दलित तथा अन्य निम्नवर्ग के आंदोलन के इतिहास का अभ्यास करने से पता चलता है कि इस आंदोलन की दिशा तथा इसके नेता साम्यवादी आंदोलन से दूर रहे थे तथा वे साम्यवाद विरोधी भावनाएँ रखते थे। आजादी के पहले व आजादी के बाद शोषितों के अधिकांश आंदोलन लोकतांत्रिक पद्धति से किए गए, साथ ही अधिकांश आंदोलन हिंसा से भी परे रहे। इन शोषित समाज के आंदोलनों में अति महत्त्वपूर्ण एवं प्रभावी रहे दलित आंदोलनों के पितामह डॉ. आंबेडकर देश के पहले ऐसे राजनैतिक चिंतक थे, जिन्होंने साम्यवाद का वैज्ञानिक तरीके से खंडन किया था। उन्होंने साम्यवादी विचार को हिंसा प्रधान, अराजक और राष्ट्र विरोधी बताया था। साम्यवादी मुक्ति संघर्ष का अर्थ आंबेडकर की दृष्टि में एक ऐसी मुक्ति, जिसकी परिणति समता में होती है, लेकिन यह मुक्ति वह मुक्ति नहीं, जो व्यक्ति को स्वतंत्रता की ओर ले जाती हो। 'साम्यवाद व लोकतंत्र साथ चल सकें, ऐसा विचार भी मूर्खता है, साम्यवाद ऐसी जंगली आग है' जो आसपास के सभी को भस्म कर देती है।''[1] डॉ. आंबेडकर के नेतृत्व में हुआ दलित आंदोलन भारत में अहिंसक तथा लोकतांत्रिक

मूल्यों का जतन करनेवाला आंदोलन बन रहा था। उन्होंने रक्त क्रांति का पक्ष लेने के बदले दलितों के शिक्षण और संगठन के उपक्रम पर अधिक जोर दिया।

डॉ. आंबेडकर ने केवल दलित आदोलन ही नहीं, बल्कि मजदूर आंदोलन को भी साम्यवादी सोच से दूर रखने का प्रयत्न किया था। सन् 1937 में 'इंडीपेंडेंट लेबर पार्टी' की स्थापना इन्हीं उद्देश्यों से की गई थी। सन् 1929 में मुंबई की कपड़ा मिलों की हड़ताल के दौरान साम्यवादियों के साथ हुए उनके संघर्ष के कारण इस नई मजदूर पार्टी की स्थापना की थी। उस वक्त मजदूरों के हितों के लिए डॉ. आंबेडकर साम्यवादी पार्टी में प्रेरित मजदूर आंदोलन में जुड़े थे, लेकिन सन् 1938 'मुंबई इंडस्ट्रियल डिस्प्यूट एक्ट' के विरुद्ध हुए आंदोलन के बाद उन्होंने कभी भी साम्यवाद की अगुवाई में हुए आदोलन का समर्थन नहीं किया। उनको महसूस होने लगा था कि मजदूरों के हित साम्यवादियों के हाथों में सुरक्षित नहीं हैं। उनका मानना था कि 'साम्यवादी सर्वहारा वर्ग के हितों की तुलना में राजनैतिक अवसरवाद को अधिक समर्थन देते हैं।'[2] उधर साम्यवादियों ने भी डॉ. आंबेडकर पर प्रहार किए, वे डॉ. आंबेडकर को भविष्य में होने वाली साम्यवादी क्रांति के अवरोधक के रूप में मानते थे। पूना ऐक्ट के बाद डॉ. आंबेडकर पर होनेवाले हमले और तीक्ष्ण हो गए। उनपर 'ब्रिटिश एजेंट' होने, दलितों के हितों के साथ गद्दारी करनेवाले तथा साम्राज्यवाद के साथ मेलजोल करनेवाले जैसे तर्कविहीन आक्षेप लगाए गए। साम्यवादियों ने डॉ. आंबेडकर लिखित भारतीय संविधान की भी आलोचना की थी।

साम्यवाद के स्थान पर बौद्धधर्म के सिद्धांतों का समर्थन

दलित समस्याओं के निराकरण के लिए डॉ. आंबेडकर ने अनेक मार्ग जैसे कि दलितों का सांस्कृतिकरण, अलग राज्य की माँग, साम्यवाद पद्धति से क्रांति, अलग धर्म की स्थापना जैसे अनेक उपायों पर गहन चिंतन किया था, आखिर में उन्होंने बौद्ध के सिद्धांतों से भारत के शोषित समाज की मुक्ति का मार्ग पसंद किया। 14 अक्टूबर, 1950 में नागपुर में बौद्धधर्म अंगीकार करते समय डॉ. आंबेडकर ने कहा था, "बौद्ध धर्म का उद्देश्य ही पीड़ित मानवता का उद्धार है। एक सवाल पूछा जाता है कि दास कैपिटल की क्या उपयोगिता है, मेरा मानना है कि बुद्ध मार्क्स के दो हजार चार सौ वर्ष पहले जनमे थे। कार्ल मार्क्स ने ऐसी कोई नई बात नहीं कही जो गौतम बुद्ध प्रकाश में नहीं लाए थे।" उसके बाद 20 नवंबर,1950

में नेपाल के काठमांडू में राजा महेंद्र की अध्यक्षता में हुई चौथी वैश्विक बौद्ध परिषद् में उन्होंने कहा था, 'बुद्धिज्म तब ही जीवित रहेगा, जब वह साम्यवाद का विकल्प बनेगा।'[3] उनका विचार था कि साम्यवाद शक्ति के प्रयोग पर आधारित है, जबकि दूसरी ओर बुद्धिज्म लोकतांत्रिक प्रणाली का समर्थक है। उन्होंने बुद्ध के सिद्धांतों को महज धार्मिक उपदेश के रूप में नहीं, बल्कि सामाजिक सिद्धांत के रूप में स्वीकारते हुए दलित समाज को आंदोलन करने के लिए प्रेरित किया था। उन्होंने साम्यवादी चिंतकों को भी बुद्ध के सिद्धांतों को पढ़कर बदलाव के लिए प्रेरित किया था। उनका स्पष्ट मानना था कि वर्तमान तथा भावी पीढ़ी के विश्व कल्याण के लिए बुद्ध अथवा कार्ल मार्क्स इन दोनों में से किसी एक के सिद्धांत को अपनाना ही पड़ेगा। यदि एशिया के लोग बुद्ध के सिद्धांत को नहीं स्वीकारते हैं, तो एशिया भी यूरोप की तरह रक्तक्रांति का भोग बनेगा।

डॉ. आंबेडकर अर्थशास्त्री के रूप में

सामान्य रूप से डॉ. आंबेडकर भारतीय संविधान के निर्माता तथा शोषित समाज के संगठक के रूप में जाने जाते हैं, लेकिन इसके साथ वे कुशल अर्थशास्त्री भी थे। उनके समग्र लेखन तथा उच्च अभ्यास में अर्थशास्त्र विषय का अहम योगदान है। उन्होंने अपनी एम.ए. की डिग्री का शोध 'ईस्ट इंडिया कंपनी का प्रशासन तथा आर्थिक फैसले' पर लिखा तथा पीएच.डी. का शोध 'ईस्ट इंडिया कंपनी का प्रांतीय आर्थिक लेन-देन' विषय पर पूरा किया था, जबकि डी.एससी. की डिग्री का निबंध 'वित्त की समस्या, उसका उद्‌भव तथा समाधान' विषय पर लिखा, जो उन्हें कुशल अर्थशास्त्री के रूप में स्थापित करता है।

डॉ. आंबेडकर की अधिकांश शिक्षा अमेरिका तथा यूरोप में हुई तथा वे वहाँ के लोकतंत्र व पूँजीवादी व्यवस्था के समर्थक बने, कुछ अंश तक साम्यवादी सिद्धांत शोषण एवं वर्ग संघर्ष के अस्तित्व को भी स्वीकार किया, लेकिन उन्होंने कार्ल मार्क्स की निजी संपत्ति के अधिकार की समाप्ति का कभी समर्थन नहीं किया। उनका मानना था कि निजी संपत्ति का अधिकार लोकतांत्रिक व्यवस्था का आधार तथा मानव का मूलभूत अधिकार है, जिसमें राज्य को दखल नहीं देना चाहिए। उनका यह भी मानना था कि लोकतंत्र व साम्यवाद, दोनों साथ चल नहीं सकते। उन्होंने उद्योग जगत में भी निजीकरण का विरोध नहीं किया, लेकिन देश के मूलभूत उद्योग के सरकारीकरण के पक्षधर थे।

डॉ. आंबेडकर का साम्यवाद पर लेखन कार्य

मुंबई की एक सभा में मजदूरों के सामने भाषण देते हुए डॉ. आंबेडकर ने कहा था, 'केवल साम्यवाद पर उन्होंने जितनी पुस्तकें पढ़ी हैं, वे साम्यवादी नेताओं की पढ़ी हुई कुल पुस्तकों से अधिक है।' जो यह बताता है कि उन्होंने साम्यवाद के बारे में गंभीर अध्ययन, चिंतन व मनन किया था। उनके निधन के कुछ समय पहले ही उन्होंने साम्यवाद के सिद्धांतों का खंडन करनेवाला एक ग्रंथ तैयार करने का फैसला किया था। इस ग्रंथ का प्रारूप भी तैयार किया था जो निम्नवत है—

विभाग 1 साम्यवाद की पूर्व शर्तें

- प्रकरण 1 साम्यवाद का जन्म स्थान
- प्रकरण 2 साम्यवाद और लोकतंत्र
- प्रकरण 3 साम्यवाद और सामाजिक व्यवस्था

विभाग 2 भारत और साम्यवाद की पूर्व शर्तें

- प्रकरण 1 हिंदू सामाजिक व्यवस्था
- प्रकरण 2 हिंदू सामाजिक व्यवस्था का आधार
- प्रकरण 3 हिंदू सामाजिक व्यवस्था के आधार पर साम्यवाद के अवरोध

विभाग 3 हम क्या कर सकते हैं।

- प्रकरण 1 मार्क्स एवं यूरोप की सामाजिक व्यवस्था
- प्रकरण 2 मनु और हिंदुओं की सामाजिक व्यवस्था

उनके निधन के चलते यह पुस्तक पूरी नहीं हो पाई, लेकिन विभाग 2 के दो प्रकरण 'हिंदू सामाजिक व्यवस्था' और 'हिंदू सामाजिक व्यवस्था का आधार' तैयार हो गए थे, जो बाद में प्रकाशित किए गए। अपने निधन के चार दिन पहले 'बुद्ध एवं कार्लमार्क्स' नामक पुस्तक का लेखन कार्य उन्होंने पूर्ण कर लिया था, जो बाद में विजया पब्लिशिंग हाउस, कोलंबो से प्रकाशित हुआ।[05] यह पुस्तक 34 पृष्ठ की है, लेकिन अति महत्त्वपूर्ण है। इस पुस्तक में उन्होंने साम्यवादी चिंतन के मूलभूत सिद्धांत जैसे कि वैज्ञानिक समाजवाद, वर्ग संघर्ष, राज्य की शिथिलता एवं

समाप्ति, इतिहास की अवधारणा, धर्म विरोध की अपनी सशक्त वैज्ञानिक दलील तथा अनुभव के आधार पर उन्होंने खंडन किया। आज से 60 साल पहले साम्यवाद पर लिखी गई यह आलोचनात्मक टिप्पणी आज भी प्रासंगिक है। उन्होंने इस पुस्तक के अलावा अपने जीवन के आखिरी दौर के भाषणों में भी साम्यवाद की आलोचना की थी। उस समय रशिया तथा साम्यवाद के बढ़ते प्रभाव के विरुद्ध उन्होंने सरकार को चेतावनी दी थी। उन्होंने तत्कालीन प्रधानमंत्री जवाहरलाल नेहरू की विदेश नीति की भी आलोचना की थी, तिब्बत पर चीन के अतिक्रमण के समय प्रधानमंत्री नेहरू को योग्य कदम उठाने की सलाह दी थी। संभव है कि उनके जीवन की सबसे महत्त्वपूर्ण उपलब्धि भारतीय समाज को साम्यवाद के प्रभाव से बचाना रही हो। संघ के प्रसिद्ध चिंतक श्री दत्तोपंत ठेंगडी ने डॉ. आंबेडकर के कथन के संदर्भ में लिखा है, ''दलित लोग तथा साम्यवाद के बीच आंबेडकर एक अवरोध बनकर खड़े हैं तो दूसरी ओर सवर्ण बंधु और साम्यवाद के बीच डॉ. गोलवलकर अवरोध बनकर डटे रहे।''[6]

डॉ. आंबेडकर ने श्री दत्तोपंत ठेंगडी से अपनी मुलाकात में कहा था, ''उनके सामने एक महत्त्वपूर्ण प्रश्न यह है कि अपनी मौत से पहले अपने समाज को योग्य दिशा देना। मेरे लोग आज तक दलित, पीड़ित व शोषित रहे हैं, अब उनमें थोड़ी जागरूकता आ रही है, जिसके चलते उनमें थोड़ा आक्रोश और जोश होना स्वाभाविक है। इस प्रकार लोग बहुत जल्दी साम्यवाद का शिकार बन सकते हैं, परंतु मैं नहीं चाहता कि मेरा समाज साम्यवाद का शिकार बने। अपने राष्ट्र की दिशा के अनुसार मुझे इन्हें बताना पड़ेगा, आप लोग संघ के द्वारा राष्ट्रहित के उपाय कर रहे हैं, तो मैं मानता हूँ कि अगर लोगों को दिशा नहीं दे पाया और वो साम्यवाद की ओर चले गए तो फिर उनको राष्ट्रीय धारा में लाया नहीं जा सकेगा।''[07] डॉ. आंबेडकर के जीवन के अंतिम पड़ाव में लिखी गई ये दोनों पुस्तक 'भारत और साम्यवाद' तथा 'बुद्ध एवं कार्ल मार्क्स' दलित आंदोलन को नई दिशा देने का एक प्रयास था। इसके अलावा भी डॉ. आंबेडकर के लेखन में साम्यवाद का विरोध दिखता है, लेकिन आज तक उच्च शैक्षणिक चिंतन में साम्यवाद के प्रभाव के चलते इस संदर्भ में जरूरी चिंतन, विश्लेषण और लेखन कार्य नहीं हुआ।

डॉ. आंबेडकर द्वारा कार्ल मार्क्स के वैज्ञानिक समाजवाद के सामने खड़ा किया गया सैद्धांतिक प्रश्न

डॉ. आंबेडकर द्वारा रचित 'बुद्ध एवं कार्ल मार्क्स' पुस्तक में उन्होंने साम्यवाद

को असैद्धांतिक, अप्राकृतिक और अव्यावहारिक बताया था। उन्होंने कार्ल मार्क्स के 'वैज्ञानिक समाजवाद' के सिद्धांत को चुनौती दी थी, कार्ल मार्क्स मानते थे उनका दिया हुआ समाजवाद का प्रारूप ही वैज्ञानिक समाजवाद है अर्थात औद्योगिक क्रांति के बाद यूरोप अपने आप शोषित और शोषक वर्ग के वर्ग विग्रह की ओर बढ़ेगा तथा इस वर्ग विग्रह अथवा साम्यवादी क्रांति के बाद शोषित समाज पॉलिटेरिएट डिक्टेटरशिप द्वारा राज्य के उत्पादन साधनों पर कब्जा जमा लेगा अथवा उसका सरकारीकरण करके समतामूलक समाज की रचना करेगा। इसीलिए कार्ल मार्क्स ने इस सिद्धांत को वैज्ञानिक समाजवाद के रुप में निरूपित किया। डॉ. आंबेडकर जानते थे कि कार्ल मार्क्स की विशेष रुचि अपने समाजवाद को वैज्ञानिक समाजवाद के रूप में साबित करने में थी। वे जितने पूँजीपतियों के विरोध में थे, उतने ही समाजवादी विचारको के विरोध में थे व उनको अव्यावहारिक समाजवादी बताया था। उनका दावा था कि समाज धीरे-धीरे क्रांति अथवा वैज्ञानिक समाजवाद की ओर प्रगति करेगा तथा इस क्रांति व गति को कोई रोक नहीं सकेगा, लेकिन आगे जाकर यह सिद्धांत गलत साबित हुआ, डॉ. आबेडकर ने बताया कि इस सिद्धांत की रचना के 80 साल बाद यह क्रांति किसी भी जगह सफल नहीं हुई। केवल इसके उद्भव के 60 साल बाद रशिया में 1917 में सर्वहारा वर्ग की तानाशाही स्थापित हुई, लेकिन इसको लाने के लिए रक्त क्रांति हुई। यह प्रक्रिया स्वाभाविक नहीं थी। अभी भी दुनिया के कई देशों में सर्वहारा वर्ग की तानाशाही आएगी, ऐसी प्रतीक्षा के चलते इसका आकर्षण कम हुआ है।[08] इस प्रकार उन्होंने वैज्ञानिक समाजवाद की ओर प्रश्न चिह्न खड़ा किया। डॉ. आंबेडकर का यह मूल्यांकन आज भी सत्य है। बीसवीं सदी के इतिहास का अवलोकन करने पर पता चलता है कि रशिया, चीन व बहुत थोड़े पूर्वी यूरोप के देशों को छोड़कर यह क्रांति किसी भी जगह स्वाभाविक रूप से नहीं आई, लेकिन वैश्विक साम्यवादी मंच द्वारा पूर्वनियोजित व अतिहिंसक रही। साम्यवाद के केंद्र रशिया द्वारा इस क्रांति के लिए राजनैतिक, आर्थिक और सैन्य ताकत की भी मदद की गई। 1984 में साम्यवाद के पतन के बाद इन सभी देशों में साम्यवाद निर्बल हो गया है।

डॉ. आंबेडकर और कार्ल मार्क्स की इतिहास की व्याख्या

डॉ. आंबेडकर कार्ल मार्क्स की दी हुई इतिहास की व्याख्या एवं उसमें मिल रहे आर्थिक तत्त्व की महत्ता को स्वीकारने को तैयार नहीं थे। मार्क्स का मानना था कि

इतिहास एक वर्ग का दूसरे वर्ग के साथ स्वार्थ के हित टकराने से होनेवाले संघर्ष का इतिहास है। जो शक्तियाँ इतिहास की रचना करती हैं, वे मूलभूत तरीके से आर्थिक शक्तियाँ ही हैं। वे मानते थे कि राजनीतिक व सामाजिक सुधार एक प्रचंड भ्रम है तथा संपत्ति की समानता को आर्थिक सुधार के किसी भी प्रकार में अग्रिम स्थान मिलना चाहिए। डॉ. आंबेडकर मार्क्स की दी हुई व्याख्या को स्वीकारने को तैयार नहीं थे, उनका मानना था कि मानव समाज में कोई भी विद्यार्थी यह स्वीकार ही नहीं करेगा कि आर्थिक ताकत ही एकमात्र बल है। भारत के इतिहास के संदर्भ में वे बताते हैं, 'धर्म हमेशा सत्ता का स्रोत रहा है। हिंद में लखपति फूटी कौड़ी बिना के साधु व फकीर की आज्ञा का पालन करते हैं। हिंद के लाखों गरीब अपनी संपत्ति व गहने बेचकर बनारस व मक्का जाते हैं।'[09] रोम की प्रजा का उदाहरण देते हुए आंबेडकर कहते हैं कि समग्र रोम की प्रजा की यह स्वीकृत मान्यता थी कि जब तक डेलफी की देववाणी यह घोषणा नहीं करे कि अधिकारी देवी को स्वीकार्य है, तब तक कोई भी अधिकारी अपने अधिकारी के रूप में कर्तव्यभार ग्रहण नहीं कर सकता। भारत में दलित आंदोलन केवल उनके आर्थिक शोषण के विरोध में था, उतना ही उनके सामाजिक व सांस्कृतिक शोषण के विरोध में था। वे कहते हैं कि कभी किसी के सहयोग से साम्यवादी सत्ता में आएँ, तब उन्हें जाति प्रथा से उत्पन्न समस्या से लड़ना पड़ेगा जब तक इस समस्या का समाधान नहीं मिलेगा, तब तक आर्थिक परिवर्तन असंभव है। 1930 में लाहौर में जात-पाँत तोड़क मंडल के लिए उनके लिखे लेख में उन्होंने कहा था, ''केवल आर्थिक शक्ति ही प्रेरक शक्ति नहीं है, जो इतिहास का प्रेरक बल है, लेकिन अन्य ताकतें जैसे धर्म, सामाजिक स्तर, भी महत्त्वपूर्ण परिबल हैं।''[10]

डॉ. आंबेडकर और साम्यवाद तथा बुद्ध के सिद्धांत की साम्यता

डॉ. आंबेडकर साम्यवाद व भगवान् बुद्ध की विचारधारा की तुलना करते हुए बताते हैं कि कई मामलों में दोनों में साम्यता थी, दोनों सिद्धांतों में वर्ग संघर्ष और शोषण का अस्तित्व है, इसको स्वीकारते हैं। भगवान् बुद्ध कहते थे कि संसार दुःखों का सागर है, यहाँ उन्होंने शोषण शब्द का उपयोग नहीं किया, लेकिन अपने सद्धर्म की स्थापना के आधार में दुःखवाद को लिया। भगवान् बुद्ध व कौशल नरेश के बीच की चर्चा का उदाहरण देते हुए भगवान् बुद्ध कहते हैं, ''राजाओं के बीच, कुलीन लोगों के बीच, ब्राम्हणों के बीच, गृहस्थों के बीच, माता व पुत्र के बीच, पुत्र व पिता के बीच, भाई-बहन के बीच सदा संघर्ष चलता रहता है।''[11] बुद्ध का अष्टांगिक

मार्ग भी इस सिद्धांत को मान्यता देता है कि वर्ग संघर्ष का अस्तित्व है तथा उसके कारण दुःख, दुर्दशा उत्पन्न होती है। इस प्रकार यह दोनों दार्शनिक शोषण व वर्ग संघर्ष की वास्तविकता को स्वीकारते हैं, लेकिन दोनों इसको दूर करने के अलग-अलग उपाय बताते हैं। कार्ल मार्क्स आर्थिक समानता का रास्ता दिखाते हैं तो दूसरी और बुद्ध सच्चे धर्म के अनुसरण से इस शोषण से मुक्त होने का रास्ता दिखाते हैं।

डॉ. आंबेडकर और कार्ल मार्क्स की धर्म की परिभाषा

डॉ. आंबेडकर साम्यवाद के द्वारा हो रहे धर्म के विरोध को उचित नहीं मानते थे। साम्यवाद की व्याख्या करते हुए कहते हैं कि साम्यवाद धर्म को अफीम मानता है, साम्यवादियों के लिए धर्म एक प्रकार का नशा है, धर्म का उन्मूलन अथवा व्यक्ति की भ्रामकता, प्रशंसा का अंत ही वास्तविक आनंद के लिए यह आवश्यक है, लेकिन डॉ. आंबेडकर मानते थे कि मनुष्य मात्र के विकास के लिए धर्म की आवश्यकता है, वे मानते थे कि मनुष्य जीवन को सुसंस्कृत व विकसित करना; यह धर्म का मुख्य काम है। उन्होंने यह घोषणा की थी कि वे ऐसे समाज के साथ कोई संबंध नहीं रखेंगे, जो मानसिक शांति की अपेक्षा केवल रोटी या पेट भरने पर ही ध्यान देता है। मनुष्य एक सांस्कृतिक प्राणी है, जो धर्म के बिना मुश्किल से जीवित रह सकता है। धर्म की महत्ता के बारे में डॉ. आंबेडकर ने समझाया है कि मनुष्य मात्र के विकास के लिए धर्म की संस्था जरूरी है, वे आगे कहते हैं कि साम्यवाद के अनुयायी धर्म के महत्त्व को नकारते हैं। प्रतिदिन सुबह नाश्ते में पाव जैसी वस्तुएं मिल जाती हैं, उसकी खुशी मनाते हैं, लेकिन उन्हें यह भूमिका बिल्कुल पसंद नहीं है। मेरे पिताजी बहुत गरीब थे। इसलिए सुख की सभी वस्तुएँ मुझे आसानी से नहीं मिली, लेकिन यह मुझे स्वीकार्य है। आगे वे लिखते हैं कि मनुष्य व बैल एक-दूसरे से भिन्न हैं, मनुष्य के पास शरीर के उपरांत मस्तिष्क भी है। यह मस्तिष्क सुसंस्कृत एवं विकसित रहे, इसकी सबसे अधिक अपेक्षा है, लेकिन डॉ. आंबेडकर धर्म को अलग तरह से परिभाषित करते हैं। उनके धर्म का ईश्वर या परमात्मा, स्वर्ग या नरक, पृथ्वी संबंधित सिद्धांत और अनुमानों के साथ उनका कोई संबंध नहीं है। ईश्वर या आत्मा को मुक्ति अथवा मोक्ष को धर्म का केंद्र बनाना उचित नहीं, धर्म का संबंध जीवन के तत्त्वों व वास्तविकता के साथ होना चाहिए। वास्तविक धर्म का वास मनुष्य के हृदय में होना चाहिए, शास्त्र में नहीं और उसके केंद्र में मनुष्य की नैतिकता होनी चाहिए और उसका मुख्य काम विश्व का पुनर्निर्माण व उसको प्रसन्न रखने का है।[13]

डॉ. आंबेडकर और साम्यवाद-प्रेरित हिंसा

डॉ. आंबेडकर मानते थे कि साम्यवाद विश्व में समता स्थापित करने के लिए शक्ति का प्रयोग अथवा हिंसा पर बल देता है। हिंसा के जरिए वर्तमान व्यवस्था भंग करना व सर्वहारा वर्ग की तानाशाही द्वारा राज्य को नियंत्रित करना। डॉ. आंबेडकर साम्यवाद के हिंसात्मक उपायों के सर्वथा विरोधी व आलोचक रहे। उन्होंने 25 नवंबर, 1949 को संविधान सभा के भाषण में कहा था, ''मेरे निर्णय अनुसार सबसे पहले हमें यह सुनिश्चित करना चाहिए कि सामाजिक व राजनैतिक लक्ष्य प्राप्त करने के लिए संवैधानिक विधियों का उपयोग भलीभाँति होना चाहिए। इसका मतलब यही है कि क्रांति की हिंसा को संपूर्ण तिलांजलि देनी चाहिए।''[14] वे समाज में समता स्थापित करने के लिए साधनों के उपयोग को पूरी तरह लोकतांत्रिक व्यवस्था से प्राप्त व स्थायी होना आवश्यक मानते थे। डॉ. आंबेडकर साम्यवादी क्रांति के दौरान हुई हिंसा के विरोधी थे, लेकिन उनके न्याय के पक्ष में भी खड़े रहे। वे मानते थे कि हिंसा का समग्र त्याग नहीं किया जा सकता, लेकिन हिंसा के सिवा जो मार्ग हों, उनका पहले प्रयोग करना चाहिए। डॉ. आंबेडकर ने हिंसा के विरोध में तीन दलीलें भी दी, उनकी पहली दलील यह थी कि बल प्रयोग केवल अस्थिरता का सर्जक होता है, थोड़े समय के लिए किसी को वश में किया जा सकता है, लेकिन उसे पुनः वश में करने की संभावना समाप्त हो जाती है। किसी भी ऐसे राष्ट्र पर शासन नहीं किया जा सकता, जिसे जीतने के लिए बार-बार आक्रमण करना पड़े। उनकी दूसरी दलील थी कि बल प्रयोग का परिणाम हमेशा आतंक पैदा करने व युद्ध सामग्री का उपयोग कर विजय पाना नहीं होता, आप साधनहीन हैं, क्योंकि समझाइश असफल हो जाती है तो बल प्रयोग ही बाकी रह जाता है। अगर बल प्रयोग विफल हो जाए तो फिर समझौते के लिए कोई स्थान नहीं रह जाता। शक्ति एवं सत्ता क्षमा से भी प्राप्त की जा सकती है, परंतु अशक्त व पराजित हिंसा से कभी भी उसकी भीख माँगी नहीं जा सकती। डॉ. आंबेडकर की बल प्रयोग के संदर्भ में तीसरी दलील यह थी कि आप अपने लक्ष्य को अपने प्रयासों से बिगाड़ सकते हो, क्योंकि उसे अक्षत करने के आपके प्रयास ही लक्ष्य से विपरीत होते हैं। लक्ष्य को हासिल करने के लिए पहले से ही जो संघर्ष किया हो तो लक्ष्य आपको फिर से मिल जाता है, लेकिन वह तुच्छ, गंदा व पड़ा रहता है, क्योंकि युद्ध की खाना खराबी में कुछ भी हासिल नहीं होता।[15]

डॉ. आंबेडकर और सर्वहारा वर्ग की तानाशाही

डॉ. आंबेडकर सर्वहारा वर्ग की तानाशाही के विरोध में थे, उनका मानना था कि साम्यवादी खुद इस बात को स्वीकार करते हैं कि स्थायी रूप से तानाशाही के रूप में रहना यह उनके तत्वज्ञान की कमनसीबी है। यहीं से कार्ल मार्क्स ने राज्य की शिथिलता और समाप्ति का सिद्धांत दिया है। मार्क्स मानते थे कि बहुत थोड़े समय तक प्रोलिटेरिएट तानाशाही के बाद समतायुक्त समाज का निर्माण होगा और राज्य समाप्त हो जाएगा, लेकिन साम्यवाद के समर्थक ये राज्य कब समाप्त होंगे, उसका कोई जवाब नहीं दे सकता। डॉ. आंबेडकर मानते थे कि लोकतंत्र को सुरक्षित रखने के लिए तथा समतामूलक समाज के निर्माण के लिए तानाशाही कम-से-कम समय काम करने के बाद लोकतंत्र की तमाम बाधा व आवरोध हटाने के बाद भी अपने आप समाप्त नहीं हो जाती। यह सिद्धांत संपूर्ण रूप से गलत है। साम्यवादियों ने कभी भी इसका जवाब नहीं दिया कि राज्य समाप्त हो जाएँगे तो उसके स्थान पर क्या आएगा, तो साम्यवादी राज्य स्थापना निरर्थक हो जाएगी। बल प्रयोग की मदद के बिना इसे टिकाया नहीं जा सकता तो उसका परिणाम भी अराजक ही होगा।[16]

डॉ. आंबेडकर ने फ्रांस की क्रांति को संक्षेप में तीन शब्दों में बताया—बंधुत्व, स्वतंत्रता व समानता—इन नारों की वजह से फ्रांस की क्रांति का स्वागत किया गया था। यह क्रांति समानता स्थापित करने में विफल साबित हुई। लोग रशियन क्रांति का स्वागत करते हैं, क्योंकि इसका लक्ष्य समानता स्थापित करना था, लेकिन समाज में समानता के लिए बंधुत्व के साथ स्वतंत्रता का बलिदान देना पड़ता है। इस बात को अधिक जोर देकर कहने से नहीं होगा, बंधुत्व एवं समानता बिना समाज का कोई मूल्य नहीं है। मुझे लगता है कि ये तीनों तत्त्व तभी विद्यमान रह सकते हैं, जब बुद्ध के मार्ग का यथोचित अनुसरण किया जाए। साम्यवाद केवल एक ही चीज दे सकता है, सबकुछ नहीं। डॉ. आंबेडकर वर्ग संघर्ष, हिंसा और सर्वहारा वर्ग की तानाशाही के स्थान पर प्रजातंत्र पर अधिक जोर देते हैं। उनके मतानुसार लोकतंत्र प्रजा के एक साथ रहने की व्यवस्था है, जहाँ परस्पर अनुभव का लाभ मिल सकता है। राज्य का उपयोग एक संस्था के रूप में एवं जनकल्याण के लिए हो सकता है। उन्होंने लोकतंत्र का समर्थन करते हुए कहा है कि जो शासन पद्धति रक्तपात बिना आर्थिक व सामाजिक जीवन में क्रांतिकारी परिवर्तन ला सकती हो, वही सच्चा लोकतंत्र है।

डॉ. आंबेडकर और बुद्ध के सिद्धांत

डॉ. आंबेडकर बुद्ध धर्म को मार्क्सवाद के विकल्प के रूप में स्वीकारते थे, उनका मानना था कि ये दोनों विचारधारा समाज से शोषण व वर्ग संघर्ष को दूर करना चाहती हैं, पर दोनों के रास्ते अलग थे। कार्ल मार्क्स ने हिंसा और आर्थिक समातना पर जोर दिया, वहीं दूसरी और बुद्ध न धर्म व नैतिकता पर जोर दिया। मार्क्स के साधन क्रांति के थे तो बौद्ध के साधन हृदय परिवर्तन व लोकतंत्रवाले थे। बुद्ध ने भिक्षुओं के व्यक्तिगत संपत्ति रखने पर मनाही कर रखी थी, साथ ही संघ के भीतर लांकतंत्र प्रणाली पर अधिक जोर दिया। उन्होंने अपने निधन के बाद उत्तराधिकारी चुनने के खुद के अधिकार को भी अस्वीकृत कर दिया, उनका मानना था कि वे खुद भी तानाशाह नहीं हैं और न किसी तानाशाह की नियुक्ति करेंगे। वे बौद्ध धर्म को एक पूजा पद्धति व धार्मिकवाद नहीं मानते थे, बल्कि एक सामाजिक सिद्धांत मानते थे। बुद्ध भगवान् मृत्यु के बाद जीवन पर चर्चा करने के बजाय सामाजिक एकता व नैतिकता पर अधिक जोर देते थे। वे शोषण व वर्ग संघर्ष को लोगों में आंतरिक परिवर्तन के जरिए समाप्त करना चाहते थे। इसके लिए उन्होंने पंचशील व अष्टांग मार्ग की रचना की। ये दोनों सिद्धांत व्यक्ति को दुर्गुण से दूर रखकर नैतिकता पर अधिक जोर देते हैं। बुद्ध ने अष्टांग के अलावा पारमिता सिद्धांत दिया, पारमिता सिद्धांथ अर्थात् एक व्यक्ति के जीवन में दस गुण को प्रेरित करना। इनमें 1. प्रज्ञा, 2. शील, 3. नेखम, 4. दान, 5. वीर्य, 6. शांति, 7. सत्य, 8. अधिस्थान, 9. मैत्री, 10. उपेक्षा। भगवान् बुद्ध मानते थे कि इन सिद्धांतों को पूर्ण रूप से अपनाने अथवा पालन करने से समतामूलक समाज की रचना होगी। बुद्ध ने नैतिकता पर अधिक जोर दिया, उनका मानना था साम्यवादी देशों के दो मान्य सिद्धांत, 1. नैतिकता की धारणा परिवर्तनशील, 2. आज की नैतिकता ये कल की नैतिकता नहीं। मार्क्स मानते थे कि सच्ची नैतिकता शोषणकारी समाज को तोड़ने में है। इसके लिए वे चाहे जैसे साधनों का उपयोग कर सकते हैं। डॉ. आंबेडकर ने भगवान् बुद्ध व उनके धर्म की चर्चा करते हुए लिखा है कि वर्ग नैतिकता सामाजिक विद्रोह की ओर ले जाती है। सामान्य आदर्शों पर की नैतिकता सामाजिक सहयोग और समन्वय की दिशा में लोगों के उत्थान को संभव बनाती है। मानवता की आशा इस बात पर टिकी है कि भाईचारे की भावना को लाने, प्रभावशाली बनाने में मनुष्य मात्र का भाईचारा ही मानव नैतिकता का दूसरा नाम है। उन्होंने कहा था कि भारतीय ही नहीं, दुनिया की सभी समस्याओं को दूर करने के लिए भगवान् बुद्ध के सामाजिक सिद्धांत को स्वीकारना पड़ेगा। साम्यवाद अथवा धर्म विरोध की पद्धति से सामाजिक समता

और संवाद की स्थापना नहीं होगी। बुद्ध के सामाजिक सिद्धांत और लोकतंत्र के मूल्य सच्चे धर्म की पुनर्स्थापना करेंगे।

डॉ. आंबेडकर और नेहरू की साम्यवाद समर्थित भारत की विदेश नीति

डॉ. आंबेडकर ने स्वतंत्रता बाद प्रधानमंत्री नेहरू की साम्यवाद की ओर झुकाववाली विदेश नीति की आलोचना की थी तथा इस नीति से भारत की सुरक्षा व अखंडता को भविष्य में हानि होगी, ऐसे भविष्यवाणी की थी। नेहरू की सरकार से इस्तीफा देने का एक प्रमुख कारण नेहरू की विदेश नीति थी। इसका कारण यह था कि नेहरू सरकार में मंत्री होते हुए भी आंबेडकर के कई बार नेहरू की विदेशनीति की सार्वजनिक रूप से आलोचना की थी। 22 अक्टूबर, 1952 को टाइम्स में लिखा है, ''डॉ. आंबेडकर भारत के पहले ऐसे अहम मंत्री हैं, जिन्होंने नेहरू की विदेशनीति की आलोचना की है। उनका मानना था कि नेहरू का चीन की ओर झुकाव भारत के भविष्य के लिए खतरा है।''[18] 8 नवंबर, 1952 को लखनऊ यूनिवर्सिटी में छात्रों के समक्ष अपने भाषण में कहा था, ''नेहरू की विदेशनीति भारत को मजबूत बनाने में निष्फल रही है। नेहरू संयुक्त राष्ट्र संघ की सुरक्षा परिषद् में स्थायी सदस्यता के लिए प्रयत्न नहीं करते हैं। अब भारत को लोकतंत्र समर्थक अमेरिका और पश्चिम के राष्ट्र तथा तानाशाही राज्य व्यवस्थावाले चीन, रशिया में से एक को पंसद करना पड़ेगा।[19] उनका मानना था कि नेहरू की गुट निरपेक्षतावाद की नीति भारत को निर्बल बना रही है। भारत एक लोकतांत्रिक देश है, इसलिए उसे लोकतंत्रवादी देशों के समूह अमेरिका व पश्चिमी देशों के साथ मैत्रीपूर्ण संबंध विकसित करने चाहिए, माओ व स्टालिन जैसे तानाशाह का पक्ष नहीं लेना चाहिए। वे मानते थे कि अमेरिका का साथ लेकर भारत से गरीबी व बेरोजगारी दूर करने का प्रयत्न करना चाहिए।'' वे नेहरू की चीन समर्थक की नीति के विरोधी थे। साम्यवाद की तरफ झुकाव की नीति रखनेवाले भारत के प्रधानमंत्री नेहरू चीन के साथ मैत्रीपूर्ण संबंध विकसित करने का प्रयत्न कर रहे थे, जिसका डॉ. आंबेडकर ने विरोध किया था। उनका मानना था कि माओ पंचशील के सिद्धांत को मानते हों तो उन्हें तिब्बत में से हट जाना चाहिए। डॉ. आंबेडकर की यह भविष्यवाणी सही हुई व थोड़े ही वर्ष बाद चीन ने तिब्बत पर कब्जा जमा लिया और भारत के साथ भी युद्ध किया और कश्मीर में कई एकड़ जमीन दबा ली। उन्होंने नेहरू को बार-बार विदेशी देशों में रुचि रखने के बजाय भारत की आंतरिक सुरक्षा तथा अलगाववाद के खिलाफ कदम उठाने को कहा था, गोवा को पुर्तगालियों से मुक्त कराने को

कहा, उन्होंने भारत में अनिवार्य सैनिक प्रशिक्षण करने पर जोर दिया तथा भारत के सुरक्षा बजट को बढ़ाने की भी अपील की थी।

डॉ. आंबेडकर और नेएनयू के आजादी के नारे

हाल में जवाहरलाल नेहरू यूनिवर्सिटी में हर एक राज्य की स्वायत्ता के जो नारे लगाए गए, यह डॉ. आंबेडकर के विचारों के अनुरूप नहीं थे। वे राज्यों को अधिक स्वायत्तता देने की नीति के विरोधी थे, उन्होंने भाषा के आधार पर राज्यों के निर्माण का विरोध किया तथा भारत देश को छोटे-छोटे राज्यों में बाँटने की पहली की थी। उनका यह स्पष्ट मानना था, "अपनी जाति, भाषा व साहित्य का गौरव रखनेवाले जितने समूह होंगे, उतने ही राष्ट्रों का सर्जन व भाषावार प्रांतों की रचना के परिणाम सामने होंगे।"[20] उन्होंने भाषा के आधार पर राज्य की जगह प्रशासन की सुगमता के आधार पर राज्य की रचना को प्राथमिकता दी थी। उनका मानना था कि प्रदेशवाद, भाषावाद जैसी ताकतें राष्ट्र की अखंडता व एकीकरण के लिए मुश्किलें पैदा करेंगी। उन्होंने उत्तर प्रदेश, महाराष्ट्र, बिहार, मध्यप्रदेश राज्यों की रचना का विरोध किया था तथा छोटे-छोटे टुकडों में बाँटने की सिफारिश की थी। उनका मानना था कि हिन्दीभाषी राज्यों का बड़ा कद दक्षिण में अलगाववादी आंदोलन को ताकत देगा, साथ ही उन्होंने दिल्ली के साथ दूसरी एक और राजधानी के रूप में हैदराबाद का आग्रह किया था। उन्होंने राज्यों को और अधिकार व स्वायत्ता का समर्थन किया था। वे मजबूत केंद्र सरकार के हिमायती थे, उन्होंने कश्मीर राज्य के विभाजन का प्रस्ताव रखा था। जम्मू व लद्दाख को अलग करके जम्मू अलग राज्य बनाकर भारत संघ में जोड़ने तथा कश्मीर में जनमत कराकर भारत से जोड़ने की सिफारिश की थी, उस समय कश्मीर का जनमत भी भारत के साथ था। इस प्रकार सैद्धांतिक दृष्टि से प्रांतीय स्वायत्ता जैसी साम्यवादी परिकल्पना का ही विरोध किया था।

समापन

डॉ. आंबेडकर के विचारों का समग्रलक्षी विवेचन करते हुए लगता है कि उन्होंने समग्र भारत की मानव सभ्यता की मूल समस्याओं का गहन चिंतन व मनन किया था। पश्चिम के शिक्षण के बाद भी उनमें रही भारतीय आत्मा ने उन्हें सतत देश के मूल चिंतन के साथ जोड़े रखा। एक ओर उन्होंने हिंदू धर्म में फैली ब्राह्मणवादी संरचना की आलोचना की तो दूसरी ओर इसी देश की चिंतनधारा में से उत्पन्न

बौद्ध धर्म के सिद्धांतों को प्रतिस्थापित किया। पश्चिम का मानना है कि मनुष्य एक आर्थिक प्राणी है। इस विचार से निकली दोनों परंपरा पूँजीवाद व साम्यवाद का उन्होंने तिरस्कार किया। उनका स्पष्ट मानना था कि महज आर्थिक समानता तथा शोषण मुक्ति से ही मानव का विकास नहीं होगा, साथ ही उनमें सद्‌गुणों तथा सांस्कृतिक गुण को प्रेरित करने से विकास तथा समता की दिशा में ले जाया जा सकता है। उन्होंने बार-बार साम्यवाद, तानाशाही और हिंसा का विरोध किया तथा साम्यवाद के मूलभूत सिद्धांत का खंडन किया। डॉ. आंबेडकर के विश्व में बढ़ रहे पूँजीवाद के प्रभाव पर उनके विचार आज भी प्रासंगिक हैं, भारत में शोषित समाज की मुक्ति साम्यवादी विदेशी विचारधारा में नहीं वरन देश के मूल में रहे तत्त्वज्ञान में बसी है। साम्यवाद-प्रेरित हिंसक क्रांति इस देश की एकता, अखंडता के सामने बड़ी चुनौती बनेगी, ऐसे में भारत फिर से दासत्व का भोग बनेगा। इसलिए भारत को अखंडित बनाने, वैभवशाली व शोषणमुक्त समाज की रचना के लिए इसके मूल चिंतन की ओर जाना ही वक्त की माँग है।

संदर्भ—

1. नैमिशराय मोहनदास 'भारतीय दलित आंदोलन का इतिहास', भाग-4, राधाकृष्णन प्रकाशन प्राइवेट लि. नई दिल्ली, 2013, पृ. 229।
2. मित्तल सतीश चंद्र, 'साम्यवाद का सच', प्रतिभा प्रतिष्ठान , नई दिल्ली, 2007, पृ. नं. 95।
3. नैमिशराय मोहनदास 'भारतीय दलित आंदोलन का इतिहास', भाग 4, राधाकृष्णन प्रकाशन प्राइवेट लि. नई दिल्ली, 2013, पृ. नं. 227।
4. मून वसंत, संपादक—बाबासाहब डॉ. आंबेडकर के लेख एवं भाषण-भाग-3, शिक्ष विभाग, महाराट्र सरकार, 2014, पृ. नं. 25
5. मून वसंत, संपादक—बाबासाहब डॉ. आंबेडकर के लेख एवं भाषण-भाग-3, शिक्षा विभाग, महाराष्ट्र सरकार, 2014, पृ. नं. 15
6. ठेंगड़ी दत्तोपंत, संकेत रेखा, सुरुचि प्रकाशन, नई दिल्ली, 1998, पृ. नं. 287, 288।
7. ठेंगड़ी दत्तोपंत, संकेत रेखा, सुरुचि प्रकाश, नई दिल्ली, 1998, पृ. नं. 287, 288।
9. मित्तल सतीश चंद्र, 'साम्यवाद का सच', प्रतिभा प्रतिष्ठान , नई दिल्ली, 2007, पृ. नं. 90।
10. मित्तल सतीश चंद्र, 'साम्यवाद का सच', प्रतिभा प्रतिष्ठान , नई दिल्ली, 2007, पृ. नं. 89।
11. मून वसंत, संपादक—डॉ. बाबासाहब आंबेडकर के लेख एवं भाषण-भाग-3, शिक्षा विभाग, महाराष्ट्र सरकार, 2014, पृ. नं. 445।
12. नैमिशराय मोहनदास 'भारतीय दलित आंदोलन का इतिहास', भाग 4, राधाकृष्णन प्रकाशन

प्राइवेट लि. नई दिल्ली, 2013, पृ. नं. 230।

13. नैमिशराय मोहनदास, 'भारतीय दलित आंदोलन का इतिहास', भाग-4, राधाकृष्णन प्रकाशन प्राइवेट लि., नई दिल्ली, 2013, पृ.न. 230।
14. मित्तल सतीश चंद्र, 'साम्यवाद का सच', प्रतिभा प्रतिष्ठान , नई दिल्ली, 2007, पृ. नं. 93।
15. मित्तल सतीश चंद्र, 'साम्यवाद का सच', प्रतिभा प्रतिष्ठान , नई दिल्ली, 2007, पृ. नं. 93।
16. मून वसंत, संपादक—डॉ. बाबासाहब आंबेडकर के लेख एवं भाषण-भाग-3, शिक्षा विभाग, महाराट्र सरकार, 2014, पृ. नं. 452।
17. मून वसंत, संपादक—बाबासाहब डॉ. आंबेडकर के लेख एवं भाषण-भाग-3, शिक्षा विभाग, महाराष्ट्र सरकार, 2014, पृ. नं. 454।
18. चंद्र भारिल, 'सोशियल एंड पॉलिटिकल आइडियाज ऑफ बी.आर. आंबेडकर', आलेख पब्लिकेशन, जयपुर, 1977, पृ. नं. 111।
19. चंद्र भारिल, 'सोशियल एंड पॉलिटिकल आइडियाज ऑफ बी.आर. आंबेडकर', आलेख पब्लिकेशन, जयपुर, 1977, पृ. नं. 111।
20. मून वसंत, संपादक—बाबासाहब डॉ. आंबेडकर के लेख एवं भाषण-भाग-3, शिक्षा विभाग, महाराष्ट्र सरकार, 2014, पृ. नं. 220।

□

डॉ. आंबेडकर और आरक्षण व्यवस्था

—प्रो. श्रीप्रकाश सिंह

भारतरत्न, बाबासाहब डॉ. भीमराव आंबेडकर जैसे महान बहुआयामी व्यक्तित्व के अनुकरणीय एवं विचारणीय कृतित्व को 'दलित', 'आरक्षण' आदि शब्दों का पर्याय बनाकर रख दिया गया है। आरक्षण की व्यवस्था के समर्थक डॉ. आंबेडकर का जयगान करते हैं और इस प्रावधान के विरोधी आलोचना। राष्ट्रीय राजनीति में ध्रुवीकरण एवं जाति की राजनीति ने स्थिति को और भी विषम बना दिया है। आरक्षण की सकारात्मकता का लाभ समाज के दलित, शोषित, वंचित वर्ग को प्राप्त हुआ है, परंतु इस विशिष्ट संवैधानिक प्रावधान को आज तक इस रूप में लागू नहीं किया जा सका है कि समाज के सर्वांगीण विकास में, सर्वाधिक जरूरतमंद को इसका लाभ मिल सके।

बाबासाहब डॉ. आंबेडकर के प्रयासों से आजादी के उपरांत समाज की अनुसूचित जातियों एवं जनजातियों के उत्थान एवं विकास के लिए आरक्षण को एक संवैधानिक प्रावधान के तहत स्वीकार किया गया। आजादी के 69 वर्ष उपरांत भी यह नीति सरकार, संविधान एवं न्यायपालिका के संरक्षण में क्रियान्वित है। कोई भी व्यक्ति या सरकारी संस्था आरक्षण के प्रावधानों का उल्लंघन नहीं कर सकती। आरक्षण-नीति का समाज के दलित, शोषित, वंचित समाज को बहुत लाभ भी हुआ है। अधिकारों के प्रति जागरूकता का भी विकास हुआ है।

विद्यालयों, विश्वविद्यालयों, सरकारी कार्यालयों के साथ-साथ सामाजिक जीवन के अन्यान्य क्षेत्रों भी जाति एवं जनजाति के लोगों की भागीदारी बढ़ी है और उनके जीवन स्तर में उत्तरोत्तर सुधार भी हुआ है। इसका श्रेय बाबासाहब भीमराव आंबेडकर को दिया जा सकता है, क्योंकि आरक्षण की नीति को संवैधानिक प्रावधानों में शामिल कराना, संविधान सभा में सहमति बनाना और उसे अनुच्छेद

16(4) में स्थान दिलाकर मौलिक अधिकार के रूप में स्थापित कराना एवं उसे न्यायिक संरक्षणयुक्त कराने का सर्वाधिक महत्त्वपूर्ण एवं दूरदर्शी कार्य डॉ. आंबेडकर द्वारा ही किया गया था। आरक्षण की अवधारणा की सफलता के साथ-साथ कुछ प्रश्न स्वाभाविक रूप से जन्म लेते हैं कि क्या बाबासाहब आंबेडकर का स्वप्न एवं संकल्प पूरा हुआ है ? क्या हमें वास्तविक रूप में समाज को परिवर्तित करने और आत्म-निर्भर बनाने में सफलता प्राप्त हुई है ? शायद नहीं ! आरक्षण से अनुसूचित जाति एवं जनजाति के लोगों का जितना सामाजिक, शैक्षिक, राजनैतिक एवं आर्थिक विकास होना चाहिए था, उतना संभव नहीं हुआ है। यही कारण है कि आज भी आरक्षण एक विषय के रूप में राजनीति की मुख्यधारा को प्रमुखता से प्रभावित कर रहा है और लाभार्थी वर्गों द्वारा विकास का एकमात्र माध्यम मानकर आक्रामकता से इसे प्राप्त करने का प्रयास किया जाता है। जो वर्ग या जातियाँ इसके दायरे में शामिल नहीं हैं, वे इसमें शामिल होना चाहती हैं। आरक्षण का दायरा बढ़ा है। प्रारंभ में अनुसूचित जाति एवं जनजाति के लिए आरक्षण था, परंतु अब पिछड़े वर्ग को भी संवैधानिक रूप में आरक्षण प्राप्त है ।

संविधान निर्माताओं का विश्वास था कि अनुसूचित जाति व जनजाति की सामाजिक, आर्थिक, राजनीतिक विषमताओं को दूर करने के साथ आरक्षण स्वयं ही समाप्त या अप्रभावी हो जाएगा, परन्तु ऐसा संभव नहीं हुआ और तत्कालीन समय में व्याप्त विषमताएँ और समस्याएँ नये बदलते परिदृश्य में और जटिलता के साथ चुनौतियाँ पेश कर रही हैं। परिणामस्वरूप सरकारों के द्वारा तमाम अल्पकालिक प्रावधान किए गए और समस्या के वास्तविक निदान का प्रयास नहीं किया गया। इसीलिए आरक्षण विषय का उल्लेख होते ही विवाद की स्थिति सृजित होने लगती है। इस परिदृश्य में आवश्यकता है कि आरक्षण के क्रियात्मक पक्ष का मूल्यांकन किया जाए और ऐसा मार्ग खोजा जाए, जिसमें इस संवैधानिक प्रावधान का लाभ वास्तविक रूप में जिन्हें आरक्षण चाहिए, उन्हें प्राप्त हो सके। मूल्यांकन के लिए आवश्यक है कि हम इसकी समग्र पृष्ठभूमि का अध्ययन और समेकित विकास का मार्ग तलाशें, जिससे नीति को सर्वस्पर्शी बनाया जा सके।

सामान्य मान्यता यह है कि भारत में आरक्षण का प्रावधान आंबेडकर की देन है, पर इसमें सत्यांश नहीं है अपितु इसे भारतीय गणतंत्र के संविधान में शामिल कराने एवं सरकार के माध्यम से क्रियान्वित कराने का श्रेय अवश्य डॉ. आंबेडकर को दिया जा सकता है। आरक्षण की माँग और व्यवस्था का इतिहास डॉ. आंबेडकर के काल खंड से बहुत पुराना है। महात्मा ज्योतिबा फुले ने 1882 में ब्रिटिश सरकार

द्वारा गठित हंटर कमीशन के समक्ष दलित वर्ग के लोगों के लिए निःशुल्क एवं अनिवार्य शिक्षा के साथ-साथ सरकारी नौकरियों में आनुपातिक रूप से आरक्षण एवं प्रतिनिधित्व माँगा था। त्रावणकोर राज्य में स्थानीय लोगों के लिए स्थान आरक्षित हो, इसके लिए 1891 में आंदोलन भी हुआ। 1901 में महाराष्ट्र, कोल्हापुर राज्य में साहूजी महाराज द्वारा आरक्षण का प्रावधान किया गया। भारत सरकार अधिनियम 1909, 1919 में भी आरक्षण का प्रावधान किया गया था। 1921 में मद्रास प्रेसीडेंसी में सांप्रदायिक आधार पर ब्राह्मणों, गैर ब्राह्मणों, मुसलमानों, ईसाइयों एवं आंग्लभारतीयों और अनुसूचित जातियों को आरक्षण प्रदान किया गया था। आरक्षण विषय पर सघन चर्चा गोलमेज सम्मेलन के बाद आरंभ हुई और स्वीकारोक्ति पूना समझौते 1932 के बाद हुई। भारतीय राष्ट्रीय कांग्रेस ने इसके पक्ष में 1935 में प्रस्ताव पारित किया और संबंधित प्रावधान भारत सरकार अधिनियम 1935 में भी किए गए। अखिल भारतीय दलित-शोषित परिसंघ के माध्यम से सन् 1942 में डॉ. आंबेडकर ने सरकारी सेवाओं और शिक्षा के क्षेत्र में अनुसूचित जाति के लिए आरक्षण की माँग की, क्योंकि उनका मानना था, विशेष प्रावधानों के बगैर समाज को न तो सशक्त बनाया जा सकता है और न ही विकसित किया जा सकता है।

डॉ. आंबेडकर का यह विचार यथार्थ एवं सामाजिक व्यवहार पर आधारित है। उनके द्वारा संविधान में आरक्षण का समर्थन, स्वयं के साथ हुए भेदभाव, अपमान, शोषण एवं संघर्ष से प्रेरित है। अपने साथ हुए पीड़ाजनित व्यवहार का उल्लेख करते हुए डॉ. आंबेडकर ने कहा भी है कि जब मेरे जैसा उच्च शिक्षा प्राप्त, योग्य व्यक्ति को भी इस सामाजिक व्यवस्था में अछूत माना जा सकता है तो उन लाखों-करोड़ों अछूतों की दशा तो और भी गई-बीती होगी, जो अशिक्षित एवं असभ्य हैं। दलित समाज की स्थिति को ध्यान में रखकर उन्होंने ब्रिटिश सरकार के आयोग के समक्ष कहा था कि दलितों को अल्पसंख्यकों की अपेक्षा ज्यादा राजनीतिक संरक्षण की आवश्यकता है। "हमारी जनसंख्या के अनुपात में हमारे लोगों को आरक्षण प्रदान किया जाए। आयोग के प्रश्न के उत्तर में पुनः डॉ. आंबेडकर ने कहा कि मैं पूरे जोर से कहना चाहता हूँ कि मेरे जैसे पढ़े-लिखे लोग भी महत्त्वपूर्ण नौकरियाँ में हों और यह तभी संभव है, जब हमें पर्याप्त आरक्षण प्रदान किया जाए।

आरक्षण को लेकर डॉ. आंबेडकर का उद्‌देश्य एकदम स्पष्ट था, "पिछड़ों एवं दलितों को न्याय तब तक प्राप्त नहीं हो सकता, जब तक कि उनकी समस्याओं की तरफ विशेष ध्यान केंद्रित न किया जाए।"

इसी तथ्य को ध्यान में रखकर डॉ. आंबेडकर द्वारा संविधान के मौलिक

अधिकारों में अनुच्छेद 14, 15 एवं 16 के माध्यम से समानता का प्रावधान किया गया और स्पष्ट तौर पर कहा गया है कि राज्य जाति, धर्म, प्रजाति, लिंग, क्षेत्र, रंग आदि किसी भी आधार पर भेदभाव नहीं करेगा। इसका अभिप्राय यह है कि राज्य किसी का भी पक्ष नहीं लेगा। अनु. 16(1) एवं (2) अवसर की समता एवं विभेद-रहित व्यवस्था का प्रावधान करते हैं, परंतु अनु. 16(4) सरकारी नौकरियों में प्रतिनिधित्व के लिए आरक्षण के उपबंध का प्रावधन करता है। यहाँ उल्लेख करना आवश्यक है कि संविधान निर्माताओं ने यह उपधारणा की कि अनु. 16(4) के अधीन पर्याप्त आरक्षण करते समय इस बात का ध्यान अवश्य रखा जाएगा कि अतिशय एवं अँधानुकरण आरक्षण नहीं किया जाएगा। यदि ऐसा होता है तो विधिसम्मत मर्यादा के बाहर किया गया आरक्षण संविधान के साथ कपट होगा। इसी को ध्यान में रखते हुए सर्वोच्च न्यायालय ने 50 प्रतिशत की सीमा तय की है, जिसका अनेक राज्यों ने व्यावहारिक राजनीति के चलते उल्लंघन किया है। यह भी ध्यान देने योग्य विषय है कि प्रारंभिक आरक्षण अनु. 330 तथा अनु. 332 के तहत विधयिका में 10 वर्ष के लिए किया गया था, जिसे अनेकानेक संविधान संशोधनों द्वारा बार-बार बढ़ाया गया है। सत्ता एवं वोट की राजनीति के कारण कोई भी राजनीतिक दल या सरकार आरक्षण व्यवस्था के मूल्यांकन का पक्ष नहीं लेती। सभी को सिर्फ मत तथा कुरसी की चिंता है।

दलित-शोषित समाज के लोगों में सदियों से पैठी हीन भावना का समूल नाश करने के लिए ऐसा माहौल विकसित करने की आवश्यकता है, जिससे 'सबका विकास, सबके साथ' संभव हो सके। डॉ. आंबेडकर का भी विचार यही था कि केवल आरक्षण से समस्याओं का समाधान संभव नहीं है। समाज को आर्थिक रूप से समृद्ध करने और समान अवसर प्रदान करने की आवश्यकता है, तभी वह समरूप और सशक्त हो सकेगा।

आरक्षण की राजनीति ने डॉ. आंबेडकर के समग्र चिंतन को दलित राजनीतिज्ञ, दलित मसीहा, संविधान निर्माता और आरक्षण के प्रदाता के रूप में समेट दिया है, जबकि डॉ. आंबेडकर का व्यक्तित्व और विचार बहुआयामी रहे हैं। भारतीय समाज की प्रमुख बुराइयों में से एक जातिवाद और उससे उत्पन्न हुए छुआछूत, दमन, भेदभाव पर उन्होंने विशेष ध्यान दिया और इस बुराई से प्रभावित वंचित, शोषित, अशिक्षित, दलित, समाज को उबारने का अतुलनीय प्रयास किया, लेकिन साथ-ही-साथ सामाजिक समरसता, सामाजिक न्याय, हिंदू धर्म में जागरण एवं सुधार आदि अनेक ऐसे विषय हैं, जिन पर उन्होंने विशेष ध्यान दिया।

संविधान निर्माताओं का उपरोक्त विचार आज भी दिवास्वप्न है। तीन पीढ़ियों तक आरक्षण का लाभ प्राप्त कर चुके लोग आज भी पद-प्रतिष्ठा के लिए आरक्षण से चिपके हुए हैं, जबकि अनुसूचित जाति एवं जनजाति में करोड़ों ऐसे लोग हैं, जो विकास की प्रक्रिया से बहुत दूर हैं और उन्हें आरक्षण का लाभ भी प्राप्त नहीं है और इस तरह से बाबासाहब भीमराव का उद्‌देश्य समग्र रूप से पूरा नहीं हो सका है।

□

आज की चुनौतियाँ तब भाँप ली थीं बाबासाहब ने

—मिलिंद ओक

भारत का संविधान बनाने में दो साल से भी अधिक समय लगा और 26 नवंबर, 1949 को यह काम पूरा हुआ। इस कार्य में स्वाधीनता आंदोलन में तपे 300 नेता मतभेद भुलाकर नवभारत के निर्माण के लिए एकत्र हुए थे। हर व्यक्ति ने अपना सर्वोत्तम योगदान देने का प्रयास किया। इस लंबे विचार-मंथन के बाद डॉ. भीमराव आंबेडकर ने 25 नवंबर, 1949 को जो भाषण दिया, वह स्वतंत्र भारत के सर्वोत्कृष्ट भाषणों में से एक माना जाता है। सांस्कृतिक राष्ट्रवाद के विचार-प्रवाह से बाबासाहब के विचारों की समानता अद्‌भुत है। यह देखकर और भी आश्चर्य होता है कि आज की परिस्थितियों और स्वतंत्र भारत के सामने पेश चुनौतियों का उस समय उन्हें कितना वास्तविक अनुमान हो गया था। आज जब विविध वामपंथी गुट छद्‌म रूप से उनकी विचारधारा और अनुयायियों को विपरीत दिशा में ले जाने का प्रयास कर रहे हैं, ऐसे में उनके विचारों का स्मरण ज्यादा महत्त्वपूर्ण बन जाता है।

बाबासाहब कहते हैं, ''संविधान जितना भी अच्छा हो, वह बुरा साबित हो सकता है, यदि उसका अनुसरण करनेवाले लोग बुरे हों। एक संविधान चाहे जितना बुरा हो, वह अच्छा साबित हो सकता है, यदि उसका पालन करनेवाले लोग अच्छे हों। लोकमन संस्कार करना परमगति साधना है।'' ऐसा मानने और जनमानस को राष्ट्रभक्ति से प्रेरित किए बिना इस देश में स्थायी परिवर्तन नहीं आएगा, यह विचार रखनेवाले सामाजिक संगठनों से क्या यह विचार अलग है ? लोग अच्छे हों, तो देश की सभी सांविधानिक रचनाएँ और अच्छी बनेंगी, ऐसा

मानकर व्यक्ति-निर्माण कार्य में लगी भारत की सज्जनशक्ति क्या बाबासाहब के विचारों पर नहीं चल रही है?

क्या भारत दूसरी बार स्वतंत्रता खो देगा?

बाबासाहब कहते हैं, "यह बात नहीं है कि भारत कभी स्वतंत्र देश नहीं था। विचार-बिंदु यह है कि जो स्वतंत्रता उसे उपलब्ध थी, उसे उसने एक बार खो दिया था। क्या वह उसे दूसरी बार खो देगा? यह विचार मुझे भविष्य को लेकर बहुत चिंतित कर देता है। यह तथ्य मुझे और भी व्यथित करता है कि न केवल भारत ने पहले एक बार स्वतंत्रता खोई है, बल्कि अपने ही कुछ लोगों के विश्वासघात के कारण ऐसा हुआ है। सिंध पर जब मुहम्मद-बिन-कासिम का हमला हुआ तो राजा दाहिर के सैन्य अधिकारियों ने उसके दलालों से रिश्वत लेकर अपने राजा के पक्ष में लड़ने से इनकार कर दिया था। वह जयचंद ही था, जिसने मुहम्मद गोरी को भारत पर हमला करने और पृथ्वीराज चौहान से लड़ने के लिए आमंत्रित किया था तथा उसे अपनी एवं सोलंकी राजाओं की मदद का आश्वासन दिया था। जब शिवाजी हिंदुओं की मुक्ति के लिए लड़ रहे थे, तब कई मराठा सरदार और राजपूत राजा मुगल शहंशाह की ओर से लड़ रहे थे। जब ब्रिटिश सिख शासन को समाप्त करने की कोशिश कर रहे थे तो उनका मुख्य सेनापति गुलाबसिंह चुप रहा और सिख राज्य को बचाने में उनकी मदद नहीं की। 1857 में जब देश के एक बड़े हिस्से में ब्रिटिश शासन के खिलाफ स्वातंत्र्य युद्ध की घोषणा हुई, तब सिख इन घटनाओं को मूक दर्शक की तरह देखते रहे।"

यहाँ बाबासाहब किस भारत का वर्णन कर रहे हैं? वह कौन सा भारत है, जिसने अपनी स्वतंत्रता खो दी थी? अगर भारत 'नेशन इन द मेकिंग' होता, जैसा कि इस देश की सेकुलर सोच ने स्थापित करने का प्रयास किया, तो उसकी स्वतंत्रता खोने का प्रश्न ही नहीं है। बाबासाहब का इशारा उसी भारत की ओर है, जो सदियों से राष्ट्र के रूप में कायम है। अपने सार्वजनिक जीवन के प्रारंभ से लेकर अंत तक बाबासाहब भारत की प्राचीन और मूलभूत एकता के विचार पर अडिग रहे। 1916 में अमेरिका में एक सेमिनार में 'कास्ट्स इन इंडिया : देयर मेकैनिज्म, जेनेसिस एंड डवेलपमेंट' विषय पर कहते हैं, "वंश की दृष्टि से तो लोग विभिन्न वंशी हो सकते हैं, पर सांस्कृतिक एकता ही एकता का मूल आधार होता है। दुनिया में कोई ऐसा देश नहीं है, जिसकी सांस्कृतिक एकता

की तुलना भारतीय उपखंड से की जा सके। यहाँ केवल भौगोलिक एकता नहीं है, उससे इतर एक स्पष्ट मूलभूत सांस्कृतिक एकता है, जो इस संपूर्ण भूमि को आच्छादित करती है।''

खून की आखिरी बूँद तक स्वतंत्रता की रक्षा करनी है

आज जे.एन.यू .के सुरक्षित परिसर में 'भारत तेरे टुकड़े होंगे' कहते हुए नाचनेवाले और उन्हें नचानेवाली शक्तियाँ क्या बाबासाहब के इन विचारों से सहमत हैं? बाबासाहब कहते हैं, ''क्या इतिहास स्वयं को दोहराएगा? इसका अहसास होने के बाद यह चिंता और भी गहरी हो जाती है कि जाति और पंथ के रूप में पुराने शत्रुओं के अलावा यहाँ विरोधी विचारधाराओं वाले राजनीतिक दल होंगे। क्या भारतीय देश को अपने मताग्रहों से ऊपर रखेंगे या उन्हें देश से ऊपर समझेंगे? मैं नहीं जानता, परंतु यह तय है कि यदि पार्टियाँ अपने मताग्रहों को देश से ऊपर रखेंगी तो हमारी स्वतंत्रता संकट में पड़ जाएगी और संभवत: वह हमेशा के लिए खो जाए। हम सबको दृढ संकल्प के साथ इस संभावना से बचना है। हमें अपने खून की आखिरी बूँद तक अपनी स्वतंत्रता की रक्षा करनी है। यह बात नहीं है कि भारत ने कभी प्रजातंत्र को जाना ही नहीं। एक समय था, जब भारत गणतंत्रों से भरा हुआ था और जहाँ राजसत्ताएँ थीं, वहाँ भी या तो वे निर्वाचित थीं या सीमित थीं। वे कभी भी निरंकुश नहीं थीं। भारत ने यह प्रजातांत्रिक प्रणाली खो दी। क्या वह दूसरी बार उसे खोएगा? मैं नहीं जानता, परंतु भारत जैसे देश में यह बहुत संभव है, जहाँ लंबे समय से उसका उपयोग न किए जाने पर उसे एक बिल्कुल नई चीज समझा जा सकता है कि तानाशाही प्रजातंत्र का स्थान ले ले। इस नवजात प्रजातंत्र के लिए यह बिल्कुल संभव है कि वह आवरण प्रजातंत्र का बनाए रखे, परंतु वास्तव में वह तानाशाही हो।''

चेतावनी सही साबित हुई

यह चेतावनी कितनी सही निकली है, यह भारत का आगे का इतिहास बताता है। किसी समय भारत के स्वाधीनता आंदोलन के शीर्ष पर रही कांग्रेस ने आगे चलकर जब सत्ता खोने का समय आ गया तो आपातकाल लादकर देश के लोकतंत्र को ही खतरे में डाला। वोट की राजनीति के लिए अल्पसंख्यक-अनुनय की परिसीमा की, शाहबानो मामले में सर्वोच्च न्यायालय के निर्णय को भी बहुमत

के आधार पर बदलकर महिला अधिकारों का हनन किया। तब से लेकर आज की कर्नाटक सरकार के 'लिंगायत हिंदू नहीं हैं' घोषित करने तक हमें यही दिखाई देता है कि कांग्रेस और उसके प्रभाव में आकर अन्य अनेक पार्टियों ने हमेशा तात्कालिक राजनीतिक स्वार्थ के लिए अपने मताग्रहों को देशहित से ऊपर रखा।

प्रजातंत्र बचाए रखने के लिए तीन सीख

प्रजातंत्र को बचाए रखने के लिए बाबासाहब ने तीन बातों को रेखांकित किया। वे कहते हैं, ''प्रजातंत्र को केवल बाह्य स्वरूप में ही नहीं, बल्कि वास्तव में बनाए रखने के लिए हमें, मेरी समझ से, सबसे पहले अपने सामाजिक और आर्थिक लक्ष्यों को प्राप्त करने के लिए निष्ठापूर्वक संवैधानिक उपायों का ही सहारा लेना चाहिए। इसका अर्थ है, हमें क्रांति का खूनी रास्ता छोड़ना होगा।'' आज देश में एक अजीब-सा गठजोड़ बनाने के प्रयास चल रहे हैं। शहरी माओवाद अनुसूचित जाति समुदाय की समस्याओं के आवरण में हिंसात्मक तरीके से आंदोलन चलाने का प्रयास करता दिखाई दे रहा है। महाराष्ट्र में कोरेगाँव भीमा के लिए हुई यलगार परिषद्, जिसके पीछे कई अतिवादी वामपंथी थे, हाल ही में हुए भारत बंद के दौरान उभरी हिंसा आदि घटनाक्रम स्पष्ट रूप से दिखाते हैं कि अनुसूचित जातियों के युवाओं को बाबासाहब के विचारों से दूर ले जाने के प्रयास चल रहे हैं। अपने पूरे जीवन में वामपंथियों के घोर विरोधी रहे बाबासाहब की यह चेतावनी कितनी दूरदृष्टिपूर्ण थी, यह आज ध्यान में रखने की आवश्यकता है।

बाबासाहब कहते हैं, ''दूसरे, हमें जॉन स्टुअर्ट मिल की उस चेतावनी को ध्यान में रखना चाहिए, जो उन्होंने उन लोगों को दी है, जिन्हें प्रजातंत्र को बनाए रखने में दिलचस्पी है। वह यह कि अपनी स्वतंत्रता को एक महानायक के चरणों में भी समर्पित न करें या उस पर विश्वास करके उसे इतनी शक्तियाँ प्रदान न कर दें कि वह संस्थाओं को नष्ट करने में समर्थ हो जाए। धर्म के क्षेत्र में भक्ति आत्मा की मुक्ति का मार्ग हो सकता है, परंतु राजनीति में भक्ति या नायक-पूजा पतन और अंततः तानाशाही का सीधा रास्ता है।'' अर्थात् बाबासाहब का तात्पर्य था कि व्यक्ति कितना भी महान क्यों न हो, व्यक्तिवाद या व्यक्तिपूजा में लोकतंत्र की हानि है। उस समय कांग्रेस इस इशारे की ओर ध्यान देती तो अच्छा होता, वह न होने के कारण स्वयं कांग्रेस भी आज एक परिवार की गुलामी में ही तो सिमट गई है।

आखिर में वे कहते हैं, ''तीसरी बात है, मात्र राजनीतिक प्रजातंत्र पर संतोष

न करना। हमें राजनीतिक प्रजातंत्र को एक सामाजिक प्रजातंत्र भी बनाना चाहिए। जब तक उसे सामाजिक प्रजातंत्र का आधार न मिले, राजनीतिक प्रजातंत्र चल नहीं सकता।''

राजनीतिक प्रजातंत्र पर संतोष न करने, सामाजिक प्रजातंत्र को बल देने का अर्थ है कि राजनीति से परे जाकर सामाजिक समरसता के लिए कार्य करनेवाले संगठनों और संस्थाओं को बल प्रदान करना। समाज के अभावग्रस्त तबकों में सामाजिक आंदोलनों, सेवा कार्यों के माध्यम से, सेवाभावी व्यक्ति एवं संस्थाओं की पहल से शिक्षा, रोजगार के अवसर प्रदान करने की सशक्त पहल करना। स्वतंत्रता के बाद के काल में, इस देश की मूलभूत एकता पर अडिग विश्वास रखते हुए देश में सामाजिक प्रजातंत्र लाने का यह कार्य निरंतर निस्स्वार्थ भाव से करनेवाले लोग, संगठन और आंदोलन ही वास्तव में बाबासाहब के विचारों की विरासत को सबसे अधिक समझते हैं।

जिहादी मानसिकता और बाबासाहब आंबेडकर

—किशोर मकवाणा

बाबासाहब का समग्र विचार करने पर हमारे ध्यान में आता है कि इस उच्चकोटि के मनीषी के संपूर्ण जीवन का केंद्र बिंदु तो सामाजिक विषमता मिटाकर, समाज में समता-ममता और समरसता के आधार पर हिंदू समाज को शक्तिशाली बनाना था, मगर उनका अंतःकरण भारत भक्ति से आकंठभरा हुआ था। उन्होंने अपने भारत समर्पण और भारत भक्ति का परिचय एक ही वाक्य में दिया था—पहले भी देश और अंत में भी देश…राष्ट्र व्यक्ति से महान है, व्यक्ति चाहे कितना भी बड़ा क्यों न हो, वह राष्ट्र के समक्ष तो छोटा ही है… राष्ट्र की रक्षा के लिए मैं अपना सर्वस्व समर्पित करने को भी तैयार हूँ।

मगर भारत भक्ति से ओत-प्रोत डॉ. बाबासाहब आंबेडकर के विचारों को जान-बूझकर दबाकर रखा गया है। छद्मसेकुलर, ढोंगी आंबेडकरवादी और मार्क्सवादी शक्तियाँ जानती हैं कि डॉ. बाबासाहब आंबेडकर के इन विचारों के नजदीक जितना अधिक जाएँगे, उतने ही भयानक बिजली के झटके लगेंगे। स्वतंत्रता के बाद देश के तथाकथित बुद्धिजीवियों ने डॉ. आंबेडकर की इन शक्तियों को जान-बूझकर अप्रचारित रखा।

आज पूरे विश्व में फैले इसलामी कट्टवाद का सही प्रेक्षण डॉ. बाबासाहब आंबेडकर ने आज से 75 वर्ष पूर्व कर लिया था। डॉ. बाबासाहब ने जिस प्रकार अपनी निर्भीकता से हिंदू समाज में व्याप्त कट्टर रूढ़िवादिता और छुआछूत का विरोध किया, वैसे ही मुसलिम समुदाय की मजहबी कट्टरवाद से प्रेरित राजनीति का भी विरोध किया। जब हम उनके प्रसिद्ध ग्रंथ 'थॉट्स ऑन पाकिस्तान' को पढ़ते

हैं, तब ध्यान में आता है कि पाकिस्तान के सृजन के पीछे कौन सी मानसिकता जिम्मेदार थी, सोमनाथ का प्रसिद्ध मंदिर क्यों तोड़ा गया था, किन उद्देश्यों से सदियों तक मुसलिम आक्रांताओं ने इस देश पर आक्रमण कर इसको तहस-नहस कर दिया, हिंदू-मुसलिम दंगे क्यों होते रहते हैं, देश का नेतृत्व क्यों मुसलिम कट्टवाद के आगे झुकता गया? आज भी हिंदुस्तान और पूरे विश्व में जिहादी आतंकवाद क्यों फैला है? इन सभी सवालों के जवाब हमें बाबासाहब आंबेडकर के विचारों में मिलते हैं। आज भी इसलामी कट्टरवाद और मुसलिम समस्या ज्यों-की-त्यों है, ऐसे में बाबासाहब आंबेडकर के विचारों को समझना जरूरी है।

बाबासाहब आंबेडकर का इसलामी कट्टरवाद के बारे में दृष्टिकोण हमेशा एकदम स्पष्ट था। जब देश का राष्ट्रीय नेतृत्व हिंदू-मुसलिम एकता की आड़ में मुसलिम तुष्टीकरण में लगा था, उस समय 18 जनवरी, 1929 के 'बहिष्कृत भारत' के संपादकीय में डॉ. बाबासाहब ने लिखा, 'मुसलिम लोगों का झुकाव मुसलिम संस्कृति के राष्ट्रों की तरफ रहना स्वाभाविक है, लेकिन वह झुकाव हद से ज्यादा बढ़ गया है। मुसलिम संस्कृति का प्रसारकर मुसलिम राष्ट्रों का संघ बनाना और जितना हो सके काफिर देशों पर उनका अलम चलाना, यही उनका लक्ष्य बन गया है। इसी सोच के कारण उनके पैर हिंदुस्तान में होकर भी उनकी आँखें तुर्किस्तान अथवा अफगानिस्तान की ओर लगी हैं। हिंदुस्तान मेरा देश है, ऐसा जिनको अभिमान नहीं है और अपने निकटवर्ती हिंदू बंधुओं के बारे में जिनकी बिल्कुल भी आत्मीयता नहीं है, ऐसे मुसलमान लोग मुसलमानी आक्रमण से हिंदुस्तान की सुरक्षा करने हेतु सिद्ध हो जाएँगे, ऐसा मानना खतरनाक है। ऐसा हमें लगता है।'

मुसलिम कट्टरवाद, असहिष्णुता, आक्रामकता और हठधर्मिता के कारण ही अखंड भारत खंडित हुआ और भारतभूमि पर पाकिस्तान नामक एक देश का सृजन हुआ, यही धारणा डॉ. बाबासाहब आंबेडकर की थी, जिसे उन्होंने अपनी पुस्तक 'थॉट्स ऑन पाकिस्तान' (1941) में प्रस्तुत किया। उन दिनों अपने विषय की यह पहली पुस्तक थी, जिसने बाबासाहब के दूरगामी राजनीतिक दृष्टिकोण का सच और लोहा मनवा लिया था। यह पुस्तक बाद में दूसरे संस्करण में 'पाकिस्तान एंड पार्टिशन ऑफ इंडिया' नाम से 1945 में प्रकाशित हुई।

जब मुसलिम लीग ने मुहम्मद अली जिन्ना के नेतृत्व में 1940 में अलग पाकिस्तान का प्रस्ताव अपने लाहौर अधिवेशन में प्रस्तुत किया, जब देश के सभी बड़े राजनेता इसे कोरी कल्पना बता रहे थे, बकवास कहते थे, मगर बाबासाहब की दूरदृष्टि ने जान लिया था कि इसे कोई रोक नहीं सकता, क्योंकि बाबासाहब

ने मुसलिम कट्टरवाद और इसलाम के राजनीतिक स्वरूप का गहराई से अध्ययन किया था। डॉ. बाबासाहब इसलामी सोच के साथ-साथ अंग्रेज साम्राज्य की कूटनीति को भी जानते थे। डॉ. बाबासाहब कहते थे, 'इस बारे में कोई सवाल नहीं उठ सकता कि पाकिस्तान के संबंध में योजना पर ध्यान देना ही पड़ेगा। मुसलमान इस योजना पर विचार करने के लिए दबाव डालेंगे...राजनीतिक शक्ति के हस्तांतरण पर अपनी सहमति देने से पहले ब्रिटेन हिंदुओं और मुसलमानों के बीच किसी-न-किसी प्रकार समझौते का आग्रह करेगा।...बहरहाल हिंदुओं की यह आशा व्यर्थ है कि ब्रिटेन पाकिस्तान की माँग को दबाने के लिए बलप्रयोग करेगा, जो कि असंभव है।' मुसलिम मानसिकता की असहिष्णुता, आक्रामकता और हठधर्मिता के कारण पाकिस्तान का सृजन हुआ। डॉ. बाबाबासाहब की यही धारणा थी, जिसे उन्होंने निर्भीकता से प्रस्तुत किया। हिंदू-मुसलिम एकता एक भ्रम और सेकुलरवाद की बातें व्यर्थ हैं, ऐसा बाबासाहब का मत था। उन्होंने कहा है, "मेरे तर्कों का बहुत बड़ा भाग हिंदुओं को संबोधित है। इसका एक स्पष्ट कारण है, जो किसी की भी समझ में आ जाएगा। हिंदू बहुसंख्या में हैं। इस नाते उनके दृष्टिकोण का महत्त्व होना ही चाहिए। उनकी आपत्तियों को, चाहे वे तर्कसम्मत हों या भावुकतापूर्ण, दूर किए बना (हिंदू-मुसलिम वैमनस्य की) समस्या का शांतिपूर्ण हल संभव नहीं है। मैं अनुभव करता हूँ कि जो हिंदू जन अपने बाँधवों के भाग्यों का पथ-प्रदर्शन कर रहे हैं, उनकी देखने में सक्षम आँख (कार्लाइल के शब्द-प्रयोगानुसार) लुप्त हो गई है और वे कुछ खोखले भ्रमजालों की चमक ओढ़े घूम रहे हैं। मुझे भय है कि इसके परिणाम हिंदुओं के लिए घातक होंगे। हिंदुओं को यह बोध नहीं होता, यद्यपि यह अनुभव सिद्ध है कि हिंदू व मुसलमान न तो स्वभाव में एक हैं, न आध्यात्मिक अनुभव में और न ही राजनीतिक एकता की इच्छा में। जिन कुछ थोड़े क्षणों में वे सौहार्द संबंधों की ओर बढ़े, तब भी ये संबंध तनावपूर्ण थे। फिर भी हिंदू इसी भ्रम को प्रसन्नतापूर्वक अपनाए रहेंगे कि पिछले अनुभवों के बावजूद हिंदुओं व मुसलमानों में घनिष्ठता बनाने के लिए दोनों के बीच लक्ष्यों, भावनाओं व नीतियों की व्यापक एवं वास्तविक एकता की पर्याप्त मात्रा बची हुई है।"

उस समय का कांग्रेसी नेतृत्व पाकिस्तान के विचार को जिन्ना की सनक बता रहा था, मगर बाबासाहेब ऐसे भ्रम में नहीं थे। उनके विचार से हिंदू इसी भ्रम को पाले हैं कि पाकिस्तान मात्र जिन्ना की ही एक सनक है और इसका समर्थन न मुसलिम जनसाधारण में है, न ही अन्य मुसलिम नेताओं में। वे इस भ्रम से चिपके हुए इसलिए हैं कि सर सिकंदर हयात खान और मिस्टर फजलुलहक जिन्ना का

खुला समर्थन नहीं कर रहे हैं। हिंदू यदि अपना कर्तव्य नहीं निभाते तो वे वही परिणाम भुगतेंगे, जिनके लिए वे आज यूरोप पर हँस रहे हैं और यूरोप की ही भाँति नष्ट भी हो जाएँगे। हिंदू जिस भूमि को युगों-युगों से अपनी पुण्यभूमि भारत वर्ष मानते रहे हैं, उसके दो टुकड़े करके एक मुसलिम राष्ट्र और एक गैर मुसलिम राष्ट्र बनाने की माँग उठने पर वे भौचक रह गए। वे मुसलिम समुदाय के इस कथन से रुष्ट थे कि भारत के मुसलमान एक अलग राष्ट्र हैं। हिंदुओं को लगता रहा है कि भारतीय सामाजिक जीवन की कुछ विशेषताएँ दोनों समुदायों के बीच एकता के तारों का काम करती हैं, पर क्या इतना ही पर्याप्त था? डॉ. आंबेडकर कहते हैं, "यह निर्विवाद है कि अधिकांश मुसलमान उसी जाति के हैं, जिसके हिंदू हैं। इस बात से भी इनकार नहीं किया जा सकता कि सभी मुसलमान एक ही भाषा नहीं बोलते और बहुत से तो वही बोलते हैं, जो हिंदू बोलते हैं। दोनों समुदायों में कई सामाजिक रिवाज भी एक समान हैं। यह भी सत्य हैं कि कुछ धार्मिक सत्य व प्रथाएँ दोनों समुदायों में एक से हैं, परंतु प्रश्न यह है कि क्या इन सभी तत्त्वों से ही हिंदू व मुसलमान एक राष्ट्र बन जाते हैं या कि क्या इनसे उनमें एक-दूसरे से जुड़ने की इच्छा पैदा हुई है?" 'डॉ. आंबेडकर, पाकिस्तान एंड पार्टिशन ऑफ इंडिया', पृष्ठ 15 में उन्होंने कहा कि पहली बात तो यह है कि दोनों समुदायों में जो समान विशेषताएँ इंगित की जाती हैं, वे दोनों समुदायों में सामाजिक ऐक्य स्थापित करने हेतु एक-दूसरे के तौर-तरीकों को अपनाने या उन्हें आत्मसात करने के लिए किए गए किन्हीं सचेतन प्रयासों का परिणाम नहीं हैं। सच्चाई यह है कि ये समानताएँ कुछ अनसोचे कारणों का परिणाम हैं। कुछ तो ये मतांतरण की प्रक्रिया के अधूरी रह जाने से हैं। भारत जैसे देश में, जहाँ अधिकांश मुसलमान सवर्ण या असवर्ण हिंदुओं में से बनाए गए हैं, इन मतांतरित लोगों का इसलामीकरण न तो पूर्ण हो सका, न प्रभावी। इसका कारण, परिवर्तित व्यक्तियों द्वारा विद्रोह का भय भी हो सकता है और मतांतरण के लिए मान जाने की स्थिति तक पहुँचाने का तरीका या मौलवियों की अपर्याप्त संख्या के कारण मजहबी पाठ पढ़ाने में रह गई कमी भी हो सकती है। इसलिए कोई आश्चर्य नहीं कि मुसलिम समुदाय का बहुत बड़ा हिस्सा अपने धार्मिक-सामाजिक जीवन में यहाँ-वहाँ अपने हिंदू मूल को प्रकट कर देता है और कुछ यह सैकड़ों वर्षों तक एक ही वातावरण में साथ रहने का भी प्रभाव है। समान वातावरण में समान प्रतिक्रियाएँ पैदा होना अवश्यंभावी हैं और उस वातावरण के प्रति एक ही प्रकार की प्रतिक्रया देते-देते व्यक्ति की एक ही किस्म बन ही जाती है।

क्या कोई ऐसा ऐतिहासिक घटनाक्रम है, जिसे हिंदू और मुसलमान समान रूप से गौरव या व्यथा के विषय के रूप में याद रखे हुए हैं ? समस्या की जड़ में यही प्रश्न है। यदि हिंदू स्वयं को और मुसलमानों को एक ही राष्ट्र का अंग मानना चाहते हैं, तो उन्हें इसी प्रश्न का उत्तर देना होगा। दोनों समुदायों के बीच संबंधों के इस पक्ष पर दृष्टि डालें तो यही सामने आएगा कि वे तो बस एक-दूसरे से युद्ध में रत दो सेनाओं की भाँति रहे हैं। उनके बीच किसी साझी उपलब्धि की प्राप्ति के लिए मिले-जुले प्रयासों का कोई युग नहीं रहा। जैसा कि भाई परमानंद ने अपनी पुस्तिका 'हिंदू राष्ट्रवादी आंदोलन' में उल्लेख किया है, 'हिंदू अपने इतिहास में पृथ्वीराज, राणा प्रताप, शिवाजी और बंदा बैरागी के प्रति श्रद्धा रखते हैं, जिन्होंने इस भूमि की रक्षा और सम्मान के लिए मुसलमानों से संघर्ष किया, जबकि मुसलमान मुहम्मद बिन कासिम जैसे विदेशी हमलावरों और औरंगजेब जैसे शासकों को अपना राष्ट्रनायक मानते हैं। धार्मिक क्षेत्र में हिंदू रामायण, महाभारत और गीता से प्रेरणा पाते हैं, दूसरी ओर, मुसलमान अपनी प्रेरणाएँ कुरान और हदीस से प्राप्त करते हैं। अतः जो बातें उन्हें एक सूत्र में बाँधती हैं, उनसे अधिक शक्तिशाली वे बातें हैं, जो उन्हें बाँटती हैं। हिंदुओं और मुसलमानों के सामाजिक जीवन की कुछ विशेषताओं—समान जाति, भाषा व देश जैसी कुछ बातों पर निर्भर करके हिंदू उन बातो को आधारभूत और महत्त्वपूर्ण मानने की गलती कर रहे हैं, जो केवल संयोगजनित और ऊपरी हैं। ये समानताएँ तथाकथित और ऊपरी हैं। हिंदुओं और मुसलमानों को जितना ये तथाकथित समानताएँ मिलाती हैं, राजनीतिक व सांप्रदायिक शत्रुताएँ उससे कहीं अधिक बाँटती हैं। दोनों समुदाय अपना अतीत यदि भूल पाते तो शायद संभावनाएँ कुछ और होतीं।' (पृ.17-18) डॉ. आंबेडकर की मान्यता थी कि हिंदू-मुसलिम संबंधों की आज की कड़वी सच्चाई जिस इतिहास में से निकली है, उसे समझना बहुत आवश्यक है। उनका विश्वास था कि सन् 711 में मुहम्मद बिन कासिम द्वारा सिंध पर किए गए आक्रमण से आरंभ हुए मुसलिम सेनाओं के निरंतर आक्रमणों और आक्रमणकारियों द्वारा अपनाए गए तौर-तरीकों ने हिंदुओं और मुसलमानों के बीच ऐसी गहरी कड़वाहट पैदा कर रखी है, जिसे लगभग एक शताब्दी की राजनीतिक काररवाईयों ने भी न तो शांत किया है, न ही जिसे लोग भूल पाए हैं।

बाबासाहब लिखते हैं, क्योंकि, हमलों के साथ-साथ मंदिरों को नष्ट-भ्रष्ट किया गया, बलपूर्वक मतांतरण कराए गए, धन-संपत्ति की लूट, अपमानित किया गया या गुलाम बना दिया गया। इसलिए इसमें आश्चर्य की बात क्या है कि इन

आक्रमणों की स्मृतियाँ सदा ही बनी रहीं और मुसलमान उन्हें गर्व से तथा हिंदू लज्जा एवं ग्लानि के साथ याद करते रहे हैं।

निःसंदेह मुसलिम हमलावर हिंदुओं के विरुद्ध नफरत के गीत गाते हुए ही भारत की ओर आए थे, किंतु वे केवल नफरत के ये गीत गाकर और मार्ग में पड़ने वाले मंदिर तोड़कर ही वापस नहीं चले गए। ऐसा हुआ होता, तो यह वरदान होता। वे अपने अभियानों के इतने अस्थायी परिणामों से संतुष्ट नहीं थे। उन्होंने एक स्थायी कार्य भी किया, वह था इसलाम का बीज बोने का कार्य। इस पौधे का असाधारण फैलाव हुआ है। (पृ. 47–48) डॉ. आंबेडकर ने डॉ. टाइटस की पुस्तक 'इंडियन इसलाम-ए-रिलीजस हिस्ट्री ऑफ इसलाम इन इंडिया' और लेनपूल की 'मेडिवल इंडिया अंदर मोहमडन रूल' से उद्धरण लेकर निम्न विवरण प्रस्तुत किया है। (पृ. 36–46) सन् 711 का मुहम्मद बिन कासिम का पहला आक्रमण देश पर उनका स्थायी कब्जा नहीं करवा पाया, क्योंकि बगदाद का खलीफा, जिसके हुक्म से यह आक्रमण किया गया था, नौवीं सदी के मध्य में इस दूर-दराज के प्रदेश सिंध से अपना सीधा नियंत्रण हटाने को विवश हो गया। इस वापसी के कुछ ही समय बाद सन् 1001 में महमूद गजनवी के भयंकर आक्रमण प्रारंभ हो गए, जो एक के बाद एक होते रहे। महमूद गजनबी की सन् 1030 में मृत्यु हो गई, परंतु 30 वर्ष के अल्पकाल में उसने भारत पर सत्रह बार हमले किए। महमूद के बाद आया मुहम्मद गोरी, जिसने बर्बर आक्रमणों का अपना अभियान 1173 ई. में आरंभ किया। सन् 1206 में वह मारा गया। 30 वर्ष महमूद गजनवी ने भारत का विनाश किया और तीस वर्ष तक मुहम्मद गोरी ने भी इस देश को वैसा ही उजाड़ा। उसके बाद चंगेज खान के मुगल गिरोहों के हमले होने लगे। ये गिरोह सर्वप्रथम सन् 1221 में आए। उस समय शीतऋतु में वे भारत की सीमा पर ही रुके रहे और अंदर प्रविष्ट नहीं हुए। उसके बीस वर्ष बाद उन्होंने लाहौर पर धावा बोला और उसे लूट लिया। उनका सबसे भयंकर हमला सन् 1368 में तैमूर की अगुआई में हुआ था। फिर, 1526 में बाबर के रूप में एक नया हमलावर सामने आया। बाबर के बाद भी भारत पर आक्रमण रुके नहीं। दो हमले और हुए। 1738 में नादिरशाह की हमलावर सेनाओं ने धावा बोला, जो सागर के रौद्र रूप जैसा था। उसके बाद सन् 1761 में अहमदशाह अब्दाली का आक्रमण हुआ, जिसने पानीपत के युद्ध में मराठा सेनाओं को परास्तकर हिंदुओं द्वारा अपनी हारी हुई धरती को वापस छीनने के प्रयास सदा के लिए समाप्त कर दिए।

ये मुसलिम आक्रमण केवल लूटपाट और विजय की लालसा से ही नहीं किए

गए थे, इनके पीछे एक और उद्देश्य था। मुहम्मद बिन कासिम का अभियान यों तो दंडात्मक स्वरूप का था और सिंध के राजा दाहिर को दंडित करने के उद्देश्य से किया गया था, क्योंकि उसने सिंध के बंदरगाह देवल पर अरब के एक समुद्री जहाज को जब्त करने के बाद उसके लिए मुआवजा देने से इनकार कर दिया था, पर इसमें भी कोई संदेह नहीं कि इस अभियान का एक उद्देश्य हिंदुओं की मूर्ति-पूजा और उनके बहुदेववाद पर करारा प्रहार था। राजा दाहिर के भतीजे, उसके योद्धाओं और बड़े अधिकारियों को मार डाला गया तथा काफिरों को या तो इसलाम कबूल करवा दिया गया या उनका वध कर दिया गया। मूर्तियों और अन्य इबादतगाह बना दिए, खुत्बा पढ़ा जाता, अजान दी जाती ताकि नमाज सही वक्त पर हो सके। सुबह-शाम तकबीर और अल्लाह-ओ-अकबर की तारीफ अता की जाती है। (डॉ. टाइटस की पुस्तक 'इंडियन इसलाम-ए रिलीजस हिस्ट्री ऑफ इसलाम इन इंडिया' के पृ. 10 में उद्धृत) यह संदेश, जिसके साथ राजा दाहिर का कटा सिर भी था, प्राप्त होने पर अज्जाज ने अपने सेनापति को यह उत्तर भेजा—खुदा का हुक्म है"'काफिरों को कोई पनाह न दो, सिर्फ उनकी गरदनें काटो। यह जान लो कि यह महान खुदा का हुक्म है।

बाबासाहब लिखते हैं—महमूद गजनवी भी भारत पर अपने अनेक हमलों को जिहाद के रूप में ही देखता था। महमूद गजनवी के इतिहासकार अल-उत्बी ने इन हमलों का वर्णन करते हुए लिखा है—

उसने मूर्तियोंवाले मंदिरों को ध्वस्त कर डाला और इसलाम को स्थापित किया। उसने नगरों पर कब्जा किया, दूषित मान्यताओंवाले नीच लोगों को मार डाला, मूर्ति-पूजकों को नष्ट किया और मुसलमानों को संतोष प्रदान किया। फिर वह घर वापस हो लिया और इसलाम की खातिर प्राप्त की गई अपनी फतहों का ऐलान किया और यह कसम खाई कि वह हिंद के खिलाफ हर साल जिहाद छेड़ेगा। (संदर्भ वही, पृ. 11)

मोहम्मद गौरी भी भारत पर अपने हमलों में इसी मजहबी उत्साह से प्रेरित होता था। इतिहासकार हसन निजामी ने उसके कारनामों का वर्णन इस प्रकार किया है—

उसने अपनी तलवार के जोर पर हिंद की जमीन से काफिरत और पापाचार की गंदगी का सफाया कर दिया और उस सारे मुल्क को बहु ईश्वरवाद के काँटे व मूर्ति-पूजा की जलालत से छुटकारा दिलाया और अपने शाही जलवे तथा बेखौफ बहादुरी से एक भी मंदिर खड़ा नहीं छोड़ा। (संदर्भ वही, पृ. 11)

तैमूर ने अपने संस्मरणों में बताया है कि भारत पर उसके हमलों का कारण

क्या था—हिंदुस्तान पर हमलों का मेरा उद्देश्य काफिरों के खिलाफ एक अभियान चलाना और उसके द्वारा उनकी काफिरत छुड़ाकर उन से मुहम्मद के हुक्म के अनुसार सच्चाई मान कबूल करवाना, उस जमीन से कुविश्वास और बहुदेववाद की गंदगी साफकर उसे पाक बनाना तथा मंदिरों और मूर्तियों को उखाड़ फेंकना है, जिससे हम खुदा के सामने ईमान का साथ देने और उसके लिए लड़नेवाले गाजी और मुजाहिद बन जाएँगे। (लेन पूल की पुस्तक मेडिवल इंडिया के पृ. 155 पर उद्धृत)

महमूद गजनवी ने प्रारंभ से ही ऐसे तरीके अपनाए, जो हिंदुओं के हृदयों में आतंक पैदा करें सन् 1001 में राजा जयपाल की पराजय के बाद महमूद ने आदेश दिया कि राजा जयपाल को गलियों में घुमाया जाए ताकि उसके पुत्र और अन्य सरदार उसे लज्जा, दासत्व के बंधन और अपमान की अवस्था में देखें तथा इसलाम का खौफ काफिरों के देश में होता हुआ चारों ओर फैल जाए।

लगता है, काफिरों के कत्लेआम से महमूद गजनवी को विशेष खुशी मिलती थी। सन् 1019 में चांद राय पर एक आक्रमण में अनेक काफिरों और सूर्य एवं अग्नि के उपासकों की हत्याएँ करते-करते वे तृप्त नहीं हो गए। इतिहासकार इसके आगे नादानी में लिखता है कि हिंदू सेनाओं के हाथ खुद-बखुद मूर्तियों को त्यागकर इसलाम की खिदमत को श्रेष्ठ मानते हुए महमूद के पास आ गए। (इंडियन इसलाम, पृ. 22)

डॉ. बाबासाहब ने इस प्रकार इसलामी आक्रांताओं की क्रूरता का वर्णन करते हुए लिखा—कुतबुद्दीन ऐबक ने भी कहा जाता है लगभग एक हजार मंदिर गिराए और उनके स्थान पर मसजिदें बनवाईं। उसने दिल्ली की जामा मसजिद बनवाई और उस पर हाथियों द्वारा गिरवाए गए मंदिरों से प्राप्त पत्थर और सोना जड़वाया तथा उन पर (कुरान के) खुदाई फरमान खुदवाए। इस आततायी तरीके का योजनाबद्ध ढंग से प्रयोग किए जाने का सबूत दिल्ली की इसी मसजिद के पूर्वी प्रवेश द्वार पर विद्यमान उत्कीर्णन से मिलता है, जिसमें लिखा है कि सत्ताईस मंदिरों के मलबे से इस मसजिद को बनाया गया। (इंडियन इसलाम)

अमीर खुसरो बताते हैं कि अलाउद्दीन ने कुतुबुद्दीन द्वारा बनवाई गई मीनार के समकक्ष एक दूसरी मीनार बनाने के उत्साह में, न केवल पहाड़ों से पत्थर खुदवाए, बल्कि काफिरों के मंदिर तोड़कर भी सामग्री प्राप्त की। अपनी दक्षिण विजय के दौरान, अलाउद्दीन ने मंदिर विध्वंस का अभियान उसी प्रकार चालू रखा, जैसे अनेक पूर्ववर्ती हमलावरों ने उत्तर भारत में किया था।

सुलतान फिरोहशाह ने अपनी फतुहात में बहुत सजीव चित्र कर के बताया है

कि उन हिंदुओं का उसने क्या किया, जिन्होंने अपने लिए नए मंदिर बना लेने का दुस्साहस किया था। जब हिंदुओं ने नगर (दिल्ली) में और आसपास ऐसा किया (दुबारा मंदिर बनाए), जो कि पैगंबर के कानून के खिलाफ था, जिसमें ऐसा सहन न करने को कहा गया है, मैंने खुदाई मार्गदर्शन में इन भवनों को तोड़ डाला और उन काफिरों के नेताओं को कत्ल कर दिया और बाकी को कोड़ों की सजा दी, जब तक कि वह बुराई पूरी तरह समाप्त नहीं हो गई और जहाँ पर काफिर मूर्ति पूजक मूर्तियों की पूजा करते थे, वहाँ अब खुदा की मेहरबानी से मुसलमान सच्चे खुदा की इबादत करते हैं।

यहाँ तक कि शाहजहाँ के शासनकाल में भी उन मंदिरों के विध्वंस का वर्णन हम पढ़ते हैं, जिन्हें हिंदुओं ने दुबारा बनाना प्रारंभ किया। हिंदुओं के पवित्र स्थलों पर सीधे आक्रमणों का वर्णन करते हुए कहा गया है कि बादशाह (अकबर) के शासनकाल में काफिरों के गढ़ बनारस में कई मंदिर बनाने प्रारंभ किए गए थे, पर पूरे नहीं हो सके थे। उन मंदिरों को काफिर अब पूरा करना चाहते हैं। बादशाह ने हुक्म दिया कि बनारस में और उनकी सल्तनत में आनेवाले सारे क्षेत्र में किसी भी स्थान पर जो भी मंदिर बनाने प्रारंभ किए गए थे, वे सब गिरा दिए जाएँ। इलाहाबाद सूबे से सूचना मिली कि बनारस जिले में 76 मंदिर ध्वस्त कर दिए गए। (इंडियन इसलाम)

मूर्ति पूजा को उखाड़ फेंकने का अंतिम दुष्प्रयास औरंगजेब को करना था। मा अतहिर-ए-आलमगीरी के लेखक ने हिंदुओं के धार्मिक कथा-उपदेश समाप्त करने और मंदिरों को नष्ट करने के औरंगजेब के प्रयत्नों का वर्णन दर्प से फूलते इन शब्दों में किया है।

'अप्रैल, 1669 में औरंगजेब को पता लगा कि थट्ठा, मुल्तान और बनारस सूबों में, विशेषकर बनारस में, मूर्ख ब्राह्मण अपने विद्यालयों में फिजूल की किताबें पढ़ाया करते हैं और वहाँ मुसलमान व हिंदू दोनों ही दूर-दूर से अध्ययन के लिए आया करते हैं। ईमान के संचालक ने सूबों के गवर्नरों को हुक्म जारी किया कि काफिरों के सभी विद्यालयों और मंदिरों को पक्के इरादे से गिरा दिया जाए, उन्हें हुक्म हुआ कि मूर्ति पूजा की शिक्षा और प्रथा को पूर्णतया रोका जाए। बाद में बादशाह को बताया गया कि शाही अधिकारियों ने बनारस का विश्वनाथ मंदिर गिरा दिया है।'

जैसा कि डॉ. टाइटस ने लिखा है, महमूद गजनवी और तैमूर जैसे आक्रमणकारियों की रुचि बलात् मतांतरण से भी अधिक मूर्तिभंजन, लूटपाट, हिंदुओं को गुलाम बनाने या इसलामी तलवार से उन्हें दोजख (नरक) में झोंकने में थी, परंतु जब मुसलिम राजसत्ता स्थायी रूप से स्थापित हो गई, तब अधिक-

से-अधिक हिंदुओं को मुसलमान बनाना पहली आवश्यकता बन गई। इसलाम को पूरे भारत का मजहब बनाना राज्यनीति का अंग बन गया।

कुतुबुद्दीन ने, जिसकी मंदिरों के विध्वंस के लिए लगभग गजनी के महमूद जैसी ही बहुत बड़ी प्रसिद्धि थी, बारहवीं शती के अंतिम भाग और तेरहवीं शती के प्रारंभ में मतांतरण कराने के लिए बारंबार बल प्रयोग अवश्य किया होगा। एक उदाहरण लिया जा सकता है। सन् 1194 में वह कोइल (अलीगढ़) के निकट पहुँचा तो किले में जो बुद्धिमान एवं प्रखर लोग थे, उन्हें मुसलमान बना लिया गया और शेष सभी तलवार से काट डाले गए।'

बाबासाहब लिखते हैं, 'महमूद ने न केवल मंदिर तोड़े, बल्कि उसने जीते गए हिंदुओं को गुलाम बनाने की नीति ही बना रखी थी।' डॉ. टाइटस के शब्दों में—

"भारत में इसलाम के प्रवेश के प्रारंभिक काल में, न केवल काफिरों के कत्लेआम और मंदिर तोड़ने का काम किया गया, बल्कि जैसा कि हम देख चुके हैं, बहुत से पराजित हिंदुओं को गुलामी में धकेला गया। इन अभियानों में हमलावर सरदारों और सामान्य सैनिकों के लिए एक विशेष आकर्षण लूट के माल को बाँट लेना होता था। ऐसा प्रतीत होता है कि महमूद ने काफिरों का नरसंहार उनके मंदिरों का विध्वंस, उन्हें पकड़ कर गुलाम बनाना, लोगों की और विशेषकर मंदिरों एवं पुजारियों की संपति लूटना अपने अभियानों का मुख्य उद्देश्य बना रखा था। कहा जाता है कि अपने प्रथम आक्रमण के समय लूट का बहुत माल उसके हाथ लगा और पाँच लाख सुंदर हिंदू पुरुषों व महिलाओं को गुलाम बनाकर गजनी ले जाया गया।

'महमूद ने जब सन् 1017 में कन्नौज को लूटा तो वह इतनी संपदा और इतने लोगों को बंदी बनाकर ले गया कि गिननेवालों की अंगुलियाँ थक गई होंगी।

'कोई भी हिंदू सिर उठाकर नहीं चल सकता था। लगान वसूलने के लिए पिटाई, कैद और बेड़ियाँ, ये सब तरीके काम में लाए जाते थे।'

तो ऐसी है महमूद गजनवी के आने से लेकर अहमद शाह अब्दाली की वापसी (1763) तक के 762 वर्षों की कहानी (पाकिस्तान एंड पार्टिशन ऑफ इंडिया पृ. 36-46)

इसलाम की मूलभूत राजनीतिक प्रेरणाओं के बारे में डॉ. बाबासाहब आंबेडकर लिखते हैं, 'मुसलिम कानून के अनुसार दुनिया दो पक्षों में बँटी हैं—दारुल इसलाम और दारुल हरब। वह देश दारुल इसलाम कहलाता है, जहाँ मुसलमानों का राज हो। दारुल हरब के देश हैं, जहाँ मुसलमान रहते तो हैं, पर वे वहाँ के शासक नहीं हैं। इसलामी कानून के अनुसार भारत देश हिंदुओं और मुसलमानों की साझी मातृभूति

नहीं हो सकता है। वह मुसलमानों की जमीन तो हो सकती है, पर बराबरी से रहते हिंदुओं और मुसलमानों की भूमि नहीं हो सकती। यह मुसलमानों की जमीन भी केवल तब हो सकती है, जब इस पर मुसलमानों का राज हो। जिस क्षण इस भूमि पर किसी गैर-मुसलिम का अधिकार हो जाता है, यह मुसलमानों की जमीन नहीं रहती। दारुल इसलाम के स्थान पर यह दारुल हरब हो जाती है।'

यह न समझा जाए कि ऐसा विचार कोरी किताबी अभिरुचि की बात है, क्योंकि इसमें मसुलमानों के व्यवहार को प्रभावित करनेवाली कारगर शक्ति बनने की क्षमता है। इस विचार ने मुसलमानों के व्यवहार पर उस समय भी बड़ा प्रभाव डाला था, जब अंग्रेजों ने भारत पर कब्जा किया। ब्रिटिश कब्जे से हिंदुओं के मनों में तो कोई पाप-आशंका नहीं उत्पन्न हुई, किंतु मुसलमानों के सामने तुरंत यह प्रश्न उठ खड़ा हुआ है कि क्या अब हिंदुस्तान मुसलमानों के निवास करने योग्य देश रह गया है? मुसलिम समुदाय के भीतर यह चर्चा प्रारंभ की गई, जो डॉ. टाइटस कहते हैं, लगभग चार वर्ष तक यह बहस चली कि भारत दारुल हरब है या दारुल इसलाम? कुछ अधिक उत्साही तत्त्वों ने सैयद अहम दशाहिद के नेतृत्व में सचमुच ही जिहाद की घोषणा कर दी, उन्होंने मुसलमानों को सिखाया कि हिजरत करके मुसलिम राजवाले देशों को चले जाओ और हिंदुस्तान भर में अपना आंदोलन चलाया।

बाबासाहब ने एएमयू के संस्थापक पर सैयद अहमद का सांप्रदायिक चेहरा भी बेनकाब किया है। बाबासाहब लिखते हैं, 'सर सैयद अहमद ने अपनी सारी प्रतिभा लगाकर मुसलमानों को यह समझाया कि वे हिंदुस्तान को दारुल-हरब केवल इस कारण न मान लें कि यहाँ अब मुसलिम राज नहीं रहा। उन्होंने मुसलमानों से आग्रह किया कि हिंदुस्तान को दारुल-इसलाम ही मानें, क्योंकि उन्हें अपने मजहब के अनुसार सभी रस्मो-रिवाज पूरे करने की आजादी है। हिजरत करने का आंदोलन कुछ समय के लिए दब गया, परंतु हिंदुस्तान दारुल हरब है, यह सिद्धांत छोड़ नहीं दिया गया...यह भी उल्लेखनीय है कि दारुल हरब से अपने आपको मुक्त करने के लिए मुसलमानों के पास केवल हिजरत ही एकमात्र मार्ग नहीं है। मुसलिम कानून का एक और आदेश है—जिहाद छेड़ने का, जिसके द्वारा मुसलिम शासक कर्तव्यबद्ध हैं कि वे इसलाम के राज को तब तक फैलाएँ, जब तक कि पूरी दुनिया इस की हुकूमत में नहीं आ जाती। सारे संसार को जब दो पक्षों में बाँट दिया है—एक दारुल इसलाम और दूसरा दारुल हरब तो सभी देश दो में से किसी एक श्रेणी में आएँगे ही। दारुल हरब को दारुल इसलाम में बदलना हर उस मुसलिम शासक का कर्तव्य है, जिसमें ऐसा करने का सामर्थ्य हो।

1857 में मुसलमानों ने तो विद्रोह कर के भारत को फिर से दारुल इसलाम में परिणित करने का प्रयास किया था (हिंदुओं के लिए भले ही वह देश की स्वाधीनता का संग्राम रहा हो)

डॉ. आंबेडकर कहते हैं, "वे जिहाद केवल छेड़ ही नहीं सकते, बल्कि जिहाद की सफलता के लिए विदेशी मुसलिम शक्ति को सहायता के लिए बुला भी सकते हैं और इसी प्रकार यदि भारत के विरुद्ध कोई विदेशी मुसलिम शक्ति ही जिहाद छेड़ना चाहती है, तो मुसलमान उसके प्रयास की सफलता के लिए सहायता भी कर सकते हैं।"

एक तीसरा सिंद्धांत, जिसकी चर्चा करना प्रासंगिक होगा, यह है कि इसलाम भूक्षेत्रीय नातों को नहीं मानता। इसके रिश्ते-नाते सामाजिक और मजहबी होते हैं, अत: दैशिक सीमाओं को नहीं मानते। अंतराष्ट्रीय इसलाम का यही आधार है। इसी से प्रेरित हिंदुस्तान का हर मुसलमान कहता है कि वह मुसलमान पहले है और हिंदुस्तानी बाद में। यही है वह भावना जो स्पष्ट कर देती है कि क्यों भारतीय मुसलमानों ने भारत की प्रगति के कामों में इतना कम भाग लिया है, जबकि वे मुसलिम देशों के पक्ष का समर्थन करने में अपनी सारी शक्ति लगा देते हैं और क्यों उनके खयालों में मुसलिम देशों का स्थान पहला और भारत का दूसरा है।...यदि अंतरराष्ट्रीय इसलामवाद का यह मजहबपरस्त रूप एक अंतरराष्ट्रीय इसलामी राजनीतिक स्वरूप अपनाने की ओर बढ़ता है तो इसे अस्वाभाविक नहीं कहा जा सकता। (पाकिस्तान एंड पार्टिशन ऑफ इंडिया, पृ. 287-91)

इस प्रकार की अपनी वैचारिक प्रेरणाओं के प्रभाव में रहते हुए मुसलमान किस सीमा तक ऐसी सरकार की सत्ता को स्वीकारेंगे, जिसको बनाने और चलानेवाले हिंदू होंगे? यह प्रश्न भी बाबासाहब डॉ. आंबेडकर ने उठाया। इस संदर्भ में उन्होंने इस बात का वर्णन किया कि मुसलमान हिंदुओं को किस दृष्टि से देखते हैं।...मुसलमान की दृष्टि में हिंदू काफिर है और काफिर सम्मान के योग्य नहीं होता। वह निष्ट जन्मा और प्रतिष्ठाहीन होता है। इसीलिए काफिर द्वारा शासित देश मुसलमान के लिए दारुल हरब होता है। (संदर्भ वही, पृ. 294)

डॉ. आंबेडकर कुछ उदाहरण भी देते हैं—खिलाफत आंदोलन के दिनों में भी, जब हिंदू लोग मुसलमानों की इतनी अधिक सहायता कर रहे थे, मुसलमान यह मानना नहीं भूले कि उनकी तुलना में हिंदू नीची और घटिया जाति के हैं। 1924 में श्री गांधी के कारागार से मुक्त होने पर हर्ष मनाने के लिए आयोजित एक समारोह में घटी एक अनोखी घटना का विवरण समाचार पत्रों में छपा। समारोह हकीम अजमल खाँ द्वारा दिल्ली में संचालित यूनानी तिब्बिया कॉलेज में हुआ। समाचार के अनुसार

एक हिंदू छात्र ने गांधीजी की तुलना हजरत ईसा मसीह से कर दी। मुसलिम भावनाओं को ठेस पहुँचानेवाली इस बात से सारे मुसलिम छात्र भड़क उठे और उस हिंदू छात्र को हिंसक परिणामों की धमकी दी। कहा जाता है कि मुसलिम प्राध्यापक तक भी अपने फिरके के छात्रों के साथ अपनी आहत भावनाओं के इस प्रदर्शन में सम्मिलित हो गए। (पृ. 294-5)

खिलाफती नेता और गांधीजी के निकट सहयोगी मुहम्मद अली ने 1923 में कांग्रेस अधिवेशन की अध्यक्षता करते हुए गांधीजी के लिए महात्मा जैसे श्रद्धापूर्ण शब्दों का प्रयोग किया और उनकी तुलना ईसा मसीह से की। उसके एक वर्ष बाद अलीगढ़ और अजमेर में दी गई तकरीर में बोलते हुए मुहम्मद अली ने कहा—

"गांधीजी का चरित्र कितना ही निर्मल क्यों न हो, मजहबी दृष्टि से वे मुझे किसी भी मुसलमान से, चाहे वह चरित्रहीन ही क्यों न हो, निष्ट ही दिखेंगे।"

मुहम्मद अली एक बार लखनऊ के अमीनाबाद पार्क की एक बैठक में बोल रहे थे तो उनसे पूछा गया कि जो कहा जा रहा है कि उन्होंने श्री गांधी के विरुद्ध भवनाएँ व्यक्त कीं, क्या यह सत्य है? मुहम्मद अली ने बिना किसी झिझक या खेद के उत्तर दिया, 'हाँ, मेरे मजहब और मत के अनुसार मैं किसी भी व्यभिचारी और चरित्रहीन मुसलमान को गांधी से बेहतर मानता हूँ।' (पृ. 146) बाबासाहब आंबेडकर ने गांधीजी को इस बात के लिए दोषी बताया कि उन्होंने इन हत्याओं की निंदा नहीं की और वह भी इसलिए कि कहीं ऐसी निंदा से हिंदू-मुसलमान एकता के प्रयासों को धक्का न पहुँचे। मुसलमानों की किसी भी गलती को माफ कर देने की इस प्रवृत्ति के भी डॉ. आंबेडकर आलोचक थे।

बाबासाहब मानते थे कि हिंदू-मुसलिम एकता भ्रामक है और दंगों में मुसलिम कट्टरपंथियों के शामिल होने के स्पष्ट प्रणाम के बावजूद कांग्रेस और गांधीजी ने उनको दोषी नहीं माना। बाबासाहब ने कहा, गांधीजी ने मुसलिमों द्वारा हिंदुओं के विरुद्ध घोर अपराध किए जाने पर भी मुसलमानों से उनके कारण नहीं पूछे।

गांधीजी के हिंदू-मुसलिम एकता स्थापित करने के इन प्रयासों का फल क्या निकला? डॉ. आंबेडकर के विचार में इस प्रश्न का उत्तर जानने के लिए यह आवश्यक होगा कि सन् 1920 से 1940 तक के वर्षों में, जो कि श्री गांधी द्वारा हिंदू-मुसलिम एकता के लिए किए गए कठिन परिश्रम के वर्ष थे, दोनों समुदायों के बीच रहे संबंधों की परख की जाए। इन संबंधों का विस्तृत वर्णन भारत सरकार द्वारा संसद् में भारत की वस्तु स्थिति के बारे में प्रस्तुत वार्षिक प्रतिवेदनों में उपलब्ध है। (पृ. 153) इन प्रतिवेदनों में दोनों समुदायों के बीच हुए खूनी दंगों के विवरण मिलते हैं। इन्हीं

दंगों में से एक है 1920 की मोपला हिंसा, जो (केरल के) मालाबार क्षेत्र में मोपलों (मुसलमानों) द्वारा हिंदुओं के ऊपर खून जमा देनेवाले अत्याचारों की हृदयविदारक कथा है। (पृ. 147) सामूहिक हत्याएँ, बलात् मतांतरण, मंदिरों को अपवित्र करना, महिलाओं का कुत्सित अपमान, लूटपाट, आगजनी, विनाश किया गया। संक्षेप में मोपलों ने हिंदुओं के विरुद्ध पाशविक और बेलगाम बर्बरता से जुड़े सभी घिनौने कार्य बेरोक-टोक किए। (पृ. 153)

हिंसा के इन विवरणों को यदि श्री गांधी द्वारा हिंदू-मुसलिम एकता के व्यग्र प्रयासों के साथ-साथ देखा जाए तो यह बहुत ही कष्टदायी और हृदयविदारक अध्याय होगा। यह कहना कोई अतिशयोक्ति नहीं होगी कि यह विवरण हिंदुओं और मुसलमानों के बीच गृहयुद्ध के बीस वर्ष का अभिलेख है, जिसके बीच-बीच में हथियारबंद शांति भी हो जाती थी। (पृ. 175)

उर्दू को भारत की राष्ट्रभाषा बनाने, गोवध का आग्रह और मसजिदों के आगे बाजे-गाजे की मनाही जैसे विषयों पर मुसलमानों की जिद पर बाबासाहब ने कहा, उर्दू को भारत की राष्ट्रभाषा बनाने की उनकी माँग विवेकहीन है। 6.8 करोड़ मुसलमानों में से मात्र 2.8 करोड़ ही उर्दू बोलते हैं। (पृ. 268)

ध्यान देनेवाली दूसरी बात हिंदुओं की कमजोरियों से लाभ उठाने की मुसलमानों की भावना है। अनुचित लाभ उठाने की इस प्रवृत्ति का एक और प्रमाण मुसलमानों द्वारा गोहत्या के अधिकार और मसजिदों के पास बाजे-गाजे की मनाही की माँग से मिलता है। धार्मिक उद्देश्य से गौबलि के लिए मुसलिम कानूनों में कोई बल नहीं दिया गया है और जब वह मक्का और मदीना हज पर जाता है, गौबलि नहीं करता है, परंतु भारत में दूसरे किसी पशु की बलि देकर वे संतुष्ट नहीं होते हैं। तीसरी बात, मुसलमानों द्वारा राजनीति में अपराधियों के तौर-तरीके अपनाए जाते हैं। (पृ. 269)

एकता के इन प्रयासों की विफलता के कारण क्या हैं? बाबासाहब कहते हैं, "हिंदू-मुसलिम एकता की विफलता की वास्तविक व्याख्या यह है कि इस बात को समझा ही नहीं गया है कि दोनों समुदायों के बीच की समस्या केवल मतभेद की दीवार खड़ी होना नहीं है और दोनों की शत्रुता के पीछे भौतिक कारण नहीं है। यह शत्रुता आध्यात्मिक स्वरूप की है। यह ऐसे कारणों से उत्पन्न हुई है, जिनकी जड़ें ऐतिहासिक, सांप्रदायिक, सांस्कृतिक और सामाजिक विद्वेष में हैं तथा राजनीतिक विद्वेष जिनकी एक परछाई मात्र है। इन कारणों ने असंतोष की गहरी नदी का निर्माण किया है, जो अपने उक्त स्रोतों से और भी जल प्राप्त करती हुई सदा उफनती रहती है और सामान्य प्रवाह से बाहर उमड़ती रहती है।"

बाबासाहब डॉ. आंबेडकर ने अपनी पुस्तक 'थॉट्स ऑन पाकिस्तान' में मुसलिम राजनीति के सांप्रदायिक आधार का विस्तृत वर्णन किया है। इस वर्णन से मुसलिम राजनीति के दो आयाम दृष्टिगोचर होते हैं—आक्रामकता और अलगाववाद। बाबासाहब आंबेडकर ने कहा, "सरसरी दृष्टि से देखने पर भी यह बात स्पष्ट हो जाएगी कि मुसलमानों के प्रति हिंदू मनोवृत्ति और हिंदुओं के प्रति मुसलिम मनोवृत्ति में एक मूलभूत आक्रामक भाव विद्यमान रहता है। हिंदुओं का आक्रामक भाव एक नई प्रवृत्ति है, जिसे उन्होंने हाल ही में विकसित करना प्रारंभ किया है। मुसलमानों की आक्रामक भावना उनकी जन्मजात पूँजी है और हिंदुओं की तुलना में बहुत प्राचीनकाल से उनके पास है। ऐसा नहीं है कि हिंदू समय के साथ-साथ अधिक गति अपनाकर मुसलमान को इस योग्यता में पीछे छोड़ नहीं सकता, परंतु आज जैसी स्थिति है, मुसलमान इस आक्रामक भाव के प्रदर्शन में हिंदू को बहुत पीछे छोड़े हुए हैं।"

अधिक-से-अधिक राजनीतिक सुविधाएँ प्राप्त करने की मुसलिम इच्छा को तृप्त करना कितना कठिन है, इसका वर्णन डॉ. आंबेडकर ने इस प्रकार किया है, "गोलमेज सम्मेलन में मुसलमानों ने जिनती माँगे रखीं और जो उनको दे दिया गया, उसे देखते हुए कोई भी यही सोचता कि मुसलिम माँगें अपनी अंतिम सीमा प्राप्त कर चुकी हैं और 1932 का यह समझौता निर्णायक ही होगा, परंतु ऐसा प्रतीत होता है कि मुसलमान इससे भी संतुष्ट नहीं हुए हैं। मुसलिम हितों को सुरक्षित करने के लिए एक और नई सूची भी तैयार लगती है।

दूसरी समझने योग्य बात है, मुसलमानों में हिंदुओं की दुर्बलताओं का अनुचित लाभ उठाने की भावना। यदि हिंदू किसी बात पर आपत्ति करते हैं तो मुसलमान उसी बात पर आग्रह करने की नीति बनाने लगते हैं और यह आग्रह तभी छोड़ने को तैयार होते हैं, जब हिंदू उसके बदले किसी अन्य सुविधा के रूप में उसका मूल्य चुकाने को तैयार हो जाते हैं। (पृ. 256)

तीसरी समझने योग्य बात है, मुसलमानों द्वारा राजनीति में हिंसक कार्य पद्धति अपनाना। हिंसक उपद्रव इस बात का पर्याप्त संकेत है कि गुंडागर्दी राजनीति में उनकी रणनीति का स्थायी भाग बन चुकी है। ऐसा लगता है कि वे सोचे-समझे ढंग से उन्हीं रीति-नीतियों का अनुकरण कर रहे हैं, जो सुडेटन जर्मन लोगों ने चेक लोगों के विरुद्ध अपनाए थे। (पृ. 256-60)

डॉ. बाबासाहब आंबेडकर कहते हैं कि कांग्रेस ने मुसलमानों को राजनीतिक और अन्य रियासतें देकर उन्हें सहने करने और खुश रखने की नीति अपनाई है, क्योंकि वे समझते हैं कि मुसलमानों के समर्थन के बिना वे अपने मनोवांछित लक्ष्य

स्वतंत्रता को पा नहीं सकते। मुझे लगता है कि कांग्रेस ने दो बातें समझी नहीं हैं। पहली तो यह कि तुष्टीकरण और समझौते में अंतर होता है और यह एक महत्त्वपूर्ण अंतर है। तुष्टीकरण का अर्थ है एक आक्रामक व्यक्ति या समुदाय को मूल्य देकर अपनी ओर करना और यह मूल्य होता है उस आक्रामणकारी द्वारा निर्दोष लोगों की हत्या, बलात्कार, लूटपाट और आगजनी जैसे अत्याचारों को अनदेखा करना।

दूसरी बात, जो कांग्रेस समझ नहीं पाई है, यह है कि छूट देने की नीति ने मुसलिम आक्रामकता को बढ़ावा दिया है और अधिक शोचनीय बात यह है कि मुसलमान इन रियायतों का अर्थ लगाते हैं हिंदुओं की पराजित मानसिकता और सामना करने की इच्छाशक्ति का अभाव। तुष्टीकरण की यह नीति हिंदुओं को उसी भयावह स्थिति में फंसा देगी, जिसमें मित्र देश (द्वितीय विश्व युद्ध में ब्रिटेन, फ्रांस आदि) हिटलर के प्रति तुष्टीकरण की नीति अपनाकर स्वयं को पाते थे। (पृ. 260-261)

डॉ. बाबासाहब आंबेडकर ने रवींद्रनाथ ठाकुर के एक साक्षात्मकार का उल्लेख कर अपनी पुस्तक में लिखा है—1924 में एक बँगला समाचार पत्र के संपादक ने कविवर रवींद्रनाथ ठाकुर से एक साक्षात्कार किया। इस साक्षात्कार के वृत्त में लिखा है—

'कवि के विचार में एक अन्य बहुत महत्त्वपूर्ण कारण, जो हिंदू-मुसलिम एकता को एक यथार्थ बनाना असंभव किए हुए है, यह है कि मुसलमान अपनी राष्ट्रभक्ति किसी एक देश तक सीमित नहीं रख सकते। रवींद्रनाथ ने कहा कि उन्होंने कई मुसलमानों से स्पष्ट शब्दों में पूछा कि क्या किसी मुसलिम देश द्वारा भारत पर आक्रमण होने पर वे हिंदुओं के साथ मिलकर अपने साझे स्वदेश की रक्षा के लिए आगे आएँगे? वे उनके उत्तर से संतुष्ट नहीं हो पाए।' (पृ. 266-67)

बाबासाहब आंबेडकर हिंदुओं व मुसलमानों के बीच विद्यमान गहरे वैमनस्य से बहुत चिंतित रहते थे, क्योंकि इसके कारण आए दिन सांप्रदायिक दंगे होते रहते थे। वे इस सांप्रदायिक वैमनस्य को दूर करना बहुत आवश्यक समझते थे ताकि लोग अपने बहुआयामी विकास के लिए परिश्रम करने के अवसर पा सकें। मगर उनका मन आशंकित था। उनकी मान्यता थी कि पाकिस्तान निर्माण से भी मुसलिम मन संतुष्ट नहीं होगा।

बाबासाहब का स्पष्ट मत था कि पाकिस्तान निर्माण से भारत में सांप्रदायिक समस्या का हल नहीं होगा—जो भी हो, हिंदुओं का संबंध इस प्रश्न से नहीं है। जिस प्रश्न से उसका संबंध है, वह यह है कि किस सीमा तक भारत में सांप्रदायिक समस्या पाकिस्तान के बन जाने से दूर हो पाएगी? यह बहुत उचित प्रश्न है और इस पर विचार

होना ही चाहिए। यह मानना पड़ेगा कि पाकिस्तान बनने से भारत की सांप्रदायिक समस्या दूर नहीं हो पाएगी। जब कि सीमाओं के पुनर्निर्धारण से पाकिस्तान को जनता के स्वरूप की दृष्टि से एकरूप बनाया जा सकता है, हिंदुस्तान तो मिश्रित देश ही रहेगा। हिंदुस्तान में मुसलमान देश भर में फैले हुए हैं और यद्यपि उनका अधिकांश भाग नगरों-कस्बों में है, किसी भी प्रकार का सीमा पुनर्निर्धारण हिंदुस्तान को एकरूप नहीं बना सकता। हिंदुस्तान को एकरूप बनाने का एकमात्र उपाय है जनसंख्या का आदान-प्रदान। जब तक ऐसा नहीं होता, मानना पड़ेगा कि पाकिस्तान बनाकर भी हिंदुस्तान में बहुसंख्यक-अल्पसंख्यक की समस्या पहले जैसी ही बनी रहेगी और हिंदुस्तान की राजनीति में टकराव पैदा करती रहेगी। (पृ. 102-4)

जो लोग जनसंख्या की अदला-बदली के विचार पर नाक-भौंह चढ़ाते हैं, अच्छा होगा, वे तुर्की, ग्रीस और बल्गारिया के बीच उठी अल्पसंख्यकों की समस्या के इतिहास का अध्ययन करे। वे पाएँगे कि इन देशों ने समझ लिया था कि अल्पसंख्यकों की समस्या का प्रभावी समाधान जनसंख्या की अदला-बदली में ही है। इन तीन देशों ने जो बीड़ा उठाया, वह कोई साधारण कार्य नहीं था। इस कार्य में उन्हें दो करोड़ लोगों को एक स्थान से हटाकर दूसरे स्थान पर बसाना था, परंतु बिना धैर्य खोए।

बाबासाहब की दृष्टि में सांप्रदायिक समस्या का समाधान तभी होगा, जब भारत के सभी मुसलमान पाकिस्तान चले जाएँ। बाबासाहब ने कहा, मैं भारत का मुसलिम, ऐसे दो भागों में बँटवारा पसंद करूँगा, क्योंकि दोनों की सुरक्षा का सबसे निश्चित और निष्कंटक उपाय यही है। (पृ. 368)

पाकिस्तान बनाने की मुसलिम माँग का हिंदुओं ने व्यापक विरोध किया था। डॉ. आंबेडकर ने इस विषय के विभिन्न पार्श्वों और पक्षों का विस्तृत विश्लेषण किया और अपना निश्चित मत प्रस्तुत किया कि हिंदुस्तान के करोड़ों हिंदुओं के हित में यही होगा कि भारत का दो भागों में बँटवारा करके एक भाग मुसलिम पाकिस्तान और दूसरा गैर मुसलिम हिंदुस्तान बना दिया जाए। उनके अनुसार पाकिस्तान बनाने की योजना लागू न होने की स्थिति में हिंदुओं को दो गंभीर दुष्परिणाम भुगतने पड़ेंगे।

1. भारत की सुरक्षा संकट में रहेगी।
2. देश में सांप्रदायिक वैमनस्य की समस्या गंभीर बनी रहेगी।

डॉ. आंबेडकर ने प्रथम विश्वयुद्ध के बाद भारतीय सेना की सांप्रदायिक मिश्रणयुक्त संरचना के आँकड़ों का अध्ययन किया और इस निष्कर्ष पर पहुँचे कि भारतीय सेना में मुसलमानों का अंश सर्वाधिक था और यह अनुपात स्वतंत्र अविभाजित भारत में भी बदल नहीं पाता। उन्होंने यह प्रश्न उठाया कि क्या भारतीय

सेना के इस मुसलिम भाग पर उस स्थिति में भारत की रक्षा करने का भरोसा किया जा सकता है, यदि इस पर कोई मुसलिम देश जैसे अफगानिस्तानप आक्रमण कर दे?

डॉ. आंबेडकर ने लिखा, 'किसी देश की स्वतंत्रता की निर्णायक उसकी निष्कंटक सेना होती है—एक ऐसी सेना, जिस पर हर समय और हर संकट में देश की रक्षा हेतु लड़ने का भरोसा किया जा सकता है। यदि भारत पर विदेशी आक्रमण होता है तो क्या सेना के मुसलिम भाग पर देश की रक्षा करने का विश्वास किया जा सकता है? मान लीजिए, आक्रमणकारी भी मुसलमान ही हैं, तो क्या मुसलमान आक्रमणकारियों का साथ देंगे या उनके विरुद्ध खड़े होकर भारत की रक्षा करेंगे?'

'प्रश्न यह है कि क्या भारतवासी स्वतंत्र भारत की रक्षा कर पाएँगे? इसका उत्तर मैं फिर से कहता हूँ, केवल एक ही है कि भारतवासी (अविभाजित) स्वतंत्र भारत की रक्षा केवल एक ही शर्त पर कर पाएँगे कि भारतीय सेना अराजनीतिक और पाकिस्तान के विषय में अछूती रहे। क्या सरकार सेना में सम्मिलित मुसलमानों पर विश्वास कर सकती है कि वे मुसलिम विद्रोहियों पर गोली चला देंगे? यह भी इसी बात पर निर्भर है कि सेना में सम्मिलित मुसलमानों पर राष्ट्रवाद का कितना प्रभाव है। यदि उनमें इसका प्रभाव है तो भारत में निरापद और सुरक्षित सरकार बन नहीं पाएगी।' (पृ. 360-61)

बाबासाहब डॉ. आंबेडकर ने दोनों विश्व युद्धों के बीच के काल में भारतीय सेना की मिश्रित सांप्रदायिक रचना के आँकड़ों का ब्योरा प्रस्तुत किया। इस मिश्रण के भारत की सुरक्षा तैयारियों पर पड़नेवाले संभावित प्रभाव के बारे में उन्होंने निम्नलिखित विचार प्रस्तुत किए—

'इस सर्वेक्षण से दो सुस्पष्ट तथ्य सामने आते हैं। एक तो यह कि आज भी भारतीय सेना अपनी संरचना में मुसलिम प्रधान है। दूसरा यह कि इन मुसलमान सैनिकों में भी सबसे अधिक पंजाब और उत्तर-पश्चिमी सीमांत प्रदेश के मुसलमान हैं। भारतीय सेना की इस संरचना का अर्थ यह है कि पंजाब और सीमांत प्रदेश के मुसलमान ही विदेशी आक्रमणों से भारत के मुख्य रक्षक बन गए हैं। यह तथ्य इतना स्पष्ट हो गया है कि इन क्षेत्रों के मुसलमानों को अंग्रेजों द्वारा किन्हीं भी कारणों से उन्हें प्रदान की गई इस गौरवपूर्ण स्थिति का पूरा आभास है, क्योंकि वे प्राय: स्वयं को भारत के द्वारपाल कहते सुने जाते हैं। इसी महत्त्वपूर्ण तथ्य के प्रकाश में भारत की सुरक्षा की समस्या पर हिंदुओं को विचार करना चाहिए।'

यह भारत की स्वतंत्रता और स्वाधीनता पर निर्भर होगा कि हिंदू किस सीमा तक इन द्वारपालों पर निर्भर रह सकते हैं? इसका उत्तर इस बात पर निर्भर होगा कि

भारतीय सीमा-द्वारों को बलपूर्वक खोलकर घुसने का प्रयत्न करनेवाला होगा कौन? स्पष्टतः भारत की उत्तर-पश्चिमी सीमा से आक्रमण होने की संभावना दो ही देशों से हो सकती है, वे हैं—अफगानिस्तान और रूस, जिनकी सीमाएँ वहाँ भारतीय सीमा का स्पर्श करती हैं। इनमें से भारत पर आक्रमण कौन करेगा और कब? निश्चयपूर्वक कहा नहीं जा सकता, किंतु यदि आक्रमण रूस का हुआ तो आशा और निष्ठावान बने रहेंगे और आक्रमणकारी को बाहर ही रोकेंगे, परंतु मान लीजिए, अफगानिस्तान अकेले या अन्य मुसलिम देशों के साथ मिलकर भारत पर चढ़ाई कर देता है तो क्या ये द्वारपाल आक्रमणकारियों को बाहर रोकेंगे या सीमा द्वार खोलकर उन्हें भीतर आने देंगे? यह ऐसा प्रश्न है, जिसकी उपेक्षा कोई भी हिंदू नहीं कर सकता। इस प्रश्न के बारे में हिंदू का आश्वस्त होना आवश्यक है, क्योंकि यह बहुत ही निर्णायक प्रश्न है।

डॉ. बाबासाहब आंबेडकर का राष्ट्रवादी हृदय चाहता था कि हिंदू समाज में सुधार हो, हिंदू समाज एकात्म बने। वे हमेशा एक बात से दुःखी रहे कि हिंदू समाज जात-पात के कारण असंगठित है। इसी कारण यह देश विदेशी आक्रांताओं का शिकार बना।

आज पूरा विश्व धार्मिक कट्टरवाद से परेशान है। भारत एक हजार वर्ष से इस कट्टरवाद को झेलता आया है। बाबासाहब का एक-एक शब्द आज भी शत-प्रतिशत उतना ही सच है। डॉ. बाबासाहब ने हिंदू-मुसलिम समस्या की जड़ में जाकर ऐसा निष्कर्ष निकाला, जो आज भी उपयोगी है। सेकुलरवाद की नकाब को बाबासाहब ने बड़ी स्पष्टता से नकार दिया है। आंबेडकर का राष्ट्रवादी अंतःकरण कितना भारत भक्त होगा कि निर्भयता से ऐसे विचार व्यक्त कर सके। जिहादी मानसिकता और धार्मिक कट्टरवाद पूरी मानवजाति और विश्व के लिए जोखिम है। बाबासाहब द्वारा लगभग 75 वर्ष पूर्व व्यक्त किए ये विचार पूरी मानव जाति के लिए उपयोगी हैं।

□

पत्रकारिता के प्रकाश स्तंभ

—जे.जे. नंदकिशोर

आंबेडकर को हम सामाजिक न्याय के पुरोधा, संविधान निर्माता और महान् राष्ट्रनायक के रूप में जानते हैं, परंतु पत्रकार के रूप में उन्होंने जो प्रकाश स्तंभ स्थापित किया है, वह प्राय: चर्चाओं से परे ही रहा। वंचित वर्गों के उद्धार के उनके अंतहीन संघर्ष के एक अंग के रूप में तथा इसके लिए मत निर्माण का एक सशक्त माध्यम मानकर आंबेडकर ने पत्रकारिता क्षेत्र में प्रवेश किया। डॉ. आंबेडकर निष्पक्ष पत्रकारिता के कँटीले रास्ते पर 36 वर्षों तक चलते रहे। समाचार पत्र उनके लिए समाज और राष्ट्र की सेवा का पवित्र साधन था। बाबासाहब के जीवनी लेखक धनंजय कीर ने समाचार पत्र निकालने के उनके उद्देश्य को व्यक्त करते हुए लिखा है कि उन्होंने वकालत का पेशा अपनाया, क्योंकि उन्हें लगता था कि यदि जनकल्याण के लिए समाचार पत्र चलाना है, तो उसके पीछे अपने जीवनयापन के लिए स्वतंत्र आजीविका साधन का आधार आवश्यक है। बिना आर्थिक लाभ के समाचार पत्र संचालन का उनका यह दृढ संकल्प और दृष्टि हर काल में उदाहरणीय और सार्थक है।

इतिहास में अपना स्थान बनानेवाले हर उल्लेखनीय व्यक्ति ने अपने कार्य के लिए किसी विशिष्ट क्षेत्र का चुनाव किया है। डॉ. आंबेडकर जी का व्यक्तित्व भी वास्तविक अर्थ में बहुआयामी था। वे अतुल्य बौद्धि प्रतिभा के धनी थे, जिन्होंने मानव जीवन के हर क्षेत्र में योगदान दिया, परंतु उनका हर कार्य वंचितों के सामाजिक-राजनीतिक उत्थान तथा सामाजिक समता की स्थापना के लिए समर्पित था। संविधान निर्मात्री सभा के अध्यक्ष के रूप में उन्होंने महत्त्वपूर्ण राष्ट्रीय भूमिका निभाई। संविधान सभा में भाग लेने के अपने उद्देश्य को बड़ी स्पष्टता से व्यक्त करते हुए उन्होंने कहा, ''मेरे संविधान निर्मात्री सभा में आने के पीछे अनुसूचित जातियों की हित रक्षा से बढ़कर कोई और चाह नहीं है। मुझे तनिक भी भान नहीं था कि मुझे किसी और

बड़े दायित्व को ग्रहण करने के लिए आमंत्रित किया जाएगा। इसलिए जब सभा ने मुझे ड्राफ्टिंग कमेटी के लिए निर्वाचित किया तो मुझे बड़ा आश्चर्य हुआ, मुझे और भी अधिक आश्चर्य हुआ जब ड्राफ्टिंग कमेटी ने मुझे अध्यक्ष चुन लिया।...देश की सेवा का अवसर प्राप्त होने के कारण मैं संविधान सभा और ड्राफ्टिंग कमेटी के प्रति कृतज्ञ हूँ।" इस कथन के बाद शेष तो इतिहास है।

समाज में समता लाने की तड़प बचपन से ही उनके मन में समाई हुई थी। वे अस्पृश्यता के कलंक को शिक्षा से धोने का निश्चयकर परिश्रमपूर्वक अध्ययन करते रहे, पर मार्ग इतना सहज नहीं था। अपनी तीव्र मेधा के कारण वे बड़ौदा के महाराजा के राजनीतिक सचिव नियुक्त किए गए, परंतु तथाकथित उच्च वर्गवाले उनके अधीनस्थ एक 'महार' से आदेश लेने के लिए तैयार नहीं थे। उन्हें बड़ी पीड़ा हुई। व्यथित हृदय के साथ नवंबर, 1917 में वे मुंबई लौट आए। उन्होंने समाज की अंतिम पंक्ति में खड़े बेआवाजों के लिए अपनी आवाज उठाने का निश्चय किया। उन्होंने बहुत थोड़े से साधनों के साथ मीडिया जगत में कदम रखा, और मौन यातनाओं की भावभूमि को अभिव्यक्त करना आरंभ किया। कोल्हापुर के शाहूजी महाराज वंचित वर्ग के उत्थान हेतु किए जा रहे प्रयासों के प्रति गहरी संवेदना रखते थे। उन्होंने सहायता की और 31 जनवरी, 1920 को डॉ. आंबेडकर ने पाक्षिक समाचार पत्र 'मूकनायक' प्रारंभ किया। मूकनायक नाम ही समाचार पत्र प्रकाशन के उद्देश्य एवं विचार को व्यक्त करता है। इसी के अनुरूप विषय सामग्री भी रची जाती रही। संपादक के रूप में भीमराव आंबेडकर ने पत्रकारिता के आदर्श एवं लेखों तथा समाचारों की शैली से कभी समझौता नहीं किया। वे नियमित रूप से संपादकीय एवं मुख्य आलेख लिखते रहे। उनका सार्वजनिक जीवन और पत्रकारिता यात्रा एक साथ प्रारंभ हुए। अत: जीवन एक अनवरत भागदौड़ बन गया। वे दिन भर सामाजिक-राजनीतिक गतिविधियों में व्यस्त रहते और समाचार पत्र कार्यालय में देर रात तक कार्य करते। लगभग एक वर्ष तक यह क्रम चला। मन को संतोष नहीं हो रहा था। उन्हें अकस्मात बाधित हुए अध्ययन को पूरा करना था। अध्ययन के लिए लंदन जाना था। धन के अभाव की बाधा सामने खड़ी थी। सौभाग्य से कुछ लोग इस हीरे की चमक को देख पा रहे थे। उन्होंने जिस महान कार्य को हाथ में लिया था, उससे सहानुभूमि रखनेवाले एवं उनके समर्थक उनके विदेश गमन एवं अध्ययन के लिए निधि संग्रहीत करते रहे। धन संग्रह हो गया और 1920 के अंत तक भीमराव एक बार फिर लंदन की ओर रवाना हो गए, परंतु उनकी अनुपस्थिति में 'मूकनायक' का कार्य ठप्प पड़ गया।

अध्ययन पूरा हुआ। भीमराव आंबेडकर बैरिस्टर आंबेडकर हो गए। उन्हें डॉक्टरेट इन साइंस से नवाजा गया। लंदन में अध्ययन पूराकर वे मातृभूमि लौटे और पूर्ण हृदय के साथ उपेक्षित-वंचित वर्गों के उद्धार में जुट गए। 1924 में बहिष्कृत हितकारिणी सभा की स्थापना के बाद बाबासाहब का सुव्यवस्थित सार्वजनिक जीवन प्रारंभ हुआ। भारत के राजनीतिक-सांस्कृतिक इतिहास में यह कालखंड बड़े महत्त्व का है। इस काल में, गांधीजी कांग्रेस के सर्वमान्य नेता बने, वामपंथी आंदोलन की स्थापना हुई और राष्ट्रीय स्वयं सेवक संघ का प्रारंभ हुआ और यही वह समय था, जब बाबासाहब का सामाजिक जीवन में पदार्पण हुआ। बहिष्कृत हितकारिणी सभा के ध्वज तले डॉ. आंबेडकर ने सामाजिक सद्भाव के निर्माण के लिए आंदोलन चलाए। इन माँगों में सशक्त एकरस हिंदू समाज का सपना छुपा था। उन्होंने अनुसूचित जाति के बंधुओं के लिए मंदिर प्रवेश एवं सबके लिए साझा जल स्रोत की माँग उठाई। रूढ़िग्रस्त समाज द्वारा विरोध स्वाभाविक था। आलोचनाओं की बौछार होने लगी और उन्हें लोगों को जाग्रत् करने और अपनी बात सर्वत्र पहुँचाने के लिए एक मुखपत्र प्रारंभ करने की तीव्र आवश्यकता हुई। वैसे भी उन दिनों किसी भी संगठन की असल सोच और सिद्धांत को लोगों तक पहुँचाने एवं माँगों को उठाने के लिए समाचारपत्र एक तरह की अनिवार्यता थी। समाचार पत्र बिना नेतृत्व, मानो पंख बिना पंछी। अत: 3 अप्रैल, 1927 को उन्होंने मराठी पाक्षिक 'बहिष्कृत भारत' शुरू किया।

अस्पृश्यों की आवाज उठाने के लिए मुखपत्र की जरूरत को रेखांकित करते हुए उन्होंने जानकारियों और प्रामाणिकता की आवश्यकता पर भी बल दिया। इसके पीछे उनके व्यापक उद्देश्य थे। 1920 के बाद देश में अनेक राजनीतिक-सामाजिक सुधार आंदोलन प्रारंभ हुए। इनमें से अनेक को यदि ठीक से न समझा-समझाया जाता तो वे वंचित वर्ग के लिए ही हानिकर सिद्ध होते। वातावरण में पनप रहे दुष्प्रभावों से वंचित वर्ग की रक्षा करते हुए उन्हें देश में घट रही घटनाओं तथा उनके उचित-अनुचित परिणामों की जानकारी से सुसन्नद्ध रखना आवश्यक था, साथ ही सरकार तथा जनसामान्य को वंचित वर्ग के कष्टों, प्रतिक्रियाओं और दृष्टिकोण से परिचत करवाना भी आवश्यक था। जरूरत थी वंचित वर्ग तक बोलचाल की भाषा में पहुँचने की। इसके लिए उन्होंने समाचार पत्र की आवश्यकता समझी और उसे प्रारंभ किया। पत्रकार के रूप में डॉ. आंबेडकर का यह सफर अगले चार दशकों तक जारी रहा। जनता के सहयोग से उन्होंने भारत भूषण प्रिंटिंग प्रेस की स्थापना की। 1930 में उन्होंने 'जनता' नामक पत्र निकाला। यह पत्रिका 26 वर्ष तक चलती रही। फिर उन्होंने इसका नाम रखा 'प्रबुद्ध भारत', बाबासाहब के द्वारा रखे गए ये

सारे नाम उनकी राष्ट्रीय भावनाओं और आंदोलन के विभिन्न चरणों की ओर इंगित करते हैं। ये नाम मीडिया में सक्रियता के उनके उद्‌देश्य और जीवनध्येय दोनों को एकदम स्पष्ट कर देते हैं। 'मूकनायक' ने समाज के उन लोगों को आवाज दी, जिनकी प्राय: कहीं कोई सुनवाई नहीं थी। फिर आया 'बहिष्कृत भारत' जो भारत के वंचित वर्ग के साथ दृढ़ता से खड़ा रहा। समाज का प्रत्येक वर्ग जब तक मुख्यधारा में जुड़कर सबके कंधे-से-कंधा मिलाकर चल नहीं पड़ता, तब तक समरस समाज का स्वप्न साकार होना असंभव है। अत: जागरण के इस चरण में आया 'जनता' और जब उन्होंने भारत की एकात्मता को अक्षुण्ण रखते हुए समता के सनातन मूल्यों की प्राणप्रतिष्ठा करने का लक्ष्य लेकर लाखों अनुयायियों के साथ भगवान् बुद्ध के चरणों का आश्रय लिया, तब 'जनता' का नाम बदलकर 'प्रबुद्ध भारत' रखा, जिससे यही पता चलता है कि उपासना पद्धति बदलकर भी उनके मनोचक्षुओं में गौरवमय भारत का स्वप्न ही साकार हो रहा था। संक्षेप में, पत्रकारिता के क्षेत्र में भी उनके सारे प्रयासों के केंद्र में सदा मातृभूमि ही रही।

वे समर्पित पत्रकार थे। उनकी दिनचर्या बड़ी व्यस्तता भरी रहती थी, लेकिन उनकी राजनीतिक गतिविधियाँ हों या वायसराय काउंसिल के सदस्य के नाते जिम्मेदारियाँ या संविधान निर्मात्री सभा के अध्यक्ष के नाते किए गए महती प्रयास हों, वे अपनी पत्रिका के लिए लिखने का समय अवश्य निकाल लेते थे, यहाँ तक कि जब वे गोलमेज सम्मेलन के सिलसिले में देश से बाहर थे या ऐसे ही विदेश गमन के दूसरे अवसरों पर भी वे अपने संपादकीय भेजने से नहीं चूकते थे। उनका प्रबल आग्रह रहता था कि प्रत्येक अंक पूरी तरह त्रुटिरहित हो और लेखनी की गुणवत्ता और पत्रकारिता के सिद्धांतों से कोई समझौता न किया जाए। उनकी लेखनी से उनका द्वेषरहित संघर्ष और उनका सामाजिक न्याय स्थापना का लक्ष्य मुखरित होता रहा। उन्होंने आह्वान किया कि हिंदू समाज के वंचित वर्ग के लिए समस्त मंदिरों के द्वार खुलें। सबका एक कुआँ हो। उन्होंने अपनी चुटीली, निर्भीक और तर्कपूर्ण शैली में एक के बाद एक संपादकीय लिखे और सरकार से एस.के. बोले प्रस्ताव को स्वीकार करके आगे बढ़ने की माँग की। श्री बोले के प्रस्ताव में उपरोक्त आवश्यकताओं पर बल दिया गया था। उन्होंने ऐसे लोगों पर काररवाई की माँग की, जो सामाजिक सुधार के प्रयासों में रोड़े अटकाकर सामाजिक सद्‌भाव के पावन लक्ष्य को भटकाने का प्रयास कर रहे थे। पत्रकारिता के मूल्यों के प्रति उनके प्रबल आग्रह का पता उनके इन खरे-खरे शब्दों से चलता है—

'भारत में पत्रकारिता कभी पेशा हुआ करती थी। अब यह व्यापार बन गया है।

इसकी नैतिकता साबुन निर्माण से अधिक नहीं रह गई है। अब यह (पत्रकारिता) अपने आप को जनता का जिम्मेदार सलाहकार नहीं मानती। किसी खास मंतव्य के बिना निष्पक्ष समाचार देना, सार्वजनिक नीतियों पर समाज के लिए हितकारी लगे, ऐसे दृष्टिकोण सामने रखना, कोई कितना भी ऊँचा क्यों न हो, गलत रास्ता चुनने पर उसकी निर्भीक आलोचना और सुधार आदि मूल्यों की आज भारतीय पत्रकारिता में मान्यता नहीं रह गई है। पहले इन सबको सर्वप्रथम कर्तव्य माना जाता था। आज उसका मुख्य सिद्धांत है, एक नायक चुनकर उसकी पूजा करना। इसके अंतर्गत समाचार के स्थान पर सनसनी को प्रमुखता देना, तार्किक मत के स्थान पर अतार्किक भावोत्तेजना, जिम्मेदार लोगों के मन को स्पर्श करने के स्थान पर गैरजिम्मेदार लोगों की भावनाओं को उकसाना आदि देखने में आ रहा है।' लार्ड सालिसबरी ने कहा था, 'भारतीय पत्रकारिता चारणों द्वारा उनके नायकों का महिमामंडन है।' कभी भी नायक पूजा के लिए देश के हितों को इस तरह कुर्बान नहीं किया गया था। न ही कभी नायक पूजा इतनी अंधी रही है जैसी आज भारत में देखी जा रही है। मुझे इस बात की खुशी है कि कुछ सम्मानजनक अपवाद मौजूद हैं, लेकिन उनकी आवाज कभी सुनी नहीं गई।''

□

आज के युवा और बाबासाहब डॉ. आंबेडकर

—किशोर मकवाणा

दुनिया भर के मैनेजमेंट गुरु का मानना है की अपने लक्ष्य में सफल होने के लिए कुछ विशेषताएँ होनी जरूरी है। ये विशेषताएँ ही आपको सबसे अलग रखती हैं। आप लोगों का मार्गदर्शन कर सकते हैं और समाज का मार्गदर्शक बन सकते हैं; विशेषताएँ हैं—चरित्र, प्रभावी व्यक्तित्व, वचन पालन, कम्युनिकेशन क्षमता, योग्यता, साहस, विवेक, स्वयं को व्यक्त करने की क्षमता, एकाग्रता, करुणा, पहल करने की क्षमता, सुनने की क्षमता, सकारात्मक दृष्टिकोण, समस्या का समाधान योग्यता से करने की क्षमता, संबंध प्रस्थापित करने की योग्यता, अपनी जिम्मेदारी के प्रति सजग, सुरक्षा का भाव जाग्रत् करने की क्षमता, स्वनियंत्रण-संयम, सेवाभाव, संवेदनशीलता, समर्पणभाव, निरंतर नया सीखने की क्षमता एवं दीर्घ दृष्टि···

अगर अपने लक्ष्य-ध्येय में सफल होना है तो लक्ष्य निर्धारित होना चाहिए। यदि लक्ष्य निर्धारित नहीं होगा तो आपको जाना है दिल्ली और बैठेंगे चेन्नई की ट्रेन में। अपने मन में लक्ष्य तक पहुँचने की योजना का रेखांकन स्पष्ट होना चाहिए और किन साधनों का उपयोग करके ध्येय तक पहुँच पाएँगे, इसकी जानकारी होनी चाहिए। एक सफल व जिम्मेदार नेतृत्व भावी पीढ़ियों के लिए मार्गदर्शक बनता है और इतिहास में कभी न मिटनेवाले प्रभाव अंकित करते हैं। एक उत्कृष्ट नेतृत्व की विचारधारा संकुचित-संकीर्ण नहीं होती। नेतृत्व जितना सकारात्मक, उदार, संवेदनशील, समर्पित होगा, उतना ही उसका सुवास सामाजिक राष्ट्रीय एवं वैश्विक स्तक तक प्रभाव फैलाता रहेगा। अब्राहम लिंकन से लेकर महात्मा गांधी और मार्टिन ल्यूथर किंग से लेकर डॉ. बाबासाहब आंबेडकर का नेतृत्व इसी श्रेणी में आता है।

महान् नेताओं ने परंपरागत मार्ग छोड़कर स्वयं का मार्ग चुना और सफलता प्राप्त की। लीक से हटकर सोचनेवाले महानतम सफलता प्राप्त करते हैं। डॉ. बाबासाहब आंबेडकर इसी श्रेणी के महान् नेता थे।

डॉ. बाबासाहब आंबेडकर ऐसे ही महान् नहीं बने, बल्कि विद्यार्थी जीवन से लेकर मृत्यु के अंतिम क्षण तक कठोर परिश्रम किए थे। भयानक जातिगत अपमान, अन्याय एवं आर्थिक विपत्तियों के पहाड़ों को चीरकर उन्होंने अप्रतिम सफलता प्राप्त कर देश के महानतम नेतृत्व की पंक्तियों में अग्रिम स्थान अर्जित किया। भारतीय संविधान के निर्माता के रूप में डॉ. बाबासाहब आंबेडकर को पूरा राष्ट्र जानता है। उनके नाम के आगे 'नॉलेज पावर' शब्द एक सम्मान के रूप में जुड़ गया है।

भारतीय संविधान के निर्माता के रूप में बाबासाहब डॉ. आंबेडकर को पूरा राष्ट्र जानता है। 'नोलेज पावर' और बहुमुखी प्रतिभा के विराट व्यक्तित्व के विविध पहलू पर एक-एक ग्रंथ लिख सकते हैं—डॉ. आंबेडकर : एक संविधान निर्माता, डॉ. आंबेडकर एक दलितों के मसीहा, डॉ. आंबेडकर : एक संघर्ष पुरुष, डॉ. आंबेडकर : एक सामाजिक योद्धा, डॉ. आंबेडकर : एक धर्म सुष, डॉ. आंबेडकर : एक लोकतंत्र रक्षक, डॉ. आंबेडकर : एक शिक्षाविद, डॉ. आंबेडकर : एक अर्थशास्त्री, डॉ. आंबेडकर : एक राष्ट्रभक्त, डॉ. आंबेडकर : एक कानूनज्ञाता, डॉ. आंबेडकर : एक पत्रकार, डॉ. आंबेडकर : एक इतिहासकार, डॉ. आंबेडकर : एक मजदूर नेता, डॉ. बाबासाहब आंबेडकर ऐसे ही महान नहीं बने थे। विद्यार्थी अवस्था से लेकर मृत्यु के अंतिम क्षण तक कठोर परिश्रम किया था। भयानक जातिगत अपमान, अन्याय एवं आर्थिक विपत्तियों के पहाड़ों को चीरकर उन्होंने अप्रतिम सफलता प्राप्तकर देश के महानतम् नेतृत्व की पंक्तियों में अग्रिम स्थान अर्जित किया। महान बनने के लिए कठोर परिश्रम करना पड़ता है, दूसरे के कंधों पर बैठकर आप महान नहीं बन सकते, न ही सफलता प्राप्त कर सकते हो। जीवन में अनेक प्रकार की मुश्किलें होती हैं, अन्याय-अभाव होता है, संघर्ष होता है, अन्याय हो तो भी कोई मेरी सुनता नहीं—ऐसी फरियाद करनेवाला या निराशपूर्ण बातें करनेवाला कभी भी आगे नहीं बढ़ सकता, न ही अपना लक्ष्य प्राप्त कर सकता है। आप दूसरों को ही कोसते रहोगे, अपने नसीब पर ही दोषारोपण करते रहोगे तो आप जहाँ खड़े हो, वहीं खड़े रहोगे—एक कदम भी आप आगे नहीं जा सकते। मुझ पर अन्याय हो रहा है, कोई मुझे आगे नहीं बढ़ने देता ऐसा रोनेवाला कभी आगे नहीं बढ़ सकता। बाबासाहब डॉ. आंबेडकर ने (11 अप्रैल 1925-निपाली, बेलेगाँव) कहा है, 'इच्छा शक्ति का अभाव ही मनुष्य को पीछे धकेलता है,' बाबासाहब डॉ. आंबेडकर का जीवन और विचार हमें यही संदेश देता है कि जीवन में मुश्किलें और

संघर्ष तो रहेगा ही, आप में आगे बढ़ने का दृढ संकल्प होना चाहिए। डॉ. बाबासाहब ने यही दृढ संकल्प के आधार पर सफलता प्राप्त की थी। डॉ. बाबासाहब आंबेडकर अपनी प्रतिभा के बल पर भारत के सर्वाधिक प्रतिभाशाली सपूतों में एक बने। एक अस्पृश्य जाति में जन्म लेने के कारण कदम-कदम पर अपमानित होते हुए सभी विवशताओं को दृढ निश्चय और कठोर मेहनत से पार करके बाबासाहब ने कोलंबिया यूनिवर्सिटी और लंदन स्कूल ऑफ इकोनॉमिक्स से डॉक्टरेट डिग्रियाँ तथा लंदन में बैरिस्टर की डिग्री प्राप्त की। भारत लौटकर बाबासाहब ने अर्थशास्त्री, समाजशास्त्री, मानवविज्ञानी, शिक्षाविद्, पत्रकार, तुलनात्मक धर्म के विद्वान, नीति-निर्माता प्रशासक तथा सांसद के रूप में अनन्य असाधारण योगदान दिया और एक न्यायविद के रूप में भारतीय संविधान के प्रधान निर्माता-शिल्पकार के रूप में महान कार्य किया। इन सबसे परे वे एक महान समाज सुधारक, मानव अधिकारों के सेनानी और पद्दलितों के मुक्तिदाता थे, जिन्होंने अपना सारा जीवन आधुनिक भारत की नीव रखने में तथा नए भारत की साामजिक चेतना को जगाने में समर्पित कर दिया था। उनका पूरा जीवन आज के प्रत्येक भारतीय युवा को प्रेरणा देनवाला है।

बाबासाहब का प्रत्येक शब्द आज के युवाओं के लिए सफलता प्राप्ति के मंत्ररूप है। उन्होंने कहा, 'संघर्ष से ही आप शक्ति और प्रतिष्ठा हासिल कर सकेंगे।' (14 अगस्त, 1931, मुंबई) डॉ. बाबासाहब ने यह भी कहा है, 'स्वयं पर विश्वास रखो, विजय तुम्हारी ही होगी।' उन्होंने आगे कहा, 'भाग्य पर नहीं, अपनी शक्ति पर भरोसा करे।'

बाबासाहब डॉ. आंबेडकर का जो मिजाज था, उनकी स्वभावगत प्रकृति थी, वह यह कि कठिन-से-कठिन विकट परिस्थितियों से लड़कर विजय प्राप्त करना। उन्होंने जालंधर (27 अक्टूबर, 1951) में कहा था, 'मैं वह चट्टान हूँ, जो पिघलती नहीं, बल्कि नदी की धारा बदल देती है।' आपमें कुछ कर गुजरने की अपने भीतर महत्त्वाकांक्षा होनी चाहिए, बिना लक्ष्य, बिना महत्त्वाकांक्षा आप कुछ हासिल नहीं कर सकते। यही बात डॉ. बाबासाहब ने कही। उन्होंने कहा (पब्लिक मीटिंग-मडगाँव, मुंबई 1933) 'इस दुनिया में आत्मसम्मान के साथ जीना सीखो। आपको इस दुनिया में कुछ करने की महत्त्वाकांक्षा पालनी चाहिए, वही उठते हैं, जो प्रयास करते हैं।''

बाबासाहब डॉ. आंबेडकर का जन्म ही हिंदू समाज की सब से निम्न माने जानेवाली अछूत महार जाति में हुआ था। बावजूद उन्होंने कभी आगे बढ़ने में हीनता का अनुभव नहीं किया।

14 अप्रैल, 1891 को जन्म और 6 दिसंबर, 1956 को महाप्रयाग : 65 वर्ष की

आयु में अनेक प्रकार के जातिगत सामाजिक अन्याय, आर्थिक-राजकीय झंझावातों का सामनाकर ऐसी अप्रतिम सफलता प्राप्ति की, भारत वर्ष शताब्दियों तक उनको याद रखेगा। उन्होंने शोषित-पीड़ित जनों के लिए ऐसा कार्य किया है कि सदियों तक उनका नाम स्वर्ण अक्षरों में लिखा जाएगा। बाबासाहब डॉ. आंबेडकर का समग्र जीवन और विचार आज के प्रत्येक भारतीय युवा को पढ़ना चाहिए, उससे उनका पथदर्शन होगा। आज के प्रचलित शब्द में कहें तो—डॉ. बाबासाहब का जीवन एक 'सक्सेस स्टोरी' है! यह एक ऐसी स्टोरी है कि जो भी उसे पढ़ेगा और प्रेरणा लेगा, वह कठिन परिस्थितियों से हारे बिना आगे बढ़ेगा और अपने निर्धारित लक्ष्य को प्राप्त करेगा। उनका संघर्षमय जीवन, उनके विचार युवाओं को अपना जीवन ढालने में, छात्र अवस्था में या तो जीवन के अनेक झंझावातों का जिसका सामना करने में एक नई ऊर्जा, नई प्रेरणा, एक नया सत्तव प्रदान करनेवाला है। डॉ. बाबासाहब आंबेडकर की एक बात प्रत्येक भारतीय युवा को अपने हृदय में अंकित करनेवाली है कि मुश्किलों का सामना करो, डरो नहीं, डर गए तो आप कभी भी अपना लक्ष्य प्राप्त नहीं कर सकोगे। निर्भय होकर अपने लक्ष्य के प्रति आगे बढ़ो।

बाबासाहब डॉ. आंबेडकर अपने प्रवचन में (गड्डीगोदाम औरंगाबाद-1 अगस्त, 1953) दिया एक उदाहरण युवाओं को निडर होकर चुनौतियों का सामना करने की प्रेरणा देता है। उन्होंने यह उदाहरण इस संदर्भ में दिया कि आप अगर निर्बल हैं, कमजोर हैं तो कोई भी आपको परेशान करेगा। अगर आगे बढ़ना है तो निडर होकर परिस्थितियों से लड़ो। डॉ. बाबासाहब उदाहरण में कहते हैं, 'समाज के रीति-रिवाज के अनुरूप सभी मेमने की बलि देते हैं। एक बार जब मेमना अपना दुखड़ा लेकर भगवान् के पास पहुँचा तो भगवान् ने उससे पूछा 'तुम्हारा मांस मुलायम और स्वादिष्ट है, इसलिए मेरी भी इच्छा तुम्हें खाने की है', आगे भगवान् ने उससे पूछा, 'क्या कभी कोई शेर या भेड़िए को मारता या खाता है, क्या कभी उनकी बलि चढ़ाई जाती है। तो तुम्हें भी ताकतवर बनना चाहिए।' यह छोटी सी कथा सुनाकर डॉ. आंबेडकर ने कहा, 'आप शेर की तरह बन जाइए तो कोई आपको परेशान ही नहीं करेगा, शोषण नहीं करेगा और कोई भी आपको चुनौती नहीं देगा। इसलिए आपको साहसी और निडर होना पड़ेगा।''

अपने जीवन में बाबासाहब ने कभी भी परिस्थितियों के आगे घुटने नहीं टेके। कठिन परिस्थिति में भी चट्टान की तरह खड़े रहे। निर्भयता से हर स्थिति का मुकाबलाकर संघर्ष करते रहे।

डॉ. बाबासाहब आंबेडकर ने (28 मार्च, 1941 मुंबई) यह भी कहा, ''कठोर

परिश्रम का कोई विकल्प नहीं, परिश्रम से ही सिद्धि प्राप्त होती है।' उन्होंने (राजाराम महाविद्यालय कोल्हापुर, 24 दिसंबर, 1952) छात्रों के वार्षिकोत्सव के संबोधन में यह कहा कि, ''ज्ञान मनुष्य जीवन की नींव है और छात्रों के बौद्धिक सामर्थ्य को कायम रखने और उनकी बौद्धिकता को जगाने का हर प्रयास किया जाना चाहिए।'' उन्होंने छात्रों से अपनी विचारशक्ति का विकास करने और अपने अर्जित ज्ञान का प्रयोग करने की बात कही।

आत्मविश्वास को बाबासाहब डॉ. आंबेडकर ने 'दैवी शक्ति' कहा है। आत्मविश्वास एक ऐसी दैवी शक्ति है, जिसके द्वारा आप कोई भी सफलता प्राप्त कर सकते हैं। डॉ. आंबेडकर ने जीवन में यही सीखा कि अपने आप में विश्वास रखें। अपनी योग्यताओं में विश्वास रखें। विनम्र परंतु प्रचंड आत्मविश्वास के बिना आप सफल या विजय प्राप्त नहीं कर सकते। एफीरियोरिटी कांपलेक्स या लघुताग्रंथि की हीन भावना व्यक्ति के लक्ष्य की प्राप्ति की राह में बहुत बड़ी बाधा है। आत्मविश्वास सभी बाधा को हटा देता है। आत्मविश्वास आपको आपके लक्ष्य तक पहुँचा देता है और आपको सफलता व उपलब्धियाँ प्राप्त होती हैं। अनेक लोग उस बीमारी से पीड़ित हैं और उसके शिकार हैं, जिसका नाम इफीरियोरिटी कांपलेक्स या लघुताग्रंथि है। बाबासाहब आंबेडकर ने इसी आत्मविश्वास के बल पर अपनी इच्छित सफलता प्राप्त की थी। डॉ. आंबेडकर ने हीनभावना मिटाकर अपने दिलोदिमाग को आत्मविश्वास से लबालब भर दिया था। बाबासाहब की धर्म के प्रति बहुत आस्था थी। बाबासाहब ने एक बात यह भी कही आपके भीतर आत्मविश्वास के साथ-साथ श्रद्धा भाव भी होना चाहिए। उन्होंने बार-बार कहा है कि धर्म ने मुझे शक्ति व श्रद्धा दी। बाबासाहब जीवन के आघात, मुश्किलों के पहाड़ और समस्याओं के आगे झुके नहीं, व्यक्ति की सबसे बड़ी समस्या आत्मविश्वास की कमी होती है, मगर बाबासाहब ने कभी भी अपने आत्मविश्वास को कम होने नहीं दिया।

बाबासाहब बचपन से ही अपने दिमाग में यह अमिट छवि बैठा ली थी कि मैं सफल हो रहा हूँ, उनके दिमाग में कभी भी निराशा के भाव नहीं प्रकट हुए। उन्होंने अपने लक्ष्य को कभी धुँधला न होने दिया। बाबासाहब ने अपने आपको हमेशा ऊर्जावान बनाए रखा। सफल होने के लिए ऊर्जावान होना जरूरी है। थके-हारे मन से आप कभी विजयी नहीं हो सकते। बाबासाहब डॉ. आंबेडकर में अत्यधिक काम करने की अद्‌भुत क्षमता थी। उनमें अनंत प्रज्ञा शक्ति और आत्मबल का सामंजस्य था। दैवी ऊर्जा और दैवी आत्मविश्वास उनके शरीर के कण-कण में व्याप्त था।

बाबासाहब डॉ. आंबेडकर का जीवन अर्थात् जीवंतता, ऊर्जा से ओतप्रोत एक

ओजस्वी तेजस्वी पुंज…अपने लक्ष्य की प्राप्ति के लिए अपने आपको पूरी तरह से झोंक देना, डॉ. बाबासाहब ने जीवन में यही मंत्र सीखा था, अपने लक्ष्य में अपने आपको पूरी तरह एकरूप कर दिया था। नफरत, विद्वेष और दुर्भावना के भाव अपनी चेतना में भरकर आप अपने दुःख को और अधिक बढ़ा लेते हैं। डॉ. बाबासाहब को जीवन में अनेक कटु अनुभव हुए थे, बावजूद उन्होंने नफरत और दुर्भावना को अपने ऊपर हावी होने नहीं दिया। उन्होंने हमेशा सबके कल्याण का विचार किया। बाबासाहब की उम्र जैसे-जैसे बढ़ती गई तो वे और ऊर्जावान होते गए। उनका एक ही मंत्र था—अगर आप में विश्वास हो तो आपके लिए सबकुछ संभव है। जब आप एक निश्चित श्रेष्ठ लक्ष्य की उम्मीद करते हैं तो तब आपके मस्तिष्क में एक चुंबकीय शक्ति उत्पन्न होती है, जो आकर्षण के नियम के अनुसार सर्वश्रेष्ठ को आपकी ओर आकर्षित करती है। आपके भीतर एक ऐसी शक्ति उत्पन्न होती है, जो सर्वश्रेष्ठ को संभव बना देती है। बाबासाहब ने अभाव के बीच भी सर्वश्रेष्ठ लक्ष्य को चुना और असंभव लक्ष्य को प्राप्तकर संभव बना दिया। जब आपकी पूरी शक्तियाँ—शारीरिक, मानसिक और आध्यात्मिक एक बन जाती हैं, तब आप पूरी तरह एकाग्र हो जाते हैं और इनका सही तरीके से प्रयोग किया जाता है तो इनके विरोध में कोई भी बाधा टिक नहीं सकती। बाबासाहब ने जो लक्ष्य निर्धारित किया था, उसमें अपनी शतप्रतिशत शक्ति न्योछावर कर दी। उन्होंने कहा मैं 18-19 घंटे पढ़ाई करता था, तब जाके मुझे सफलता मिली। अभ्यास, सामाजिक कार्य, राजनीतिक कार्य एवं संविधान निर्माता के रूप में सभी कार्यों में उन्होंने पूरी शक्ति लगाई।

अपने उच्चतम ध्येय को प्राप्त करने की इस प्रक्रिया में यह जानना महत्त्वपूर्ण है कि आप जीवन में कहाँ जाना चाहते हैं। आप अपने लक्ष्य तक तभी पहुँच सकते हैं, अपने सपनों को तभी सच कर सकते हैं, जहाँ आप जाना चाहते हैं, आपको यह मालूम हो कि आपका लक्ष्य क्या है? आपकी उम्मीद या आशा का एक स्पष्ट रूप से परिभाषित लक्ष्य होना चाहिए। ज्यादातर युवा जिंदगी में कहीं नहीं पहुँच पाते, क्योंकि वे जानते ही नहीं है कि कहाँ पहुँचना चाहते हैं। उनका कोई स्पष्ट रूप से निर्धारित, पूरी तरह से निश्चित लक्ष्य नहीं होता। अगर आप बिना लक्ष्य के चल रहे हैं, तो आप अपने निश्चित लक्ष्य सर्वश्रेष्ठ परिणामों की उम्मीद कैसे कर सकते हैं? बाबासाहब डॉ. आंबेडकर का लक्ष्य तेरह-चौदह वर्ष की आयु में निश्चित था कि उच्च शिक्षा प्राप्तकर, समाज सेवा में अपने आप को समर्पित कर देना है और उन्होंने अपना निर्धारित लक्ष्य प्राप्त भी कर लिया।

बाबासाहब डॉ. आंबेडकर हारने में विश्वास नहीं करते थे, विश्वास दैवी शक्ति

होने से वह आपको डटे रहने की शक्ति देना है। यह आपका तब भी हौसला बढ़ाता है, जब आगे बढ़ना कठिन होता है। परिस्थितियाँ अच्छी हों, अनुकूल हों, तो कोई भी व्यक्ति सफल हो सकता है, परंतु तब लोग जीवन में इसलिए असफल नहीं होते, क्योंकि उनमें योग्यता की कमी होती है, बल्कि इसलिए असफल होते हैं, क्योंकि वे पूरे समर्पित भाव से काम नहीं करते। उन्हें पूरे अंतरमन से सफलता की उम्मीद नहीं होती। इसलिए सफल नहीं होते। जिंदगी में सफलता पाने की, वह हासिल करने की, जिसकी आपके मन में प्रबल इच्छा है, महत्त्वपूर्ण कुंजी यह है कि आप पूरे मनोभाव से उस काम में जुट जाएँ, जिसे आप करना चाहते हैं। एक अर्थ में कहें तो आपका जो भी लक्ष्य है, उसमें अपनी पूरी शक्ति लगा दें, सफलता प्राप्ति का भूत जिन पर सवार होता है, वे कुछ भी बचाकर नहीं रखते। बाबासाहब ने भी सबकुछ समर्पित कर दिया था। इसलिए अभावों के बीच भी वह सफल हुए। उन्होंने अपना सबकुछ झोंक दिया था, परंतु दुर्भाग्य से अधिकांश लोग ऐसा नहीं करते। इसलिए सफल नहीं होते। बाबासाहब आंबेडकर ने अपना शत-प्रतिशत समर्पण कर दिया था। इसलिए वह सर्वश्रेष्ठ ऊँचाइयों को हासिल करने में समर्थ बन पाए। जीवन में ऊँचाई पाने के लिए नब्बे या निन्यानबे भी नहीं, शत-प्रतिशत परिश्रम करना पड़ता है। छात्र जीवन और समाज कार्य में डॉ. आंबेडकर ने अपने आपको पूरी तरह से समर्पित किया। आवश्यकता होती है आप उस वक्त संघर्ष कर सकें, जब हर चीज आपके खिलाफ लग रही हो। हर परिस्थिति बाबासाहब डॉ. आंबेडकर के खिलाफ थी, तब भी उन्होंने हताशा को अपने भीतर आने नहीं दिया, न ही उन्होंने नकारात्मक को प्रबल बनने दिया और इस वजह से जीने के लिए जरूरी शक्ति को कम नहीं होने दिया। इस मानसिक और आध्यात्मिक गुण ने इस महापुरुष को उच्चत्तम शिखर पर पहुँचाया। उनमें बाधाओं को सामना करने, उनके सामने डटे रहने और उन्हें परास्त करने में योग्य गुण थे। यह एक महान रहस्य है कि आप खेल के हताशा भरे उतार-चढ़ाव के बीच भी कभी हार न मानें। डॉ. बाबासाहब आंबेडकर ने कभी हार नहीं मानी, वह हर मुश्किल परिस्थिति में भी तीव्रता से आगे बढ़े। जब परिस्थितियाँ उनके खिलाफ थीं, उस समय भी उन्होंने हार नहीं मानी। उन्होंने यह नहीं कहा—आप मेरी परिस्थितियाँ नहीं जानते। मैं बिल्कुल रसातल में पहुँच गया हूँ और जो हालत मेरी है, वैसी आज तक किसी की नहीं हुई होगी। मैं दूसरों के कारण आगे नहीं बढ़ पाता। वास्तव में बाबासाहब डॉ. आंबेडकर एक ऐसी महाशक्ति से पूर्ण आत्मविश्वास से भरपूर थे कि उन्होंने आग का दरिया तैरकर सफलता का परचम लहराया। हमें इस तथ्य को कभी नहीं भूलना चाहिए—बाबासाहब डॉ. आंबेडकर ने हर तरह की मुश्किल परिस्थिति का सफलतापूर्वक सामना किया

है, वे मुश्किलें भी शामिल हैं, जो अभी आपके सामने हैं और जो आपको पूरी तरह निराशाजनक दिख रही हैं। यही उनको भी लग रहा था, परंतु उन्होंने बाहर निकलने का कोई तरीका, ऊपर जाने का कोई तरीका, पार निकलने की कोई राह उसके बीच से होकर जानेवाला पथ खोज लिया। डॉ. आंबेडकर का जीवन भी हमें यही संदेश देता है कि ऐसी कोई मुश्किल नहीं है, जिसे आप जीत न सके। एक बुद्धिमान और दार्शनिक नीग्रो से जब पूछा कि वह किस तरह अपनी मुश्किलों को जीतता है तो उसने बताया, "मैं मुश्किल को किस तरह पार करता हूँ। पहले तो में इसका चक्कर काटकर इसके पार जाने की कोशिश करता हूँ और अगर मैं ऐसा नहीं कर पाता, तो मैं इसके नीचे से होकर निकलने की कोशिश करता हूँ, अगर मैं उसके नीचे भी नहीं घुस पाता, तो मैं उसके ऊपर से निकलने की कोशिश करता हूँ और अगर मैं इसके ऊपर से भी नहीं निकल पाता, तो फिर में सीधे इससे टकराता हुआ इसे चकनाचूर करता हुआ इसके पार निकल जाता हूँ।" बाबासाहब ने भी इस नीग्रो की भाँति अपनी मुश्किलों को ललकारा था। उन्होंने भी चुनौतियों के बारे में कहा (9 मार्च, 1924 मुंबई) था, "हमारे सामने जटिल चुनौतियाँ हैं। ये चुनौतियाँ महान हिमालय के समान हैं। मैं इस हिमालय से सिर टकराने जा रहा हूँ। इसलिए कृपया यह याद रखिए कि यदि मैं हिमालय को झुका नहीं पाता तो मेरा रक्तरंजित सिर देखकर सात करोड़ अछूत हिमालय को झुकाने के लिए अपना बलिदान करने के लिए तैयार हो जाएँगे, लेकिन यदि आप स्वयं अपने लोगों में प्रतिकूल भावनाएँ पनपने देंगे तो मैं तो क्या, भगवान् भी आपकी मदद नहीं कर सकता। डॉ. आंबेडकर ने हमेशा प्रतिकूल बाधाओं को हटाकर अपना रास्ता खुद बनाया और अपने लक्ष्य के प्रति आगे बढ़ते गए''जब कांग्रेस के नेताओं ने संविधान सभा में उनके जाने के सभी मार्ग बंद कर दिए, तब भी वे हर मुश्किल को चकनाचूर करते हुए संविधानसभा में गर्व से जाकर बैठे, इतना ही नहीं, स्वतंत्र भारत के संविधान निर्माता के रूप में ऐतिहासिक कार्यकर भारतीय इतिहास में अपना अंकित कर दिया। बाबासाहब बाधाओं को जीतना चाहते थे और 'मैं हारने में विश्वास नहीं करता' की फिलॉसोफी को भी जीवन में उतारना जानते थे।

ऐसा नहीं है कि सभी घरों और स्कूलों में प्रतिभाओं को पनपने का ऐसा सुअवसर मिलता ही हो। परिस्थितिवश या अज्ञान से प्रतिभाएँ दबाई भी जाती हैं। उन्हें अवसर प्रदान करने के स्थान पर डाँट-डपट, झिड़कियाँ, उपेक्षा, दंड आदि सहन करना होता है। ऐसी अवस्था में साधारण प्रतिभाएँ कुंठित हो जाती है; परंतु असाधारण प्रतिभाएँ इन रुकावटों से और अधिक सक्रिय हो उठती हैं। अपने रास्ते स्वयं खोजने लगती हैं। वे अपनी मंजिल तक पहुँचकर ही दम लेती हैं और इच्छाशक्ति ऐसी मंजिल है, जिसे

स्वामी विवेकानंद के शब्दों में ही समझना ठीक होगा—इस इच्छाशक्ति को पा लेना ही शिक्षा का उद्‌देश्य है और यह इच्छाशक्ति तब प्रखर होती है, जब जीवन में कोई लक्ष्य सामने हो। लक्ष्य और इच्छाशक्ति के बीच की कड़ी ही शिक्षा है। बाबासाहब डॉ. आंबेडकर ने भी इच्छाशक्ति के बल पर ही शिक्षा प्राप्ति की थी।

भीमराव ने न्यूयॉर्क से सबसे पहला पत्र पिताजी के फौजी मित्र को लिखा था। इस पत्र में उन्होंने अमेरिका में सामाजिक दृष्टि से उन्हें प्राप्त खुलेपन की चर्चा की थी। उन्होंने लिखा था कि अमेरिका में कहीं कोई ऊँच-नीच का सवाल नहीं था। वे अपनी मरजी से सबके साथ बराबरी से उठ-बैठ सकते थे। खान-पान और आने-जाने, लिखने-पढ़ने में किसी भी प्रकार की रोक-टोक या हिचक नहीं थी। उन्होंने पत्र में लिखा था कि मनुष्य जीवन में ऊपर उठने के लिए लहरें आती हैं। ये लहरें जब उद्‌दाम वेग से उमड़ रही हों, तब उनकी सवारी करने पर ही भाग्यलक्ष्मी प्राप्त होती है। इसके लिए बाबासाहब ने अंग्रेजी भाषा के कवि शेक्सपियर की कविता की पंक्तियाँ उद्धृत की थीं—

There is a tide in
the affairs of man
which, taken
at the flood,
leads on the fortune

इन पंक्तियों का भावानुवाद काव्य में ही इस प्रकार समझा जा सकता है—

उत्ताल तरंगों के शुभ आमंत्रण
हो उत्साहित, स्वीकार करे जो,
हो मौसम मौजों की भरती का
फिर कौन भाग्य ? इनकार करे जो।

इस पत्र के भावों को आज भी वे तरुण भलीभाँति हृदयंगम कर सकते हैं, जिनके सामने कोई उदात्त लक्ष्य है। चुनौतियाँ स्वीकार करना ही तरुणाई का आनंद है और उन चुनौतियों पर विजय हासिल करने की पक्की मोरचाबंदी करने का कार्यकाल ही विद्यार्थी जीवन है। भीमराव चाहते थे कि मुंबई में उनकी अनुपस्थिति में छुआछूत के खिलाफ संघर्ष चलता रहे। इसके लिए वे किसी से द्वेष करने या भला-बुरा कहने की आवश्यकता नहीं समझते थे। उनकी सलाह थी कि जो लोग इस लड़ाई का मर्म समझ सकें, वे सबसे पहले शिक्षा के मुगदर भाँजना प्रारंभ कर दें। अपने लड़के-लड़कियों को पढ़ा-लिखाकर तैयार करने की जद्‌दोजहद शुरू कर दें। न्यूयॉर्क से वे यही संदेश

भेज रहे थे। एक पत्र में भीमराव ने लिखा था—

"भूलो मत कि हम अछूत अपना उद्धार स्वयं करनेवाले हैं। अंधविश्वास हमारा शत्रु है। अब हमें इस निहायत झूठे और धोखेबाज विचार को कतई अपने बीच फटकने नहीं देना है। हर बच्चा अपने भाग्य का स्वयं मालिक है। वह अपने भाग्य की आजमाइश अपने कर्म से करेगा। मनुष्य जन्म का संबंध उसके 'कर्म' से है। हमारे बच्चों का भविष्य इसी सिद्धांत पर निर्भर है।"

सुदूर भविष्य का सुनहरा चित्रण करते हुए उन्होंने अपने पिता के साथी मित्र को, जिनकी एक कन्या ने पढ़ाई आरंभ की थी, इसी संदर्भ में लिखा था, "आत्मविश्वास से हमें एक-एक कदम आगे बढ़ाना है। पूरा भरोसा रखें कि इस सिद्धांत से हम शीघ्र ही अच्छे दिन देख सकेंगे। यह प्रगति कई गुना बढ़ेगी, यदि हम बालक-शिक्षा के साथ-साथ बालिका-शिक्षा पर भी निश्चयपूर्वक ध्यान दें। इसके सुफल निश्चित हैं और इसे आप अपनी कन्या में देख सकते हैं। इसलिए अपने जीवन का एकमेव ध्येय बना लें—शिक्षा प्रसार। कम-से-कम उन सभी को, जो आपके, आस-पास, अड़ोस-पड़ोस में हैं, इसी रास्ते पर लगा दें।"

अपने पतन के लिए भाग्य की रेखा को भगवान् की इच्छा समझकर कोसना असत्य है, भ्रम है, अंधविश्वास है। इसलिए कवि शेक्सपीयर की कविता की पंक्तियाँ उद्धृतकर बाबासाहब डॉ. आंबेडकर अपने संगी-साथियों को 'जन्म' नहीं, 'कर्म' की हर लहर का लाभ उठाने की प्रेरणा दे रहे थे।

अपने संगी-साथियों को इस प्रकार प्रेरित करनेवाला तपुण बाल किस प्रकार अपने अध्ययन कार्य में जुटा होगा, इसकी कल्पना की जा सकती है। उसके पास गँवाने के लिए समय था ही नहीं। उसे ध्येयपूर्ति की धुन सवार थी। उनके जीवनीकार लिखते हैं कि, 'डॉ. बाबासाहब के मस्तिष्क में न्यूयॉर्क के किसी थिएटर में जाने का विचार तक नहीं आया, यूनिवर्सिटी के उस ताम-झाम में जहाँ अमीरों के लड़के मँडराया करते थे, भीमराव कभी शरीक नहीं हुए। इन सब बातों की कौन कहे, भीमराव कभी न्यूयॉर्क की नगर-परिक्रमा, अंग्रेजी में जिसे 'साइट-सीइंग' कहते हैं, के लिए भी नहीं निकले। आवारागर्दी में समय बिताने का तो उनके लिए प्रश्न ही कहाँ उठता था। तो बस हर क्षण को विद्या अर्जन के लिए उपयोग में ला रहे थे। पढ़ाई से हटकर यदि बाबासाहब का विचार कभी कहीं पहुँचता था तो केवल एक बात पर कि अपनी धर्मपत्नी रमाबाई को मुंबई में अकेला छोड़ आए हैं।

बाबासाहब सचमुच ज्ञानयोगी बन चुके थे। प्रतिदिन अठारह घंटे पढ़ाई करते थे, क्योंकि उनका उद्देश्य केवल ऊँची डिग्री हासिल करना नहीं था, इसलिए उन्होंने

कई विषयों का अध्ययन शुरू किया। मुंबई से वे केवल अंग्रेजी और फारसी विषयों में बी.ए. उत्तीर्ण कर न्यूयॉक पहुँचे थे, परंतु कोलंबिया विश्वविद्यालय में राजनीतिशास्त्र, नैतिक दर्शन, मानव विज्ञान, समाजशास्त्र और अर्थशास्त्र; सभी विषयों का चयन उन्होंने अपने अध्ययन के लिए किया। विश्वविद्यालय के प्रोफेसर उनकी ज्ञान-पिपासा देखकर चकित थे। एक प्रोफेसर, जिनका नाम एडविन आरए सेलिगमैन था, बाबासाहब की ज्ञान साधना से प्रभावित होकर उनको अपार स्नेह करते थे। स्नेहित बाबासाहब और स्नेहिल प्रो. सेलिगमैन का संबंध इतना प्रगाढ़ था कि प्रो. सेलिगमैन विभिन्न विषयों पर पढ़ाने के लिए विविध कक्षाओं में जब जाते थे तो बाबासाहब भी उनके पीछे दौड़ते हुए उन कक्षाओं में विभिन्न विषयों पर उनकी टिप्पणियाँ सुनने पहुँच जाते थे।

प्रो. सेलिगमैन का उल्लेख एक और बात के लिए भी जरूरी है, जो डॉ. बाबासाहब के देशभक्तिपूर्ण अंतःकरण की झाँकी प्रस्तुत करती है। जिन दिनों डॉ. बाबासाहब न्यूयॉर्क में पढ़ रहे थे, उन्हीं दिनों लाला लाजपतराय अमेरिका में थे। प्रो. सेलिगमैन के एक मित्र थे, जिनका नाम था सिडनी वेब। उनके माध्यम से सेलिगमैन ने बाबासाहब की भेंट एक दिन लाला लाजपतराय से करा दी। यह भेंट विश्वविद्यालय के पुस्तकालय में हुई।

इस भेंट को केवल संयोग कहकर नजरअंदाज करना ठीक नहीं है। कारण, दुनिया में कोई भी बात महज संयोग से नहीं होती। प्रत्येक घटना के पीछे कोई-न-कोई ज्ञात-अज्ञात क्रिया छिपी रहती है। इसलिए लाला लाजपतराय के साथ युवा बाबासाहब की भेंट महत्त्व रखती है। यह सच है कि जब सन् 1901 में लाला लाजपतराय भारत की आजादी का अलख जगाने अमेरिका पहुँचे उस समय भारत में बंग-भंग का आंदोलन जोर पर था। लोकमान्य तिलक के नेतृत्व में स्वदेशी और बहिष्कार का घोष बज रहा था। लंदन में प्रसिद्ध क्रांतिकारी श्यामजी कृष्ण वर्मा ने इंडिया हाउस की स्थापना कर दी थी। वीर सावरकर भी लंदन पहुँच गए थे। सभी का उद्देश्य विदेशों में पढ़ रहे भारतीय विद्यार्थियों को आजादी की लड़ाई के लिए तैयार करना था।

सन् 1914-15 में लाला लाजपतराय से बाबासाहब की भेंट हुई, तब वीर सावरकर लंदन से गिरफ्तार होकर भारत लाए जाते समय समुद्र में छलाँग लगा चुके थे और फ्रांस के मार्सेलीझ बंदरगाह तक तैरते हुए पहुँचने के बावजूद उन्हें पुनः गिरफ्तार कर भारत लाया जा चुका था। वीर सावरकर को सन् 1911 में आजन्म कारावास की सजा हो चुकी थी और वे अंडमान की जेल में थे। लोकमान्य बाल गंगाधर तिलक मांडले जेल में थे। फिर भी आजादी की लड़ाई तीव्रतर होती जा रही थी। इसलिए विदेशों में पढ़ रहे भारतीय विद्यार्थियों से लाला लाजपतराय का संपर्क महज अकस्मात्

हुई घटना नहीं कही जा सकती। बाबासाहब जैसा प्रतिभाशाली तरुण भला इसका अपवाद कैसे हो सकता था।

भारत सरकार के प्रकाशन विभाग द्वारा सन् 1981 में छपी डॉ. आंबेडकर की जीवनी में केवल एक वाक्य लाला लाजपतराय के बारे में लिखा गया है, 'उन्होंने आंबेडकर के साथ भारतीय स्वतंत्रता संग्राम के बारे में विचार-विमर्श किया।' कोई व्यक्ति जब लाला लाजपतराय के बारे में पुराने इतिहास के तथ्य एकत्रित करेगा, तब ही यह बात प्रकाश में आ सकती है कि इस बाईस-तेईस वर्षीय भीमराव आंबेडकर के साथ लालाजी की क्या बात हुई, क्योंकि बाबासाहब जीवनपर्यंत प्रखर देशभक्ति में आकंठ डूबे थे, इसलिए उन्होंने इसलाम या ईसाई धर्म न स्वीकारते हुए बौद्ध धर्म अंगीकार किया।

परंतु हमारे लिए यहाँ तो इतना ही पर्याप्त है कि जो बाबासाहब अपनी पढ़ाई के दैनिक अठारह घंटों में से थिएटर, रेस्तराँ अथवा सैर-सपाटे के लिए एक क्षण भी निकालना पसंद नहीं करते थे, उन्होंने लाला लाजपतराय से देश की आजादी के बारे में विचार-विमर्श किया। यह बाबासाहब के अध्ययन के प्रति नितांत समर्पित व्यक्तित्व को देश की आजादी की तड़पवाली सोद्देश्यता प्रदान करनेवाली बात है।

बाबासाहब डॉ. आंबेडकर केवल डिग्रियाँ हासिल करने अथवा पुस्तक और शोधग्रंथों का कीड़ा बनने के लिए उच्च शिक्षा प्राप्त नहीं कर रहे थे। उनके जीवन में देश सेवा का महान लक्ष्य था। उनकी प्राथमिकता भिन्न रही हो, परंतु उनके मन में भारत की विविध समस्याओं का हल खोजने की असीम ललक थी।

इसलिए उनका विश्वविद्यालयीन विद्यार्थी जीवन कर्मठता, लगन और समर्पण का था। वे एक ज्ञानसाधक बनकर उभर रहे थे।

बाबासाहब डॉ. आंबेडकर का संघर्षपूर्ण जीवन, जो अभावों और कठिनाइयों के बीच भी आगे ही बढ़ता चला गया, वह युवाओं के लिए प्रेरणादायी है। उन्होंने मुंबई में पुरंदरे स्टेडियम में आयोजित सभा (26 अक्टूबर, 1954) को अपनी जीवनी की कुछ संघर्षपूर्ण बातें बताई हैं। बाबासाहब ने जन्म से ही विपत्तियों का सामना किया। उन्हीं के शब्दों में पढ़िए उनके बचपन का संघर्ष—

उन्होंने कहा—भूतकाल में मेरे जीवन में जो कुछ बातें घटित हुई हैं, वे सब फिल्म की भाँति आँखों के सामने खड़ी हो जाती हैं। मेरा जन्म कहाँ हुआ, मेरे पिताजी मुझे कहाँ लेकर गए तथा मेरा कौन-कौन सा काम किया, आदि बातें आँखों के सामने घूम जाती हैं। मुझे यहाँ एक बात कहनी है कि मेरी उम्र को साठ वर्ष हो चुके हैं। आखिर इस बात का सबूत क्या है, मेरा किस समय जन्म हुआ? इसका कोई रिकॉर्ड नहीं है।

मेरे पिताजी छठवीं पायोनियर बटालियन में थे, बाद में वे सातवीं पायोनियर बटालियन में आ गए। उस समय मैं उनका पुत्र हूँ, इस बात का उन्हें कोई महत्त्व नहीं जान पड़ा था। उन्होंने मेरी जन्म तारीख नहीं लिखकर रखी थी। यह बहुत छोटी बात है, किंतु उनसे वह हो नहीं पाई थी। आज जो मेरी जन्मतिथि है, यह वास्तविक है, यह कोई बता नहीं सकता है, लेकिन मेरे बारे में तीन बातें निश्चित तौर पर बताई जा सकती हैं। राजपूताना के महू नामक गाँव में मेरा जन्म हुआ है, इसी कारण कोंकण (मुंबई) से मेरा विशेष संबंध नहीं रहा है। मेरे पिताजी कोंकण क्षेत्र से थे, किंतु उन्हें नौकरी की खातिर राजपूताना जाना पड़ा था। इसीलिए मेरा जन्म महू में हुआ, इतना निश्चित है। दूसरी यह है मेरा जन्म ठीक बारह बजे हुआ। उस समय मेरे पिताजी अपनी ड्यूटी पर गए हुए थे। इस दौरान मेरी माता प्रसव वेदना से थी। मेरा पिंड बहुत बड़ा था। ऐसा कहा जाता है कि जिसके कारण मेरी माता को बहुत वेदना हुई थी। मेरे पिताजी को बहुत चिंता हो रही थी, किंतु दाई ने आकर बताया कि आपको पुत्र हुआ है, आप अंदर जाओ। उस समय घड़ी बराबर बारह बजा रही थी। तीसरी बात यह कि मैं मूल नक्षत्र में जन्मा था, ज्योतिषी ने कहा था कि लड़का बहुत अपशगुनी है, इसकी माँ जल्दी ही मर जाएगी। इसलिए मैं अपने भाई-बहन में बहुत अप्रिय हो गया था। सभी लोग मुझे झिटकारते थे तथा कहते थे कि यह लड़का माँ के लिए खराब है। आखिर मेरी माँ कुछ दिनों पश्चात् चल बसी। इस तरह मेरे जन्म संबंधी ये तीन बातें बताई जा सकती हैं।

मेरे बालपन के संदर्भ में मुझे ही आश्चर्य होता है। मेरी उम्र के 12-13 साल तक सभी लोगों को यही लगता था कि यह लड़का घराने को कलंकित करेगा। इसके हाथ से कुछ नहीं हो सकेगा। मैंने 12-13 साल तक लंगोटी के सिवाय कोई दूसरी चीज नहीं पहनी थी। ऐसी अवस्था में घर-घर जाकर मैं स्त्रियों से पूछता था कि क्या तुम्हारे घर की लकड़ियाँ फोड़नी है? पहले-पहले मेरा पढ़ाई में मन नहीं लगता था। माँ का देहांत हो जाने पर मेरा लालन-पालन मेरी फुआ ने किया। मुझे लगता था कि मैं शिक्षा लेकर क्या करूँगा। मैंने छह माह फूलमाला बेचने का काम किया। मिलिटरी कैंपस में बगीचे थे, वहाँ मैंने माली लड़कों के साथ संगत की। मिट्टी-पत्थर उठाए, जमीन साफ की, नल से बगीचे को पानी देना था, किंतु वह हो नहीं पाया था। तब मैंने घर के ऊपर की खरपैल निकाल नाली बनाई थी। मेरा उस समय का जीवन ऐसा था।''

बाबासाहब आगे कहते हैं, ''जब हम सतारा में थे, उस समय पड़ोस में दूसरे सुभेदार (रिश्तेदार) भी थे। उनके घर के सामने गोबर तथा कचरे का ढेर था, वहाँ एक कदंब का पेड़ था, मैं पेड़ पर चढ़ने में बहुत माहिर था, जबकि बंदर भी इतनी जल्दी पेड़ पर नहीं चढ़ सकता था। आज मैं पैर से कमजोर हो गया हूँ। मैं पेड़ पर

चढ़कर कंबल डालकर सो जाता था और नीचे कचरे के ढेर पर कूदता था। उस समय सतारा में प्लेग आया था। लोग कहते थे कि बहुत लोग प्लेग से मर रहे है, परंतु इस लड़के को प्लेग क्यों नहीं होता है? मेरी स्थिति ऐसी थी। एक बार कसाई तीन रुपए में बकरी नहीं दे रहा था, तब मैंने उगाही की तथा दो बकरी लेकर आया था। हम उन्हें लकड़ी पकड़कर चारा खिलाते थे। रास्ते में जानेवाले लोग कहते थे कि ये बकरियाँ अच्छी नहीं है, बिना सींग वाली बकरी अच्छी होती है। मेरी ऐसी बाल अवस्था थी।

घर के सभी लोगों ने मुझे लाड़-प्यार के साथ पाला था। हमारी एक बुआ थी, मैं उसका बहुत लाडला था। उसने सबको चेतावनी दे रखी थी कि वह बगैर माँ का लड़का है, उसे तकलीफ नहीं देना और इसी स्वतंत्रता के कारण मैंने उसका उपयोग किया था। सबको लगता था कि इस लड़के के हाथों से कुछ नहीं होगा। जिन्होंने मेरा लालन-पालन किया, उन लोगों में से आज कोई भी जीवित नहीं है। यदि आज वे होते तथा मेरा यह आश्चर्यजनक रूप देखते, तो मुझे बहुत आनंद होता। ऐसी मेरी बाल्यावस्था थी। आप कल्पना नहीं कर सकते कि मेरे जीवन में कितनी क्रांति हुई? मैं या तो गाय-बैल चरानेवाला हो गया होता या फिर मेहनत-मजदूरी करनेवाला रहा होता और इस पद तक नहीं पहुँच पाता। मेरे पिताजी मुझसे हरदम कहा करते थे, 'छाँव में बैठने का काम सीख।' बाबासाहब में गुणों का संवर्धन कैसे हुआ, इस बारे में बताते हुए आगे कहते हैं—मुझमे कुछ जन्मजात गुण हैं, इस कारण मैं इस पद तक पहुँचा हूँ, दरअसल ऐसा कुछ नहीं है। मेरा जीवन जिस तरह चलता है, यदि उसी तरह चलने दिया होता, तो मैं एक नीतिवान मनुष्य हुआ होता? लेकिन मुझे पूरी तरह याद है मेरे जीवन में जो झुकाव आया, वह कैसे आया, मैं इसकी यहाँ वजह दे रहा हूँ। मेरे तीन गुरु हैं। हर मनुष्य के गुरु होते हैं, उसी तरह मेरे भी गुरु हैं। मैं कोई संन्यासी या बैरागी नहीं हूँ लेकिन मुझे गरूर है। मेरे प्रथम और श्रेष्ठ गुरु बुद्ध हैं। मैं दस साल का रहा हूँगा, तब मेरे पिताजी कंबीरपंथी थे। मेरे पिताजी के घर को धर्मासन कहा जा सकता है, उसी भाँति विद्यासन भी कहा जा सकता है। मेरे पिताजी ज्ञान के पूजक थे तथा धर्म चाहनेवाले थे। बालपन में रामायण, महाभारत व सभी धर्मग्रंथों का उन्होंने मुझसे पाठ करवा लिया था।

रामायण, महाभारत को पढ़ने से मेरे मन पर गहरा परिणाम हुआ। पिताजी मुझसे कहते थे कि हम गरीब लोग हैं, किंतु हमें उससे डरने की कोई आवश्यकता नहीं है। तुम विद्वान् क्यों नहीं हो सकते? एक बार मैं किसी परीक्षा में उत्तीर्ण हो गया, तब गली में रहनेवाले लोगों ने (मेरे पिताजी की इच्छा न होते हुए) दादा केलुस्कर की मदद से मेरा सम्मान करने का विचार किया। मेरे पिताजी तब बोले थे कि लड़के

का सम्मान नहीं करना है। शायद उन्हें लगता होगा कि सम्मान करने से लड़का नेता बन जाएगा। उस वक्त मेरा सम्मान किया गया तथा दादा केलुस्कर ने मुझे बुद्ध चरित्र नामक एक पुस्तक पुरस्कार स्वरूप भेंट की थी, वह पुस्तक पढ़कर मुझ पर अलग ही प्रभाव पड़ा। मेरे दूसरे गुरु कबीर हैं। मेरे पिताजी कबीर पंथी थे, इसी कारण मुझ पर कबीर के जीवन तथा तत्त्वज्ञान का गहरा प्रभाव है। मेरे मतानुसार कबीर को बुद्ध के शानदर्शन का ज्ञान हो गया था। कबीर ने कहा है कि 'मनुष्य बनना कठिन है, तो साधु क्या बनेगा?' जो मनुष्य नहीं बन सका, वह महात्मा कैसे बन सकता है। मेरे तीसरे गुरु ज्योतिबा फुले हैं। वे ब्रह्मलेतर समाज के सच्चे गुरु हैं। बढ़ई, कुम्हार, नाई, कोली, महार, मांग, चमारों को फुले ने ही मानवीय पाठ पढ़ाया है। यही मेरे तीन गुरु हैं, इनकी शिक्षा से ही मेरा जीवन बना है।

बाबासाहब ने जिस तरह अपने जीवन के तीन गुरु बताए, जिनसे उनका जीवन घडतर हुआ, उसी तरह उन्होंने अपने तीन उपास्य देवता भी बताए, जिनकी प्रेरणा से हर मुश्किल का सामना किया। अपने तीन उपास्य देवता बताते हुए बाबासाहब आंबेडकर ने कहा है, 'मेरे तीन उपास्य देवता भी है। मेरा प्रथम देवता 'ज्ञान' है। मैं ज्ञान की उपासना करता हूँ। बगैर ज्ञान के मनुष्य को मानवता तथा शांति नहीं प्राप्त हो सकती है। सबको ज्ञानी होना चाहिए। ज्ञान महासागर की भाँति है। बुद्ध ने कहा है आप सब लोग एक हो। तुम्हें सिर्फ ज्ञान की पिपासा है, उसे पूरा करो। जिस तरह मनुष्य को जीने के लिए अन्न की आवश्यकता होती है, उसी तरह ज्ञान की भी जरूरत होती है। बगैर ज्ञान के क्या कुछ किया जा सकता है? दरअसल ज्ञान बहुत बड़ी चीज है। मुझमें ज्ञान प्राप्त करने का भयंकर पागलपन है। ब्राह्मणों के घरों में नहीं होगी, इतनी पुस्तकें मेरे पास दिल्ली में है। मेरे पास 20 हजार पुस्तकें हैं। पुस्तकों के प्रति प्रेम होना चाहिए, तभी वह सच्चा ज्ञान का पुजारी बन पाएगा। मैं चौबीसों घंटे ज्ञान की पूजा करता हूँ।

'मेरा दूसरा देवता 'स्वाभिमान' है। मैंने किसी से कभी याचना नहीं की। मेरा ध्येय था कि अपना पेट तो भरना चाहिए, किंतु साथ ही लोगों की सेवा भी होनी चाहिए। डॉ. परांजपे की कृपा से मैं एक कॉलेज में अर्थशास्त्र का प्रोफेसेर बना। उस समय उन्होंने तेरह लेक्चर देने को कहा था। मैंने कहा कि मैं चार ही लेक्चर दूँगा, चाहे तो आप मुझे रखो अन्यथा फिर मेरा रास्ता खुला है। वजह यह थी कि मुझे अपने लोगों की सेवा करनी थी, उस काम के लिए समय चाहिए था। मैं पोय बाबली (परेल इलाका) टोलनाके के पास 48 तथा 50 नंबर के कमरे में किराए पर रहता था। मैं कनकी (खंडित चावल) का भात तथा उसकी रोटी खाता था, लेकिन समाज सेवा को छोड़ मुझे बड़ी नौकरी पसंद नहीं आई, रास्ता जरूर निकला। मैंने

स्वयं अपना पेट भरकर, मुझे जो सेवा करने को मिली, वह मैंने की। नौकरी मुझे नहीं करनी थी। कोई भी गवर्नर जनरल आया, उससे मेरी मित्रता रही, लेकिन मैंने किसी के पास याचना नहीं की कि मुझे यह बना दो या मुझे वह जगह दो। हाँ, मैंने दूसरों के लिए जरूरत कुछ किया होगा, किंतु खुद के लिए एक अंगुली भर चिट्ठी नहीं लिखी, ऐसा कोई दिखा दे। इज्क्यूटिव कौंसिलर बनना मेरी बड़ी इच्छा थी, वह पूरी हो गई। मैं जज बन सकता था, लेकिन फिर जज की नौकरी में अटककर रह जाता। इसीलिए मैं कहता हूँ कि मनुष्य में दीनता भी नहीं रहनी चाहिए। मैं बहुत कुछ हूँ, यही सोचना चाहिए।

मैं परमेश्वर को अपने स्वाभिमान के आगे कम ही समझता हूँ। ऐसा उज्ज्वल तथा रोबदार मेरा स्वाभिमान है।

मेरा तीसरा देवता 'शील' है। मैंने अपने अनुयायियों के साथ कभी धोखेबाजी नहीं की, विश्वासघात नहीं किया है। उन्हें जाल में फँसाकर अपने स्वार्थ के लिए कोई पाप किया हो, ऐसा मुझे याद नहीं है। मैं अनेक बार विलायत गया, किंतु आज तक मैंने सिगरेट अथवा शराब नहीं पी है। मुझे किसी तरह की बुरी आदत नहीं है। मुझे पुस्तक तथा कपड़े पसंद हैं, शील संवर्धन का मुझमें बड़ा गुण है, मुझे यह कहते हुए बहुत गर्व होता है। इस तरह मेरे तीन गुरु तथा तीन उपास्य देवता है, इन्हीं से मेरा निर्माण हुआ है। इन्हीं गुणों की शक्ति के परिणामस्वरूप मैं आज यहाँ तक पहुँचा हूँ। मैं सिर्फ कारणमात्र हूँ। इन गुणों से बना मैं एक पुतला हूँ। अत: आप लोग भी इन गुणों का अनुसरण करो।''

बाबासाहब डॉ. आंबेडकर ने हैदराबाद के छात्र समारोह में (14 नवंबर, 1954) कहा था, ''हमारा 10 बाय 10 का एक कमरा था, उसमें सामान, कुटुंब के दस व्यक्ति, एक बकरी तथा दो पैसे के तेल का एक चिराग, इतना परिवार था। इन परिस्थितियों में मैंने पढ़ाई की है। मैंने बहुत विद्या अर्जित की है, इसलिए मुझसे लोग डरते हैं। दूसरे साल भर प्रयत्न करते हैं, फिर भी वह काम नहीं कर पाते है, जिसे मैं मिनटों में करता हूँ। इसका कारण एक ही है कि मैंने बहुत शिक्षा ग्रहण की है। उसी भाँति आपको भी विद्या ग्रहण करने का प्रयत्न करना चाहिए। अधूरी शिक्षा का कुछ उपयोग नहीं है, परीक्षा में कोई भी उत्तीर्ण होता है। केवल परीक्षा पास कर पदवियाँ हासिल करने का कोई अर्थ नहीं है, विद्यार्थियों को रचनात्मक काम करके दिखाना चाहिए। पत्थर तोड़ने का काम तथा क्लर्क बनने में कोई अंतर नहीं है।''

एक यूरोपियन ने कहा है कि विश्व में जो छह विद्वान् हैं, उनमें से बाबासाहब आंबेडकर एक हैं। विद्या एक तलवार है। इस तलवार से कोई किसी की गरदन

काटता है, परंतु शीलवान व्यक्ति तलवार से किसी की रक्षा करता है। इसी कारण हमको धर्मशील बनना चाहिए।

बाबासाहब डॉ. आंबेडकर द्वारा 14 जनवरी, 1955 को मुंबई में दिए भाषण में दिया एक उदाहरण आज के युवा, जो केवल भौतिक समृद्धि को ही सुख का पर्याय मानते हैं, उनके लिए मार्गदर्शन रूप है। बाबासाहब ने कहा है कि अर्थ के साथ धर्म भी होना चाहिए, दोनों साथ-साथ चलने चाहिए। उन्होंने कहा—एक बार अनाथपिंडक ने तथागत से आर्थिक प्रश्न पूछा था। उस समय तथागत ने उत्तर दिया था, 'संपत्ति मानवीय जीवन को अति आवश्यक है। आदमी को धन संचय करना चाहिए, किंतु उसका उपयोग शोषण करने हेतु तथा गुलाम बनाने हेतु नहीं होना चाहिए, वरन् उसका सदुपयोग होना चाहिए।' धर्म तथा अर्थ ये दोनों मनुष्य के लिए अत्यंत आवश्यक हैं। जीवनोपयोगी वस्तुओं के लिए धर्म तथा धन की आवश्यकता होती है।

किसान को साल में एक बार खेत की जुताई करनी चाहिए। शाक्यों की यही परंपरा थी। उसी तरह बुद्ध ने अपने पिता से प्रश्न किया था, 'दूसरे के परिश्रम का फल हम ले, क्या यह उचित है?' हमें स्वयं मेहनतकर, अन्न उपजाकर उसे खाना चाहिए। धर्म तथा धन दोनों बातें साथ-साथ करनी चाहिए। अपने काम से आर्थिक हानि होगी, यह बात उनकों मुझे समझाकर बतानी चाहिए। केवल धन प्राप्ति से अनर्थ भी हो सकता है, इसलिए धन के साथ धर्म की भी आवश्यकता है। बाबासाहब आगे कहते हैं कि रशिया में संपत्ति हेतु संग्राम मचा हुआ है। जगत का व्यवहार धर्म से चल रहा है। किसी प्रसव हुई महिला को बताया जाए कि यह बालक तेरा शत्रु है, तू इसे दूध मत मिला। दूध पिलाने से तू कमजोर होगी, बूढ़ी होगी तथा तेरा सौंदर्य खत्म हो जाएगा। यह बालक तेरा काल है। क्या बालक की माँ इस बात को मान लेगी, उसे कितना भी दुःख हो, कितनी भी वह बीमार हो, फिर भी वह अपने बच्चे को दूध पिलाएगी। वजह यही है कि बालक का पालन करना उसका धर्म है। विश्व के सारे व्यवहार धर्म से ही चलते हैं।''

अपनी बात में बाबासाहब ने मुंबई के डिब्बेवालों का उदाहरण देते हुए आगे कहा, ''पुणे के लोग आधा पेट भोजनकर खाने के डिब्बे पहुँचाते हैं, जिनमें बिरयानी, पुलाव होता है, परंतु ये लोग कर्तव्य बुद्धि से ईमानदारी के साथ डिब्बे पहुँचाते हैं। इसलिए सबको धर्म का पालन करना चाहिए। वह सत्धर्म चाहिए, अधर्म नहीं चाहिए। सुकर्म चाहिए, दुष्कर्म नहीं चाहिए।''

बाबासाहब डॉ. आंबेडकर कहते हैं, 'हमें स्वाभिमान से जीना चाहिए, मगर

स्वाभिमान होगा तो सम्मान और प्रगति दोनों मिलेगी।' 8 मई, 1955 को मुंबई में उन्होंने कहा, "स्वाभिमान अत्यंत आवश्यक है। किसी स्त्री की माठीपुरा (वेश्याओं की बस्ती) में जाने पर उसके पास पलंग, सोने-चांदी के गहने होते हैं। सुबह होटलवाले को आवाज देकर वह कहती है, 'ए आधा प्लेट खिमा, एक स्लाइस तथा रोटी लाना।' फिर उसे चार बजे चाय चाहिए। वह शाम को पाउडर लगाकर बैठती है। उसका जीवन सुखमय रहता है, परंतु वेश्या की कोई कीमत नहीं होती, इज्जत नहीं होती है। इसे ध्यान में रखिए। हमें स्वाभिमान का जीवन चाहिए। यदि हम गरीब रहे, तो भी चलेगा। मैं 48 नंबर की चाल में 50 नंबर की खोली (कमरा) में रहता था। सोने की जगह नहीं थी। तकिया तथा धोती लेकर ऊपर छत पर सोने जाता था। खाने-पीने को मिलना, यह प्रश्न महत्त्वपूर्ण नहीं है। स्वाभिमान का जीवन महत्त्वपूर्ण है।"

डॉ. बाबासाहब ने उन्नति के लिए एकाग्र-एक चित्त जरूरी है, यह बताते हुए कहा है, "आप लोग अज्ञानी हो, आपके शिक्षित बच्चे भी अज्ञानी है। मैं चार दिन पहले उपनिषद् पढ़ रहा था। उसमें छांदोग्योपनिषद में गुरु-शिष्य संवाद है। शिष्य ने शंका का समाधान चाहा, परंतु शब्द ढूँढ़नेवाले के भी ज्ञान चाहिए। तुझे ज्ञान है? जब तुझे ज्ञान नहीं है, तब मुझे शब्द निकलने का क्या अधिकार है?" गुरु ने ऐसा उत्तर दिया।

गौतम बुद्ध ने आनंद को बताया है, "मैं हूँ, इसलिए धर्म मत लो। व्यवहार में यह धर्म चल सकता है, ऐसा महसूस होने पर ही इसका स्वीकार करो। तुम्हारी बुद्धि को योग्य लगे, तब ही इसे ग्रहण करो।" हमें एकमत से, एक चित्त से आगे जाना होगा। इसी मार्ग से हमारा उद्धार होगा।

बाबासाहब डॉ. आंबेडकर ने युवाओं को मनोधैर्य, निष्ठा और विवेकशीलता को संपादन करने की सलाह दी है। उन्होंने 12 दिसंबर, 1955 को मिलिंद कॉलेज के छात्रों को संबोधित करते हुए कहा, "विद्या अन्न की भाँति है तथा वह हर मनुष्य के लिए आवश्यक है। प्रत्येक व्यक्ति को उसका लाभ मिलना चाहिए।" 'अक्रोधेन जयेत क्रोध।' मनुष्य को क्रोध को अक्रोध से जीतना चाहिए। राग के दो प्रकार हैं। पहला द्वेषमूलक तथा दूसरा प्रेममूलक। जो कसाई होता है, वह कुल्हाड़ी लेकर जाता है, उसका राग द्वेषमूलक होता है। माँ अपने बेटे को थप्पड़ लगाती है, तब उसे कौन क्या कहेगा? उसका राग प्रेममूलक होता है।"

एक बार तथागत से लोहित ब्राह्मण ने प्रश्न किया, "तुम सबको विद्या क्यों सिखाते हो?" बुद्ध ने उत्तर दिया "जिस प्रकार मनुष्य को अन्न की आवश्यकता

है, उसी भाँति सबको विद्या की आवश्यकता है।' विद्या यह विष भी है तथा एक तरह की तलवार भी है। तलवार दुधारी होती है, उससे शत्रु का संहार भी किया जा सकता है तथा शत्रु से अपना रक्षण भी किया जा सकता है। इसीलिए कहा गया है...
स्वदेशे पूज्यंते राजा, विद्वान् सर्वत्र पूज्यंते।

बाबासाहब विद्वत्ता की व्याख्या करते हुए कहते हैं, ''विद्या के साथ-साथ तथागत द्वारा बताई गई प्रज्ञा यानी समझदारी, शील यानी सदाचरण, करुणा यानी समस्त मानव जाति के प्रति प्रेमभाव एवं मैत्री से तात्पर्य सारे प्राणी मात्रों के प्रति अपनत्व आवश्यक है। यही चार परमिता होनी चाहिए, तब ही विद्वत्ता का कुछ उपयोग है। विद्या के साथ करुणा न होने पर मनुष्य कसाई होता है, मेरा ऐसा विचार है। करुणा यानी मनुष्य-मनुष्य में प्रेम। आदमी को इसके भी आगे जाना चाहिए। दुनिया में कुछ लोग डरपोक होते हैं। मनुष्य को अकेले आगे बढ़ने का साहस करना चाहिए। मैं अकेले ही जाने का साहस करता हूँ। मेरे पीछे यदि हजारों लोग न भी रहें, फिर भी में उसकी परवाह नहीं करता हूँ अथवा मुझसे उसका अफसोस नहीं होता है।''

विद्यार्थियों के अपने चरित्र का आधार क्या होना चाहिए, इस बारे में बाबासाहब ने कहा, ''विद्या, प्रज्ञा, करुणा, शील व मैत्री के पाँच तत्त्वों पर मिलिंद महाविद्यालय के प्रत्येक विद्यार्थी को अपने चरित्र का निर्माण करना चाहिए। यदि इस मार्ग में अकेले भी जाना हुआ, तब भी अपना मनो धैर्य तथा अपनी निष्ठा यथावत बनाए रखो।'' महाजनों येन गतः स पन्य, 'बुद्धि को छोड़ विवेक के आधार पर जो मार्ग हमें उचित लगेगा, उसी मार्ग से हमने आगे जाना चाहिए।' कुछ छात्रों की रूचि पढ़ने के बजाय आंदोलन या राजनीति में ज्यादा होती है, बाबासाहब ने ऐसी रुचिवाले छात्रों को ध्यान में रखकर पुणे में 4 अक्टूबर, 1945 को कहा, ''विद्यार्थी दशा में प्रत्यक्ष रूप से राजनीति में भाग नहीं लेना चाहिए। इससे कभी-कभी पूरा जीवन बर्बाद हो जाता है। याद रहे बाबासाहब ने अपने विद्यार्थी जीवन में एक भी छोटा-मोटा आंदोलन, प्रदर्शन या ऐसी किसी भी सार्वजनिक गतिविधि में भाग नहीं लिया, जिससे अभ्यास पर उसका असर हो। उन्होंने अपना पूरा ध्यान अभ्यास पर ही लगाया था और श्रेष्ठतम् डिग्रियाँ प्राप्त की थीं।''

बाबासाहब डॉ. आंबेडकर ने जिन युवा छात्रों को भाषण कला में महारत हासिल करनी है, उनके लिए कुछ टिप्स भी दिए हैं। बाबासाहब ने युवाओं से आग्रह किया था कि भाषण कला में माहिर होना चाहिए और उसके लिए भी अभ्यास जरूरी है। 15 जनवरी, 1948 को मुंबई के धोबी तालाब नाइट स्कूल में भाषण स्पर्धा का

आयोजन हुआ था। उस निमित्त समापन समारोह में बाबासाहब को वहाँ बुलाया गया था। उस समय उन्होंने जो कहा, वह आज के युवा, जो राजनीति या अन्य संगठनों में भाषण करते हैं, उनके लिए उपयोगी है। उन्होंने कहा था, "भाषण एक कला है। वह बहुत मेहनत से अर्जित होती है, कुछ लोगों को जन्मजात प्राप्त होती है। मुंबई के सर मेधा की गिनती अच्छे वक्ताओं में होती है। वे अपना भाषण लिखकर, फिर मुखाग्र याद करते थे। वह भाषण की तैयारी करते समय अपने घर के एक हॉल के चारों ओर लगे आइनों में देखा करते थे। इतना ही नहीं, वे अपने केश तथा हाथों की हलचल और हावभाव को आईनों में देखा करते थे। मिस्टर चर्चिल अंग्रेजी भाषा के प्रभावी विद्वान् मान जाते हैं। वे हाउस ऑफ कामंस जाने के पूर्व अपना भाषण लिखते हैं, चर्चिल ऐन वक्त पर बोलनेवाले वक्ता नहीं है। उन्हें दर्शकों की ओर से शाबाशी मिलनी चाहिए, उन्हें मेधावी समझना चाहिए, इसलिए चर्चिल अपने स्टिक कफ पर कुछ चुनिंदा शब्द लिखकर ले जाते हैं।"

डॉ. आंबेडकर आगे कहते हैं, "अपना स्वयं का उदाहरण देकर लोकतंत्र के युग में उत्कृष्ट भाषण की अति आवश्यकता है। जो व्यक्ति अपने प्रभावशाली भाषण से शत्रु को अपनी ओर कर लेता है, वही महान है। इस कला को हासिल करने हेतु अविरत परिश्रम करना होगा। मैं भी पहले बहुत घबराता था। मैं जब कॉलेज में प्रोफेसर था, तब छात्रों के समक्ष भाषण देते समय मेरा मन डोलायमान स्थिति में रहता था। उच्चवर्णियों के सामने महार का लड़का बोलने पर उसकी खिल्ली उड़ाई जाएगी, ऐसा मुझे भय लगता था। मैंने वाद-विवाद स्पर्धा में विशेष भाग नहीं लिया। मुझे उस समय विश्वास नहीं था कि मैं बहुत अच्छा बोल लूँगा। मैं अंग्रेजी भाषा अच्छी तरह से लिखता हूँ, मुझे उस समय ऐसा जरूरत लगता था। मैंने इस संबंध में प्रयत्नों की पराकाष्ठा की है। मैंने 13-13 बार भाषण लिखा है, इससे और अधिक क्या बताया जा सकता है ? जब मुझे विश्वास हो जाता था, तब ही मैं भाषण करता था। मैं आज जो कुछ बोल लेता हूँ, वह मेरे पूर्व अर्जित ज्ञान तथा परिश्रम का फल है।"

बाबासाहब डॉ. आंबेडकर ने युवा विद्यार्थियों को यह भी कहा कि विद्यार्थियों को स्वच्छ, अच्छे कपड़े पहनने चाहिए। उन्होंने अपना स्वयं का उदाहरण देकर कहा, आपको स्वच्छ रहना चाहिए। मुझे यहाँ कुछ विद्यार्थी अच्छे कपड़े पहनकर टिप-टाप दिखाई दिए। किसी एक लेख में महार के टिप-टाप कपड़ों के संबंध में लिखा गया है। यह वस्तुस्थिति न होकर स्तुति है। कहावत है'...'एक नूर आदमी व दसनूर कपड़ा।' जब आप लोग बाहर निकलते हो, तब आपके कपड़े स्वच्छ रहने चाहिए। आपके कपड़े देखकर दूसरों को आपके प्रति आदर उत्पन्न होना चाहिए।

मेरा बहुत सारा पैसा कपड़ों पर खर्च होता है। मेरी शर्ट, पैंट तथा कोलर कितने हैं,इसका मुझे अंदाज नहीं है। इतना सत्य है कि मेरे कपड़े दर्जनों होंगे। इन कपड़ों से मैं बहुत बोर हो चुका हूँ। लगता है अब एक दिन उनको नीलाम कर दिया जाए। जिस तरह आप लोग स्वच्छ रहोगे, उसी तरह आपको स्वाभिमानपूर्वक रहना चाहिए। जातिवाद के कारण बाबासाहब को अनेक प्रकार के अन्याय और अपमान सहन करने पड़े थे। जातिवाद और आर्थिक कठिनाइयाँ होने के बावजूद बाबासाहब ने अप्रतिम सफलता प्राप्त की। उन्होंने स्वयं कल्याण ठाणे में आयोजित सभा (17 मई, 1936) को संबोधित करते हुए कैसी-कैसी कठिनाइयाँ बचपन और युवावस्था में सही और परिस्थितियों के सामने संघर्ष किया, उसका उल्लेख किया। उनका यह संघर्षमय जीवन, जो सफलता पाने को एक उद्देश्य लिये निकला है, ऐसे हर नवयुवा को बहुत कुछ सीखने को मिलेगा। उन्होंने कहा, मेरे जीवन में कोई चार या पाँच ऐसी घटनाएँ घटी हैं, जिन्होंने मेरे मन-मस्तिष्क पर गहरी छाप छोड़ी है। मैं इनमें से केवल दो या तीन घटनाओं का विवरण कर दूँगा।

मेरा जन्म महू इंदौर में हुआ था, जहाँ मेरे पिता सेना में नियुक्त थे। हम छावनी इलाके में रहते थे, अत: सैन्य क्षेत्र के बाहर की दुनिया से हमारा बहुत कम ताल्लुक था। मुझे अस्पृश्यता का कोई अनुभव नहीं था। जब मेरे पिता पेंशन लेकर सेवानिवृत्त हुए, तब हम लोग रहने के लिए सतारा आ गए। उन्हीं दिनों सतारा जिले के गोरेगाँव में भारी अकाल पड़ा। उसका सामना करने के लिए सरकार ने 'अकाल राहत रोजगार' शुरू किया। उसने पानी के लिए तालाब खुदवाना प्रारंभ किया और मेरे पिताजी को लेबर कैंप में मजदूरों को मजदूरी बाँटने के लिए पे मास्टर नियुक्त किया। उन्हें गोरेगाँव में लेबर कैंप में कार्यभार ग्रहण करने के लिए सतारा छोड़ना पड़ा और हम चार बच्चों को सतारा में ही छोड़ना पड़ा।

सतारा में लगभग 4 वर्षों तक हमें केवल चावल पर गुजारा करना पड़ा। सतारा में आकर ही हमें यह अनुभव हुआ कि छुआछूत क्या चीज थी। पहली बार की घटना, जिसने मुझे झटका दिया, वह यह थी कि कोई भी नाई हमारे बाल काटने के लिए तैयार नहीं होता था। इसने मुझे व्यथित कर दिया। मेरी बड़ी बहन, जो अभी जीवित हैं, हमारे घर के बाहर स्थित चबूतरे पर बैठकर मेरे बाल काटती थी। मैं नहीं समझ पाता था कि क्यों इतने नाइयों के रहते हुए कोई नाई हमारे बाल काटने को तैयार नहीं होता।

दूसरी घटना भी उसी समय की है। गोरेगाँव में रहते हुए, पिताजी हमें पत्र भेजते रहते थे। एक पत्र में उन्होंने हमें गोरेगाँव देखने के लिए अपने पास बुलाया।

हमें गोरेगाँव तक गाड़ी में यात्रा करने का मौका मिलेगा, इस विचार ने मुझे रोमांचित कर दिया, क्योंकि तब तक मैंने रेलगाड़ी नहीं देखी थी। पिताजी के द्वारा भेजे गए पैसों से हमने नए कपड़े सिलवाए और मेरे भाई, मेरी बहन की बेटी तथा मैं स्वयं गोरेगाँव के लिए निकल पड़े।

हमने पहले ही पत्र लिख दिया था, किंतु दुर्भाग्यवश हमारे नौकर की लापरवाही या गलती से पिताजी तक वह पत्र नहीं पहुँच सका। हमें पक्का विश्वास था कि पिताजी हमें लेने किसी नौकर को स्टेशन भेजेंगे, मगर स्टेशन पर किसी नौकर को न देखकर हमें बहुत निराशा हुई। शीघ्र ही सभी लोग वहाँ से चले गए। अब हमें छोड़कर वहाँ कोई यात्री नहीं था। हमने व्यर्थ ही पौने घंटे तक प्रतीक्षा की। स्टेशन मास्टर ने हमसे पूछा कि हम किससे मिलना चाहते हैं, हमारी जाति क्या है और हमें कहा जाना है ? हमने उसे बताया कि हम लोग महार जाति के हैं। इससे उसे झटका लगा और वह लगभग पाँच कदम पीछे हटा, किंतु हमें अच्छे कपड़ों में देखकर वह समझ गया कि हम लोग खाते-पीते परिवार के हैं। उसने हमें आश्वासन दिया कि हमारे लिए बैलगाड़ी की व्यवस्था कर देगा, लेकिन हमारे महार जाति के होने के कारण कोई भी बैलगाड़ीवाला हमारे लिए बैलगाड़ी चलाने को तैयार नहीं हुआ। शाम हो रही थी और छह या सात बजे तक हमें बैलगाड़ी नहीं मिल सकी। अंततः एक गाड़ीवाला हमें ले जाने के लिए तैयार हुआ, लेकिन उसने शुरू में ही शर्त रख दी कि वह हमारे लिए गाड़ी नहीं हाँकेगा।

मैं सैनिक क्षेत्र में रहा था। अतः मेरे लिए बैलगाड़ी चलाना कठिन नहीं था। जैसे ही हम उसकी शर्त पर राजी हुए, वह अपनी गाड़ी ले आया और हम सब गोरेगाँव के लिए चल पड़े। थोड़े ही दूर पर गाँव से बाहर हमें पानी का एक स्रोत मिला। गाड़ीवान ने हमसे भोजन कर लेने को कहा, क्योंकि रास्ते में अन्यत्र पानी नहीं मिलनेवाला था। तदनुसार हम गाड़ी से उतरे और भोजन किया। पानी मटमैला और गोबर मिला था। इस बीच गाड़ीवान भी अपना खाकर वापस आ गया। जैसे-जैसे रात गहराती गई, गाड़ीवान चुपचाप गाड़ी पर चढ़ा और हमारी बगल में बैठ गया। अँधेरा इतना घना था कि दूर-दूर तक कहीं किसी दीये की टिमटिमाहट भी नहीं दिखाई दे रही थी और न ही मीलों तक कोई आदमी दिखाई दे रहा था। अँधेरे और अकेलेपन के कारण हम भयभीत होने लगे। रात आधी से अधिक बीत गई और हम भयभीत हो गए। हम इतने भयभीत थे कि लगा कि हम कभी गोरेगाँव नहीं पहुँच पाएँगे। जब हम नाकाचुंगी पहुँचे तो गाड़ी से उतरे और नाकेदार से पूछा कि क्या आस-पास में कुछ खाने को मिल सकता है। मैंने उससे फारसी में पूछा। मुझे

फारसी बोलना आता था और मुझे उससे बात करने में कठिनाई नहीं हुई। उसने बड़ी बेरुखी से उत्तर दिया और पहाड़ी की तरफ इशारा किया। किसी तरह हमने बीहड़ में रात बिताई और सवेरे तड़के ही दुबारा अपनी गोरेगाँव की यात्रा प्रारंभ की। अंत में अगले दिन दोपहर बाद हम लोग काफी थके-हारे गोरेगाँव पहुँचे।

तीसरी घटना उस अवधि की है, जब मैं बड़ौदा राज्य की सेवा में था। बड़ौदा राज्य द्वारा प्रदत्त छात्रवृत्ति से मैं विदेश पढ़ने गया था। इंग्लैंड से पढ़कर लौटने पर समझौते की शर्तों के अनुसार मैं बड़ौदा दरबार में अपनी सेवाएँ देने गया, पर बड़ौदा में रहने के लिए मुझे कोई मकान नहीं मिल सका। बड़ौदा शहर का न कोई हिंदू और न ही मुसलमान मुझे किराए पर मकान देने के लिए राजी हुआ। किसी भी मोहल्ले में मकान पाने में असमर्थ होकर मैंने पारसी धर्मशाला में आश्रय लेने का निश्चय किया। अमेरिका और इंग्लैंड में रहने के कारण मेरा रंग कुछ गोरा और व्यक्तित्व प्रभावशाली हो गया था। मैं 'अएदलजी सोराबजी' नाम से पारसी धर्मशाला में रहने लगा। पारसी मैनेजर मुझे 27 रुपए प्रतिदिन के हिसाब से रखने को राजी हो गया, लेकिन शीघ्र ही लोगों में यह बात फैल गई कि बड़ौदा महाराजा गायकवाडजी ने एक महार युवक को अपने दरबार में अफसर नियुक्त किया है। नकली नाम से पारसी धर्मशाला में रहने का रहस्य भी शीघ्र ही खुल गया। मेरे वहाँ रहने के दूसरे दिन ही जब मैं नाश्ता करने के बाद कार्यालय जाने के लिए निकल रहा था, लगभग 15-20 पारसियों ने लाठी लेकर मुझे घेर लिया। मुझे मार डालने की धमकी देते हुए मुझसे पूछा कि मैं कौन हूँ? मैंने उत्तर दिया, ''मैं हिंदू हूँ।' लेकिन वे इस उत्तर से संतुष्ट नहीं हुए और क्रुद्ध होकर वे मुझ पर गालियों की बौछार करने लगे और मुझसे तुरंत कमरा खाली करा लिया। मेरी हाजिर-जवाबी और मेरे ज्ञान ने मुझे उस स्थिति से निकलने में मदद की। मैंने विनम्रता से आठ घंटे और रुकने की अनुमति माँगी। सारा दिन मैं रहने के लिए मकान खोजता रहा, किंतु सिर छिपाने के लिए आश्रय पाने में मैं दयनीय रूप से विफल रहा। मैंने अपने दोस्तों से संपर्क किया, लेकिन सबने किसी-न-किसी बहाने से मुझे टिकाने से मना कर दिया। मैं अत्यंत थक चुका था और निराश भी था। आगे क्या किया जाए, यह मैं तय नहीं कर पा रहा था। कुंठित और थका हुआ मैं एक जगह बैठ गया। मेरी आँख में आँसू ढलक रहे थे और रहने की कोई जगह न मिल पाने के कारण मेरे सामने नौकरी छोड़ने के अलावा कोई विकल्प नहीं था। मैंने इस्तीफा दिया और रात की गाड़ी से मुंबई के लिए चल पड़ा।

मेरे पिता और पूर्वज कट्टर हिंदू थे, किंतु हिंदू धर्म के द्वारा लगाई पाबंदियों के कारण वे शिक्षा नहीं पा सके। उस धर्म ने उन्हें शास्त्र धारण करने की अनुमति भी

नहीं दी। हिंदू धर्म में धन भी नहीं प्राप्त किया जा सकता था। इस धर्म का माननेवाला होने के कारण मेरे पिता इन तीनों चीजों को नहीं प्राप्त कर सके।

मैं संस्कृत पढ़ना चाहता था, किंतु इस धर्म के द्वारा लगाई गई पाबंदियों के कारण मेरा संस्कृत पढ़ना संभव न हो सका। अब मेरे लिए शिक्षा, धन प्राप्त करना और शस्त्र धारण करना संभव हो सका है।'' ये घटनाएँ स्वयं बाबासाहब ने कहीं हैं। इससे आपको ध्यान में आएगा कि इतनी मुश्किल स्थिति का जीवन होने के बावजूद उन्होंने कैसी उज्ज्वल सफलता प्राप्तकर सबको चमत्कृत कर दिया। आज के नवयुवाओं के पास सुख-सुविधा है। ऐसे में डॉ. बाबासाहब का जीवन युवाओं को प्रेरणा देनेवाला है।

छोटी आयु में मन पर पड़नेवाले संस्कार व्यक्ति का जीवनभर साथ देते हैं। धार्मिक संस्कार व्यक्ति को बड़ा बल भी प्रदान करते हैं। धर्म और धार्मिक संस्कारों का बाबासाहब के जीवन पर बड़ा गहरा प्रभाव पड़ा है। युवावस्था में अनेक चुनौतियों का सामना किया, उसमें धार्मिक संस्कार महत्त्व के रहे। धार्मिक वातावरण के अपने मन पर हुए परिणाम के बारे में बाबासाहब कहते हैं—

''हमारा परिवार निर्धन हुआ तो भी उसका वातावरण किसी प्रगतिशील सुशिक्षित परिवार को शोभा दे सके, ऐसा था। हमारे पिता इस बात को लेकर सदैव सजग रहते थे कि हममें विद्याध्ययन की रुचि जाग्रत् हो तथा हमारा चरित्र उज्ज्वल बने। भोजन से पूर्व वे हमें पूजाघर में बैठाकर हमसे अभंग, दोहे-भजन आदि कहलवाया करते थे। वैसे तो हम सभी और खास तौर से मैं, अकसर ही टालमटोल किया करते थे। किसी तरह दो-चार आधे-अधूरे अभंग (भजन) गाकर भोजन के लिए थाली के सामने बैठ जाया करते थे। पिताजी तत्काल हमसे पूछा करते, 'क्यों रे, आज तुम लोगों के भजन जल्दी पूरे हो गए?' उनके इस प्रश्न या उत्तर देने से पहले ही हम वहाँ से नौ-दो ग्यारह हो चुके होते, मगर यह सारी सुबह होनेवाली धींगामस्ती थी। शाम को हमारे पिताजी ये सब कभी भी होने नहीं देते थे। उनका यह कड़ा नियम-निर्देश था कि रात के आठ बजते ही मेरी दोनों बहनें, मेरे बड़े भाई और मैं पूजागृह में होने ही चाहिए। किसी के भी अनुपस्थित रहने पर वे उसे कभी भी क्षमा नहीं करते थे। जब वे भक्तिभाव से संतों के अभंग और कबीर के दोहे गाने लगते थे, तो उस समय बड़ा गंभीर और पवित्र वातावरण निर्मित हो जाता था। हमारे पिताजी में कठस्थीकरण की बड़ी क्षमता थी। एक के बाद एक वे लगातार भजन गा सकते थे। पिताजी की इस क्षमता पर हमें बड़ा गर्व होता था। इसी तरह जब मेरी बहनें अपने मधुर स्वर में अभंग गाने लगतीं तो मुझे भी यह बात जँचने लगती कि

धर्म और धार्मिक शिक्षा की मानव के जीवन में अत्यंत आवश्यकता है। अकसर यह समझा जाता है कि मैं धर्म की व्यवस्थाओं को नकारनेवाला नास्तिक व्यक्ति हूँ, मगर यह सच नहीं है। मेरे बारे में यह लोगों की गलतफहमी है। जो-जो भी लोग मेरे संपर्क में आते हैं, उन्हें धर्म के प्रति मेरे प्रेम और श्रद्धा की जानकारी है। धार्मिक ढोंग मुझे जरा भी पसंद नहीं है...पिताजी के भजनपाठ के कारण मुक्तेश्वर तुकाराम आदि संत कवियों की रचनाएँ मुझे कंठस्थ हुईं इतना ही नहीं तो मैं इस काव्य पर मन में विचार भी करने लगा।'' बचपन के गहरे धार्मिक संस्कारों के कारण ही 14 अक्टूबर, 1956 को नागपुर में हिंदू धर्म त्यागने और बौद्ध धर्म की आवश्यकता के विषय में उन्होंने कहा—

''मनुष्य मात्र के उत्कर्ष के लिए धर्म एक अत्यंत महत्त्वपूर्ण तत्त्व है। मुझे पता है कि कार्लमार्क्स के अध्ययन के कारण एक पंथ का आविर्भाव हुआ है। इसके अनुसार धर्म वगैरह कुछ भी नहीं होता। उनके लिए धर्म का कोई महत्त्व नहीं है। उन्हें सुबह ब्रेकफास्ट मिल जाए, उसमें ब्रेड, मलाई, मक्खन, मुरगे की टाँग आदि भरपेट मिल जाए, आरामदायक नींद मिल जाए तो सबकुछ मिल गया। यह उनका तत्त्वज्ञान है। मैं इस विचार का नहीं हूँ। मेरे पिता निर्धन थे। इसलिए मुझे इस तरह के कोई सुख नहीं मिले। मेरे जैसा कष्टमय जीवन किसी ने भी नहीं बिताया है। इसलिए मुझे इस बात का अहसास है कि सुख-संतोष के अभाव में व्यक्ति का जीवन किस तरह कष्टप्रद हो जाता है। मैं उनके आंदोलन के खिलाफ नहीं हूँ।...धर्म की आवश्यकता गरीबों को है। गरीब व्यक्ति आशा पर जीता है। जीवन का मूल आशा में है, यह आशा ही यदि नष्ट हो गई तो जीवन कैसे होगा? धर्म आशावादी बनाता है और पीड़ितों और निर्धनों को संदेश देता है कि 'घबराओ नहीं, आशादायी बनो'।''

सामान्यत: उम्र के दसवें वर्ष तक बच्चों के मन पर जो संस्कार होते हैं, वे जीवनभर उनके साथ रहते हैं। रामजी और भीमाबाई ने अपने बच्चों को बहुत सोच-समझकर बड़े अच्छे धार्मिक संस्कार दिए।

बाबासाहब पर बाल्यकाल में जो धार्मिक और नैतिक संस्कार पड़े, उनका उपयोग उन्होंने शिक्षा प्राप्त करते समय भी किया। 1907 में बाबासाहब मैट्रिक की परीक्षा उत्तीर्ण हुए। बी.ए. तक उनकी शिक्षा एलफिफ्टन कॉलेज में हुई। महाविद्यालयीन शिक्षा के बारे में बाबासाहब कहते हैं, ''हमारे एलफिर्लन कॉलेज में उन दिनों प्रो. ओसवाल्ड, म्यूलर, प्रिंसिपल कोवर्टन, प्रो. जॉर्ज एंडरसन जैसे अच्छे-अच्छे प्रोफेसर थे, मगर जो भी हो, उन्होंने मेरे मन में कोई उत्साह पैदा नहीं किया।

प्रो. म्मुल्लर का तो मुझ पर अपार स्नेह था। वे मुझे अपनी शर्ट भी दे देते थे, मगर उनके पढ़ाने से मेरे मन में नवचैतन्य निर्मित नहीं हो सका, यह बात भी उतनी ही सच है। इस कारण भले ही मैं यूनिवर्सिटी की परीक्षाओं में हर साल उत्तीर्ण होता रहा, मगर फिर भी मुझे कभी द्वितीय श्रेणी नहीं मिली। बी.ए. में तो बहुत कम अंकों से मेरी द्वितीय श्रेणी चूक गई। पढ़ाई में मेरी उन दिनों की प्रगति को देखकर यदि कोई मेरे बारे में यह भविष्यवाणी करता कि मैं उन डिग्रियों को प्राप्त करने में समर्थ हो सकूँगा, जो मैंने भविष्य में प्राप्त कीं और वे पुस्तकें लिखने में समर्थ होऊँगा, जो मैंने आगे चल कर लिखीं तो वह पूरी तरह गलत साबित होता।''

बाबासाहब के जीवन पर उनके पिता का बहुत गहरा प्रभाव है, पिता के मन में बाबासाहब के बारे में कोई संदेह नहीं था कि उनका लड़का आगे चलकर महापुरुष बनेगा, एक लोकोत्तर पुरुष होगा। पुत्र की शिक्षा और उसकी पुस्तकों की क्षुधा शांत करने के लिए उन्होंने जो कष्ट सहे हैं, उनकी कोई सीमा नहीं थी। पुत्र की पुस्तकों की माँग पूरी करने के लिए रामजी कई बार अपनी लड़की के यहाँ जाते, उससे कोई आभूषण माँग लेते और उसे गिरवी रखकर उन पैसों से पुस्तकें खरीदते।''

अपने पिता के अनुशासन और उनके द्वारा दिए गए संस्कारों के बारे में बाबासाहब कहते हैं, ''घर में हमारे पिताजी का अनुशासन बड़ा फ्लोर और फैजी ढंग का होने कारण मुझे उनकी सख्ती से बड़ी कोफ्त होती थी। अब मुझे बड़ा बुरा लगता है कि अपने पिता की छटपटाहट के अनुरूप मैंने पढ़ाई की होती तो मुंबई विश्वविद्यालय की सारी की सारी परीक्षाओं में द्वितीय श्रेणी प्राप्त करना असंभव नहीं होता, मगर उस समय उनकी तड़प का अर्थ मैं नहीं समझता था। इसलिए हमें यही लगता था कि हमारे पीछे वे पढ़ाई का पुछल्ला लगाते रहते हैं।''

बाबासाहब के घर के हालात उच्च शिक्षा प्राप्त करने के अनुकूल नहीं थे। आमतौर से गरीबी में पला-बढ़ा हुआ कोई भी लड़का डिग्री मिलते ही अर्थोपार्जन का विचार करने लगता है। बाबासाहब ने विदेश पढ़ने जाने में पूर्व बड़ौदा रियासत में कुछ दिनों तक तक नौकरी की, मगर वहाँ उनका मन नहीं लगा। अछूत होने के कारण उनके साथ सयाजीराव गायकवाड़ की कचहरी के नौकर-चाकर बड़ा अपमानजनक व्यवहार किया करते थे।

युवा बाबासाहब आत्मविश्वास से कितने आकंठ थे, वह महाराजा सयाजीराव के साथ हुई उनकी मुलाकात से ध्यान में आता है। एक तरफ देश की सबसे बड़ी में से एक रियासत के महाराजा थे, दूसरी तरफ अछूत जाति में जन्मा युवा भीमराव, उसके बावजूद उन्होंने बड़े आत्मविश्वास और गर्व से महाराजा से बातचीत कर

महाराजा को प्रभावित किया।

इस मुलाकात की बातचीत में युवा बाबासाहब का प्रचंड आत्मविश्वास और अपना जीवनलक्ष्य दोनों बातें हमारे ध्यान में आती हैं। यही आत्मविश्वास उनकी सफलता की राह बना। लघुताग्रंथि का भाव उनको छू तक नहीं सका।

पिताजी की मृत्यु के बाद एक दिन मुंबई में श्रीमंत सयाजीराव गायकवाड से उनकी भेंट हुई। महाराज से मिलकर बड़ौदा में नौकरी और निवास की हो रही असुविधाओं की उन्हें जानकारी देने के लिए बाबासाहब गए थे। उन्होंने अपनी सारी मुश्किलों से सयाजीराव को अवगत कराया, मगर इस बारे में महाराज कुछ भी नहीं बोले। उनके दिमाग में कोई दूसरा ही विषय घूम रहा था। दूसरे दिन की मुलाकात में महाराज ने बाबासाहब से पूछा, 'तुम्हें किस विषय का अध्ययन करने की इच्छा है?'

भीमराव बोले, 'समाजशास्त्र, अर्थशास्त्र और खास तौर से पब्लिक फाइनेंस।''

महाराज, ''यह विषय पढ़कर तुम आगे क्या करनेवाले हो?' भीमराव, ''इन विषयों को पढ़ने के बाद मुझे यह राह दिखेगी कि मेरे समाज की इस दुर्दशा को कैसे सुधारा जा सकता है और तब मैं समाज सुधार का काम करूँगा।''

महाराज (हँसकर), 'मगर तुम तो हमारी नौकरी करने वाले हो न, फिर तुम अध्ययन, नौकरी और समाज-सेवा आदि सारे काम कैसे पूरे कर सकोगे?'

भीमराव, 'महाराज ने यदि मुझे अवसर दिए तो ये सारे काम बहुत व्यवस्थित रूप से पूरे कर सकूँगा?'

महाराज, 'मैं वही विचार कर रहा हूँ। तुम्हें अमेरिका भेजने का मैं सोच रहा हूँ। तुम जाओगे क्या?'

भीमराव, 'हाँ, महाराज।'

महाराज, ''तो फिर जाओ। शिक्षाधिकारी के समक्ष तुम विदेश में अध्ययन हेतु छात्रवृत्ति के लिए आवेदन करो और फिर मुझे सूचना दो।'' युवा भीमराव महाराज के पास नौकरी के लिए गए थे, मगर महाराज ने बाबासाहब का प्रचंड आत्मविश्वास, ज्ञान प्राप्ति की तड़प, बुद्धि प्रतिभा और तेजस्विता देखकर उन्हें उच्च शिक्षा के लिए छात्रवृत्ति देकर अमेरिका भेज दिया। बाद का घटनाक्रम तो यही कहता है कि सयाजीराव महाराज गायकवाड का यह कार्य केवल भीमराव ही नहीं, बल्कि सारे दलित समाज का भविष्य बदल डालनेवाला कार्य सिद्ध हो गया। इतिहास को बदलनेवाली घटनाएँ बड़े सामान्य से प्रसंगों के जरिए घटित हो जाती हैं। ऐसे प्रसंगों का माध्यम बने हुए व्यक्ति को इस बात का जरा भी अहसास नहीं होता कि वह कोई लोकविलक्षण काम कर रहा है।

भीमराव 21 जुलाई, 1913 को न्यूयॉर्क पहुँचे। उन्होंने कोलंबिया विश्वविद्यालय में प्रवेश ले लिया। 'राज्यशास्त्र' विभाग में वे छात्र के रूप में दाखिल हुए। अर्थशास्त्र एक प्रमुख विषय तथा समाजशास्त्र, इतिहास, तत्त्वज्ञान, मानव शास्त्र और राजनीतिशास्त्र अन्य विषयों के रूप में उन्होंने लिये। इस विश्वविद्यालय से उन्होंने एम.ए.पीएच.डी. की डिग्रियाँ प्राप्त कीं।

भीमराव जब अमेरिका गए थे, तब उनकी उम्र 22 वर्ष थी। उन दिनों उनकी पत्नी रमाबाई गर्भवती थी। अमेरिका का सामाजिक वातावरण भी भारत की तुलना में कही अधिक खुला-खुला सा था। आज भी भोग-भूमि के रूप में ही अमेरिका का वर्णन किया जाता है। स्त्री-पुरुषों के खुले संबंधों और ढीले-ढाले सामाजिक बंधनों के माहौल में किसी भी युवक का बह जाना बड़ी सहजता से संभव था। ऐसे माहौल में कामवासना और भोगविलास पर विजय प्राप्त करके पढ़ाई पर ही अपना ध्यान केंद्रित करने के लिए बड़ा विलक्षण मनोधैर्य लगता है। बाबासाहब को भी इस मानसिक संघर्ष से गुजरना पड़ा है। शुरुआत में इस स्वच्छंद जीवन के चक्रव्यूह में कसनेवाले थे, तभी मन में कुछ विचार-चक्र घूमना शुरू हो जाने से बेचैन हो उठे, वे स्वयं कहते हैं, "एक बार रात्रि में गपशप खत्मकर तीन बजे के करीब वे बिस्तर पर लेटे और सोचने लगे, मैं यह क्या कर रहा हूँ? बेहद प्रेम करनेवाले अपने परिवार के लोगों को हजारों मील दूर पीछे छोड़कर मैं यहाँ अध्ययन के लिए आया। पढ़ाई-लिखाई छोड़कर मैं यहाँ मौज-मस्ती करता रहा और वह भी राज्यों के पैसों के बल पर?"

"मिले हुए अवसर का यदि मैंने सदुपयोग कर लिया तो मैं अपना यश बढ़ा सकूँगा। केवल डिग्री प्राप्त कर लेने से तो कोई काम नहीं चलेगा। सभी विषयों का आमूलाग्र अध्ययन करने से ही मैं अपनी ख्याति बढ़ा सकता हूँ। केवल डिग्री हासिल करने के लिए पढ़ाई की तो औसत दर्जे का जीवन बिताता रहूँगा।"

विचारों के चक्र दिमाग में घूमने लगे और बेचैन होकर सुबह पाँच बजे ही वे बिस्तर से उठ बैठे। उन्होंने मन-ही-मन यह दृढ निश्चय किया कि इसके बाद सारा जीवन केवल अध्ययन में ही लगाएँगे, मौजमस्ती में नहीं। इस तरह उनकी अंतरात्मा जाग्रत् हुई। उनके जीवन में आत्मप्रभाव का बोध करा देने और प्रभावशाली भावी जीवन की आधारशीला रखनेवाली यह रात थी।"

बी.ए. होने तक बाबासाहब औसत दर्जे के विद्यार्थी थे। अपने बारे में वे स्वयं ही कहते हैं, "आगे चलकर मेरे द्वारा कोई शोधकार्य होंगे, ऐसी अपने बारे में मेरी भी अपेक्षा नहीं थी तथा औरों की भी नहीं थी। इसका अर्थ यह भी नहीं है कि मेरी

बुद्धि कमजोर थी या मेरी पढ़ने में रुचि नहीं थी, मगर शोध करने के लिए जो एक खास तरह का दृष्टिकोण लगता है, प्राध्यापकों का जैसा मार्गदर्शन लगता है, वह सब मेरे मामले में न होने से मेरी सुप्त क्षमताओं को गति नहीं मिल सकी थी। यदि व्यक्ति में जन्मजात गुण हुए तो भी उनके विकास की आवश्यकता तो होती ही है। अमेरिका जाने से उन्हें विकसित करने का कार्य प्रो. सेलिगमन और अन्यु धुरंधर विद्वानों के जरिए हुआ, यह बात मुझे स्वीकार करनी ही चाहिए। इन विद्वान् प्रोफेसरों के सान्निध्य में मुझे अहसास हुआ कि मैं भी स्वतंत्र रूप से विचार कर सकता हूँ...''

एक उक्ति है कि 'नर करनी करे तो नर से नारायण बन जाए।' यह कथन बाबासाहब पर पूरी तरह लागू होता है। आगे चलकर बाबासाहब ने भी इसी उक्ति का उल्लेख करते हुए कहा था कि अगर आप में जिजीविषा होगी तो सबकुछ संभव है। हरेक मनुष्य में एक असीम शक्ति का भंडार है। हरेक व्यक्ति में ऐसी शक्ति होती है, मगर उसे बड़े कष्ट उठाकर जाग्रत् करना पड़ता है। शक्ति जाग्रत करने के लिए इंद्रिय-निग्रह करना पड़ता है और यहीं हमारे जैसे सामान्य लोग कमजोर पड़ जाते हैं और बलवान इंद्रियाँ उन्हें बाहर खींच लाती हैं। आज भी सैंकड़ों युवा एक स्वप्न लेकर परदेश की भूमि पर अभ्यास हेतु जाते हैं और भोगवाद का शिकार हो जाते हैं, मगर भोगभूमि में रहकर भी बाबासाहब ने भोगवादी आकर्षणों को परास्तकर ज्ञान की तपस्या की है और इसीलिए सिर अपने आप उनके समक्ष झुक जाता है।

बैरिस्टरी की परीक्षा की पढ़ाई करने के लिए भीमराव न्यूयॉर्क से लंदन गए। छात्रवृत्ति की अवधि समाप्त हो जाने के कारण उन्हें फिर भारत लौटना पड़ा। पढ़ाई बीच में छूट जाने से उन्हें आत्यंतिक दुःख हुआ।

मुंबई आने के बाद बाबासाहब ने नौकरी ढूँढ़ने के बहुत प्रयास किए। शासकीय सेवा के लिए भी उन्होंने अर्जियाँ दीं, मगर उन्हें सरकारी नौकरी नहीं मिल सकी। इस काल में बाबासाहब ने दो ट्यूशनें कीं। दावर्स कॉलेज के प्राध्यापक के रूप में नौकरी प्राप्त की। ट्यूशनों से 100 रुपया तथा कॉलेज की तनख्वाह के 50 रुपए इस तरह कुल डेढ़ सौ रुपयों में वे अपना और परिवार का खर्च चलाते थे। 1918 से 1920 तक दो साल उन्होंने सिडनेहम कॉलेज में प्राध्यापक के रूप में कार्य किया। लंदन जाकर पढ़ाई पूरी करने के लिए उन्हें पैसों की बचत भी करनी पड़ती थी। 5 जुलाई, 1920 को सिटी ऑफ एक्सिर जहाज से बाबासाहब लंदन रवाना हो गए। लंदन की पढ़ाई पूरी कर और बैरिस्टरी की परीक्षा देकर भीमराव 7 अप्रैल, 1923 को पुनः मुंबई पहुँचे। 1923 के नवंबर माह में भीमराव को डी.एससी. की डिग्री मिली। लंदन से डी.एससी. और बार-एट-लॉ की पढ़ाई करते समय बाबासाहब एक

झगड़ालू स्वभाव की स्त्री के भोजनालय में रहा करते थे। वह स्त्री बाबासाहब से किस तरह व्यवहार करती थी, इसका वर्णन बाबासाहब के ही शब्दों में इस प्रकार है, "आप क्या सोचते हैं कि सुबह अल्पाहार में वह मुझे क्या देती होगी? एक मछली का टुकड़ा, एक कप चाय, एक ब्रेड की स्लाइस और गणेशजी के माथे पर तिलक लगाते हैं, उस ब्रेड पर लगाया हुआ जैम। इस तरह का अल्पाहार करके मैं म्यूजियम में पढ़ने जाया करता था। दोपहर का भोजन करने के लिए मेरे पास पैसे ही नहीं थे। मैं इसी तरह आधे पेट शाम को पाँच बजे तक पढ़ता रहता, घर लौटने के बाद शाम का भोजन। वह खाने यानी एक बोव्हरीन और बटर बिस्किट और फिर अध्ययन। रात में दस बजे जोर से भूख लगती। मैं क्या खाता था, पता है? मेरे एक गुजराती मित्र ने मुझे पापड़ दिए थे। उन्हें भूनने के लिए मैंने टीन का एक टुकड़ा तैयार कर लिया था। उस पर भूने हुए चार पापड़ और एक कप दूध, यही मेरा भोजन था। इस तरह रहता था मैं।"

इस तरह बाबासाहब ने 18-18 घंटे पढ़ाई करके डिग्रियाँ प्राप्तकर स्वदेश लौटे थे। इस ज्ञान प्राप्ति के लिए जिस प्रकार अखंड ज्ञान साधना की थी, वह आज भी प्रत्येक छात्र के लिए एक आदर्श उदाहरण है। डॉ. बाबासाहब लाइब्रेरी में अध्ययन करने जानेवाले सबसे पहले होते थे और लाइब्रेरी बंद होने का समय होता था, तब निकलते थे, वह भी सबसे अंत में···रात को भी उनका अध्ययन चलता रहता था। पौ फटने तक उनका अध्ययन जारी रहता था। उन्हें बाहरी विश्व की सुध-बुध नहीं रहती थी। असनाडेकर नामक मुंबई के एक सज्जन उसी कमरे में रहते थे। वे मध्यरात्रि के बाद जागते और बाबासाहब को अभ्यासरत् देखकर बड़ी हमदर्दी से कहते थे, 'न पैसा है और सोने के लिए न समय।' अपना अध्ययन पूरा करने के लिए वे रात-दिन परिश्रम प्रयास करते थे। रात-दिन एक करते थे, उनकी यह ज्ञानोपासना बहुत कड़ी थी। वह बहुत कठोर परिश्रम करते थे, वह निरंतर ज्ञान तपस्या थी, जिसे, आप शानयज्ञ कह सकते हो। 'विद्यातुराण न सुखं न निद्रा' जिसे विद्या प्राप्ति करनी है, उसे सुख कैसा, नींद कैसी! सफलता निरंतर परिश्रम से मिलती है, यह बाबासाहब अच्छी तरह जानते थे।

बाबासाहब की हमेशा मान्यता दृढ थी कि विद्या, प्रज्ञा, करुणा, शील व मैत्री भाव इन धर्म तत्त्वों से प्रत्येक को अपना चरित्र बनाना चाहिए। जिसकी चरित्रता-नैतिकता नहीं होती, उसका भविष्य कठिन होता है। बाबासाहब (ऑल इंडिया रेडियो, 3 अक्टूबर, 1954) कहते हैं, "हर व्यक्ति का अपना जीवन दर्शन होना चाहिए, क्योंकि हर व्यक्ति के पास ऐसा मानक होना चाहिए, जिससे वह अपने चरित्र को

माप सके। यह दर्शन कुछ और नहीं, चरित्र मापने का एक मानक है।''

डॉ. बाबासाहब ने यह भी कहा है कि, ''ज्ञान प्राप्त करना हर व्यक्ति के लिए आवश्यक है, यदि वह जीवन में उन्नति करना चाहता है।''

ज्ञान, आत्मसम्मान और चरित्र ये मंत्र हैं, जो सफलता प्राप्ति में मददगार हो सकते हैं? बाबासाहब डॉ. आंबेडकर ने विद्या की तुलना शेरनी के दूध से की है। वे कहते हैं ('मूकनायक' सामाजिक अंक-2, 14 फरवरी, 1920) की 'विद्या अर्थात् शेरनी का दूध' जिसे पीने को मिला, उसमें नया उत्साह, नया तेज, नई स्फूर्ति उत्पन्न हुई।' औरंगाबाद (1 सितंबर, 1951) को मिलिंद कॉलेज की नींव रखते, समय डॉ. आंबेडकर ने छात्रों को यह सीख दी कि कॉलेजीपन महाविद्यालय का सपना छात्रों में ज्ञान, विनम्रता और मूल्यों से मजबूत चरित्र निर्माण का है। ''आल इंडिया डिप्रेस्ड कलासिस कोच्छंस (नागपुर, 30 जुलाई, 1942) को संबोधन करते, उन्होंने यह बात भी कही थी, 'शिक्षित बनो' स्वयं पर विश्वास रखें व उम्मीद कभी मत छोड़ो...' 50वें जन्मदिन पर आयोजित सभा परेल कामगार मैदान—मुंबई में (26 अप्रैल, 1942) उन्होंने कहा था, ''आप अपने उद्धार के लिए किसी एक व्यक्ति पर निर्भर मत रहिए, आपका उद्धार आपके अपने हाथों में होना चाहिए, स्वयं आपके प्रयासों से...''

स्वामी विवेकानंद की तरह ही बाबासाहब का दृढ विश्वास था कि इस देश का भविष्य युवाओं के कंधों पर है। उनके परिश्रम और स्वप्नों से देश आगे बढ़ सकता है।

(डीएवी कॉलेज, जालंधर पंजाब में 28 अक्टूबर, 1951 छात्र संसद्) को संबोधित करते हुए कहा, 'इस देश का भविष्य छात्रों के कंधों पर ही टिका होना चाहिए।'

हिंसा-अहिंसा की व्याख्या करते हुए बाबासाहब डॉ. आंबेडकर ने समता सैनिक दल के युवाओं को जो कहा, आज के युवाओं के लिए भी महत्त्वपूर्ण है। उन्होंने समता सैनिक दल कोकरंस (नागपुर 20 जुलाई, 1942) को संबोधित करते हुए कहा था, ''मैं स्वयं भी अहिंसा में विश्वास रखता हूँ, पर मैं अहिंसा और दब्बूपन में अंतर करता हूँ। दब्बूपन कमजोरी होती है एवं कमजोरी अपने आप पर थोपी जाती है और इसे एक गुण नहीं मान सकते हैं। मैं विश्वास करता हूँ कि दब्बूपन अपने ऊपर थोपी गई कमजोरी है और कोई गुणम नहीं है। मैं अहिंसा में विश्वास रखता हूँ, पर ऐसी अहिंसा जो संत तुकाराम ने बताई थी। संत तुकाराम ने कहा था कि अहिंसा में दो बातें होती हैं—

1. सभी जीवों की तरफ प्यार और दया,

2. सभी गलत करनेवालों का समाप्त करना…''

अंत में तुकाराम की इन दो बातों को बताकर डॉ. आंबेडकर आगे कहते हैं, ''अहिंसा की परिभाषा के दूसरे भाग को हम लोग अकसर नजरअंदाज कर देते हैं और इसी कारण अहिंसा का सिद्धांत एक तरह का मजाक हो गया है। अहिंसा के सिद्धांत का मुख्य भाग ही गलत करनेवालों को समाप्त करना होना चाहिए। इसके बिना अहिंसा एक खोखला गोला रह जाता है और हमारा कर्तव्य नहीं हो सकता। जब तक हम लोगों का इरादा किसी को कोई नुकसान पहुँचाना नहीं है और जब तक हम बुरा करनेवालों को समाप्त करने तक सीमित रहते हैं, कोई भी हमारे शक्ति बढ़ाने पर एतराज नहीं कर सकता है। शक्ति जो शील से नियंत्रित हो—यही हमारा सिद्धांत है।''

डॉ. बाबासाहब आंबेडकर ने युवाओं को यह भी सीख दी है कि अपने सामने एक लक्ष्य रखो और उसे प्राप्त करने के लिए परिश्रम करो। कुछ प्राप्त करने की महत्त्वकांक्षा होनी चाहिए। 14 जनवरी, 1955 में डॉ. बाबासाहब ने कहा था, ''मेरे पिताजी कहा करते थे कि हम गरीब हैं, किंतु हमारी महत्त्वाकांक्षा प्रबल होनी चाहिए।'' बाबासाहब डॉ. आंबेडकर ने युवाओं को ऐसी भी सलाह दी है कि शिक्षा प्राप्ति के बाद नौकरी-व्यवसाय करते समय अपनी आय का कुछ अंश समाज कार्य के लिए भी दीजिए, केवल स्वार्थ में ही मत डूबे रहिए, थोड़ा कुछ परमार्थ भी करना चाहिए। अपने व्यक्तिगत जीवन जीने के साथ-साथ समाजकार्य के लिए अपना योगदान दो। मनमाड (महाराष्ट्र) में मुंबई प्रांत के बहिष्कृत युवा सम्मेलन में अध्यक्षीय प्रवचन करते हुए, बाबासाहब ने कहा, ''बिना चरित्र के शिक्षित मनुष्य जानवरों से भी ज्यादा खतरनाक है।'' डॉ. आंबेडकर ने कहा, ''युवाओं को जीवन में एक नियम याद रखना चाहिए कि वे अच्छे विचार मन में संजोएँ। किसी का आदर्श कुछ भी हो; राष्ट्रीय तरक्की या आत्मविकास का, हमें संयम के साथ वहाँ पहुचने का प्रयास करना चाहिए।'' उनका अवलोकन था कि संसार की सभी महान चीजें सब्र के उद्योग से और कर्म एवं मेहनत से उपलब्ध हुई हैं। आगे उन्होंने कहा कि हमें अपना मन और शक्ति अपने लक्ष्य पर केंद्रित करनी चाहिए। इनसान को मात्र जीने के लिए खाना खाकर समाज की भलाई के कार्य करने चाहिए। फिर शिक्षा की समस्या पर आते हुए, डॉ. आंबेडकर ने शिक्षा को ऐसी तलवार की तरह बताया, जिसमें दोनों ओर धार है और जिसे चलाने में खतरा है। बिना चरित्र के एक शिक्षित व्यक्ति को उन्होंने जानवर से ज्यादा खतरनाक बताया। यदि ऐसे व्यक्ति की शिक्षा गरीबों की भलाई में बाधा डालती है तो उन्होंने कहा कि ऐसा शिक्षित व्यक्ति समाज

के लिए अभिशाप है। धिक्कार है, ऐसे शिक्षित व्यक्ति पर। चरित्र शिक्षा से कहीं ज्यादा अहमियत रखता है। उन्होंने आगे कहा, "मुझे यह देखकर पीड़ा होती है कि युवा वर्ग धर्म से तटस्थ हो रहा है। मेरे अंदर जो भी अच्छाइयाँ है या जो कुछ भी मेरी शिक्षा से समाज लाभान्वित हुआ है, उसका श्रेय मैं अपने अंदर मौजूद धार्मिक भावनाओं को देता हूँ। मैं धर्म चाहता हूँ, लेकिन मैं धर्म के नाम पर ढोंग नहीं चाहता।"

युवाओं को संदेश देते हुए, बाबासाहब डॉ. आंबेडकर ने कहा, "कठिन परिश्रम से ही सफलता मिलती है।"

पुणे में विद्यार्थियों के सम्मेलन (11 सितंबर, 1938) में उन्होंने जो कहा वह युवा वर्ग के विद्यार्थियों के लिए पथप्रदर्शक है। उन्होंने कहा, "कोई भी व्यक्ति इतनी अलग-अलग बातें कुशलतापूर्वक संपन्न नहीं कर सकता। यदि कोई व्यक्ति स्वयं सभी तरह के कार्य करने का निर्णय लेता है तो उन सभी के साथ उसका न्याय कर पाना असंभव होता है। विविध प्रकार के कार्य करते हुए और उनमें से एक भी न कर पाना सही दृष्टिकोण नहीं है।"

"इनसान को शुरू में छोटे-छोटे कार्य या जिम्मेदारियाँ हाथ में लेनी चाहिए और उन्हें सफलतापूर्वक संपन्न करते हुए आगे बढ़ना चाहिए।" बाबासाहब कहते हैं, "अपना स्थान पाने के लिए अपने भीतर आत्मविश्वास विकसित करना पड़ेगा, आत्मविश्वास से बड़ी कोई अलौकिक शक्ति नहीं है। मेरा भी जन्म एक अछूत महिला से हुआ था। मुझे औरों की अपेक्षा बेहतर सुविधाएँ व स्वस्थ वातावरण हासिल नहीं हुआ था। मैंने 100 वर्ग फुट के कमरे में पढ़ाई की है, जहाँ मेरे माता-पिता, मेरे भाई-बहन, घासलेट की बत्ती की रोशनी में रहते थे। यदि मैं इन परेशानियों का सामनाकर अपने जीवन की सभी विपत्तियों से लड़कर अपना मुकाम हासिल कर सकता हूँ तो आज इतनी आधुनिक सुख-सुविधाओं के साथ आपके लिए ऐसा करना कठिन कैसे हो सकता है?"

डॉ. बाबासाहब कहते हैं, "इनसान सतत और कठिन परिश्रम करके सक्षम और बुद्धिमान बनता है। कोई व्यक्ति जन्मजात हीरो नहीं होता। जब इंग्लैंड में मैं छात्र था तो मैंने सफलतापूर्वक अपना पाठ्यक्रम 2 साल तीन महीने की निर्धारित अवधि में कर लिया, जबकि सामान्य रूप से इसे पूरा करने में आठ साल लग जाते हैं। इसके लिए मैं लगातार अठारह घंटे कार्य कर सकता हूँ, किंतु आज के युवक यदि वे आधे घंटे भी काम कर लेते हैं तो उन्हें विराम की आवश्यकता पड़ती है। वे सिगरेट पिएँगे या लेट जाएँगे और ध्यान इधर-उधर कर लेंगे। आज इस उम्र में भी मुझे मन बहलाने के लिए ऐसी चीजों की जरूरत नहीं है। आपका स्वाध्याय व समर्पण

ऐसा होना चाहिए। सतत कठिन परिश्रम से ही आप सफलता हासिल करेंगे। केवल डिग्री हासिल करने से कुछ नहीं होगा। विश्वविद्यालय की डिग्री और बौद्धिकता के बीच कोई संबंध नहीं है।''

बाबासाहब ने अपने समग्र जीवन में विद्या और चरित्र को सबसे ऊपर स्थान दिया था। इसलिए वे इसी प्रवचन में आगे कहते हैं, ''ज्ञान के साथ-साथ हममें नैतिकता और चरित्र भी होना चाहिए। नैतिकता के बिना ज्ञान अनुपयोगी है। यदि किसी के पास ज्ञान का अस्त्र है और नैतिक गुण संपन्न भी है, तो वह किसी की भी सुरक्षा कर सकता है, लेकिन यदि कोई व्यक्ति चरित्रहीन है तो अपने ज्ञान को अस्त्र से वह दूसरों का विनाश कर सकता है। ज्ञान तलवार की तरह है, इसका मूल्य उपयोगकर्ता जानता है। एक निरक्षर व्यक्ति किसी को मूर्ख नहीं बना सकता, लेकिन एक पढ़ा-लिखा व्यक्ति तर्कों के प्रयोग से झूठ को सही और सही को झूठ निरूपितकर दूसरों को मूर्ख बना सकता है। अत: नैतिकता और चरित्र शिक्षा से ज्यादा अहमियत रखते हैं, इसलिए प्रत्येक व्यक्ति को प्राथमिक रूप में चरित्रवान होना चाहिए। आज की पीढ़ी को स्वयं सामने आकर अपनी जिम्मेदारी का वहन करना चाहिए। यदि आप पूर्णत: अनुशासन का पालन करते हैं, तो कुछ संभव है। अंत में मैं आपको सलाह दूँगा कि आप अपने चरित्र को मजबूत बनाएँ तथा अपने प्रयास से अपना अनुशासन बढ़ाएँ व उत्थान करें।''

बाबासाहब डॉ. आंबेडकर रत्नागिरी जिला के विपगुन गाँव में एक सभा (13 अप्रैल, 1929) को संबोधन करते हुए कहते हैं, 'आत्मसम्मान के बिना इनसान शून्यप्राय है।' आगे कहते हैं, ''आत्मसम्मान की कीमत महत्त्वपूर्ण घटक है। आत्मसम्मान के साथ जीने के लिए हमें अपनी कठिनाइयों पर विजय हासिल करनी होगी। एकमात्र कठिन और सतत परिश्रम से ही लोग शक्ति, विश्वास और पहचान हासिल करते हैं।''

एक बार आत्मविश्वास के साथ उन्होंने कहा था—500 विद्वानों की बराबरी मैं अकेला कर सकता हूँ। आधे-अधूरे ज्ञान पर कोई मत बनाता नहीं है। जीवन में एक ध्येय को सामने रखकर जो पूरा जीवन लगाते हैं, उनकी गणना महान विभूतियों में होती है। बाबासाहब ने हमेशा खुद पर भरोसा करने की सलाह दी। वाडीबंदर-मुंबई में उनका सम्मान समारोह था। अपने उस सम्मान के प्रत्युत्तर में उन्होंने कहा (जनता, 4 मार्च, 1933) था, ''यह मानपत्र मेरे कार्य और गुणों की श्रेष्ठत्तम बातों से परिपूर्ण है। इसका अर्थ यह है कि आप अपने जैसे सामान्य व्यक्ति का दैवीकरण कर रहे हैं। यह नायक पूजा को यदि शुरु में ही समाप्त नहीं की गई तो आपका विनाश कर

डालेगी। किसी व्यक्ति को देवता का दर्जा देकर आप अपनी सुरक्षा और हल की जिम्मेदारी एक व्यक्ति के हाथ में सौंप देते हैं। परिणामस्वरूप आप निर्भरता की आदत पालकर अपने कर्तव्यों के प्रति तटस्थ हो जाते हैं। यदि आप इसी सोच के शिकार हो जाते हैं तो आपका भाग्य राष्ट्रीयधारा में बह रहे लकड़ी के टुकड़ों से बढ़कर और कुछ नहीं होगा। आपके संघर्ष का परिणाम शून्य होकर रह जाएगा। अपने स्वयं पर भरोसा रखो। भगवान् या सुपरमैन के भरोसे मत रहो।'' लक्ष्य के प्रति पूर्ण श्रद्धा और स्वयं पर भरोसा ही सफलता की गारंटी है, यह बाबासाहब की मान्यता थी। संदेह एक कदम उठाने से रोकता है, विश्वास ऊँचाइयों तक पहुँचाता है, अर्थात् दृढ़ता से भरा हुआ व्यक्ति अपने से कही ज्यादा प्रतिभा, ज्यादा शिक्षा या ज्यादा धनवान व्यक्ति से अधिक सफलता प्राप्त कर सकता है। आत्मविश्वास और दृढ़ता की जगह कोई नहीं ले सकता। प्रतिभा भी नहीं ले सकती। दृढ़ता की कमी असफलता के बड़े कारणों में से एक है और फिर यह प्रामाणित भी हो चुका है कि यह वह कमजोरी है, जो मनुष्य की दौड़ में प्रभावी रहती है। दृढता का सिद्धांत है, 'मैं इसे तब तक करूँगा, जब तक यह हो न जाए।' ब्रिटेन को मुश्किल घड़ी में सँभालनेवाले दो बार प्रधानमंत्री बने विंस्टन चर्चिल का एक सबसे छोटा मगर सबसे महत्त्वपूर्ण भाषण है, 'कभी न भागो''कभी मत भागो।' उनका कहने का तात्पर्य यही था कि मुश्किलों से मुकाबला करो, भागो नहीं। डॉ. आंबेडकर ने भी यही कहा, 'मुश्किलों का डटकर मुकाबला करो, संघर्ष करो।'

आज का युवा जब छोटी-छोटी मुश्किलों में हताश हो जाता है, तो उसका कारण उसका मन होता है, उसकी शारीरिक और बौद्धिक क्षमता तो है, मगर मन उत्साहित न होने के कारण वह हताश होता है। बाबासाहब ने एक मनोचिकित्सक की तरह भी व्यक्ति के मन का विश्लेषण किया है और कहा है, 'मनुष्य के उत्साह के लिए एकमात्र कारण है मन।' बाबासाहब ने 14 अक्टूबर, 1956 को बौद्ध धर्म अंगीकार करते समय जो प्रवचन दिया था, उसमें उन्होंने इसकी सफलता और उत्साह के पीछे मन ही की भूमिका का बड़ा सटीक जिक्र किया है। उन्होंने कहा, ''मनुष्य के शरीर के साथ मन भी होता है, इसलिए दोनों का विचार होना चाहिए। मन का विकास होना चाहिए, वह सुसंस्कृत होना चाहिए। जिस प्रकार मनुष्य का शरीर निरोगी व सुदृढ़ होना चाहिए, उसी प्रकार मन भी सुसंस्कृत होना चाहिए। अन्यथा कह नहीं सकेंगे कि मानवजाति का उत्कर्ष हुआ है। मनुष्य का शरीर अथवा मन रोगी क्यों होता है या तो उसे शारीरिक पीड़ा होती है अथवा मन में उत्साह नहीं होता। मन में उत्साह न हो, तो अभ्युदय नहीं हो सकेगा। उत्साह निर्माण का मूल मन है।''

बाबासाहब आगे कहते हैं, ''जिसका मन व शरीर सुदृढ हो, जो साहसी होगा, जिसको यह विश्वास होगा कि किसी भी परिस्थिति से संघर्ष कर सकेगा, उसमें उत्साह निर्माण होता है व उसका उत्कर्ष होता है। यदि मनुष्य की निरुत्साहित करनेवाली परिस्थिति हजारों वर्ष तक बनी रही तो अधिक-से-अधिक क्लर्क पेट भरनेवाले पैदा होंगे, इन क्लर्कों की रक्षा करने के लिए बड़ा क्लर्क चाहिए। तरुणों को एक बात ध्यान में रखनी चाहिए, उन्हें केवल पेट भरनेवाला नहीं बनना चाहिए।'' बाबासाहब ने यह भी कहा, ''अपने मन में उत्साह निर्माण हो, इसके लिए मैंने हलचल की। तब कहीं पढ़ाई की शुरुआत हो सकी, मैंने लँगोटी पहनकर पढ़ाई की। मैं दिल्ली में एकजीक्यूटिव कौंसिल में था, उस समय वायसराय लॉर्ड लिनलिथगो थे। मैं एक बार लिनलिथगो के पास गया और शिक्षा पर होनेवाले व्यय के बारे में बात की। मैंने कहा आप बुरा न मानें, तो एक बात पूछूँ? मैं अकेला 50 स्नातकों के समान हूँ कि नहीं? उन्होंने मेरी बात मान्य की। मैंने पूछा इसका कारण क्या है? उन्होंने कहा—वह कारण हमें मालूम नहीं है। मैंने कहा, 'मेरी विद्वता इतनी है कि मैं महत्त्व के स्थान पर बैठ सकता हूँ। मुझे ऐसे ही व्यक्ति चाहिए।' बाबासाहब आंबेडकर का ऐसा गजब का आत्मविश्वास था और वह 'ज्ञानशक्ति' 'नोलेज पावर' के चमत्कार को अच्छी तरह जानते थे। आपके पास आत्मविश्वास है, कुछ भी करने का मन है तो आप कुछ भी कर सकते हैं। आपकी डिक्शनरी में 'असंभव' शब्द नहीं होगा। बस अपनी क्षमताओं को पहचानें। सपने देखे जा सकते हैं और उन्हें हकीकत में बदला जा सकता है और आप वह सब बन सकते हैं, जो आप बनना चाहते हैं। लक्ष्य निर्धारित करने की प्रक्रिया में हमारे लिए यह निश्चित करना जरूरी है कि हम क्या चाहते हैं, हम क्या करना और क्यों होना चाहते हैं और तब लक्ष्य निर्धारित करें। बीते हुए कल को देखकर लक्ष्य निर्धारित न करें। जब हम बीते हुए कल को देखकर लक्ष्य निर्धारित करते हैं, तो हम अतीत के चलते भावी असीम संभावनाओं को सीमित कर लेते हैं। यही पिछड़ी मानसिकता है। बाबासाहब के जीवन पृष्ठों में यही महत्त्वपूर्ण है, उन्होंने कभी भी अतीत को ध्यान में रखकर अपना लक्ष्य निर्धारित नहीं किया और इसीलिए वे आगे बढ़ पाए। और असीम संभावनाओं को प्राप्त कर सकें। तभी वे 50 स्नातकों के बराबर के एक बनने का सामर्थ्य प्राप्त कर सके। बाबासाहब के जीवन से यही सीख लेनी चाहिए कि जीवन की राह में कुछ भी असंभव नहीं। बाबासाहब डॉ. आंबेडकर का जीवन संघर्ष हमें एडवर गेस्ट, जिसे 'सामान्य लोगों का कवि' कहा जाता था, उसकी कविता के शब्द हमें याद दिलाता है, जो युवाओं

की क्षमताओं में उनका विश्वास बढ़ाता है—

अपने बारे में इस तरह सोचो, मेरे साथी,

तुम्हारे पास वह सब कुछ है, जो महानतम लोगों के पास था, दो बाँहें, दो हाथ, दो पैर, दो आँखें, और

अगर आप बुद्धिमान हैं तो इस्तेमाल के लिए एक दिमाग भी। इसी साधन के साथ उन सबने शुरुआत की,

इसीलिए शिखर के लिए शुरुआत करो और कहो,

'मैं कर सकता हूँ।'

बुद्धिमान और महान लोगों की तरफ देखो,

वे भी एक आम थाली से ही भोजन लेते हैं,

और समान छुरी और काँटे का इस्तेमाल करते हैं,

समान फीतों से वे भी अपने जूते बाँधते हैं,

दुनिया उन्हें बहादुर और तेज मानती है

पर तुम्हारे पास वह सब है, जो उनके पास तब था, जब उन्होंने शुरुआत की थी

तुम जीत सकते हो और प्रतिभावान बन सकते हो,

सिर्फ तुम अगर चाहते हो, तो तुम महान बन सकते हो। तुम जो भी लड़ाई चुनते हो, उसके लिए तुम पूर्ण साधन संपन्न हो, तुम्हारे पास इस्तेमाल के लिए पैर, हाथ और दिमाग हैं,

और जिन लोगों ने महान कार्य किए हैं,

उन्होंने अपनी जिंदगी की शुरुआत तुमसे ज्यादा से नहीं की। अपनी कमजोरी का तुम्हें सामना करना होगा।

तुम ही हो, जो अपना स्थान चुन सकते हो,

तुम जहाँ जाना चाहते हो, तुम्हें कहना होगा;

सत्य को जानने के लिए तुम कितना अध्ययन करोगे।

ईश्वर ने तुम्हें जीवन के लिए साधन संपन्न बनाया है, पर उसने तुम्हें तुम्हारी इच्छानुसार बनने के लिए छोड़ दिया है।

साहस आत्मा के भीतर से आता है,

मनुष्य को जीतने की इच्छा संजोनी ही चाहिए।

इसलिए अपने बारे में इस तरह सोचो, मेरे साथी,

तुम उन सभी चीजों के साथ पैदा हुए हो,

जो महान लोगों के पास थीं
तुम्हारे ही साधनों के साथ उन्होंने शुरुआत की।

खुद पर नियंत्रण रखो, और कहो, 'मैं कर सकता हूँ।' अंत में डॉ. आंबेडकर की एक बात, जिसके प्रकाश में आज का युवा अपनी सफलता प्राप्त कर सकता है। बाबासाहब ने प्रेरित करनेवाली एक बात यह भी कही है कि अपनी रोशनी, अपना प्रकाश स्वयं बनो, अगर आगे बढ़ना है तो खुद पर भरोसा रखो। बाबासाहब ने तथागत बुद्ध की कथा सुनाते हुए कहा है, 'एक बार बीमारी से उबरने के बाद भगवान् एक वृक्ष के नीचे आराम कर रहे थे; उनके शिष्य पूज्य आनंद उनके पास गए और कहा, 'मैंने भगवान् को बीमारी में भी और प्रसन्नता में देखा है, लेकिन भगवान् की वर्तमान बीमारी से मेरा शरीर सीसे की तरह भारी हो गया है और मेरे मानस में शांति नहीं है। मैं 'धम्म' पर ध्यान केंद्रित नहीं कर पा रहा हूँ, लेकिन मुझे इससे संतोष और तसल्ली है कि भगवान् अपने संघ को संदेश दिए बिना परिनिर्वाण ग्रहण नहीं करेंगे।' उसके बाद भगवान् का उत्तर था।

'आनंद! संघ मुझसे क्या चाहता है। मैंने खुले मन से 'धम्म' की शिक्षा दी है, कुछ भी नहीं छिपाया है। तथागत ने दूसरे शिक्षकों की भाँति किसी से कुछ नहीं छिपाया है। इसलिए आनंद! तथागत भिक्खू संघ को और क्या बता सकते हैं? आनंद सूरज की तरह अपना प्रकाश खुद बनो। धरती की तरह प्रकाश के लिए निर्भर मत बनो। अपने आप पर विश्वास रखो; दूसरों पर निर्भर मत रहो। सत्यवादी बनो। सत्य में ही हमेशा आश्रय लो और किसी के आगे आत्म-समर्पण मत करो।' मैं भी भगवान् बुद्ध के इन शब्दों में आश्रय लेता हूँ।

"अपने मार्गदर्शक खुद बनो। अपनी विवेकबुद्धि का आश्रय लो। दूसरों की सलाह मत सुनो। दूसरों के दबाव के आगे आत्म-समर्पण मत करो। सत्यवादी बनो। सत्य का आश्रय लो। किसी के आगे आत्मसमर्पण मत करो।"

□

श्रमिकों में जगा स्वाभिमान

—पवन कुमार

भारत में श्रम विभाग नवंबर, 1937 में स्थापित किया गया था और डॉ. भीमराव आंबेडकर ने जुलाई, 1942 में श्रम मंत्रालय का कार्यभार सँभाला था। उस वक्त सिंचाई और विद्युत विकास के लिए नीति निर्माण और योजनाएँ बनाना पहला काम था। श्रम विभाग ने डॉ. आंबेडकर के मार्गदर्शन में विद्युत प्रणाली के विकास, जल विद्युत केंद्र स्थलों, पनविद्युत सर्वेक्षण, विद्युत उत्पादन की समस्याओं का विश्लेषण और थर्मल पावर स्टेशनों की समस्याओं की जाँच-पड़ताल के लिए केंद्रीय तकनीकी विद्युत बोर्ड (सीटीपीबी) स्थापित करने का फैसला किया।

चाहे भारतीय रिजर्व बैंक के संस्थापक के दिशा-निर्देश हों या अर्थव्यवस्था के किसी अन्य पहलू को नियंत्रित करनेवाले सिद्धांत, भारत को जो भी सबसे अच्छा मिल सकता था, डॉ. आंबेडकर ने दिया।

यह डॉ. आंबेडकर ही थे, जिन्होंने भारत में 14 घंटे से घटाकर 8 घंटे के कार्य दिवस की शुरुआत की। उन्होंने यह कार्य नई दिल्ली में भारतीय श्रम सम्मेलन के 7वें सत्र में 27 नवंबर, 1942 को किया था।

डॉ. बाबासाहब आंबेडकर ने भारत में महिला श्रमिकों के लिए कई कानूनों का निर्माण किया, जैसे कि 'खादान मातृत्व लाभ अधिनियम', 'महिला श्रमिक कल्याण निधि', 'महिला एवं बाल श्रमिक संरक्षण अधिनियम', 'महिला श्रमिकों के लिए मातृत्व लाभ' और 'कोयला खदानों में भूमिगत काम पर महिलाओं को रोजगार देने पर प्रतिबंध' की बहाली। कर्मचारी राज्य बीमा (ईएसआई) श्रमिकों को चिकित्सा देखभाल में, चिकित्सा छुट्टी, काम के दौरान घायल होने की वजह से शारीरिक विकलांगता में, कामगारों को क्षतिपूर्ति और विभिन्न सुविधाओं के प्रावधान के लिए मददगार होता है। पूर्वी एशियाई देशों में भारत ऐसा पहला राष्ट्र

था, जिसने कर्मचारियों की भलाई के लिए बीमा अधिनियम बनाया था। 'महँगाई भत्त' (डीए), 'अवकाश लाभ', 'वेतनलाभ का पुनरीक्षण' जैसे प्रावधान डॉ. आंबेडकर के कारण ही हैं।

'कोयला और माइका (अभ्रक) खान भविष्य निधि' की दिशा में भी डॉ. आंबेडकर का महत्त्वपूर्ण योगदान था। उस काल में कोयला उद्योग हमारे देश की अर्थव्यवस्था में महत्त्वपूर्ण भूमिका निभाता था।

31 जनवरी, 1944 को बाबासाहब आंबेडकर ने श्रमिकों के लाभ के लिए कोयला खान सुरक्षा संशोधन विधेयक अधिनियम बनाया। 8 अप्रैल, 1946 को उन्होंने अभ्रक खान श्रमिक कल्याण कोष का गठन किया, जो श्रमिकों के लिए आवास, जलापूर्ति, शिक्षा, मनोरंजन, सहकारी व्यवस्थाओं में मददगार रहा। इसके अलावा डॉ. आंबेडकर ने बी.पी. अगरकर के मार्गदर्शन में श्रमिक कल्याण कोष से उत्पन्न होनेवाले महत्त्वपूर्ण मामलों पर सलाह देने के लिए एक सलाहकार समिति का गठन किया। बाद में जनवरी, 1944 को उन्होंने इसे विधिवत तौर पर प्रस्थापित कर दिया।

वायसराय की परिषद् के श्रम सदस्य के तौर पर डॉ. आंबेडकर ने श्रमिकों की उत्पादकता बढ़ाने, उन्हें शिक्षा और कार्य में बेहतर प्रदर्शन, आवश्यक कौशल उपलब्ध कराने, उनके स्वास्थ्य की देखभाल और महिला श्रमिकों के लिए मातृत्व प्रावधान कराने के लिए कार्यक्रम शुरू किए। 1942 में डॉ. आंबेडकर ने श्रमिकों के लिए सामाजिक सुरक्षा उपायों की रक्षा की खातिर, श्रम नीति के निर्धारण में भागीदारी के लिए श्रमिकों और नियोक्ताओं को समान अवसर देने और ट्रेड युनियनों की तथा श्रमिक संगठनों को अनिवार्य मान्यता शुरू करके श्रमिक आंदोलन को मजबूत बनाने के लिए त्रिपक्षीय श्रम परिषद की स्थापना की। डॉ. आंबेडकर ने ऊर्जा क्षेत्र में ग्रिड प्रणाली के महत्त्व और आवश्यकता पर बल दिया, जो आज भी सफलतापूर्वक काम कर रही है। यदि आज विद्युत इंजीनियर प्रशिक्षण के लिए विदेश जाते हैं, तो इसका श्रेय भी डॉ. आंबेडकर को ही जाता है, जिन्होंने श्रम विभाग के प्रमुख के तौर पर सर्वश्रेष्ठ इंजीनियरों को विदेशों में प्रशिक्षित करने के लिए नीति तैयार की थी।

श्रम को संविधान की समवर्ती सूची में रखने, मुख्य और श्रम आयुक्तों को नियुक्त करने, श्रम जाँच समिति का गठन करने आदि का श्रेय भी डॉ. आंबेडकर को ही जाता है। न्यूनतम मजदूरी अधिनियम भी डॉ. आंबेडकर के योगदान की वजह से बना था और यही स्थिति महिला श्रमिकों को सशक्त बनानेवाले मातृत्व लाभ विधेयक की है। अगर आज भारत में रोजगार कार्यालय दिखाई देते हैं, तो ऐसा डॉ.

आंबेडकर की दूरदृष्टि के कारण है। यदि श्रमिक अपने अधिकारों के लिए हड़ताल पर जा सकते हैं, तो ऐसा बाबासाहब आंबेडकर की वजह से है। उन्होंने श्रमिकों के लिए हड़ताल करने के अधिकार को स्पष्ट रूप से मान्यता प्रदान की है। 8 नवंबर, 1943 को डॉ. आंबेडकर ने ट्रेड यूनियनों की अनिवार्य मान्यता के लिए इंडियन ट्रेड यूनियन (संशोधन) विधेयक पेश किया। डॉ. आंबेडकर का बराबर मानना रहा कि दलित वर्गों को इस देश के आर्थिक विकास में एक महत्त्वपूर्ण भूमिका निभानी चाहिए। यह बात निर्विवाद रूप से कही जा सकती है कि अगर भारत में मजदूरों के पास अधिकार हैं, तो ऐसा डॉ. आंबेडकर की मेहनत और समर्पित श्रमिकों की ओर से उसके लिए लड़ी गई लड़ाई की वजह से है।

भारत के श्रम मंत्री के नाते बाबासाहब डॉ. आंबेडकर द्वारा दिया गया योगदान

फैक्टरी में काम के घंटों में कटौती (8 घंटों की ड्यूटी)

(आज भारत के प्रतिदिन काम की अवधि लगभग 8 घंटे होती है। कितने भारतीयों को यह बात पता है कि बाबासाहब आंबेडकर भारत में मजदूरों के उद्धारकर्ता थे। उन्होंने भारत में काम के 8 घंटे तय करवाए। कामकाज का समय 14 से घटाकर 8 घंटे किया जाना भारत के श्रमिकों के लिए प्रकाशपुंज जैसा था। उन्होंने यह प्रस्ताव 27 नवंबर, 1942 को नई दिल्ली में भारतीय श्रम सम्मेलन के 7वें सत्र में प्रस्तुत किया।)

बाबासाहब आंबेडकर ने भारत में महिला मजदूरों के लिए कई कानूनों का निर्माण किया—

- खान मातृत्व लाभ अधिनियम
- महिला श्रमिक कल्याण कोष
- महिला एवं बाल श्रम संरक्षण अधिनियम
- महिला श्रमिकों के लिए मातृत्व लाभ
- कोयला खदानों में भूमिगत काम पर महिलाओं के रोजगार पर प्रतिबंध की बहाली

भारतीय फैक्टरी अधिनियम

- राष्ट्रीय रोजगार एजेंसी (रोजगार कार्यालय) का गठन

(रोजगार कार्यालयों को स्थापित करने में डॉ. बाबासाहब आंबेडकर ने महत्त्वपूर्ण भूमिका निभाई थी। दूसरे विश्व युद्ध की समाप्ति के बाद ब्रिटिश इंडिया में बनी तात्कालिक सरकार में श्रम सदस्य के रूप में उन्होंने रोजगार कार्यालयों को गठित किया। इसी प्रकार ट्रेड यूनियनों, मजदूरों और सरकार के प्रतिनिधियों के माध्यम से श्रम मुद्दों को निबटाने के लिए त्रिपक्षीय पद्धति लागू की और सरकारी क्षेत्र में कौशल विकास पहल शुरू की।)

कर्मचारी राज्य बीमा (ईएसआई)

ईएसआई श्रमिकों को चिकित्सा देखभाल में, चिकित्सा अवकाश काम के दौरान घायल होने की वजह से शारीरिक विकलांगता में, कामगारों को क्षतिपूर्ति और विभिन्न सुविधाओं के प्रावधान में मददगार होता है। डॉ. आंबेडकर ने इसे श्रमिकों के लाभ के लिए प्रस्तुत और अधिनियमित किया था। वास्तव में पूर्वी एशियाई देशों में 'बीमा अधिनियम' लानेवाला भारत सबसे पहला राष्ट्र था। इसका श्रेय डॉ. आंबेडकर को ही जाता है।

वित्त आयोग की सभी रिपोर्टों के लिए मूल संदर्भ स्रोत एक तरह से डॉ. आंबेडकर की पीएचडी थीसिस, ब्रिटिश भारत में प्रांतीय वित्त विकास पर आधारित हैं, जो उन्होंने 1923 में लिखी थी।

भारत की जल नीति और विद्युत योजना

सिंचाई और विद्युत के विकास के लिए नीति निर्माण और योजना बनाना उनकी चिंता का प्रमुख विषय था।

□

बाबासाहब के तीन गुरु बुद्ध, कबीर और फुले

—दीपक जेवणे

पूजनीय डॉ. बाबासाहब आंबेडकर का जीवन धूलि से शिखर तक की यात्रा है। जिस परिवार में उनका जन्म हुआ था, उसकी सौ से अधिक पीढ़ियों से जानवरों से बदतर व्यवहार इस देश में किया गया था। उनकी छाया का स्पर्श भी अमंगल माना जाता था, मगर जब डॉ. आंबेडकर ने इस दुनिया से विदा ली, तब उनके बारे में कहा गया कि हमने देश का एक महान सपूत खो दिया है। तब देश के राष्ट्रपति ने भी कहा कि हमारे देश के संविधान का निर्माता आज चल बसा है। हमारे तब के प्रधानमंत्री ने भी कहा, "हिंदू समाज की सारी अनिष्ट कुप्रथाओं के विरोध में विद्रोह करनेवाले व्यक्ति के रूप उनकी पहचान बनी रहेगी और जिन चीजों के विरोध में उन्होंने विद्रोह किया था, उन चीजों के विरोध में हरेक व्यक्ति को विद्रोह करना चाहिए।"

ऐसी धूलि से शिखर तक यात्रा बाबासाहब ने कैसे तय की। उनके जीवन का दीपस्तंभ क्या रहा होगा? सागर में दीपस्तंभ देखकर नौका अपनी दिशा तय करती है, मगर डॉ. बाबासाहब के जीवन की विशेषता यह रही है कि उन्होंने अपने जीवन की दिशा तय की और उसके अनुरूप अपने दीपस्तंभ बनाए। उन्होंने कहा है कि भगवान् गौतम बुद्ध, कबीर और फुले मेरे गुरु हैं। स्वतंत्रता, समता एवं बंधुत्व का तत्त्वज्ञान मैंने उनसे सीखा है। एक प्रश्न स्वाभाविक रूप से खड़ा हो जाता है कि तथागत गौतम बुद्ध, संत कबीर और महात्मा ज्योतिबा फुले को बाबासाहब ने अपने गुरु क्यों माना? इन तीनों में ऐसी क्या विशेषता रही कि बाबासाहब ने

उन्हें अपने गुरु के रूप में चुन लिया। जैसा कि नेहरूजी ने कहा था बाबासाहब का एक महान विद्रोही के रूप में स्मरण रहेगा। हमें यह बात ध्यान में लेनी होगी कि तथागत गौतम बुद्ध, संत कबीर और महात्म फुले तीनों अपने-अपने काल में महान विद्रोही थे, मगर उनकी सोच कभी नकारात्मक नहीं रही, गलत चीजों की जगह पर सही क्या होना चाहिए, इसका दर्शन उन्होंने हमेशा जनसाधारण के सामने रखा। बाबासाहब आंबेडकर स्वतंत्रता, समता और बंधुत्व को अपने त्रि-तत्त्व बताते हैं और गौरतलब बात यह है कि यही अवधारणाएँ अपने दर्शन और चिंतन में इन तीनों महापुरुषों ने रखी है।

हम जानते हैं कि धर्म भारत की आत्मा है। बाबासाहब के ये तीनों गुरु धर्मपुरुष थे और बाबासाहब की पहचान भी धर्मपुरुष की बन गई है। धर्म पुरुष बाबासाहब की धर्म की परिभाषा कैसी थी? उन्होंने दादर में महार जाति की एक परिषद् बुलाई थी, जिसमें अपने भाषण में उन्होंने कहा था, 'जो धर्म आपको मनुष्य के नाते से नहीं पहचानता है, जो आपको पानी भी नहीं देना चाहता है, वह धर्म इस संज्ञा के लिए अपात्र है। जो धर्म आपको शिक्षा नहीं देना चाहता है, आपकी भौतिक उन्नति नहीं होने देता है, वह धर्म इस संज्ञा के लिए अपात्र है। जो धर्म अपने अनुयायियों को अपने धर्मबंधुओं के साथ इनसानियत का व्यवहार करना नहीं सिखाता, वह धर्म नहीं, रोग है।...जो धर्म अज्ञानी को अज्ञानी, निर्धन को निर्धन रहने को कहता है, वह धर्म नहीं, बल्कि सजा है। भगवान् बुद्ध के उद्धरण से अपने भाषण का समापन करते हुए बाबासाहब ने कहा था कि आप अपनी बुद्धि की शरण लीजिए।' मगर इस समय उन्होंने बुद्ध धर्म का स्वीकार करना तय नहीं किया था।

आगे बाबासाहब का 'बुद्ध और उनके धर्म का भवितव्य' यह महत्त्वपूर्ण लेख महाबोधि संस्था की मासिक पत्रिका में मई, 1950 में प्रकाशित हुआ था। उसमें उन्होंने कहा था, 'अगर धर्म चलते रहना है तो वह बुद्धिप्रामाण्यवादी होना चाहिए और विज्ञान यह बुद्धिप्रामाण्यवाद का दूसरा नाम है। धर्म को केवल नीति की संहिता बनना यह उसका सर्वस्व नहीं है। धर्म की नैतिक संहिता को स्वतंत्रता, समता और बंधुता इन मूलभूत तत्त्वों को मान्यता देना आवश्यक है।' बाबासाहब ने धर्म के बारे में जो अपेक्षाएँ व्यक्त की थीं, उन सारी अपेक्षाओं की पूर्ति बौद्ध धर्म करता है, ऐसा उनका मानना था। उन्होंने यह भी कहा था कि बौद्ध धर्म के तत्त्व चिरकालिक और समानता पर आधारित हैं। बाबासाहब कहते थे, ''हिंदू धर्म वैदिक धर्म, ब्राह्मण धर्म और हिंदू धर्म, ऐसी तीन अवस्थाओं से गुजरा है। हिंदू धर्म की

जब दूसरी अवस्था चल रही थी तभी बौद्ध धर्म का उदय हुआ था। शंकराचार्य के उदय के बाद भी बौद्ध धर्म भारत से नष्ट नहीं हुआ था।''

आज बाबासाहब को हिंदू धर्म के विध्वंसक के रूप में प्रस्तुत करने के भरसक प्रयास होते रहते हैं, मगर उनके धर्म परिशीलन से हमें ऐसा बिल्कुल नहीं लगता है। भारत का धार्मिक प्रवास उन्होंने देखा था और तब हिंदू धर्म छोड़कर उन्होंने भगवान् बुद्ध का अनुनय किया, तब उनके मन में कतई ऐसा भाव नहीं था कि उन्होंने इस भूमि की धार्मिक अवधारणा से अपना नाता तोड़ लिया है। डॉ. बाबासाहब सदा ही धर्म से जुड़े रहे और धर्मपुरुष बन गए। 21 सितंबर, 1950 में वरली में भाषण करते समय उन्होंने यह भी कहा था, ''एक हजार साल पहले प्रचलित हिंदू धर्म बौद्ध धर्म की तरह ही था, मगर मुसलमानी आक्रमण और अन्य कारणों से उसकी पवित्रता नष्ट हो गई। इसलिए बौद्ध धर्म का पुनरुत्थान करने हेतु और उसका प्रसार करने हेतु मैं अपना जीवन समर्पित कर दूँगा।''

बाबासाहब ने अपने विद्रोह के लिए भगवान् गौतम बुद्ध का ही आदर्श रखा था और उनको ही गुरु मान लिया था। बाबासाहब के दूसरे गुरु थे संत कबीर। वैसे बाबासाहबजी का घराना तो नाथपंथी था और उनके पिताजी रामजी ने कबीर पंथ की दीक्षा ली थी। इन भक्ति पंथीय लोगों की भावना ऐसी ही होती थी, 'हम सब मनुष्य एक ही परमपिता परमेश्वर की संतान हैं। परमेश्वर के दरबार में ऊँच-नीच या किसी भेदभाव को कोई स्थान नहीं है। भगवान् तो केवल भाव के भूखे होते हैं।' कबीरपंथीय भक्तों पर भूतदया की भावना के गहरे संस्कार थे। कारण इस पंथ के गुरुदेव कबीरजी ने जातिभेद की हमेशा कड़ी आलोचना की थी। उनका तो यही अमर संदेश था, 'ताज पंथ ना पूछे कोई, हरि को भजे सो हरि का होई।' अपने पिता द्वारा किए गए इन्हीं संस्कारों को डॉ. बाबासाहब ने आगे अपने जीवन में उतारा था। इसीलिए वे कबीरजी को अपना भी गुरु मानते थे। बाबासहब को कबीरजी के दोहे कंठस्थ थे और वे समय-समय पर गुनगुनाते भी थे। अपने देश के इतिहास में कबीर का एक अनन्य साधारण स्थान है। कबीरजी का कालखंड था 1398 से 1448 तक। इस कालखंड में संपूर्ण हिंदू समाज जातिभेद से छिन्न-भिन्न हो चुका था और अस्पृश्यता, अंधविश्वास, निरर्थक कर्मकांड की जंजीरों में पूरी तरह से जकड़ गया था। समाज बँट जाने के कारण प्रतिकार करने की शक्ति गँवा बैठा था। फलस्वरूप दिल्ली में विदेशी मुसलमानों का शासन स्थिर हो गया था। संत कबीर तो स्वयं जुलाहा थे और ऊँची जातियों द्वारा नीच समझी जानेवाली जातियों का अपमान उन्होंने स्वयं अनुभव किया था। जातिभेद की

दाहकता के दंश उन्होंने झेले थे।

उन्होंने स्पष्ट रूप से घोषित कर दिया था—

एक रुधिर एकै मल मूतर एक चाम एक गूदा।
एक बूँद तै सृष्टि रची है, कौन ब्राह्मण कौन सूदा॥

सभी स्त्री-पुरुषों में एक ही खून होता है, एक ही मल-मूत्र, एक ही चमड़ी और एक ही मांस होता है। एक ही बिंदु से सृष्टि की निर्मिति हुई है। इसलिए ब्राह्मण और शूद्र इस भेदभाव का कोई मतलब नहीं है।

ब्राह्मणयता से ग्रस्त ब्राह्मणों और अस्पृश्यता पालन करनेवाले कर्मठों से कबीरजी का सवाल है कि,

हमारे कैसे लोहू तुम्हारे कैसे दूध।
तुम्ह कैसे ब्राह्मण हम कैसे सूद॥
छोति-छोति करता तुहही जाय।
तौं ग्रभबास कांहे कौ आए॥

कबीरजी ने ब्राह्मणों से पूछा है , ‘‘हे ब्राह्मणो! आपका और हमारा रक्त तो एक ही है। हमारी उत्पत्ति एक जैसी ही हुई है तो आप ब्राह्मण और हम शूद्र भेदभाव कहाँ से आया है ? आप स्वयं को पवित्र मानते हैं तो गर्भवास के अपवित्र मार्ग से आप इस दुनिया में क्यों आते हो ?''

बाबासहब आंबेडकरजी के तीसरे गुरु थे महात्मा ज्योतिबा फुले। आधुनिक भारत में अस्पृश्यता को तिलांजलि देकर अस्पृश्यता का समूल उच्चाटनकर सामाजिक समता की प्रस्थावना करने का कार्य महात्मा ज्योतिराव फुले ने किया। भारतीय नारी को शिक्षितकर उसकी आत्मोन्नति का द्वार खोलना और शूद्रातिशूद्र जनता को शिक्षा देकर सामाजिक, धार्मिक एवं आर्थिक विषमता नष्ट करने हेतु उनको खड़ा करने का महान कार्य महात्मा फुले ने किया है। महात्मा फुले भारत के महान समाज सुधारकों में से एक थे, इसलिए जब उन्होंने 'शूद्र पहले कौन थे ?' यह ग्रंथ लिखा था, तब वह महात्मा फुले को ही समर्पित किया था। उनका कालखंड 1827 से 1890 तक का है। उनका जन्म माली (बागबान) परिवार में हुआ था। वे बचपन से ही बुद्धिमान थे। महात्मा फुले का विद्रोह जातिभेद के विरुद्ध था, छुआछूत की प्रथा के विरुद्ध था और जातिभेद और छुआछूत का समर्थन करनेवाले धर्मशास्त्रों के विरुद्ध था। धर्मशास्त्रों का मनमाफिक अर्थ लगानेवाली ब्राह्मणशाही के खिलाफ उनका विद्रोह था। इस कारणवश उनको इसी समाज में से कड़ा विरोध हुआ था।

महात्मा फुलेजी का सामाजिक विद्रोह का स्वरूप हम उनके 'ब्राह्मणांचे कसब' (ब्राह्मणों के गुर), गुलामगिरी (गुलामी) और 'शेतकन्याचा असूड' (किसान का सौंटा) मराठी ग्रंथों में पढ़ सकते हैं। ब्राह्मण जोशी शूद्रों को अलग-अलग विधियाँ बताकर उनसे कैसे धन ऐंठता है, यह 'ब्राह्मणांचे कसब' में बताया गया है। इस लूट के कारण किसान कर्ज में डूब जाता है। फुलेजी ने अपना 'गुलामगिरी' यह ग्रंथ अमेरिकी नीग्रो लोगों को गुलामी से मुक्त करनेवाले अमेरिकी गोरों को समर्पित किया है और इस ग्रंथ के आरंभ से ही होमर का विख्यात वचन दिया है, "जिस दिन मनुष्य दास बनता है, उस दिन से उसके आधे सद्‌गुण समाप्त हो जाते हैं।"

इस ग्रंथ का उद्‌देश्य स्पष्ट करते हुए महात्मा फुले लिखते हैं—'इस ग्रंथ का उद्‌देश्य यह है कि आज सैकड़ों वर्षों से शूद्रातिशूद्र लोग ब्राह्मणों का राज आने से सतत दुःख सह रहे हैं और तरह-तरह की यातनाएँ भुगत रहे हैं तथा संकट में दिन काट रहे हैं, इस बात की ओर सब का ध्यान आकर्षित कर उस पर ठीक से विचार करना और आगे से भट-ब्राह्मण लोगों के अन्याय व जुल्म से अपने को किस तरह मुक्त करना है, यह सोचना है। इस देश में भट लोगों का राज आए तीन हजार वर्ष से अधिक समय हो चुका होगा, यह अनुमान है। ये लोग विदेश से आए, इस देश के मूल निवासियों को परास्त किया और उन्हें अपना दास बनाया एवं उन्हें क्रूर तरीके से दंड दिया।'

महात्मा फुले की ऐतिहासिक व धार्मिक मीमांसा बाबासाहब ने जस के तस स्वीकार नहीं की, यह सत्य बात है, मगर हिंदू समाज का बहुसंख्य वर्ग विभिन्न बेड़ियों में जकड़ा हुआ और गुलाम बन गया है। इस सत्य को बाबासाहब ने स्वीकार किया और उसे भिन्न तरीके से पेश किया है।

महात्मा फुलेजी का 'शेतकन्चाचा असूड' यह ग्रंथ उनमें समाविष्ट निम्न पंक्तियों के कारण विख्यात हुआ है। वे कहते हैं—

'विद्येविना मति गेली, मतिविना गीती गेली,
नीतिविना गति गेली, गतिविना वित्त गेले,
वित्ताविना शूद्र खचले,
इनके अनर्थ एका अविद्येने केले।'

अर्थात्, विद्या न होने से बुद्धि भ्रष्ट हो गई। बुद्धि भ्रष्ट हो जाने से नीतिमूल्य चले गए। नीतिमूल्यों के जाने से गतिहीनता आ गई और गतिहीनता के कारण वित्त चला गया। वित्त के अभाव से शूद्र टूट गए। केवल विद्या के अभाव के कारण यह

सारा परिणाम हुआ है।

महात्मा फुले जी की सब से बड़ी विशेषता यह है कि वे क्रियाशून्य विचारक नहीं थे। क्रिया छोड़कर केवल बातें करते रहना निरर्थक है, यह बात वे जानते थे। शोषितों, पीड़ितों को न्याय दिलाने के लिए उन्होंने किसानों की हड़ताल, विधवाओं के केशवपन को रोकने हेतु नाइयों की हड़ताल जैसे कदम उठाकर आंदोलन जारी रखा। उन्होंने विचार रखे और विचारों के आधार पर संस्थाओं की स्थापना की और जनजागरण अभियान जारी रखा।

सबसे महत्त्वपूर्ण बात यह है कि बाबासाहब के ये तीनों गुरुदेव धर्म अथवा ईश्वर का भजन करनेवाले नहीं थे, जैसा कि बहुत से लोगों की गलत धारणा है। भगवान् बुद्ध ने शून्यवाद अपनाया था, मगर वह नास्तिकवाद से मेल नहीं खाता है, कारण इस सृष्टि के मूल में कोई तत्त्व है और वह सत्य है, ऐसा भगवान् बुद्ध का मानना था। संत कबीर तो निर्गुणोपासक थे। महात्मा फुले तो इस सृष्टि का कोई निर्मिक है, ऐसा मानकर चलते थे और उन्होंने अभंगों से मेल खानेवाले अखंड नामक पदों की रचना भी की थी।

आज इन सब तथ्यों का पुनरावलोकन करना आवश्यक बन गया है, क्योंकि बाबासाहब का नाम लेकर लोगों में गलत अवधारणाएँ प्रचलित की जा रही हैं। समाज से धर्मभावना मिटाने का कार्य जोर-शोर से चल रहा है, मगर बाबासाहब तो समाज के लिए धम्म का अधिष्ठान आवश्यक मानते थे। जब बौद्ध धर्म का स्वीकार करने का उन्होंने मानस बना लिया था, तब उन्होंने इस धर्म का समग्र अध्ययन कर 'गौतम बुद्ध और उनका धम्म' शीर्षक ग्रंथ का प्रकाशन भी किया था। इस ग्रंथ में उन्होंने बौद्ध धर्म के बारे में अपनी अवधारणाएँ स्पष्ट रूप में रखी हैं।

बाबासाहब ने स्वयं को तथा अपने अस्पृश्य समाज को भी इस मिट्टी से सदा जोड़कर रखा था। इसीलिए धर्मांतर के समय भी उन्होंने इसी मिट्टी में जनमा और फला-फूला बौद्ध धर्म चुना था। उनका संघर्ष केवल 'स्वतंत्रता, समता और बंधुत्व' इन तत्त्वत्रयी की प्रस्थापना के लिए चल रहा था। जो तत्त्व मनुष्य को हर तरह की दासता से स्वतंत्र बनाता है और समता और बंधुभावना का अनुभव देता है, उस उदात्त तत्त्व का समर्थन उन्होंने किया था। तथागत गौतम बुद्ध, महात्मा संत कबीर और महात्मा फुले, इन महान पुरुषों ने सदा समाज को जोड़ने का प्रयास किया है। विद्वेष मिटाने का काम किया है। समाज में शांति और सद्भाव पैदा करने का कार्य किया। उनके विचारों में शायद ही कहीं कटुता झलकती है तो वह उस

औषधि की तरह है, जो सेवन में शायद कड़वी लगती है, मगर उसका परिणाम अपने शारीरिक स्वास्थ्य के सुधार में होता है। इसी भाँति इन तीनों महागुरुओं ने और उनके शिष्यवर पू. बाबासाहब आंबेडकरजी ने समाज सुधार का हेतु मन में रखकर कुछ कड़वे घूँट पिलाए थे। हमारा कर्तव्य यह है कि उस समाज सुधार की सोच पर अमलकर उनका सपना सत्य में साकार करें। आपस की खाई पाटकर सही अर्थ में स्वतंत्रता, समानता और बंधुत्व की स्थापना करने के कार्य में अग्रसर हो जाए। यही कृति इन गुरुओं को तथा शिष्य को अपेक्षित है।

□

जाति व्यवस्था बनाम बाबासाहब और गांधी

—प्रवीण गुगनानी

जात जात के फेर में उलझ रहे सब लोग।
मनुष्यता को खा रहा, रैदास जात का रोग॥

जात–जात में जात है, ज्यों केले में पात।
रैदास मानस न जुड सकें, जब तक जात न जात॥

—संत रैदास

बाबा साहब आंबेडकर के विचार से विश्व का प्रारंभ से उनके इस कथन से माना जाना चाहिए कि बौद्ध विचार को या धम्म को किसी धर्म या पंथ के रूप में नहीं अपितु विकसित मनुष्य, समाज व राष्ट्र के निर्माण की रूपरेखा प्रस्तुत करने वाला मार्ग माना जाना चाहिए। धर्म जीवन और समाज की उत्पत्ति की व्याख्या करते हैं, जबकि बुद्धत्व जीवन के विकास की अवधारणा को प्रशस्त करता है। हिंदू समाहित जाति व्यवस्था को लेकर बोधिसत्व बाबा साहब का जिस प्रकार का मुखर किंतु समीक्षात्मक विरोध रहा, वह किसी से छुपा नहीं है। जाति व्यवस्था का यह विरोध उनके द्वारा एक दीर्घ रचना संसार के रूप में प्रकट हुआ है। 1916 में बाबासाहब द्वारा जाति व्यवस्था पर लिखे शोध निबंध का एक बोध वाक्य है, जो जाति व्यवस्था के प्रति उनके विरोध के पीछे छिपे रचनात्मक, सकारात्मक और विचारात्मक स्वरूप को आमूल प्रकट करता है। उन्होंने लिखा था, 'समूची दुनिया का इतिहास वर्गीय समाजों का इतिहास है और भारत भी इसका अपवाद नहीं है।' स्वतंत्रता पूर्व और स्वातंत्र्योत्तर भारत के पिछले लगभग

आठ दशकों के राजनैतिक, सामाजिक और शैक्षणिक वातावरण को दो व्यक्तियों ने सर्वाधिक प्रभावित किया है। पहले गांधीजी, जिन्हें भारतीय जनमानस बलात् ही महात्मा कहे बिना व्यक्त नहीं कर पाता है और दूजे बाबासाहब आंबेडकर, जिन्हें बोधिसत्व कहे बिना उन्हें पूर्णतः प्रकट ही नहीं किया जा सकता! यहाँ यह स्पष्ट करना उचित होगा कि बाबा साहब और सुभाषचंद्र बोस के प्रति गांधीजी का व्यवहार उनके महात्मन भाव को कमतर कर रहा था; वहीं समस्त पीड़ाओं, उपेक्षाओं और अलगाव के बाद भी बाबासाहब का देश प्रेम उन्हें बाबासाहब से बोधिसत्व की ओर अग्रसर कर रहा था। गांधीजी को वैचारिक रूप और कृतित्व रूप में प्रकट करते समय कांग्रेस का उल्लेख आवश्यक हो जाता है। यह भी कहा जा सकता है कि गांधीजी के कृति रूप में आधा योगदान संस्थागत रूप से कांग्रेसजन्य रहा है।

एक ध्रुव पर जहां कांग्रेस और गांधी के परस्पर गतिरोधों से राष्ट्रवाद की भावना आहत होती थी, वहीं दूसरे ध्रुव पर महात्मा गांधी और बाबासाहब की वैचारिक भिन्नताएँ देश में उहापोह की स्थिति निर्मित करती रहती थीं। महात्मा गांधी के व्यक्तित्व में जहाँ कांग्रेस एक अभिन्न स्थान और योगदान रखती थी, वहीं दूसरी ओर बाबासाहब के व्यक्तित्त्व को ऐसी किसी संस्था का मंच उपलब्ध नहीं था, किंतु वे स्वयं एक संस्था के रूप में संघर्षों को सफलता दिलाते रहे थे। गांधीजी की अपेक्षा आंबेडकरजी के पास राजनैतिक अवसरों का अभाव होता था। गांधीजी कांग्रेस प्रतिष्ठान के सर्वमान्य प्रतिमान थे, वहीं आंबेडकरजी अति तीक्ष्ण संघर्ष करने के बाद ही किसी मंच पर अपनी जगह बना पाते थे। गांधीजी कांग्रेस के साथ-साथ धर्म नाम की संस्था का भी उपयोग सहजता, सफलता और चपलता से कर लेते थे, वहीं दूसरी ओर बाबासाहब के पास न तो कोई बड़ा मंच उपलब्ध था और न ही वे धर्म नाम की संस्था का लाभ उठा पाने की स्थिति में थे; अपितु वे तो धर्म के राजनीति में हस्तक्षेप के विरुद्ध बिगुल बजाए हुए थे। बाबासाहब धर्म के विरुद्ध नहीं थे, किंतु भारत में हिंदूवाद के नाम पर चल रहे जातीय कुचक्र के कारण वे राजनीति, शासन और प्रशासन में धर्म निषेध के कट्टर पक्षधर हो गए थे। सामाजिक न्याय की उनकी अवधारणा में हिंदू धर्म का विरोध नहीं, बल्कि जातीय कुचक्र से बाहर निकल आने का मूल तत्त्व था। यह मूल तत्त्व गांधीजी की और बाबासाहब के मध्य मतभेदों में एक अनावश्यक वितंडा भर बनकर नहीं रहा तो इसका कारण केवल बाबासाहब का तेजस अंतस

और सहनशील स्वभाव रहा। पूना पैक्ट इन दोनों नेताओं के बीच एक ऐतिहासिक प्रसंग है, जिसे इन दोनों नेताओं के कृति रूप प्राकट्य का एक महत्त्वपूर्ण भाग माना जाना चाहिए। जाति व्यवस्था को लेकर इस पैक्ट द्वारा जो आरक्षण की व्यवस्था की गई, वह भारत का एक सर्वाधिक महत्त्वपूर्ण सामाजिक दस्तावेज है। इस पैक्ट में सदियों से चली आ रही जाति व्यवस्था को एक अभिनव रूप दिया गया और यहीं से भारत राष्ट्र अपनी नागरिक ईकाई से मानसिकता के स्तर पर एक विशिष्ट अपेक्षा करता दृश्यगत हुआ। पूना समझौते के पूर्व और पश्चात् महात्मा गांधी और बाबासाहब के मध्य जिस प्रकार का वैचारिक द्वंद प्रकट हुआ, वह अनपेक्षित था। विद्यार्थी जीवन के पश्चात संभवत: इस द्वंद ने बाबासाहब को सर्वाधिक प्रभावित किया होगा। यह समझौता दो व्यक्ति—डॉ. भीमराव और मोहनदास गांधी के मध्य नहीं अपितु एक समाज के दो ध्रुवों के मध्य हो रहा था।

इस समझौते में मृदुता का अभाव स्वातंत्र्योत्तर भारत में सामाजिक समरसता के ह्रास का एक बड़ा कारण बना। पूना पैक्ट तक की यात्रा तक में बाबासाहब भारत के एक बड़े दलित राजनैतिक केंद्र के रूप में स्थापित हो चुके थे। ब्रिटिशर्स और गांधी दोनों के ही प्रति जातिगत व्यवस्थाओं में परिवर्तन को लेकर उदासीनता को लेकर वे खिन्नता प्रकट करते थे। दलितों की स्वतंत्र राजनैतिक परिभाषा और पहचान को लेकर वे संघर्ष को तीक्ष्ण कर रहे थे। उस दौर में बाबासाहब ने गांधी के प्रति यह नाराजगी भी प्रकट की थी कि गांधीजी दलितों को हरिजन कहने के पीछे जिस भाव को प्रकट करते हैं, उससे दलित एक करुणा की वस्तु बनकर रह गए हैं। लंदन गोलमेज सम्मेलन में उन्होंने दलितों, अछूतों को पृथक् निर्वाचन अधिकार देने के लिए पुरजोर स्वर दिया, वहीं गांधी जाति के आधार पर निर्वाचन अधिकार दिए जाने को लेकर आशंका प्रकट कर रहे थे। अंतत : 1932 में अंग्रेजों ने दलितों को पृथक् निर्वाचिका दे दी और इसके विरोध में महात्मा गांधी के पुणे की यरवदा जेल में किए आमरण अनशन नें इन दोनों नेताओं के बीच एक गहरी लकीर खींच दी। गांधीजी के साथ यरवदा में कुछ अनहोनी हो जाएगी, देश में ऐसा भय जाग्रत् हो गया। सामान्य जनमानस में गांधी के प्रति सहानुभूति और दलितों के प्रति रोष का भाव जनमा और अनहोनी की स्थिति में दलितों की सुरक्षा खतरे में दिखने लगी। इस महत्त्वपूर्ण राजनैतिक घटनाक्रम में बाबासाहब ने गांधीजी के व दलितों के प्राणों के भय के अतीव दबाव में पृथक् निर्वाचिका की माँग वापिस ली और तब गांधीजी ने अपना अनशन समाप्त

किया। लंदन में इन दोनों नेताओं के मध्य खिंची लकीर यरवदा की घटना से हिंदू समाज में एक लकीर के रूप में परिवर्तित हो जाएगी, ऐसा भय उस समय के बुद्धिजीवियों और समाजशास्त्रियों ने महसूस किया, किंतु समाज में खिंची इस विभाजनकारी लकीर को उस समय आश्वर्यजनक रूप से अनदेखा किया गया! यद्यपि इस घटना के परिणामस्वरूप दलितों को सीटों के आरक्षण की बात स्वीकार कर ली गई थी तथापि सामाजिक समरसता के स्तर पर इस घटना ने गहरी क्षति अंकित कर दी थी। यह क्षति ही बाद में जाकर बाबासाहब के बौद्ध धर्म ग्रहण करने का कारण बनी और बाबासाहब ने कहा, ''मैं हिंदू धर्म छोड़ दूँगा। हिंदू समाज में आई विकृतियों से मेरा विरोध है, किंतु मैं हिंदुस्तान से प्रेम करता हूँ। मैं जिऊँगा तो हिंदुस्तान के लिए और मरूँगा तो हिंदुस्तान के लिए।''

इस क्रम में जो उन्होंने आगे कहा, उसे हिंदुस्तान को सुरक्षित रखनेवाले तथ्य के रूप में मान्यता देने में किसी को भी संकोच नहीं हो सकता। उन्होंने आगे कहा, ''मैं हिंदू धर्म छोड़ दूँगा, किंतु ऐसे धर्म को ही अंगीकार करूँगा, जो हिंदुस्तान की धरती पर ही जनमा हो। मुझे वही धर्म स्वीकार होगा, जो आयातित न हो।

संघर्ष के उन दिनों में जब महात्मा गांधी देश में सर्वाधिक स्वीकार्य थे और बाबासाहब से उनके मतभेद सार्वजनिक थे, तब डॉ. भीमराव देश में हिंदुत्व और जातिवाद के नाम पर पनपी सामाजिक विषमता व असुरक्षा के विरुद्ध संघर्ष को आगे बढ़ाते हुए स्पष्टता से कह रहे थे कि उनका सामाजिक न्याय से आशय सामाजिक सुरक्षा, सामाजिक समानता और सामाजिक स्वतंत्रता से है और सामाजिक सुरक्षा से आशय प्राण, परिजन, आजीविका और संपत्ति की सुरक्षा से है और संविधान-प्रदत्त मौलिक अधिकारों के निष्कंटक प्रवाह से है। बाबासाहेब की बड़ी ही स्पष्ट भाषा और अभिव्यक्ति के बाद भी संकीर्ण राजनैतिक मानसिकता के चलते कांग्रेस के कई नेताओं ने उनकी भूमिका को संदिग्ध बनाने और इतर दलित समाज में उनकी स्वीकार्यता कम करने के लिए बदनाम किया। कांग्रेस और वामपंथियों ने स्वतंत्रता पूर्व और प्रारंभिक स्वातंत्र्योत्तर दौर में बाबासाहब की सामाजिक न्याय की अवधारणा को वर्ग संघर्ष का नाम देने का जो दुष्प्रयास किया, वह बाद में देश की नसों में विष की भांति प्रवाहित हुआ। महाड आंदोलन के पूर्व और बाद के बाबासाहब में जो वैचारिक द्वंद्व रहा, उसे देश के प्रतिष्ठित और परिपक्व नेता एक समरस दिशा दे सकते थे, किंतु इस ओर गांधीजी सहित

किसी ने भी बाबासाहब की धर्मांतरण की धमकी तक और उसके बाद भी कोई प्रयास नहीं किया था। निस्संदेह उनकी धमकी हिंदुओं के सामाजिक और धार्मिक नेतृत्व को सामाजिक सुधारों के प्रति जाग्रत् करने के सकारात्मक पुट के साथ थी। हिंदुओं की वर्ण व्यवस्था को लेकर निर्धन, अधिकारहीन, अपमान भाव से भरे दलित समाज में निषेध का भाव होना स्वाभाविक ही था, जिसे महात्मा गांधी ने पूर्व जन्म के फल और प्रारब्ध से जुड़े होने का कुतर्क दिया। गांधीजी का यही कुतर्क डॉ. भीमराव आंबेडकर की सामाजिक न्याय की अवधारणा में काँटे की तरह चुभा और दशक-दर-दशक किस्से और कथाओं के काँटेदार मार्ग से होता हुआ दलित चिंतन का और सामाजिक न्याय अवधारणा का एक कटुक-बिटुक कथन बन गया। हिंदू धर्म के अन्यायी होने और भेदभावजन्य होने की बात समाज में एक ध्रुव बनी और दूसरा ध्रुव समाज के एक अंश को अछूत कहनेवालों का बना। 1924 में 'बहिष्कृत हितकारिणी सभा के जन्म', 1927 में 'बहिष्कृत भारत' पत्रिका का प्रारंभ, 1927 का ही महाड सत्याग्रह, 1927 में ही मनुस्मृति को जलाना, 1930 में नासिक के मंदिर में अछूतों के प्रवेश के संघर्ष, 1930 में ही लेबर पार्टी की स्थापना और अंतत : 1935 में येवला जिले में हिंदू धर्म में नहीं मरने तक की घोषणा के इन संपूर्ण संघर्षों में बाबा साहेब के संदेशों की तत्कालीन भारतीय राजनीति ने उपेक्षा की। दलित संघर्षों में समाहित पीड़ा व समरसता की आशा को गांधीजी उस दौर में क्यों न समझ पाए, यह एक ऐतिहासिक प्रश्न भी है और महात्मा गांधी के व्यक्तित्व पर एक स्पष्ट आक्षेप भी! गांधीजी द्वारा दलित समाज में जन्म लेने को पूर्व जन्मों के पापों का प्रतिफल बताना उनकी एक ऐतिहासिक भूल सिद्ध हुई। बाबासाहब ने जिस प्रकार शेड्यूल कास्ट फेडरेशन की स्थापना की, एक प्रयोग के रूप में अंग्रेजों की सरकार में श्रम मंत्री बने वह सब एक संदेश प्रवाही व्यक्ति के जीवन का संवाद प्रयास था, जिसे तत्कालीन नेतृत्व ने समझा नहीं। उनकी किताब 'स्टेट्स एंड माइनारिटिज' एक सर्वोत्तम राजनैतिक अभिव्यक्ति और सामाजिक संवाद के रूप में प्रशंसित तो हुई, किंतु इस किताब के माध्यम से सतह के नीचे जिस सामाजिक समरसता की आशा उन्होंने की थी, वह अधूरी रही। यदि गांधीजी उस दौर में बाबासाहब के इन संदेशों के प्रति ऊर्जा संवेदी रहे होते तो आज भारत का सामाजिक वातावरण कुछ और होता! 1935 में येवला में हिंदू धर्म त्यागने की घोषणा के बाद 21 अक्टूबर, 1956 को नागपुर में अपने पाँच लाख अनुयायियों

के साथ बौद्ध धर्म ग्रहण करने तक अर्थात 21 वर्षों के दीर्घ पीड़ादायी अंतराल तक अपने इस भीषणतम द्वंद्व को जिस प्रकार बाबासाहब ने आत्मसात किए रखा, वह केवल किसी बोधिसत्व के वश की ही बात थी! आज यह स्पष्टत: आभास होता है कि गांधीजी और अन्य तत्कालीन राजनैतिक हस्तियों ने किस प्रकार बाबासाहब को सप्रयास एकांगी किया था, किंतु यह भी स्पष्ट ही प्रतीत होता है कि डॉ. भीमराव आंबेडकर से बाबासाहब और बाबासाहब से बोधिसत्त्व तक की यात्रा का पाथेय भी यही एतिहासिक उपेक्षा ही थी! बाबासाहब के समकालीन और साथी इस बात को स्वीकार करते हैं कि इतिहास के पन्नों में कितनी ही अन्य घटनाएँ अलिखित भी हैं, जो बाबासाहब की आत्मा के बोधिसत्त्व तक के मार्ग में मील का पत्थर रही हैं।

□

बाबासाहब के तीन सूत्र

— डॉ. सुरेश हावरे

आज समय की माँग है कि डॉ. आंबेडकर के विचारों के अनुरूप हम आगे बढ़ें। उनके विचार केंद्रस्थान पर हों। हमारा देश विशाल है, विस्तीर्ण है। इस देश में अनेक लोग, अनेक समाज रहते हैं। इस देश में कुछ लोग गीता के अनुसार अपना जीवन जीते हैं, कुछ कुरान के अनुसार चलते हैं, तो कुछ बाइबिल के अनुरूप, परंतु अगर पूरे समाज और देश की बात करें तो ऐसी एक ही चीज है, जिसका हर कोई अनुसरण करता है और वह है बाबासाहब डॉ. आंबेडकर के द्वारा दिया गया संविधान। अमेरिका के राष्ट्रपति बराक ओबामा ने भी चुनाव जीतने के बाद बाबासाहब आंबेडकर की प्रतिमा को नमन किया था। आज संपूर्ण विश्व बाबासाहब आंबेडकर के विचारों के समक्ष नतमस्तक है। एक समय ऐसा था, जब सारी समस्याओं का हल और संसार का नेतृत्व अमेरिका के हाथ में था। इजराइल, कुवैत इत्यादि देशों की किसी भी विपरीत परिस्थिति को वश में करने का एक ही मार्ग अमेरिका के पास था, युद्ध, परंतु इस दुनिया की सभी समस्याओं का हल करने के लिए युद्ध की नहीं, बुद्ध की जरूरत है।

इनसान अपने पुरखों को अकसर भूल जाता है। उनकी जयंती या पुण्यतिथि मनाना तो दूर उनका नाम भी हमें याद नहीं रहता, परंतु हम बाबासाहब आंबेडकर को नहीं भूलते, गौतम बुद्ध, म. फुले या शिवाजी महाराज को नहीं भूलते। इसका क्या कारण है, क्या हमारा इनसे खून का संबंध है, क्या इन्होंने हमें जन्म दिया है? नहीं! इन लोगों ने हमें भले ही जन्म न दिया हो, परंतु हमें जीवन दिया है। इनके कारण हम जी रहे हैं। इसलिए ही उनकी जयंती और पुण्यतिथि मनाते हैं। एक और प्रश्न यह उठता है कि हम हमारे रक्त संबंध तो भूल गए, परंतु जो संबंध रक्त के नहीं वरन् विचारों के हैं, वे हमें याद रह गए। इसका अर्थ यह है कि रक्त

संबंधों की अपेक्षा विचार के संबंध अधिक मजबूत होते हैं। अत: वे संबंध लंबे अरसे तक टिके रहते हैं।

मैं विज्ञान का विद्यार्थी हूँ। बिना किसी तर्क के मैं कुछ भी स्वीकार नहीं करता हूँ। विविध विद्वानों के बारे में अध्ययन करने के पश्चात् मैं इस निष्कर्ष पर पहुँचा हूँ कि बाबासाहब डॉ. आंबेडकर जैसा व्यक्ति आज तक इस दुनिया में नहीं हुआ। वे एकमेवाद्वितीय थे और यह हमारा सौभाग्य है कि उन्होंने भारत में जन्म लिया।

बाबासाहब डॉ. आंबेडकर ने तीन सूत्र बनाए हैं। पढ़ो, संगठित रहो और संघर्ष करो। हम सभी को यह ज्ञात तो है, परंतु इसमें से हम कितना अपने आचरण में लाते हैं? कई बार तो यह क्रम उलटा हो जाता है। शिक्षा होती नहीं, संगठन होता ही नहीं, सीधे संघर्ष होने लगता है। हमें इसका क्रम ध्यान में रखना होगा। बाबासाहब आंबेडकर का जीवन देखें तो हमें पता चलेगा कि उन्होंने अपना आधा जीवन शिक्षा को समर्पित किया। मुझे कोई ऐसा महापुरुष दिखाई नहीं देता, जिसके पास पीएच.डी. की चार उपाधियाँ हैं। बाबासाहब डॉ. आंबेडकर के पास थीं। वे कहते हैं, 'शिक्षा' शेरनी के दूर के समान है। जो उसे पिएगा वह निश्चित ही शेर के समान गरजेगा। इसलिए सभी को शिक्षा प्राप्त करनी ही चाहिए।

बाबासाहब डॉ. आंबेडकर ने शिक्षा प्राप्त करने के लिए बहुत कष्ट उठाए। अमेरिका की जिस लाइब्रेरी में वे पढ़ते थे, वहाँ लिखा है कि जब लाइब्रेरी बंद होने का समय आता था तो बाबासाहब आंबेडकर अकेले वहाँ पढ़ते रहते थे। बिना कुछ खाए-पिए। लाइब्रेरियन ने एक बार उनसे पूछा, "आप बिना कुछ खाए-पिए लगातार केवल पढ़ाई करते रहते हैं, क्यों? आप क्या करना चाहते हैं?" बाबासाहब ने उनको उत्तर दिया, 'मेरा लाखों-करोड़ों का समाज आज भी भूखा-प्यासा है, उपेक्षित है, अत्याचार सहन कर रहा है। इस समाज को उस गर्त से बाहर निकालने के लिए मैं अध्ययन कर रहा हूँ। इसलिए मुझे भूखा रहना पड़े तो भी मैं इसके लिए तैयार हूँ, परंतु मैं पढ़ाई जरूर करूँगा" उनकी इस तपस्या के भाव को समाज को आत्मसात करना चाहिए।

दूसरा सूत्र बाबासाहब ने हमें बताया संगठित हों। भारत में द्वापर युग जब था, तब एक-एक व्यक्ति इतना बलवान था कि अकेला ही पूरी सेना पर भारी पड़ता था। अब द्वापर युग नहीं रहा। अब कलियुग है। कलियुग में कहा जाता है 'संघेशक्ति कलियुगे।' कलियुग में संगठन में ही शक्ति है। अकेला व्यक्ति शक्तिशाली नहीं हो सकता। अत: संगठित होना ही होगा। किसी भी समस्या का सामना हम तभी कर सकते हैं, जब हम संगठित होंगे।

तीसरा महत्त्वपूर्ण सूत्र उन्होंने दिया संघर्ष करो। केवल माँगने से कोई नहीं देता, कुछ पाने के लिए संघर्ष करना ही पड़ता है। कुछ दिनों पूर्व पुणे में दलित इंडियन चेंबर ऑफ कॉमर्स एंड इंडस्ट्रीज द्वारा एक अधिवेशन आयोजित किया गया था। यहाँ दलित समाज के उन लोगों को आमंत्रित किया गया था, जो दलित समाज का प्रतिनिधित्व करते हैं। सभी स्टाल दलित समाज के उद्योगपतियों द्वारा लगाए गए थे। इस अधिवेशन के उद्‌घाटन के लिए रतन टाटा आए थे। उन्होंने इसकी बहुत प्रशंसा की। समापन कार्यक्रम के लिए उन्होंने मुझे आमंत्रित किया था। मैंने वहाँ जाकर सारे स्टॉल देखे। एक बड़े स्टॉल पर जाकर जब मैंने उस कंपनी का टर्नओवर पूछा तो उन्होंने मुझे कहा, 'हमारी कंपनी का टर्नओवर 500 करोड़ का है।' यह बाबासाहब डॉ. आंबेडकर के विचारों का प्रतिबिंब ही है कि एक दलित व्यक्ति इतने बड़े टर्नओवर का व्यवसाय कर सकता है।

नामदेव जगताप नामक व्यक्ति ने सन् 1970 में सिद्धार्थ को-आप. बैंक की स्थापना पुणे के सदाशिव पेठ में की। सदाशिव पेठ ब्राह्मणबहुल इलाका है। मैंने बैंक के एक प्रतिनिधि से कहा कि आपके सदस्य कितने हैं, तो उन्होंने कहा—4500 सदस्य हैं और हमने 1000 लोगों को कर्ज दिया है। मैंने उनसे पूछा, 1000 में से सदाशिव पेठ के कितने लोग हैं? उन्होंने कहा लगभग 90 प्रतिशत लोग सदाशिव पेठ के हैं। यह बाबासाहब डॉ. आंबेडकर के विचारों का ही प्रतीक है कि किसी दलित व्यक्ति के द्वारा शुरू किए गए बैंक से ब्राह्मण कर्ज लेने आता है। हमें बाबासाहब आंबेडकर के विचारों के अनुरूप ही संघर्ष करना ही चाहिए।

इनसानों की विचारधारा बहुत संकुचित होती है। हमने बाबासाहब आंबेडकर को फोटो, पुतलों, जात-पात में बाँध दिया है। वे किसी एक वर्ग के नेता नहीं थे। उनके उपकार किसी एक समाज तक मर्यादित नहीं हैं। वे पूरे देश के लिए हैं। अत: बाबासाहब डॉ. आंबेडकर का स्मरण हर व्यक्ति को करना चाहिए। बाबासाहब आंबेडकर ने हमें क्या नहीं दिया? उन्होंने महिलाओं को आय में हिस्सा प्राप्ति का अधिकार दिया, पैतृक संपत्ति में हिस्से का अधिकार दिया, मतदान का अधिकार दिया। उन्होंने महिलाओं के तलाक का भी अधिकार दिया। कहा जाता है कि म.फुले ने स्त्री मुक्ति की नींव रखी और बाबासाहब आंबेडकर ने उस कार्य को पूर्ण किया।

उन्होंने तालाब से दलितों के पानी पीने और मंदिर में प्रवेश रोकने के विरोध में सत्याग्रह किया। वे जानते थे कि तालाब से पानी पीने के कारण वे स्वयं या दलित समाज अमर नहीं होगा, परंतु जिस से जानवर भी पानी पीते हैं, वहाँ दलितों को पानी न पीने देना एक अमानवीय कृत्य है और इसलिए ही बाबासाहब आंबेडकर

ने इस अमानवीय घटना के विरोध में सत्याग्रह किया।

कालाराम मंदिर में प्रवेश करने के लिए भी उन्होंने लगभग पाँच वर्ष संघर्ष किया, क्यों? वे भगवान् का दर्शन नहीं करते तो क्या हो जाता? कुछ नहीं। फिर भी सिर्फ इसलिए कि वे इस देश के लोगों में एकात्मता का भाव जाग्रत् करना चाहते थे, उन्होंने पाँच वर्ष तक संघर्ष किया। आज 80 साल के बाद उस मंदिर के महंत ने दलितों को अपनी यात्रा उस मंदिर से शुरू करने का न्यौता दिया। यह बाबासाहब आंबेडकर के संघर्षों का परिणाम है।

बाबासाहब आंबेडकर के विचार समय से आगे जाकर किए गए विचार हैं। उन्हें उनके संघर्षों के कारण कई अत्याचार सहन करने पड़े, लाठियाँ झेलनी पड़ीं, चेतावनियाँ मिलीं, अपशब्द कहे गए, परंतु उन्होंने कभी भी उसका हिंसा के माध्यम से प्रतिरोध नहीं किया है। वे कहते थे कि मैं भगवान् बुद्ध का शिष्य हूँ। उनकी शिक्षा के अनुसार मेरा बर्ताव भी अहिंसात्मक ही होगा। उन्होंने अन्य लोगों को भी हिंसा करने से परावृत्त किया। ऐसे कई लोग हैं, जिन्होंने अहिंसात्मक आंदोलन शुरू करके भी हिंसा का सहारा लिया; परंतु बाबासाहब डॉ. आंबेडकर ने अपने संपूर्ण जीवन में अहिंसा कभी नहीं छोड़ी।

बाबासाहब डॉ. आंबेडकर कहते थे, "हमारा समाज चार मंजिला इमारत की तरह है, जिसमें ऊपर से नीचे और नीचे से ऊपर जाने के लिए सीढ़ियाँ नहीं हैं। इस कारण जातिभेद की पराकाष्ठा हो गई है। मैं इस इमारत में विचारों की सुरंग बनाऊँगा और इस इमारत के बंधनों को तोड़ दूँगा।" सचमुच उन्होंने अपना सारा जीवन भारत से जातिभेद हटाने में गुजार दिया।

सन् 1947 में जब भारत स्वतंत्र हुआ, तब अनेक देश भी स्वतंत्र हुए। श्रीलंका, म्यांमार, पाकिस्तान, लीबिया, इराक आदि, परंतु लोकतंत्र जितना मजबूती के साथ भारत में खड़ा है, उतना और कहीं नहीं है और इसका कारण है बाबासाहब आंबेडकर द्वारा बनाया गया संविधान। इस संविधान का आदर ही बाबासाहब आंबेडकर का आदर होगा और संविधान का अपमान बाबासाहब आंबेडकर का अपमान करना है।

□

बाबासाहब के घनिष्ठ सहयोगी

—रवींद्र गोले

किसी आंदोलन को प्रगति पथ पर ले जाने का काम नेता से ज्यादा उसके सहयोगी कार्यकर्त्ता सक्षमता से करते हैं। कोई आंदोलन या अभियान इसलिए जोर पकड़ता है, क्योंकि कार्यकर्त्ता विचारों का वाहक है। इसका उदाहरण है कि डॉ. आंबेडकर का आंदोलन। 1924 से बाबासाहब आंबेडकर के सामाजिक जीवन में आंदोलन जारी रहा। उससे पहले जब कुछ लोगों ने कोंकण के हरिजन बंधुओं की सभा लेने की सोची, तब उन्होंने उसमें शामिल होने से इनकार किया था। उन्होंने कहा था, 'हमें सभा नहीं चाहिए। हम सार्वजनिक कामों में दखलअंदाजी नहीं करेंगे, हम हाईकोर्ट के जज बनेंगे।' पर अपनी ही बात को उन्होंने आगे चलकर झुठला दिया। 1924 के आसपास 'बहिष्कृत हितकारिणी सभा' की स्थापना कर अछूतता तथा जातीयता का विरोध किया। तब से 1956 तक बाबासाहब ने अनेक आंदोलन चलाए और अपने हितैषियों के बल पर सफल बनाए।

'बहिष्कृत हितकारणी सभा' के सीताराम नामदेव शिवतरकर का नाम लिये बगैर आगे बढ़ना असंभव है। शिवतरकर पहले बाबासाहब के निजी सहायक थे। बहिष्कृत हितकारिणी सभा की स्थापना करने के बाद बाबासाहब ने उनको सेक्रेटरी बनाया। 'महाड सत्याग्रह कमेटी' के वे जनरल सेक्रेटरी थे। 1922 में 'भारतीय शिक्षण प्रसारक मंडल' की स्थापना बाबासाहब ने की। उस संस्था के व्यवस्थापक और कोषाध्यक्ष शिवतरकर थे। 'गोलमेज परिषद्' के लिए जाते समय उन्होंने पूरा आंदोलन और पारिवारिक जिम्मेदारी शिवतरकरजी को सौंपी थी। बाबासाहब को खत लिखते समय शिवतरकरजी 'प्रिय दादा भीमराव' लिखते थे। समता का प्रचार-प्रसार करने के लिए 4 सितंबर, 1927 को बाबासाहब ने 'समता समाज संघ' की स्थापना की। यह काम अपनी जिम्मेदारी समझकर हर एक ने अपने घर स्नेह भोजन

की व्यवस्था करने की सोची। 1928 में शिवतरकर के घर स्नेह भोजन का आयोजन हुआ। उसमें हरिजन, कायस्थ, भंडारी, मराठा, ब्राह्मण सदस्य भी थे। आंबेडकर के आंदोलनों में मास्टरजी का वर्चस्व कुछ लोगों से नहीं देखा गया। चर्मकार समाज ने उन्हें बहिष्कृत कर दिया। 1937 के शिवतरकर सामाजिक आंदोलनों से ज्यादा राजनीतिक आंदोलनों में सक्रिय हुए, पर बाबासाहब से दोस्ती हमेशा रही।

महाड के 'चवदार' नामक तालाब के आंदोलन के समय पुणे के ब्राह्मणेत्तर आंदोलन के मुखिया जवलकर ने बाबासाहब के सामने प्रस्ताव रखा, 'आपके साथ रहनेवाले ब्राह्मण कार्यकर्ताओं से आप दूर रहें, तभी हम आपका साथ देंगे। बाबासाहब ने कहा था, 'मैं ब्राह्मणों का विरोध नहीं करता, ब्राह्मणत्व का करता हूँ।' महाड चवदार तालाब के सत्याग्रह के समय पोलादपुर, जिला-रायगक के अनंतराव विनायक चित्रेजी संगठक थे। बाबासाहब के 'जनता' समाचार पत्र के चित्रेजी संस्थापक थे। 1936 के बाद उन्होंने संपादक पद की जिम्मेदारी सँभाली। महाड सत्याग्रह, नासिक सत्याग्रह, येवला धर्मांतर परिषद्, खोती विधेयक को लेकर किसान मोरचों इत्यादि आंदोलनों में वे अग्रसर रहे। डॉ. बाबासाहब के दलितमुक्ति और समता स्थापना के काम में अनंतराव ने जी-जान से व निष्ठा से काम किया। खोती विरोधी आंदोलन का प्रचार करने के लिए उन्होंने कोंकण के गाँवों में किसान-सभाएँ लीं।

गंगाधर नीलकंठ सहस्रबुद्धे डॉ. आंबेडकर और उनके सहयोगियों में बापूसाहब सहस्रबुद्धे के नाम से जाने जाते थे। समता समाज संघ के वे प्रमुख कार्यकर्त्ता रहे। डॉ. आंबेडकर के नेतृत्व में महाड में हुई सत्याग्रह परिषद में बापूसाहब ने सवर्ण लोगों की प्रवृत्ति तथा मनुस्मृति की विषमता पर टिप्पणी की। इतना ही नहीं, बल्कि मनुस्मृति दहन का प्रस्ताव भी रखा। 25 दिसंबर, 1927 को परिषद के मंडप में सहस्रबुद्धे ने मनुस्मृति जला दी। डॉ. आंबेडकर द्वारा स्थापित किए गए 'म्युनिसिपल मजदूर संघ' के वे सचिव थे। कुछ समय तक वे 'जनता' साप्ताहिक के संपादक थे। डॉ. आंबेडकर के सहयोगी थे, सुरेंद्र गो. टिपणीस। उन्हें सब नानासाहब टिपणीस कहते थे। वे मूलत: महाड के रहवासी थे। वे महाड में वकील थे। 1924 में वे महाड नगरपालिका में चुने गए। सार्वजनिक हौज, (नदी) कुँए, सराय तथा मंदिरों में दलितों को प्रवेश मिले, यह कानून 1926 में पास हुआ। उस पर अमल करने के लिए सुरबा नाना अर्थात् टिपणी ने कोशिशें शुरू कीं। उसी से चवदार तालाब सत्याग्रह ने जोर पकड़ा। 1937 में बाबासाहब द्वारा स्थापित 'स्वतंत्र मजदूर पक्ष' के वे संगठक थे। 1957 के संयुक्त महाराष्ट्र आंदोलन में सुरबा नाना ने सक्रिय योगदान

दिया। डॉ. बाबासाहब आंबेडकर और सुरबा नाना का स्नेह प्रदर्शित करनेवाले प्रसंग प्रकाशित हुए हैं। सुरबा नाना कहते हैं कि बाबासाहब कपड़ों के शौकिन थे। एक बार महाड आने पर कहने लगे, 'सुरबा यह सूट बिल्कुल नया है, मुझे फिट नहीं बैठता, तुम इसे रख लो।' और वह सूट उन्होंने मुझे दे दिया। इस तरह वे स्वयं और उनके सहयोगी भी अच्छे ही कपड़े पहनें, ऐसा वे चाहते थे।

इसी प्रकार दूसरा प्रसंग वर्णन करते समय सुरबा नाना टिपणीस ने लिखा है। 'मैं और डॉक्टर गपशप कर रहे थे, तब धर्मांतर की जरूरत है? क्या वह निधर्मी बनकर समाज में रह नहीं सकता।' इस पर डॉ. बाबासाहब ने विश्वासपूर्वक कहा, 'मानव को धर्म की जरूरत है, किसी-न-किसी धर्म पर विश्वास किए बगैर वह जी नहीं सकेगा।' बाद में मैंने पूछा, ''जिस तरह प्रचलित धर्म अलग-अलग व्यक्तियों ने स्थापित किए और अपने तरीके से उसका प्रचार किया, उसी प्रकार आप के तत्त्वों पर आधारित धर्म की स्थापना और प्रचार आप क्यों नहीं करते?'' इस पर उनका उत्तर था, ''सुरबा, मैं धर्म स्थापन करने की योग्यता रखता हूँ, फिर भी मैं एक हींग का बोरा बन गया हूँ। जिस समाज-रचना में मैं पल-बढ़ रहा हूँ, उस समाज रचना में मेरा दर्जा कनिष्ठ है, इसलिए मैं धर्म संस्थापक नहीं बन सकता।''

डॉ. बाबासाहब को उच्च वर्णीय मित्रों का लाभ हुआ। मित्रों ने अपनी स्वयं की जाति से परे रहकर समता स्थापित करने के लिए डॉक्टर साहब को आंदोलन में सहयोग दिया। कुछ आंदोलन तो ऐसे ही कार्यकर्त्ताओं के बल पर चल पड़े। उसमें महत्त्वपूर्ण है नासिक के 'काला राम मंदिर के प्रवेश' का आंदोलन। यह तीन साल तक जारी रहा। दादासाहब गायकवाड ने उनका नेतृत्व किया। नासिक के कालाराम मंदिर में हरिजनों को प्रवेश मिले, इसलिए यह आंदोलन था। इस आंदोलन के पीछे अपने विचारों की ताकत और मार्गदर्शन आंबेडकरजी का था। हर बार सनातन विचारों वालों का सामना किया दादासाहब गायकवाड जी ने। आंदोलन में कर्मवीर के नाम से जाने जाते थे। ये मूलत: नासिक जिले के रहवासी थे। बाबासाहब के संपर्क में आए और उनका दाहिना हाथ बने। अनेक महत्त्वपूर्ण निर्णय लेना, उन पर अमल करना, इसमें दादासाहब गायकवाड का हाथ है। डॉ. आंबेडकर जब गोलमेज परिषद् के लिए गए, तब उनकी भूमिका का समर्थन करनेवाले हजारों पत्र दादासाहब ने समाज के द्वारा लिखवाए। बाबासाहब डॉ. आंबेडकर के विचारों का अनुशीलनकर्त्ता तथा प्रसारकर्त्ता के तौर पर दादासाहब गायकवाड जाने जाते हैं। बाबासाहब के पश्चात् उनका राजनीतिक आंदोलन आगे ले जाने में दादासाहब आगे रहे। संसद् और राज्यसभा में प्रतिनिधित्व किया।

डॉ. बाबासाहब को सामाजिक, राजनीतिक आंदोलन में अनेक निष्ठावान सहयोगी मिले। उनके आंदोलन में अनेकों ने तन-मन-धन लगा दिया। उनमें से एक महत्त्वपूर्ण नाम है 'श्रीयुत मनोहर भिकाजी चिटणीस।' जिला सिंधुदुर्ग में उनका जन्म हुआ था। बाबासाहब के नजदीकी, विश्वसनीय सहयोगियों में उनकी गणना होती थी। उन्होंने खालसा कॉलेज, सिद्धार्थ कॉलेज में पढ़ाया। वे खालसा कॉलेज में थे, तब बाबासाहब ने शिक्षा-संस्था खोलने का मनोदय जाहिर किया था। प्रो. चिटणीस ने उत्साहित होकर सहयोग दिया। सिद्धार्थ महाविद्यालय और औरंगाबाद महाविद्यालय की स्थापना करने के पीछे इनका बड़ा योगदान है। उनके द्वारा लिखित 'युगयात्रा' नाटक बाबासाहब की उपस्थिति में खेला गया। संत चोखामेला से लेकर डॉ. आंबेडकर तक की वेदना और पीड़ा दर्शाने की कोशिश की। बाबासाहब आंबेडकर लिखित 'बुद्ध और उसका धम्म', मूल अंग्रेजी किताब का अनुवाद चिटणीस और तलवलकर ने किया था। 1950 से 1956 तक बाबासाहब के जीवन के आखिरी दौर में वे ज्यादातर नानकचंद रट्टू के साथ रहे। बाबासाहब का साथ उनको ज्यादा मिला। बाबासाहब जब दिल्ली में थे, तब नानकचंद उनके यहाँ टाइपिंग करते थे, बाबासाहब का व्यक्तिगत काम भी करते थे। वे पंजाब के होशियारपुर में जनमे थे। 5 दिसंबर, 1956 के दिन रात के 11.30 बजे तक नानकचंद बाबासाहब से मिले थे। रात को बाबासाहब का महापरिनिर्वाण हुआ। टाइपिंग, पत्र लिखना आदि काम नानकचंद किया करते थे। बाबासाहब ने उनको इस काम के लिए 75 रुपए देना तय किया था, पर इसे लेने से उन्होंने मना किया था।

बाबासाहब के एक और निष्ठावान सहयोगी हैं 'वामनराव गोडबोले'। वे मूलतः नागपुर के रहवासी थे। नागपुर में बाबासाहब के विचार उन्होंने दूर-दूर तक पहुँचाने की कोशिश की। जब बाबासाहब ने धम्म दीक्षा के लिए नागपुर जैसा स्थल निश्चित किया, तब वामनरावजी ने वहाँ की देखरेख का काम सफलता से पूरा किया। ब्रह्मदेश से महापेराना को लाना और उनको धम्म दीक्षा समारोह में सम्मिलित करवाने के लिए वामनराव गोडबोलेजी ने इंतजार किया। नागपुर के साथ विदर्भ में अन्य स्थलों पर भी धम्म दीक्षा के कार्यक्रम संपन्न हुए। उसका नेतृत्व भी वामनरावजी ने ही किया।

इस प्रकार बाबासाहब आंबेडकर को अनेक निष्ठावान् सहयोगियों का लाभ मिला। उनके विचार और आंदोलन फलने-फूलने में मदद मिली। दीपस्तंभ की तरह मार्गदर्शन और ऊँचा व्यक्तित्व, उनके साथ काम करनेवाले निष्ठावान कार्यकर्ताओं का सुंदर मिलाप हुआ, समन्वय हुआ। परिणामस्वरूप स्वतंत्रता के बाद समाज पर

उसने अपनी विशिष्ट छाप छोड़ी। समाज पर अनुकूल असर हुआ।

कोई भी आंदोलन केवल नेता के विचारों पर अथवा कार्य पर अवलंबित नहीं होता। उसके विचार, कार्य समाज के आखरी स्तर तक ले जानेवाले कार्यकर्ताओं पर आंदोलन की सफलता निर्भर होती है। डॉ. बाबासाहब आंबेडकर का आंदोलन समाज, धर्म और शिक्षा इन तीनों स्तर पर कार्यरत था। प्रत्यक्ष कार्य से उनके विचारों को साकार करनेवाले अनेक सहयोगी उनके साथ थे। इन सहयोगियों की विशेषता यह है कि उन्होंने अपनी जाति एक तरफ रख दी और बाबासाहब आंबेडकर के अनुसार समता स्थापित करने के लिए बाबासाहब का साथ दिया।

□

वे भारत उत्थान को कभी नहीं भूले...

—डॉ. शंकर शरण

यहाँ कुछ अरसे से डॉ. भीमराव आंबेडकर को दिनोदिन छोटा बनाने की साजिश चल रही है। जितनी संख्या में उनकी प्रतिमाएँ लगाई जा रही हैं, उतने ही उनके विचारों, संदेशों का मर्म भुलाने का चलन भी बढ़ रहा है। यही नहीं, चर्च-पोषित और दूसरे संदिग्ध किस्म के कुछ लोग डॉ. आंबेडकर के नाम का दुरुपयोग मनगढ़ंत बातें फैलाने में करते हैं। इस गंभीर प्रवृत्ति के प्रति दलितों और गैर-दलितों, दोनों को सचेत होना चाहिए, अन्यथा पूरे देश की हानि हो रही है। हैदराबाद के प्रसंग ने इसे बड़े तीखेपन से प्रदर्शित किया है। सब से पहली बात डॉ. आंबेडकर केवल दलित नेता नहीं थे। यह ठीक है कि उनके जीवन की प्रमुख चिंता और संघर्ष अछूत कहे जानेवाले लोगों को मान-सम्मान दिलाना रहा था, मगर उनके कार्य इसी तक सीमित नहीं थे। उनके विचार-फलक में केवल अछूतों की अवस्था और उनके लिए उपाय मात्र नहीं थे। वे स्वतंत्र भारत के संविधान निर्माताओं में भी सर्वप्रमुख थे। सबसे बढ़कर डॉ. आंबेडकर एक गंभीर राजनीतिक चिंतक भी थे। उन्होंने पूरे विश्व की राजनीतिक, ऐतिहासिक गति पर भी निरंतर ध्यान रखा था और उससे न केवल अनुसूचित जातियों, बल्कि संपूर्ण भारत के लिए सबक निकाले थे। कम्युनिज्म, इसलाम और ईसाइयत पर डॉ. आंबेडकर के मूल्यांकन आज भी खरे हैं। ध्यान दें, ये तीनों मतवाद तब हिंदू-धर्म-संस्कृति-समाज के सबसे प्रबल विरोधी थे। इसके बावजूद, इन गंभीर सभ्यतागत चुनौतियों पर तब सबसे बड़े भारतीय नेताओं ने भी न के बराबर ध्यान दिया था। केवल इसी एक तथ्य से समझा जा सकता है कि डॉ. आंबेडकर कितने गंभीर राजनीतिक चिंतक थे। मानव इतिहास में महापुरुषों की भूमिका की जैसी सारगर्भित प्रस्तुति डॉ. आंबेडकर ने की है, वह अत्यंत मूल्यवान है। इसी प्रकार लोकतांत्रिक राजनीति में नागरिक स्वतंत्रता

और समानता की अवधारणा, उसे व्यवहारतः कायम करने तथा देश व राज्य की रक्षा के लिए उनकी सीमाएँ निर्धारित करने संबंधी आंबेडकर के विचार स्थायी महत्त्व के हैं। एक महत्त्वपूर्ण व्याख्यान में जस्टिस रानाडे के महान योगदान पर विचार करते हुए डॉ. आंबेडकर ने राजनीतिक क्रियाकलाप के लिए दो शिक्षाओं को रेखांकित किया था—1. किन्हीं काल्पनिक विचारों को अपना आदर्श नहीं बनाना चाहिए। आदर्श ऐसे होने चाहिए, जिन्हें व्यवहार में प्राप्त करना विश्वसनीय जान पड़े। 2. राजनीति में बौद्धिकता और कोरे सिद्धांत की तुलना में लोगों की भावना और उनके विशिष्ट स्वभाव का अधिक महत्त्व होता है। डॉ. आंबेडकर के अनुसार लोकतांत्रिक राजनीति मूलतः लोकतांत्रिक समाज पर निर्भर है। देश की शक्ति और प्रगति उसके सामाजिक जीवन, उच्च स्तरीय नैतिकता, ईमानदार आर्थिक क्रियाकलाप, जन मनोबल, साहस और दैनंदिन आदतों पर आधारित होती है। इसीलिए वे राजनीतिक सुधारों से अधिक सामाजिक सुधार और सामाजिक पुनर्निर्माण पर बल देते थे। इसीलिए उन्होंने भारत में सबसे निचले पायदान के लोगों को सामाजिक, शैक्षिक, आर्थिक और राजनीतिक रूप से सशक्त करने का अपना ध्यान केंद्रित किया था। ऐसा करते हुए वे न कभी दिखावे की कारवाइयों में पड़े, न मनमानी माँगें और घोषणाएँ करने में, बल्कि डॉ. आंबेडकर ने संपूर्ण भारत के हित, विश्व में उसके उत्थान को कभी नहीं छोड़ा। विदेशी विचारों, संगठनों और विभाजनकारी प्रेरणाओं से सदा दूरी रखी। उन्होंने कहा, 'मैं भारत से प्रेम करता हूँ (इसलिए झूठे नेताओं से घृणा करता हूँ)।' देश-विदेश में ऐसी शक्तियाँ थीं, जो डॉ. आंबेडकर को फूट-परस्ती की ओर बढ़ाना चाहती थीं। किंतु हिंदू समाज की कुरीतियों, उसके प्रति कटुता के बावजूद डॉ. आंबेडकर वैश्विक संदर्भ में संपूर्ण भारत की अस्मिता, एकता के प्रति निष्ठावान बने रहे।

विदेशियों द्वारा भारतीय समाज की धूर्ततापूर्ण, स्वार्थपरक आलोचना करने पर डॉ. आंबेडकर इसका बचाव करते थे। जब कैथरीन मेयो ने अपनी पुस्तक में कहा कि हिंदू धर्म में सामाजिक विषमता है, जबकि इसलाम में भाईचारा है, आंबेडकर ने इसका खंडन करते हुए कहा कि इसलाम गुलामी और जातिवाद से मुक्त नहीं है। भारत में मुसलमानों का समाज विश्लेषण करते हुए उन्होंने यह सविस्तार प्रमाणित किया। उनकी प्रसिद्ध पुस्तक 'भारत विभाजन या पाकिस्तान' 1940 का दसवाँ अध्याय इसी पर केंद्रित है। उसमें तथ्यों और आँकड़ों के साथ हिंदू और मुसलिम स्त्रियों की स्थिति का विशद, प्रामाणिक विश्लेषण है। डॉ. आंबेडकर ने स्पष्ट कहा, 'हिंदुओं में सामाजिक बुराइयाँ हैं' किंतु एक अच्छी बात है कि उनमें उसे

समझनेवाले और उसे दूर करने में सक्रिय लोग भी हैं, जबकि मुसलिम यह जानते ही नहीं कि उनमें बुराइयाँ हैं और इसलिए उसे दूर करने के उपाय भी नहीं करते।' वस्तुत: कई विषयों में डॉ. आंबेडकर की मीमांसा गांधी से अच्छी है। मात्र उक्त पुस्तक अध्ययन से ही यह बात पुष्ट हो जाएगी, जिसे उसके तथ्यों और निष्पक्ष, बेबाक विश्लेषण के लिए अपने समय में बहुत ख्याति मिली थी।

□

राष्ट्र के समर्पित योद्धा

—राकेश सिन्हा

इतिहास की घटनाओं एवं व्यक्तियों का विवेचन और व्याख्या अलग-अलग तरह से की जाती है। ऐसा करने में हमारी अपनी वर्तमान की स्थिति, सोच और भविष्य के प्रति हमारी दृष्टि और कल्पना के साथ-साथ भूत के प्रति चयनित लगाव होता है। हम व्यक्ति और घटनाओं को अपने साँचे में अपने को समृद्ध करने के लिए ढालना चाहते हैं। ऐसा करना ऐतिहासिक व्यक्तित्व को खंडित कर देता है। डॉ. आंबेडकर इसके सबसे अधिक शिकार रहे हैं। उन्हें समग्रता में देखने की चूक उन्हें दलित नेता या नायक तक सीमित कर कर देती है, जो यथार्थ नहीं है।

वस्तुतः उनका फलक बहुत बड़ा था, भूमिका ऐतिहासिक थी। यदि एक शब्द में उनकी भूमिका आँकी जाए तो वह था 'राष्ट्र निर्माण' का कार्य। एक सभ्यता जब राष्ट्र के रूप में रूपांतरित होती है तो उसे सामाजिक-सांस्कृतिक हलचल से गुजरना पड़ता है। इतिहास अपने साथ सिर्फ स्वर्णिम अध्याय और विरासत के साथ ही नहीं, उसे विपरीत एवं अफसोसजनक परिस्थितियों के साथ हमारे सामने खड़ा होकर राष्ट्र निर्माण के दरवाजे पर दस्तक देता है।

डॉ. आंबेडकर ने हिंदू समाज में व्याप्त सामाजिक-धार्मिक असमानता को अपूर्णता का प्रतीक माना और इसी अपूर्णता को दूर करने में उन्होंने असाध्य त्याग और तपस्या की। ऐसा नहीं था कि इस प्रश्न पर दूसरे लोग चिंतन और प्रयास नहीं कर रहे थे। आंबेडकर ने ऐसे सभी लोगों को 'नर्स' और अपने आप को उत्पीड़त दलित समाज की 'माँ' की संज्ञा दी।

वे जानते थे कि भारत की एकता का आधार सांस्कृतिक है और सांस्कृतिक चेतना ही अन्य परिवर्तनों का कारण बनेगी। उनका यह कथन अत्यंत ही प्रासंगिक है, जब वे कहते हैं कि सभ्यता गवाह है कि सभी राजनीतिक क्रांतियों के पहले

सामाजिक व सांस्कृतिक क्रांति हुई है। वही राजनीतिक क्रांति की सफलता और सार्थकता तय करती है। भारत का उदाहरण देते हुए उन्होंने कहा कि चंद्रगुप्त की राजनीतिक क्रांति से पूर्व बुद्ध की सामाजिक-सांस्कृतिक क्रांति हुई थी तो शिवाजी की राजनीतिक क्रांति की सफलता के पीछे महाराष्ट्र के संतों का योगदान है, जिन्होंने सामाजिक-सांस्कृतिक परिवर्तन का बीड़ा उठाया था। इसी संदर्भ में वे गुरुनानक के सामाजिक-सांस्कृतिक बोध और उसके प्रभाव का भी उदाहरण देते हैं।

जाहिर है, आंबेडकर का मूल आग्रह सामाजिक-सांस्कृतिक क्रांति का था। यहीं उनकी सार्थक समानता डॉ. हेडगेवार के साथ स्थापित होती है। दोनों ही दार्शनिक स्तर पर सामाजिक-सांस्कृतिक प्रवाह में निरंतर परिष्कार के पक्षधर थे। डॉ. हेडगेवार ने जब 'एक जन' (वन पीपुल) कहा तो उसका अभिप्राय बुनियादी प्रश्नों पर समानता और राष्ट्रीय दृष्टिकोण में समानधर्मिता होना था।

दोनों ही अस्पृश्यता को व्याधि मानते थे। यही कारण है कि डॉ. आंबेडकर के पूरे जीवन में राष्ट्रीय स्वयं सेवक संघ के प्रति सहज रूप से सम्मान का भाव था और इसमें वे परिवर्तन की संभावना देखते थे।

डॉ. हेडगेवार ने प्रमाणित कर दिया कि ईमानदार प्रयास से असाध्य भी साध्य बन जाता है। तभी तो महात्मा गांधी और डॉ. आंबेडकर दोनों ही संघ के प्रशिक्षण के दौरान ब्राह्मण और महार को साथ-साथ सहज रूप में जीवन बिताते देख हतप्रभ थे और वे समाज जीवन के डॉक्टर, डॉ. हेडगेवार के कार्यों के प्रति शुभेच्छु बन गए। इसीलिए उन्होंने 'मूकनायक' में लिखा था कि सिद्धांत से कहीं अधिक व्यवहार में आचरण महत्त्वपूर्ण है।

डॉ. आंबेडकर का प्रयास उन विपत्तियों से मुक्ति दिलाने का था, जो समाज को 'एक जन' और एक राष्ट्र होने में व्यवधान खड़े करती हैं। इसमें उन्होंने अस्पृश्यता के प्रश्न को सबसे बड़ी रुकावट माना था। आंबेडकर के जीवन में 1920 से लेकर 1930 तक का कालखंड सामाजिक परिवर्तन के लिए आग्रह, अपील और सत्याग्रह का काल था। 1920 में उन्होंने 'मूकनायक' नामक पत्रिका का प्रकाशन किया, जिसका उद्‌देश्य दलितों को राष्ट्रीय आंदोलन में जोड़ने के लिए प्रेरित करना और सामाजिक सुधार के लिए जमीन तैयार करना था। यह विडंबना ही थी कि जिस विरासत, इतिहास, धार्मिक-सांस्कृतिक उपक्रम से वंचित समाज जुड़ना चाहता था, उसे रोका जाता रहा। मंदिर में भगवान की पूजा के लिए उद्वेलित मन व आत्मा इस सामाजिक विषमता से आतंकित थी। सार्वजनिक कुओं

से पानी-पीने से लेकर अन्य व्यवहारों में वे बहिष्कृत थे। इसे समाप्त करने के लिए उन्होंने सत्याग्रह का सहारा लिया। सन् 1927 का महाड सत्याग्रह, 1930 का काला राम मंदिर प्रवेश का सत्याग्रह और इसके बाद पुणे का पार्वती सत्याग्रह इसके उदाहरण हैं। डॉ. आंबेडकर के राजनीतिक दर्शन में घृणा और हिंसा का कोई स्थान नहीं था। उन्होंने स्पष्ट शब्दों में घोषणा की थी कि बड़ी-बड़ी राजनीतिक क्रांति को खून का एक कतरा बहाए बिना अंजाम दिया जा सकता है। भारतीय दर्शन के मूल स्वभाव और मंत्र को अपनाकर उन्होंने दलित-वंचित समाज को उत्तेजित करनेवाली और हिंसक एवं अलगावादी बनानेवाली ताकतों को बड़ा झटका दिया। वे हिंदू समाज के अंतर्विरोधों, विरोधाभासों और विपत्तियों से लड़ रहे थे, न कि हिंदू समाज, हिंदू अस्मिता एवं हिंदू संस्कृति से। उनके लंबे सामाजिक संघर्ष और राजनीतिक जीवन में ऐसे अनेक प्रसंग व उद्धरण हो सकते हैं, जो उनकी मूल अवधारणा के भी प्रतिकूल या हमें कचोटनेवाले हों, परंतु वे तात्कालिक थे। हमें इसे विस्मृतकर समझना होगा कि उनका दूरगामी लक्ष्य भारत की सभ्यता, राष्ट्रवाद को संबल देना, संवर्धन करना और पुष्ट बनाना ही था। इसीलिए तो वे स्वयं मानते थे कि राष्ट्र निर्माण की प्रक्रिया में विस्मरणशीलता का बड़ा योगदान होता है। राष्ट्र निर्माण में नकारात्मक स्मृतियों को भूलना कितना कारगर होता है। इस संदर्भ में उन्होंने राजनीतिक विज्ञानी अर्नेस्ट रेनन के माध्यम से उत्तर एवं दक्षिण फ्रांस का उदाहरण प्रस्तुत किया। उन्होंने बताया कि दोनों फ्रांसों के बीच लगभग 100 वर्षों तक कटुतापूर्ण संबंध था, परंतु आज स्थिति मित्रवत हो गई है। इसीलिए उन्होंने दलित से भी उस पीड़ा एवं अन्यायपूर्ण घटना को विस्मृत करने का अग्रह किया, जो एक जन बनने में बाधक बनती है।

वे जानते थे कि राष्ट्र को खतरा अंदर की कमजोरियों से होता है। इस संदर्भ में संविधान सभा में उन्होंने प्रश्न उठाया था कि भारत 26 जनवरी, 1950 को गणतंत्र हो जाएगा, परंतु इसकी स्वतंत्रता का क्या होगा? उन्होंने याद दिलाया कि एक बार हम अपनी स्वतंत्रता खो चुके हैं, कहीं ऐसा फिर से तो नहीं होगा। प्रो. विवेक कुमार 'डॉ. बी.आर. आंबेडकर और राष्ट्र निर्माण की अवधारणा' में लिखते हैं, 'उन्होंने जयचंद की याद दिलाई, जिसने द्वेष के साथ विश्वासघात किया था। क्या फिर से तो ऐसे व्यक्तियों को हमारे शासन एवं सत्ता में जगह नहीं मिलेगी। ऐसी चिंता उनको सता रही थी। इसलिए उन्होंने संविधान सभा के माध्यम से पूरे भारतीयों से आत्मावलोकन की अपील की, जिससे यह राष्ट्र और शक्तिशाली हो सके।'

वे राष्ट्र के प्रति एक समर्पित योद्धा थे और उनकी प्रतिभा, परिश्रम और बौद्धिक पराक्रम संविधान सभा के निर्माण के दौरान प्रकट हुआ। संविधान सभा में वे प्रारूप समिति के अध्यक्ष थे। संविधान सभा 2 वर्ष, 11 महीने, 18 दिनों तक अस्तित्व में रही। प्रारूप समिति के सामने 243 धाराएँ, 13 अनुसूचियाँ थीं और अंतिम रूप में इसमें 395 धाराएँ, 8 अनुसूचियाँ थीं। इसके सामने 7,635 संशोधन थे। इससे प्रतीत होता है कि सात सदस्योंवाली प्रारूप समिति के सामने कितना कठिन, जटिल और परिश्रम का कार्य था। इस संदर्भ में आंबेडकर की ऐतिहासिक भूमिका पर रोशनी डालते हुए संविधान सभा के सदस्य टीटी कृष्णामाचारी ने संविधान सभा में जो बात कही, वह उल्लेखनीय है, ''अध्यक्ष महोदय, मैं उन लोगों में से एक हूँ, जिन्होंने डॉ. आंबेडकर को सभा में ध्यान से सुना है। मैं जानता हूँ कि संविधान का प्रारूप तैयार करने में उन्होंने कितना काम किया और उत्साह दिखाया है। इसलिए अंततः इस संविधान का प्रारूप तैयार करने की जिम्मेदारी डॉ. आंबेडकर के कंधों पर आ गई। मुझे तनिक भी संदेह नहीं है कि इस जिम्मेदारी का निर्वाह उन्होंने जिस कुशलता से किया, वह प्रशंसनीय है।'' कृष्णामाचारी का यह वक्तव्य डॉ. आंबेडकर की संविधान निर्माण में भूमिका और राष्ट्र के प्रति समर्पण को प्रकाशित करता है। इस भूमिका के कारण हम अनुग्रहीत होने का भाव तो रखते हैं, परंतु इतने तक सीमित रहने में हमारी अपनी कृतज्ञता अपूर्ण रह जाती है। आंबेडकर नाम नहीं, एक संदेश है। यह संदेश है अस्पृश्यता को शैक्षणिक सुधार का मुद्दा बनाने की जगह इसके विरुद्ध 'करो या मरो' के सिद्धांत से समाप्त करने का। अस्पृश्यता निवारण अनंत काल का उपक्रम नहीं होना चाहिए। समाज की एकजुटता के लिए प्रतिगामी और प्रतिक्रियावादी तत्त्वों को परास्तकर एक स्वस्थ सामाजिक पर्यावरण के निर्माण के दायित्व का निर्वाह तो हिंदू समाज के प्रति समर्पित और सबल कंधा ही कर सकता है। इसीलिए राष्ट्रीय सव्यंसेवक संघ की 2015 प्रतिनिधि सभा का उद्घोष 'एक मंदिर, एक कुआँ और एक श्मशान' स्वतंत्रता, समानता और बंधुत्व के नारे का नया, प्रभावी और व्यावहारिक संस्करण है, जो औपनिवेशिक काल में महात्मा गांधी, डॉ. आंबेडकर और डॉ. हेडगेवार के सपनों को पूर्णता प्रदान करने की असीम संभावना की अभिव्यक्ति है।

आंबेडकर मानते थे कि भूतकाल में अस्पृश्यता के सवाल को सांकेतिकता के साथ देखा गया, जिसने इस प्रश्न को सामाजिक क्रांति से अलगकर राजनीतिक धारा से जोड़ दिया। उदाहरण के तौर पर उन्होंने दुःख प्रकट करते हुए कहा कि

कांग्रेस ने तिलक स्वराज फंड के लिए 1920 के दशक में एक करोड़ 30 लाख रुपया एकत्रित किया, परंतु रचनात्मक कार्यों में अस्पृश्यों के उत्थान के लिए मात्र सात हजार रुपए ही खर्च किया। सांकेतिकता का विकल्प सामाजिक क्रांति का अश्वमेध है, जिसके आज हम सारथी हैं। उन्होंने जिस 'मूकनायक' के प्रकाशन से समाजोत्थान के लिए यात्रा शुरू की, उसे 'प्रबुद्ध भारत' के प्रकाशन के बाद दैहिक रूप से जरूरत विराम लगा, लेकिन वे एक संदेश के रूप में वर्तमान समय के साथ सहभागी होकर सामाजिक क्रांति को व्यावहारिक अंजाम देने के लिए दस्तक दे रहे हैं।

□

डॉ. बाबासाहब आंबेडकर और रिडिल्स ऑफ हिंदुइज्म

—दत्तोपंत ठेंगड़ी

यह बात तो स्पष्ट है कि बाबासाहब बहुत अध्ययन किया करते थे। कुछ बड़े लोगों की आदत होती है कि एक बार उन्होंने जो बात कह दी, उसे बदलना वे अपनी प्रतिष्ठा के प्रतिकूल मानते हैं, परंतु बाबासाहब की आदत थी कि नई जानकारी प्राप्त होने पर यदि उन्हें अनुभव होता कि पूर्व में व्यक्त विचार त्रुटिपूर्ण था, तो वे नया विचार प्रकट करने में कोई संकोच नहीं करते थे।

जिस समय जो राय विचारपूर्वक बनी हो, उसे निर्भीकता से प्रकट करना उनके स्वभाव का एक भाग था। इस निर्भीकता का हेतु किसी का मन दुखाना नहीं होता था। भुक्तभोगी होने के कारण जिस पर अन्याय हो, उसके प्रति उनके मन में स्वाभाविक आत्मीयता रहती व अन्याय करनेवाले के प्रति चिढ़। प्रतिक्रिया व्यक्त करने के कारण किसी को दुःख होता हो, तो उसके दुःख की परवाह न करते हुए बार-बार उसी मत का प्रदर्शन करने का दुराग्रह उनके मन में नहीं रहता था। उदाहरणार्थ—20 सितंबर, 1951 को संविधान समिति के सभागृह में भाषण करते समय उनके भाषण में आया कि 'राम ने सीता का त्याग किया, जो कि अन्यायपूर्ण था।' उनकी इस टिप्पणी से धार्मिक भावना से आहत हो एक संसद् सदस्य ने कहा, "हम भी प्रगतिशील हैं और विधि मंत्री द्वारा हिंदुओं को दी गई गालियों से युक्त निंदा न सुनते हुए विधेयक पारित करने को तैयार हैं।" इस पर डॉ. आंबेडकर ने कहा, "यदि आप यह पहले करते, तो मेरे भाषण में अतिरेक न हुआ होता। मेरा उद्देश्य किसी की भावनाओं को आघात पहुँचाने का नहीं था। फिर भी अनजाने में किसी की भावनाओं को आघात पहुँचा हो, तो मैं उससे क्षमा माँगता हूँ।" एक

सदस्य ने राम-सीता के बारे में किए गए उल्लेख को समिति के कामकाज से निकालने की इच्छा प्रकट की। बाबसाहब ने भी अपनी स्वीकृति दे दी।

कुछ लोगों को अपने मन की उत्कट भावनाएँ प्रकट किए बिना चैन नहीं मिलता। उन भावनाओं को कागज पर उतारने पर ऐसा अनुभव करते हैं, जैसे उन्होंने उनका मार्ग खोल दिया है। उन उत्कट भावनाओं को कई बार कागज पर उतारना अपरिहार्य होता है, परंतु लिखने के बाद छापने व प्रकाशन के पूर्व उसके प्रकटीकरण के कारण किसका मन कितना आहत होगा, इसका अंदाजा लगाना होता है। मार्क ट्वेन ने कहा है, "We write frankly and freely, but then, we modify it before we print it" (हम अतिस्पष्टता और स्वतंत्रता से लिखते हैं, परंतु छपने से पूर्व उसे परिमार्जित कर देते हैं)। यही प्रतिक्रिया बाबासाहब के लेखन के विषय में भी है। उत्कट भावनाओं को शब्दांकित करके उनका मार्ग खोल देना, पर ऊपर दिया दूसरा विचार सामने आने पर लिखे हुए को रिकार्ड में रखना, मगर उसे प्रकाशित करना या नहीं, उनकी पद्धति थी।

विचार प्रकट करने की डॉ. आंबेडकर की पद्धति ध्यान में रखने पर उनके अपने जीवनकाल में प्रकाशित किए ग्रंथ और अप्रकाशित ग्रंथ व प्रकरणों का अलग-अलग करना आवश्यक है। ऐसा विचार करने पर स्पष्ट होगा कि 'रिडिल्स ऑफ हिंदुइज्म' के विषय में उठा विवाद अकारण था। प्रो. शेषराव मोरे ने अपने ग्रंथ 'डॉ. आंबेडकरांचे सामाजिक धोरण—एक अभ्यास' में इस संबंध में विवेचन करते समय रिडिल्स को बाबासाहब ने किस सहेतुकता से उपयोग किया और किसी भी प्रकार का अंतिम निष्कर्ष प्रकट करने की कल्पना उसमें से किसी प्रकार व्यक्त नहीं होती, यह स्पष्ट किया है। प्रो. मोरे के बारे में कहा जाता है कि गहन अध्ययन व अनुसंधान करने के बाद ही वे लिखते हैं। उनकी बौद्धिक प्रामाणिकता के विषय में किसी को संदेह नहीं है। इस संदर्भ में प्रा. मोरे सरकारी प्रकाशन के संपादक की लिखी प्रस्तावना की ओर ध्यान आकर्षित करते हैं। संपादक का कहना है कि इस खंड का अंतिम हस्तलिखित मिला नहीं। मूलतः संकल्पित 24 रिडिल्स बाद में अनेक बार बदले गए। इस ग्रंथ की संकल्पित पांडुलिपि व ग्रंथ के प्रत्यक्ष प्रकरणों का मेल नहीं बैठता। बाबासाहब इस ग्रंथ से यह सिद्ध करना चाहते थे कि 'हिंदूसमाज समय-समय परिस्थिति के अनुरूप बदलता रहा है। अनेक बार उसने मूलभूत परिवर्तन भी स्वीकार किया है। हिंदू धर्म सनातन है, पर इसका अर्थ यह नहीं है कि वह अपरिवर्तनीय है। यही बात मुझे समाज को बतानी है।' प्रस्तावना के अंत में बाबासाहब कहते हैं, "इस उपक्रम के खतरे का पूरा आकलन करके ही

रिडिल्स को हाथ में लिया है। यदि उपक्रम के कारण समाज में वैचारिक हलचल होती है, तो मैं समझूँगा कि अपने उद्देश्य में सफल रहा हूँ।''

प्रा. मोरे ने अंत में स्पष्ट किया है कि इस ग्रंथ के सात परिशिष्टों में जिस विषय को शामिल किया गया है, उन्हें बाबासाहब ने प्रकाशित करने के लिए नहीं लिखा था।

अनेक संदर्भों के माध्यम से प्रा. मोरे ने स्पष्ट किया है कि रिडिल्स के बारे में वस्तुनिष्ठता व संपादनशास्त्र की सुसंगतता देखना कितना आवश्यक है। उन्होंने साररूप में कहा, ''इस ग्रंथ में मैंने एक मुद्दा ऐसा प्रस्तुत किया है कि महाराष्ट्र शासन ने बाबासाहब के अप्रकाशित साहित्य, खंड 3 से 5 पहली बार प्रकाशित किए हैं, वह अंतरिम स्वरूप का है। बाबासाहब उन्हें इसी रूप में प्रकाशित नहीं करते और न ही किसी को करने देते। संपादक ने इस दृष्टि से विचार न करते हुए यह वाङ्मय प्रकाशित करके एक प्रकार से बाबासाहब के प्रति अन्याय किया है। मैंने अपने ग्रंथ में स्थान-स्थान पर इसका उल्लेख भी किया है।''

''बाबासाहब के साहित्य का अध्ययन दो समूहों में विभाजित करके करना चाहिए। पहला समूह वह है, जो उनके जीवन काल में उनकी इच्छा के अनुसार (इसमें 1956 का ग्रंथ आता है) प्रकाशित हुआ था और दूसरा समूह वह है, जो उनकी मृत्यु के पश्चात् शासन ने प्रकाशित किया। इस दूसरे प्रकार के साहित्य ने अध्ययनकर्त्ताओं के सम्मुख एक आह्वान प्रस्तुत किया है। पहली बात यह कि ऐसा साहित्य आज जिस स्वरूप में है, बाबासाहब क्या उसे उसी स्वरूप में प्रकाशित करते अथवा क्या वे प्रकाशित करने देते? इस संबंध में हमारा उत्तर नकारात्मक है। इसका हमने स्थान-स्थान पर उल्लेख भी किया है। हमारा कहना है कि संपादक ने इस दृष्टि से न पढ़ते हुए उसे प्रकाशित किया है।

''यह ठीक है कि आजकल विश्लेषणात्मक दृष्टि से अध्ययन करने की प्रवृत्ति कम हो रही है; पर इस आधार पर जो व्यक्ति आज जीवित नहीं है, उसका परस्पर विरोधी निष्कर्षवाला अंतरिम अवस्था का साहित्य प्रकाशित करना तथा बाद में भी उसका समर्थन करते रहना क्या उचित है? इसका विचार किया जाना चाहिए।''

...'बुद्ध प्रशंसेच्या बाबी' ग्रंथ के एक प्रकरण में बुद्ध धम्म के बाहर के लोग बुद्ध की किस-किस विषय में प्रशंसा करेंगे, इसकी एक बड़ी सूची बुद्ध की भाषा में दी गई है। इसमें लगभग 35 प्रशंसक बातों का समावेश है। (334 से 341) बुद्ध हिंसा में विश्वास नहीं रखते, झूठ नहीं बोलते, सत्य बातें ही बताते हैं, शांति निर्माता हैं, पका हुआ अन्न ही खाते हैं, एक बार भोजन करते हैं, दास-दासी स्वीकार नहीं

करते, इत्यादि। प्रशंसा की यह सूची 'ब्रह्मजालसुत्त' में है और क्रांति-प्रतिक्रांति ग्रंथ में बड़े विस्तार से दी गई है। (ई. 176-186) उसमें लगभग 200 प्रशंसा की बातों का समावेश है; पर उसमें चातुर्वर्ण्य-विरोध का समावेश नहीं है। ब्राह्मण व क्षत्रिय वर्ग का एक साथ, पर अन्य संदर्भ में उल्लेख आया है। एक स्थान पर क्षत्रियों का उल्लेख ब्राह्मणों के पहले है। (182) बुद्ध का महानिर्वाण हो जाने के बाद उनके गौरव के लिए लिखे गए पाली ग्रंथों के कुछ श्लोकों को बाबासाहब ने आदरपूर्वक उद्धृत किया है। उसके निम्नलिखित विधान अत्यंत महत्त्वपूर्ण हैं, 'शस्त्रास्त्र धारण करने के पश्चात् क्षत्रिय तेजस्वी दिखाई देता है और ध्यानस्थ होता है। तब ब्राह्मण तेजपुंज दिखता है, परंतु बुद्ध आत्मतेज से अहोरात्र सतत प्रकाशित रहते हैं।' (32-418) इससे स्वाभाविक रूप से एक प्रश्न मन में आता है कि यदि क्षत्रिय व ब्राह्मणों के बारे में अर्थात् वर्णव्यवस्था के विषय में उस काल में घृणा होती, तो क्षत्रिय व ब्राह्मणों को ऐसी गौरवपूर्ण उपमा दी गई होती क्या? यह भी कि यहाँ पर क्षत्रियों का उल्लेख ब्राह्मणों से पहले किया गया है।

...'भगवान् बुद्ध आणि त्यांचा धम्म' के उपर्युक्त उद्धरण से लगता है कि बाबासाहब को इस ग्रंथ में भगवान् बुद्ध का चित्र चातुर्वर्ण्य उच्चाटन व जातिविध्वंसक के रूप में प्रस्तुत करना था। जब वे अपनी भाषा और अपना अभिप्राय प्रकट करते हैं, तब वे उक्त चित्र प्रस्तुत करते हैं; पर यह ग्रंथ केवल बाबासाहब का अभिप्राय बतानेवाला नहीं है। बौद्ध धर्मग्रंथ बुद्ध का चरित्र, जीवन, कार्य उपदेश, तत्त्वज्ञान को अत्यंत सुलभ व स्पष्ट भाषा में प्रस्तुत करनेवाला ग्रंथ है। ऊपर बताए गए सारे उल्लेख बौद्ध धर्मग्रंथों के ही हैं। उससे बौद्ध विचारों का जो चित्र सामने आता है, वह उन्हें चातुर्वर्ण्य विध्वंसक के रूप में प्रदर्शित नहीं करता। यह बात साफ है कि बाबासाहब इस बात को निश्चित रूप से जानते होंगे; पर बौद्ध ग्रंथों का आधार दिए बिना 1956 का ग्रंथ तैयार करना संभव न होने के कारण उन्हें इस मर्यादा का पालन करना पड़ा। उन्हें अभिप्रेत गौतम बुद्ध व बौद्ध धम्म तथा बौद्ध वाङ्मय में से व्यक्त होनेवाले बौद्ध धर्म का अंतर इस ग्रंथ में चातुर्वर्ण्य विरोध के विषय में किस प्रकार प्रकट होता है, यह हम लोग ऊपर देख ही चुके हैं। (पृ. 414-455)

...'आंबेडकर आणि मार्क्स' ग्रंथ के लेखक रावसाहब कसबे लिखते हैं, 'कोई भी महापुरुष अपने कालखंड की संतान होता है। महापुरुष का काल के प्रवाह में शारीरिक विकास होता है, उसी प्रकार उसके विचारों का भी होता है। इसका ध्यान प्रत्येक महापुरुष के अनुयायियों को रखना चाहिए, यदि ऐसा नहीं हुआ, तो अधिकतर उस महापुरुष का समावेश अवतारी पुरुष में हो जाता है। उसके विचारों

को वेदवाक्य के रूप में प्रस्तुत करने के प्रयास पूरी सावधानी से किए जाते हैं। महापुरुष के जीवन व उसके समग्र तत्त्वज्ञान का अध्ययन, अध्ययनकर्ताओं के लिए चुनौती होता है। किसी भी महापुरुष के उसके जीवनकाल में स्वीकार की गई संकल्पना, मूल्य और तत्त्वप्रणाली कभी भी यथास्थितिवादी नहीं होती। उनका जिस प्रकार इतिहास होता है, उसी प्रकार विकास भी होता है। बाबासाहब इस बात को जानते थे। संभवत: इसी कारण उन्होंने राज्य पुनर्रचना आयोग को प्रस्तुत प्रतिवेदन की प्रस्तावना में इमर्सन के एक निष्कर्ष को उद्धृत किया। वह यह कि 'सुसंगति गधे का गुण होता है। Consistency is a verture of an ass and I dont't with to make an ass of myself' (51-6) इसकी चर्चा करते हुए उन्होंने कहा कि 'विचारवान् व्यक्ति सुसंगति के नाम पर पहले बताए निष्कर्ष से कभी चिपका नहीं रहेगा। जिम्मेदार व्यक्ति को गलती सुधारना आना चाहिए। पुनर्विचार करने और तदनुसार मतांतरण करने का साहस भी उसमें होना चाहिए अर्थात् पहले जिसे सही बताया था, उस पर पुनर्विचार करने व आवश्यकता होने पर नया विचार बनाने के लिए पर्याप्त कारण होने चाहिए। विचारप्रवाह की कोई सीमा नहीं होती। इस दृष्टिकोण से बाबासाहब का लेख और आंदोलन का परीक्षण करने पर यह ध्यान में आएगा कि उनका व्यक्तित्व कितना गतिमान और विकसित होनेवाला था।' (51-6) श्री मोरे कहते हैं, ''यह ध्यान में रखने पर कि सामाजिक क्रांति का ध्येयवाद बाबासाहब के गतिमान व परिवर्तनीय भूमिका का एक प्रमुख कारण था, उनके सामाजिक ध्येय में आए परिवर्तन का अन्वयार्थ सहज लगाया जा सकता है।'' (पृ. 482)

···इस साहित्य के अध्ययन से ध्यान में आता है कि हिंदू धर्मग्रंथ, उनके वचनों का अर्थ, उनकी बौद्ध विचारों से तुलना, क्रांति-प्रतिक्रांति का इतिहास, बुद्धपूर्व का वैदिकसमाज, बौद्ध धर्म के ह्रास के कारण, चातुर्वर्ण्य की मूल गुणकर्म सिद्धता, प्राचीन काल में स्त्री व शूद्रों के अधिकार, बौद्ध धर्म के चार आर्य सत्य, बौद्ध धर्मग्रंथों में बुद्ध के मूल उपदेश और बाद में उसमें घुसेड़े गए ब्राह्मणी उपदेशों का वर्गीकरण, बौद्ध उपदेशों को बौद्धधर्म कहना अथवा बौद्ध धम्म कहना, ब्रह्म-ब्रह्मवाद के संबंध में नीति क्या हो, जैसे अनेक प्रश्नों के बारे में वे इस कालखंड (1948 से 1956 तक) में विचार कर रहे थे।

···कोई भी अनुभव कर सकता है कि धर्मग्रंथ के वचनों का अर्थ, ऐतिहासिक घटनाओं का अन्वयार्थ आदि के बारे में बाबासाहब की इतिहास मीमांसा बदलती रही। इसका कारण ढूँढ़ना शोधकर्ताओं का काम है। नए प्रमाणों के मिलने अथवा

पुराने प्रमाणों के नए अन्वयार्थ के कारण इस प्रकार का परिवर्तन हो सकता है, तथापि बाबासाहब ने बदले हुए निष्कर्षों का उल्लेख करते समय पहले के निष्कर्ष को बदलने के कारण अथवा नए प्रमाणों व अन्वयार्थों के स्पष्टीकरण नहीं दिए हैं। दोनों निष्कर्षों को सामने रखकर बदल करने के कारणों की चर्चा न करने से नए प्रमाण अथवा अन्वयार्थों के बारे में निश्चित अभिप्राय देना कठिन हो जाता है। इसलिए ऐसे परिवर्तनों की ओर हमने नीति के परिवर्तन की दृष्टि से देखने का प्रयत्न किया है। इसका अर्थ यह नहीं है कि परिवर्तन नए प्रमाण या अन्वयार्थ पर आधारित नहीं है। बाबासाहब इसका भी स्पष्ट उल्लेख नहीं करते हैं कि निष्कर्ष में परिवर्तन हुआ है, इसलिए अनेक लोगों के ध्यान में आ भी नहीं पाता। इसी कारण अध्ययनकर्ता अथवा चरितलेख किसी ग्रंथ में यह तो बताते हैं कि बाबासाहब कौन सा निष्कर्ष किस प्रकार प्रस्तुत करते हैं, पर उसी निष्कर्ष की अन्य ग्रंथ में दिए निष्कर्ष से तुलनाकर उसकी चर्चा नहीं करते। इसलिए निष्कर्ष परिवर्तन का मुद्दा लगभग सारे अध्ययनकर्ताओं की नजरों से ओझल हुआ दिखाई देता है।

...बाबासाहब ने इतिहास के विषय में विविध ग्रंथों में विविध संदर्भ में, पर समाज हित की दृष्टि से अलग-अलग निष्कर्ष प्रस्तुत किए हैं। इतिहास एक ही, घटना भी वही, पर उसकी ओर देखने का दृष्टिकोण बदल गया। उसके लिए प्रमाणों का महत्त्वक्रम बदला, प्रमाण का अन्वयार्थ बदला। उनकी वास्तविक प्रतिबद्धता सामाजिक परिवर्तन से थी, समाजहित से थी, दलितहित से थी। उसके लिए जो भी उचित, हितकारी, आवश्यक व परिणामकारी लगा, उसे उन्होंने मान्य किया; स्वीकार किया; प्रचारित किया; ग्रंथबद्ध किया। ध्येय वही था, पर उसे साध्य करने के लिए क्या आवश्यक है, उसे बदला। साध्य वही रहा, पर परिस्थिति के अनुसार साधन बदलते गए। इतिहास मीमांसा भी एक साधन ही था। आज की परिस्थिति में इतिहास मीमांसा का ऐसा परिवर्तनीय दृष्टिकोण क्यों नहीं रखना चाहिए? आज बाबासाहब होते, तो वे इतिहास की ओर किस दृष्टि से देखते, सामाजिक सवालों की इतिहास मीमांसा किस प्रकार की होती, उसे ध्यान में रखकर हम लोगों को भी वैसा परिवर्तन क्यों नहीं करना चाहिए?

केवल सुसंगत रहने के लिए पूर्व में प्रदर्शित मत नई परिस्थिति में अहितकर होते हुए भी पुनरावृत्ति करते रहने के स्थान पर सामाजिक परिवर्तन की प्रतिबद्धता स्वीकार करके अपने मन को बदलने की परिवर्तनशीलता बाबासाहब ने दिखाई थी कि नहीं? 1930 में वे भगवद्गीता के समर्थक थे; 1944 के काल में वे गीता के कठोर विरोधी थे; परंतु 1951 के पश्चात् लिखे क्रांति-प्रतिक्रांति ग्रंथ के एक प्रकरण

में उन्होंने लिखा कि गीता का तत्त्वज्ञान बौद्धधर्म के तत्त्वज्ञान की नकल है, दोनों में पूरा साम्य है। इतना ही नहीं, उन्होंने यह भी लिखा कि बौद्ध के त्रिशरण की भी गीता ने नकल की है। अब आज उनके किस विचार को उद्धृत करना उचित होगा?

बाबासाहब ने लेख में यह भी लिखा है कि प्राचीनकाल में एक समय ऐसा भी था, जब हिंदू समाज जंगली व अध:पतित अवस्था में था। बाद में आर्यों ने अपने समाज में क्रांतिकारी सुधार किए। 'Tremendous inprovement almost amounting to a social revolution (294; Drastic Reforms (304); Bold reforms (304); Reforms of the greatest significance (304)' इन सुधारों को बाद के आर्यों ने किस प्रकार क्रियान्वित किया, उसे भी प्रमाणों सहित इस प्रकरण में सिद्ध किया है। (पृ. 433)

अंत में उन्होंने कहा, 'All these reforms had taken effect long before the Kaliyuga started (305)' इसका अर्थ यह हुआ कि ये सुधार ई.पू. 1165 के पहले ही हो चुके थे। इसलिए इसके पाँच सौ वर्ष बाद जनमे गौतम बुद्ध को इस प्रकार के सुधार करने की जरूरत नहीं पड़ी होगी। इस ग्रंथ में कृतयुग के जिस समाज का चित्रण किया गया है, उसे 'क्रांति-प्रतिक्रांति' ग्रंथ में बुद्ध के पूर्व का आर्य-समाज बताया है। अधिक अध्ययन के बाद अथवा सामाजिक विचार के परिवर्तन के रूप में बाबासाहब ने 'क्रांति-प्रतिक्रांति' ग्रंथ में इस संदर्भ के विचारों को छोड़ा हुआ लगता है।

...इसमें सामाजिक विचार की एक दृष्टि यह हो सकती है कि बाद के काल में बाबासाहब को यह अनुभव हुआ हो कि इतने अध:पतित व जंगली समाज में बुद्ध ने क्रांतिकारी सुधार किए, यह कहने की अपेक्षा सामाजिक सुधार के लिए यह कहना अधिक उचित होगा कि आर्य-समाज किस प्रकार परिवर्तनीय था, परिस्थिति के अनुसार नए सुधारों को स्वीकार करनेवाला था, रूढ़ि, प्रथा, आचार, परंपरा, सामाजिक नियम, नीतिमूल्य बदलनेवाला था। 'हिंदू कोड बिल' के बारे में भी उनकी भूमिका इसी प्रकार की थी। 'रिडिल्स ऑफ हिंदुइज्म' ग्रंथ लिखने का उनका उद्‌देश्य भी यही था। (पृ. 434)

□

श्रेष्ठ राजनेता तैयार करने की योजना

—किशोर मकवाणा

राजनीतिज्ञ अथवा राजनीति में काम करनेवाले कार्यकर्ताओं की क्या भूमिका होनी चाहिए? जब हम इसको बाबासाहब के दृष्टिकोण से देखते हैं, तब राजनीति का एक अलग ही पहलू ध्यान में आता है। युवाओं को राजनीति में जाना चाहिए या नहीं जाना चाहिए? यह सवाल जब हम बाबासाहब की दृष्टि से देखते हैं तो जवाब मिलता है। बाबासाहब आंबेडकर ने दो विचार रखे हैं। वे कहते हैं कि जब आप शिक्षा प्राप्त करते हो, तब किसी भी आंदोलन से दूर रहो, केवल पढ़ाई पर ही ध्यान दो। बाबासाहब ने भी जब तक डिग्रियाँ प्राप्त नहीं कर लीं, तब तक वे आंदोलनों से कोसों दूर रहे। डिग्रियाँ प्राप्त कर लेने के बाद वे सामाजिक और राजनीतिक संघर्ष के मैदान में आए और अपने आपको शोषित-पीड़ित बांधवों की सेवा में समर्पित कर दिया। उनका कहना था कि जिनको राजनीति में जाना है, उनको देश और दुनिया की राजनीति का अच्छा ज्ञान होना चाहिए। सामाजिक प्रश्नों की समझ होनी चाहिए।

डॉ. आंबेडकर स्वयं राजनीति के अच्छे जानकार और सच्चे नेतृत्व के महत्त्व को जानते थे। डॉ. आंबेडकर के बारे में बहुत सी बाते हैं, जिन्हें भारत में कोई जानता तक नहीं है और न ही उसकी चर्चा की जाती है। 'जय भीम!' के नारे लगानेवाले भी नहीं जानते या जान-बूझकर जानने का प्रयत्न नहीं करते। ये लोग बाबासाहब की एक नकारात्मक छवि प्रस्तुत करने में लगे हैं, जो वास्तव में वैसी है ही नहीं।

डॉ. बाबासाहब ने राजनीतिक प्रशिक्षण के लिए एक स्कूल (Training School for Entrance to Politics) शुरू किया था, उस महत्त्वपूर्ण प्रोजेक्ट के बारे में अधिकांश लोग नहीं जानते। यह ट्रेनिंग स्कूल युवाओं के लिए था।

बाबासाहब मानते थे कि अगर राजनेता प्रशिक्षित और उनमें नेतृत्व के अच्छे गुण हैं, लोकतंत्र के महत्त्व को जानते हैं अथवा जनता की सही मायने में सेवा करते हैं तो वे भारतीय लोकतंत्र की गरिमा बढ़ाएँगे। इस Training School for Entrance to Politics में अच्छी वक्तृत्वकला, समाजशास्त्र, पॉलिटिकल साइंस, राष्ट्रीय-अंतरराष्ट्रीय संबंध, फॉरेन पॉलिसी, विधानसभा एवं पार्लियामेंट के नीति-नियम, भारतीय लोकतंत्र तथा संविधान जैसे विषय शामिल थे, ताकि देश को अच्छा नेतृत्व मिले।

डॉ. बाबासाहब आंबेडकर की कल्पना पर आधारित Training School for Entrance to Politics 1 जुलाई, 1956 में मुंबई में स्थापित किया गया था और इस प्रशिक्षण विद्यालय में प्रवेश के लिए राजनीति के रूप में नामित किया गया था। डॉ. बाबासाहेब आंबेडकर निदेशक थे, और उनके करीबी सहयोगी एस.एस. रेगे स्कूल के रजिस्ट्रार थे। भारत में राजनीति के प्रवेशद्वार के लिए अपने आप में यह पहला प्रशिक्षण विद्यालय 1956 में स्थापित किया गया था। स्कूल के पहले बैच में 15 छात्र शामिल थे।

दुर्भाग्य से इसका पहला बैच आखिरी बैच बन गया, क्योंकि 6 दिसंबर, 1956 में डॉ. बाबासाहब आंबेडकर की मृत्यु के बाद स्कूल बंद हो गया। स्कूल केवल आठ महीने के लिए कार्यशील था। डॉ. आंबेडकर स्कूल के लिए एक अच्छे प्रिंसिपल की तलाश में थे।

डॉ. बाबासाहब आंबेडकर 10 दिसंबर, 1956 को प्रथम बैच को संबोधित करनेवाले थे, लेकिन उससे चार दिन पहले ही उनका निधन हो गया। स्कूल का बहुत ही उत्साहवर्धक उद्देश्य था। राजनीति में जाने को उत्सुक लोगों को प्रशिक्षण देना था। आज जब हम संसद् अथवा विधानसभा में सदस्यों का जिस स्तर का व्यवहार देखते हैं, तब हमें ऐसे स्कूल की आवश्यकता अधिक महसूस होती है।

डॉ. बाबासाहब उन्हें सामाजिक विज्ञान एवं राजनीतिशास्त्र के विभिन्न विषयों में प्रशिक्षित करना चाहते थे और उन्हें संसदीय विधायी प्रक्रियाओं तथा व्यवहारों से लैस करना चाहते थे। डॉ. बाबासाहब आंबेडकर के जीवनी लेखक धनंजय कीर ने स्कूल के बारे में लिखा है—

"डॉ. आंबेडकर ने तय किया कि देश लोकतंत्र विषयक विचार और कार्य को परिणामकारी प्रेरणा मिले तथा अपने नियोजित रिपब्लिक पार्टी में युवकों की भरती हो, इस उद्देश्य से राजनीति में प्रत्यक्ष हिस्सा लेने की इच्छा रखनेवाले लोगों के लिए बंबई में एक Training School for Entrance to Politics शुरू

किया जाए। ग्रंथपाल शां. शं. रेगे की सहायता से वह Training School for Entrance to Politics (प्रशिक्षण विद्यालय) स्थापित करने के लिए वे प्रयास कर रहे थे। जो लोग विधानसभा का कामकाज करने की महत्त्वाकांक्षा रखते हैं, उनकी शिक्षा का प्रबंध इस Training School for Entrance to Politics (प्रशिक्षण विद्यालय) के प्राध्यापक की जगह के लिए उन्हें लायक व्यक्ति की जरूरत थी। डॉ. बाबासाहब आंबेडकर ने रेगे को लिखा था कि अध्यापक होने की इच्छा करनेवाला व्यक्ति का अपने विषय में प्रवीण होना जरूरी है तथा वह अच्छी तरह से व्याख्यान देने की कला से अवगत हो। उसका व्यक्तित्व आकर्षक हो। विद्यालय की ख्याति अध्यापकों के कर्तृत्व और वक्तृत्व की सामर्थ्य पर प्रचुर मात्रा में निर्भर रहती है। यह Training School for Entrance to Politics (प्रशिक्षण विद्यालय) 1 जुलाई, 1956 से मार्च 1957 तक शां. शं. रेगे की देखरेख में चला। यह दुर्भाग्य की बात है कि इस Training School for Entrance to Politics के संस्थापक और संचालक डॉ. आंबेडकर को उस विद्यालय से भेंट करने का कभी सौभाग्य प्राप्त नहीं हुआ। यह Training School for Entrance to Politics उनकी मृत्यु के बाद अनाथ होकर बंद पड़ गया। यह प्रशिक्षण विद्यालय बहुत उपयुक्त साबित हुआ होता। राज्य कारोबार को उचित दिशा दिलाने के लिए जानकार और लायक, तज्ञ और कर्तृत्ववान विधायकों तथा संसद् सदस्यों का विधानसभाओं और लोकसभा को पूत प्राप्त हो सकता था।''

डॉ. बाबासाहब आंबेडकर ने सामाजिक तथा राजनीतिक क्षेत्र में कार्य करनेवाले कार्यकर्ताओं को भी मार्गदर्शन दिया है, वे आज भी समाज तथा राष्ट्र जीवन के विविध क्षेत्रों में कार्य करनेवाले कार्यकर्ताओं के लिए अत्यंत प्रेरक रूप हैं। नेता, नेतृत्व, कार्यक्रम तथा संगठन के बारे में उनके विचार आज भी प्रस्तुत हैं। उन्होंने जुलाई 1953 में मराठावाड़ा शेडूल्ड कास्ट फेडरेशन की ओर से मराठवाड़ा के कार्यकर्ताओं की सभा में कहा था—

''अब कार्यकर्ताओं की यह भावना हो गई है कि चुनाव यानी राजनीति है। चुनाव के सिवाय राजनीति का दूसरा कोई अर्थ नहीं है, यही दिखाई दे रहा है। इसी लिए चुनाव के समय टिकट लेने की होड़ लगी रहती है तथा चुनाव समाप्त हो जाने के पश्चात् फिर हम चुपचाप बैठ जाते हैं। परंतु सामाजिक जीवन में राजनीति का अल्प स्थान है, राजनीति ही सबकुछ नहीं है। वास्तव में राजनीति और कुछ नहीं तो वह बचा हुआ अनाज है। समाज की उन्नति केवल राजनीति से नहीं होती है। सामाजिक उन्नति के अनेक कारण हैं, आर्थिक तथा सामाजिक

मुद्दे कम महत्त्वपूर्ण नहीं हैं। समाज की सर्वांगीण उन्नति के लिए कार्यकर्ताओं को सभी घटकों की ओर ध्यान देना चाहिए।''

डॉ. बाबासाहब आंबेडकर आगे कहते है—''राजनीति बहुत महत्त्वपूर्ण चीज है, ऐसी भावना हो गई है। परिणामस्वरूप चुनाव के समय टिकट न मिलने पर समाज में दरार पैदा करना, चुनाव में पराजित होने पर निराश होकर चुपचाप बैठना तथा चुनकर आने पर असेंबली में मुँह बंद कर बैठे रहना, इतना ही काम है, ऐसा कार्यकर्ताओं की सोच हो गई है, फिर उसे राजनीति का अच्छी तरह अध्ययन करना चाहिए। अध्ययन के बगैर किसी को दुनिया में कुछ नहीं मिल सकता है। प्रत्येक कार्यकर्ता ने राजकीय, धार्मिक तथा आर्थिक प्रश्नों का बहुत गहराई से अध्ययन करना चाहिए।''

जिनको नेता होना है, उन्हें नेता के कर्तव्य तथा उत्तरदायित्व की जानकारी रखनी चाहिए। नेताओं पर बहुत बड़ी जिम्मेदारी है, सभाओं में जाकर लंबा-चौड़ा भाषण करना, तालियाँ बटोरना तथा अंत में गले में हार डालकर घर को आना, इतना ही नेताओं का काम होता है। नेता यह सब करके अपनी जिम्मेदारी से मुक्त नहीं हो सकते हैं। इन्हें तो अधिक अध्ययन, चिंतन तथा समाज की उन्नति के लिए रात-दिन परिश्रम करना होगा। यह सब करने पर ही लोगों की थोड़ी-बहुत भलाई हो सकती है, जो यह करेगा, वही सच्चा नेता हो पाएगा।

डॉ. बाबासाहब आंबेडकर ने इसी भाषण में नेता और नेतृत्व की चर्चा करते हुए कहा कि आपको लगता होगा कि नेता होना बहुत आसान है, परंतु मेरे विचारानुसार नेता होना बहुत कठिन है। मुझे स्वयं को नेतागिरी बहुत कठिन लगती है। मेरी नेतागिरी औरों की भाँति नहीं है। मैंने जिस समय आंदोलन चालू किया, उस समय कोई संगठन नहीं था। मुझे स्वयं को ही सभी काम करने पड़ते थे, संगठन तैयार करना हो तो वह काम मुझे ही करना पड़ता था। समाचार-पत्र निकालना हो तो, वह भी मुझे ही निकालना पड़ा था। इसीलिए 'मूकनायक', 'बहिष्कृत भारत', 'जनता' आदि समाचार-पत्र मुझे स्वयं ही निकालने पड़े थे। प्रेस चलाने की बात हो तो मुझे ही मुद्रणालय की व्यवस्था करना पड़ी थी। कुल मिलाकर कहा जाए तो मुझे शून्य में से सबकुछ तैयार करना पड़ा था। मैं ऐसा कदापि नहीं कहता कि मैंने जो कुछ किया, वह सबकुछ हो चुका है। मैं तो यह कहना चाहूँगा कि मैंने जो किया, वह तो काम का शतांश भी नहीं है। अभी तो बहुत कुछ करना बाकी है, अभी तो बहुत राह चलनी है। आज तक जो कुछ हुआ है, वह पौधे का रोपण मात्र है, आंदोलन का वृक्ष अभी तैयार होना बाकी है। मेरे

बताने का उद्‌देश्य यही है कि अपने नेताओं पर समाज की बहुत बड़ी जिम्मेदारी है। लोगों में जागृति निर्माण करना, उनका संगठन बनाना, यह बहुत महत्त्वपूर्ण काम है, इसे प्रत्येक नेता को करना चाहिए। कार्यकर्ता बहुत धैर्यवान होना चाहिए। जिसके पास धीरज का अभाव है, वह नेता नहीं हो सकता है। जो मनुष्य मरने को तैयार रहता है, उसकी कभी मृत्यु नहीं होती है तथा जो मृत्यु से डरता है, वह मृत्यु के भय से बहुत पहले ही मर चुका होता है।

डॉ. बाबासाहब आंबेडकर कहते थे कि कार्य करते समय मार्ग में अनेक अड़चने-बाधाएँ आती हैं, उसे पार करके हमें हमारे लक्ष्य को पाना होगा। डॉ. बाबासाहब आंबेडकर कहते हैं—''मार्ग में अनेक अड़चने हैं, परंतु हमने जिस मार्ग को स्वीकार किया है, उसे ही इनसानियत कहते हैं। इसकी प्राप्ति के लिए हमें उस मार्ग को कभी छोड़ना नहीं चाहिए। इसीलिए प्रत्येक कार्यकर्ता को धैर्यवान होना चाहिए। हमारा यह प्रयत्न होना चाहिए कि हमारा आंदोलन अबाधित चलता रहे। हमें अपना संगठन मजबूत करना होगा। आपस के समस्त मतभेद बाजू में रखकर हमें एक विचार से आचरण करना चाहिए। बिना संगठन के विश्व में हमें कोई पूछने वाला नहीं है। यदि हमारा संगठन नहीं होगा, तब हम दूसरे लोगों की ओर जा नहीं सकते हैं। हमें कोई पूछेगा नहीं। राजनीति करना हो तो वह अच्छी रीति से करनी होगी। इसके लिए लोगों को जाग्रत् कर संगठन तैयार करना होगा। नेताओं ने यदि अच्छी तरह से आचरण नहीं किया तथा लोगों के काम नहीं किए तो उन्हें निकाल बाहर किया जाएगा। इसके लिए मैं आगे-पीछे नहीं देखूँगा। अत: आपने प्रत्येक विभाग में वर्ष में एक बार तो सम्मेलन का आयोजन करना चाहिए। वहाँ सभा, स्नेह सम्मेलन, चर्चा, शिविर आदि का आयोजन किया जा सकता है। तात्पर्य यह कि वहाँ पर अपने कार्यकर्ता एकत्र होंगे तथा आंदोलन व अपने काम को गति प्राप्त होगी।''

बाबासाहब आंबेडकर धर्म आधारित राजनीति के पक्षधर थे। वे धर्म को मानवता एवं शील मानते थे। उन्होंने महात्मा फूले के जीवन पर आधारित सिनेमा के उद्‌घाटन समारोह में अपने भाषण में कहा था, ''जिस देश के पास नैतिकता नहीं है, उस देश का भविष्य बहुत कठिन है। धर्म को अच्छे ढंग से समझ गया हो, वही देश का कल्याण कर सकता है।''

बाबासाहब आंबेडकर लोकतंत्र की सफलता के लिए चार शर्तें अनिवार्य मानते थे। 22 दिसंबर, 1952 को पुणे के जिला पुस्तकालय में लोकतंत्र विषय पर दिए गए वक्तव्य में उनका कहना था, ''लोकतंत्र की कामयाबी के लिए सबसे

पहली शर्त यह है कि समाज में किसी तरह की असमानता नहीं होनी चाहिए। सफल लोकतंत्र के लिए अनिवार्य दूसरी बात विपक्ष की मौजूदगी है। लोकतंत्र की कामयाबी के लिए एक तीसरी शर्त भी है और वह है—कानून तथा प्रशासन में समानता। लोकतंत्र की सफलता के लिए चौथी शर्त संवैधानिक नैतिकता का पालन करना है।''

बाबासाहब अंबेडकर का स्पष्ट मानना था कि अगर देश में संसदीय लोकतंत्र भारत में नाकाम रहता है तो इसके परिणाम बगावत, अराजकता और साम्यवाद को मानते हैं। 28 अक्तूबर, 1951 को डी.ए.वी. कॉलेज जालंधर, पंजाब में युवाओं के समक्ष डॉ. बाबासाहब आंबेडकर ने अपने भाषण में कहा था, ''कुछ लोगों को संसदीय सरकार पसंद नहीं है। वामपंथी रूस की तरह सरकार चाहते हैं। समाजवादी भी भारत के मौजूदा संविधान के खिलाफ हैं। वे इसके खिलाफ प्रदर्शन कर रहे हैं। उन्होंने कह दिया है कि यदि वे सत्ता में आए तो इसे बदल देंगे। निजी तौर पर कहूँ तो मैं सरकार की संसदीय प्रणाली से काफी जुड़ा हुआ हूँ। हमें समझना होगा कि इसके क्या मायने हैं और इसे संविधान में जरूर बनाए रखना चाहिए। यदि संसदीय लोकतंत्र इस देश में नाकाम रहता है तो उसके कारण वही होंगे जो मैंने बताए हैं, इसका परिणाम बगावत, अराजकता और साम्यवाद होगा। यदि सत्ता में काबिज लोग यह नहीं समझना चाहते कि लोग आनुवंशिक सत्ता को बरदाश्त नहीं करेंगे तो यह देश विनाश की ओर जाएगा। या तो साम्यवाद आ जाएगा या रूस का हमारे देश पर आधिपत्य हो जाएगा, जिससे व्यक्तिगत स्वतंत्रता और हमारी आजादी खत्म हो जाएगी या सत्तारूढ़ दल की नाकामी से असंतुष्ट लोग बगावत आरंभ कर देंगे एवं अराजकता की स्थिति पैदा हो जाएगी।''

कांग्रेस पार्टी वंशानुगत शासन का शिकार हुई है और उसके घातक परिणाम देश व भारतीय लोकतंत्र भुगत रहा है तथा यह स्वस्थ लोकतंत्र के लिए हानिकारक है, इसकी भविष्यवाणी बाबासाहब ने कई वर्ष पूर्व कर दी थी। डॉ. बाबासाहब वंशानुगत शासन को नकारते थे। डी.ए.वी. कॉलेज जालंधर में बाबासाहब ने अपने व्याख्यान में कहा था—

''संसदीय सरकार के मायने हैं कि वंशानुगत शासन से निषेध। कोई भी व्यक्ति वंशानुगत शासक होने का दावा नहीं कर सकता। जो भी शासन करना चाहता है, उसका समय-समय पर जनता के द्वारा निर्वाचित होना जरूरी है। उसे लोगों की स्वीकार्यता हासिल होनी चाहिए। सरकार की संसदीय व्यवस्था में आनुवंशिक शासन के लिए कोई जगह नहीं है। दूसरा, आम जिंदगी पर लागू

होनेवाला कोई भी कानून जनता द्वारा चुने गए प्रतिनिधियों की राय पर आधारित होना चाहिए। किसी भी व्यक्ति को यह अधिकार नहीं है कि वह बोले कि उसे सबकुछ पता है और वह कानून बनाकर सरकार चला सकता है। कानून संसद् में जनता के प्रतिनिधि ही बनाएँगे। सरकार के संगठन के बारे में राजसी व्यवस्था और लोकतांत्रिक व्यवस्था में यह फर्क है। संसदीय लोकतंत्र का दूसरा स्तंभ स्वतंत्र और निष्पक्ष चुनाव है। समुदाय के एक तबके से दूसरे को सत्ता के शांतिपूर्ण और रक्तपात रहित हस्तांतरण के लिए यह जरूरी है।''

बाबासाहब की लोकतंत्र में अनन्य आस्था थी। एक महान राजनेता के दर्शन हमें उनके विचारों में होते हैं। अगर भारतीय लोकतंत्र को शुद्ध तथा जीवंत रखना है तो बाबासाहब के बताए रास्ते पर ही चलना पड़ेगा। आज की छिछली, निम्न कोटि की राजनीति और बौने राजनेता के भरोसे लोकतंत्र जीवंत नहीं रह सकता, जिनकी केंद्रभूमि में न तो लोकतंत्र है, न ही देशहित।

□

राष्ट्रीय सुरक्षा के सजग प्रहरी

—के. कुमार

डॉ. बाबासाहब ने अछूतों को अस्पृश्यता की जानलेवा रूढ़ि से मुक्त करने के लिए जीवन भर संघर्ष किया, यह जिस तरह सच है, उसी तरह इस सारे संघर्ष के पीछे उनकी एक व्यापक राष्ट्रीय भूमिका है, राष्ट्रीय सोच है, यह भी सच है, यह उनके अनेक लेखों में प्रकट हुई है। उदाहरण के लिए, देश की सुरक्षा एवं प्रतिरक्षा के प्रति वे आरंभ से ही जागरूक हैं। 18.1.1929 के 'बहिष्कृत भारत' में उनका एक लेख प्रकाशित हुआ, इस लेख का शीर्षक है 'नेहरू कमेटी को योजना और हिंदुस्तान का भविष्य'। उनकी व्यापक दृष्टि समझने के लिए इस लेख को मूल रूप से पढ़ना आवश्यक है। इस लेख में बाबासाहब कहते हैं—''कांग्रेस वालों ने स्वतंत्रता की यह जो उठापटक जारी रखी है, उससे यह देश पुनः परतंत्रता की दशा में जाएगा, इसका हमें डर लगता है। जो कोई एशिया के मानचित्र को देखेगा, उसे पता चलेगा कि यह देश किस तरह कैंची में फँसा है। एक ओर से चीन व जापान जैसे भिन्न संस्कृति के लोगों का घेरा पड़ा है। इन दोनों पक्षों की मार में फँसे इस देश को बहुत सँभल के बरताव करना होगा, ऐसा हमें लगता है।''[1]

बाबासाहब आगे कहते हैं, ''इस परिस्थिति में चीन व जापान इन दोनों में से किसी से भी हमला हो तो उसमें पराजय किसकी होगी, यह यद्यपि कहा नहीं जा सकता, लेकिन उस हमले का सभी लोग एकजुटता से सामना करेंगे, इसका कोई भी विश्वास दिला सकता है, परंतु स्वतंत्र हुए हिंदुस्थान पर यदि तुर्की, पर्शिया अथवा अफगानिस्तान इन तीन मुसलिम राष्ट्रों में से कोई एक भी हमला करे तो उस समय सभी लोग एकजुटता से सामना करेंगे, इसकी गारंटी क्या कोई दे सकता है? कम-से-कम हम तो नहीं दे सकते। इस देश में हिंदू और मुसलमान दो समाज नहीं, ये दो राष्ट्र जी रहे हैं। हिंदी मुसलमान लोगों का झुकाव मुसलमान संस्कृति

वाले राष्ट्रों के प्रति होना स्वाभाविक है, यह झुकाव इतना बेशुमार बढ़ गया है कि मुसलमानी संस्कृति का प्रसार कर मुसलमानी राष्ट्रों का एक संघ तैयार करना और जितने संभव हों, उतने काफिर देश उसके अधीन लाना, यह उनका लक्ष्य बन गया है। इन विचारों से सम्मोहित हो जाने के कारण उनके पैर हिंदुस्थान में और आँखें तुर्कस्थान या अफगानिस्तान की ओर लगी रहती हैं। हिंदुस्थान अपना देश होने का जिन्हें गर्व नहीं है और जिन्हें इस देश में रहनेवाले उनके निकटवर्ती हिंदू बंधुओं के प्रति बिल्कुल भी अपनापन नहीं है, ऐसे लोग मुसलिम आक्रमण से हिंदुस्थान की रक्षा करने के लिए सन्नद्ध होंगे, यह मानना खतरनाक है, ऐसा हमें लगता है।''[2]

डॉ. बाबासाहब ने 1929 में भाषाई प्रांत रचना का विरोध किया था। इस विरोध के पीछे उनकी विशुद्ध राष्ट्रीय भूमिका थी। 1929 में देश की प्राथमिक आवश्यकता क्या थी ? यह मुख्य प्रश्न था। आवश्यकता प्रबल राष्ट्रीय भावना की थी। डॉ. बाबासाहब लिखते हैं—''इस देश में किसी एक बात की कमी हो तो वह राष्ट्रीय भावना है। यह राष्ट्रीय भावना इस देश में प्रदीप्त नहीं हुई, इसके अनेक कारण हैं। इनमें से एक मुख्य कारण भाषाओं की अनेकता है। यह कारण नष्ट हुए बिना राष्ट्रीय एकता की भावना उत्पन्न होना संभव नहीं है। भाषाई प्रांत रचना करना एकता की भावना पर जड़ से प्रहार करना है; क्योंकि जितनी मात्रा में प्रांतीय भावना का पोषण होगा, उतनी मात्रा में राष्ट्रीय भावना का अंकुर सूखता जाएगा। उस प्रांत रचना से राष्ट्रीय भावना उत्पन्न नहीं हुई, यह सच है; परंतु भाषाई प्रांत रचना करने से वह कभी उत्पन्न नहीं होगी। भाषाई प्रांत रचना करने की अपेक्षा समग्र राष्ट्र को एक भाषा प्राप्त हो, यह प्रयास करना राष्ट्रहित में अधिक होगा, ऐसा हमें लगता है।''[3]

विभाजन के इतिहास की वैसे बहुत लोगों को जानकारी नहीं होती। मुसलमानों की सारी राजनीति विभाजन की दिशा में जा रही थी। 1929 के उपर्युक्त लेख में डॉ. बाबासाहब ने इस राजनीति की मार्मिक मीमांसा की है। उस समय मुसलमानों की माँग थी—''सिंध, बलुचिस्तान, सीमांत प्रांत पृथक् कर उन्हें स्वतंत्र प्रांतों का दर्जा दिया जाए। तब सिंध बंबई प्रांत का हिस्सा था। मुसलमानों की बहुसंख्या केवल पंजाब एवं बंगाल तक ही सीमित थी। सिंध, बलुचिस्तान एवं उत्तर-पश्चिमी सरहदी प्रांत को पृथक् कर स्वतंत्र प्रांत बना दिए जाने से हिंदुस्थान में जो नौ-दस प्रांत हैं, उनमें से पाँच प्रांतों में मुसलमानों का प्रभुत्व स्थापित होगा। इस तरह मुसलिम प्रभुत्व की माँग मुसलमान कर रहे थे और नेहरू समिति ने उसे मान्यता

भी दी थी। इसमें 'हिंदुओं के लिए खतरा' है और यह 'हिंदुस्थान पर भी संकट' है, यह बाबासाहब की राय थी।''[4]

मुसलिम मानसिकता, मुसलिम मनोवृत्ति, हिंदुओं से उनकी दुश्मनी के कारण, मुसलिम समाज में सुधारों का अभाव, मुसलिम समाज में धार्मिक कट्टरतावाद, मुसलिम समाज की महिलाओं की स्थिति के बारे में डॉ. बाबासाहब ने 'पाकिस्तान या भारत का विभाजन' ग्रंथ में विस्तार से प्रकाश डाला है। उन्होंने अपनी यह स्पष्ट राय जाहिर की कि देश की रक्षा करनी हो तो मुसलमानों को पाकिस्तान दे ही दिया जाना चाहिए।

1945-46 के आसपास भारतीय सेना में मुसलमानों की संख्या प्रचंड थी। इस संख्या के बारे में डॉ. बाबासाहब की चिंता उनके ही शब्दों में यों थी—''भारतीय फौज की वर्तमान संरचना को देखें तो मुसलमानों की अधिकता दिखाई देती है और दूसरी बात यह कि ये सभी मुसलमान पंजाब और उत्तर-पश्चिमी सरहदी इलाके में हैं। भारतीय सेना की यह संरचना देखकर यह कहना पड़ता है कि पंजाब एवं उत्तर-पश्चिमी सरहदी इलाके के मुसलमान ही विदेशी आक्रमणों से हमें बचाते हैं। ब्रिटिशों द्वारा प्रदत्त इस गौरवपूर्ण स्थान की इन मुसलमानों को कल्पना है और उसकी कारण मीमांसा भी उन्हें ज्ञात है। हम भारत के प्रवेश द्वार के प्रहरी हैं, यह उनके मुँह से अनेक बार सुना भी है। इस महत्त्वपूर्ण तथ्य के प्रकाश में भारत की सीमाओं की रक्षा के बारे में हिंदुओं को विचार करना चाहिए।

''भारत की स्वतंत्रता एवं प्रभुता इन 'प्रहरियों' के हाथों में कितनी सुरक्षित रह सकेगी और हिंदू उन पर कहाँ तक निर्भर रह सकते हैं? इस प्रश्न का उत्तर इस द्वार पर हमला करनेवाला दुश्मन कौन है, इस पर निर्भर करता है। भारत की उत्तर-पश्चिमी सीमा पर इस द्वार से हमला करने का इरादा रूस एवं अफगानिस्तान का ही हो सकता है, यह बात स्पष्ट है, क्योंकि इन दोनों देशों की सीमाएँ हमारे देश से लगी हुई हैं। लेकिन इन दोनों में से कौन हमला करेगा और कब करेगा, यह कहा नहीं जा सकता। यदि रूस ने हमला किया तो हमारे ये प्रहरी इस द्वार को अपनी शक्ति का आधार देंगे और दुश्मन को पूरी ताकत से रोके रखेंगे। लेकिन यदि अफगानिस्तान अकेले या अन्य मुसलिम राष्ट्रों से मिलकर हमला करे तो ये प्रहरी दुश्मन को रोक रखेंगे या उनके स्वागत में द्वार खोलेंगे? इस प्रश्न की किसी भी हिंदू को अनदेखी नहीं करनी चाहिए। यह ऐसा प्रश्न है, जिस पर प्रत्येक हिंदू आश्वस्त होना चाहता है, क्योंकि यह एक निर्णायक प्रश्न है।''[5]

डॉ. बाबासाहब यह कहना चाहते हैं कि भारतीय सीमाओं की रक्षा मुसलिम

फौज के भरोसे नहीं की जा सकती है। उन पर निर्भर रहना अत्यंत खतरनाक है। इस सत्य को स्वीकार करना आज भी भारत के अनेक लोगों को मुश्किल लगता है, लेकिन बाबासाहब ने इस बारे में इतने साफ-साफ और स्पष्ट विचार रखे हैं कि उन्हें पढ़ते समय उनकी निर्भीकता की प्रशंसा करनी ही पड़ती है। बाबासाहब लिखते हैं—"हमें भारत की सीमा सुरक्षित चाहिए या सुरक्षित महसूस हो, ऐसी फौज चाहिए, इनमें से किसी एक विकल्प को खोजना हिंदुओं के लिए कठिन हो रहा है। ऐसे कठिन समय में हिंदुओं को कौन सा हितकारी विकल्प चुनना चाहिए? अपने देश की सीमा सुरक्षित रहे, इसके लिए मुसलिम भारत का अविभाजित हिस्सा बनकर रहे, इसे हिंदू अपने हित में मानें अथवा अपने को सुरक्षित लगे, ऐसी सेना प्राप्त करने के लिए हिंदू भारत विभाजन का स्वागत करें? इस इलाके के मुसलमान पक्के हिंदू विरोधी हैं, इसमें कोई संदेह नहीं है। फिर हिंदुओं के लिए कौन सी बात अच्छी होगी? अपने विरोधी इन मुसलमानों को अपने साथ रखें या अपने से अलग रखें? यह प्रश्न यदि किसी भी विज्ञ व्यक्ति से पूछें तो इसका एक ही उत्तर आ सकता है और वह यह कि मुसलमान यदि हिंदुओं के विरोध में हो तो उन्हें अपने पास रखने की अपेक्षा उन्हें दूर रखना ही श्रेयस्कर होगा। सच पूछें तो मुसलमानों को पृथक् रखना ही बेहतर होगा। भारतीय फौज में मुसलमानों के प्रभुत्व से छुटकारा पाने का यही एकमात्र मार्ग है।"[6]

कश्मीर भारत-पाकिस्तान रिश्तों में अत्यंत संवेदनशील मामला है। 1948 में पाकिस्तान ने कश्मीर पर आक्रमण किया और एक-तिहाई कश्मीर पर कब्जा कर लिया। उसे पाकिस्तान 'आजाद कश्मीर' कहता है। कश्मीर को बचाने के लिए भारतीय सेना वहाँ भेजी गई। डॉ. बाबासाहब ने कश्मीर में महार बटालियन भेजने का आग्रह किया था। मेजर जनरल कुलवंतसिंह के नेतृत्व में महार बटालियन ने कश्मीर में जो पराक्रम किया, उसका कोई सानी नहीं है। 26.10.52 के टाइम्स ऑफ इंडिया में निम्न खबर प्रकाशित हुई है—'दिसंबर 1947 के युद्ध में महार रेजिमेंट की बटालियन ने जो वीरता और कर्तव्यनिष्ठा प्रदर्शित की, उससे उन्हें चिरंतन लौकिक प्राप्त हुआ है। झांगर की लड़ाई का इतिहास और उसमें महार बटालियन का योगदान भारतीय सेना के इतिहास में स्वर्णिम अक्षरों में लिखा जाएगा।'

24 दिसंबर, 1947 को 6,000 पाकिस्तानी सैनिकों ने झांगर के निकट हमारी चौकी पर हमला किया। यह हमला सुनियोजित था। इस हमले में तोपों एवं घातक शस्त्रों का इस्तेमाल किया गया। ऐसा लग रहा था कि इस हमले को नाकाम करना अत्यंत कठिन होगा, परंतु महार सेना ने अपनी चौकी नहीं छोड़ी और उन्होंने अतुल्य

शौर्य दिखाया। महार मशीनगनर्स ने सैकड़ों हमलावरों को मौत के घाट उतारा। अंत में उनका गोलाबारूद खत्म हुआ। तब उन्होंने हाथों से, बंदूक के बायोनेट से युद्ध किया। उनके इस पराक्रम के लिए उन्हें एक महावीर चक्र और पाँच वीर चक्र प्राप्त हुए। जनरल थिमैया ने उन्हें कहा, ''आपकी बटालियन का नाम दीर्घ काल तक इन पहाड़ियों एवं देहातों में गुँजायमान होता रहेगा।'' डॉ. बाबासाहब का अपने महार जवानों पर प्रचंड विश्वास था और यह विश्वास इन जवानों ने साबित कर दिखाया।

पाकिस्तान को कश्मीर चाहिए। कश्मीर भारत में विलीन हुआ है। पाकिस्तान उसे स्वीकार करने के लिए तैयार नहीं है। पं. नेहरू युद्ध बंदी करवाकर कश्मीर का मसला राष्ट्रसंघ में ले गए और राष्ट्रसंघ ने कश्मीर में जनमत संग्रह कराने का प्रस्ताव पारित किया। कश्मीर के बारे में डॉ. बाबासाहब का कहना था—''कश्मीर के मामले पर हम संघर्ष कर रहे हैं, परंतु मेरी राय में प्रश्न सही या गलत का नहीं है, बल्कि मेरी राय है कि कश्मीर का विभाजन किया जाना चाहिए। कश्मीर का हिंदू एवं बौद्ध इलाका भारत में विलीन कर दिया जाए और मुसलिम इलाका पाकिस्तान को दे दिया जाए। प्रश्न कश्मीरी मुसलमानों एवं पाकिस्तान का है। वे चाहे जैसे उस प्रश्न को हल करें और यदि आपको उसका त्रिविभाजन करना न हो तो जनमत संग्रह कश्मीर घाटी में ही लिया जाए (जहाँ मुसलिमों की बहुसंख्या है)। मुझे भय है कि प्रस्तावित जनमत संग्रह संकल्पना में समग्र कश्मीर में जनमत संग्रह का प्रस्ताव है। यदि ऐसा हुआ तो हिंदू एवं बौद्धों को उनकी इच्छा के खिलाफ पाकिस्तान में ढकेला जाएगा। यदि ऐसा हुआ तो जो प्रश्न पूर्व बंगाल में उपस्थित हुआ, वही यहाँ निर्माण हो जाएगा।'' कश्मीर की सुरक्षा के बारे में बाबासाहब की इस तरह खरी-खरी राय थी।

पं. नेहरू ने कश्मीर को भू-मार्ग से जोड़ने के लिए पहाड़ों में सुरंग बनाने की योजना बनाई। इस सुरंग को 'नेहरू टनेल' कहा जाता है। बाबासाहब ने इसका तीव्र विरोध किया था, ''प्रधानमंत्री ने कश्मीर को भारत से जोड़ने के लिए सुरंग बनाने का निर्णय किया है, जो अत्यंत खतरनाक बात है। प्रधानमंत्री को लगता है कि वे इस सुरंग का उपयोग कर सकेंगे; लेकिन उनके ध्यान में यह बात नहीं आती कि दुश्मन कश्मीर में घुस गया और वह कश्मीर पर काबिज हो गया तो इस सुरंग से वह सीधे पठानकोट तक पहुँच सकता है। यही क्यों, वह प्रधानमंत्री के द्वार तक पहुँच सकता है। इंग्लैंड की खाड़ी के नीचे से सुरंग मार्ग बनाने का लंबे समय तक विरोध हुआ, क्योंकि इंग्लैंड को डर लगता था कि इस मार्ग से जिस तरह फ्रांस पहुँचा जा सकेगा, उसी तरह फ्रांस से दुश्मन सेना भी इंग्लैंड में आएगी।

कल चीन, पाकिस्तान या रूस कश्मीर पर कब्जा कर लें तो दुश्मन हमारी पिछाड़ी में ही दाखिल हो जाएगा।''[7]

देश की सुरक्षा के संदर्भ में चार बातें महत्त्वपूर्ण होती हैं : (1) देश की विदेश नीति, (2) देश की आंतरिक आर्थिक व्यवस्था, (3) सामाजिक ऐक्य तथा (4) फौज। इनमें से फौज के बारे में देश में निरंतर भरपूर चर्चा होती रहती है। इस पर कुछ लिखने की आवश्यकता नहीं है। विदेश नीति के निर्धारण में चूक हो गई तो देश को किस संकट से गुजरना पड़ता है, उसे समझने के लिए पं. नेहरू के काल के भारत जैसा चित्र अन्यत्र कहीं नहीं मिलेगा। विदेश नीति का मूलाधार राष्ट्र के हित संबंध एवं व्यवहारवाद होना चाहिए। इसमें आदर्शवाद का कोई मूल्य नहीं होता। आदर्शवाद की केवल बातें करनी होती हैं, दुनिया भर में घूमकर प्रवचन देने होते हैं, लेकिन आदर्शवाद के लिए राष्ट्रहित को बलि चढ़ाना नहीं होता। नेहरू की विदेश नीति इसके विपरीत थी। बाबासाहब नेहरू की विदेश नीति के कठोर आलोचक थे। नेहरू की विदेश नीति पर आघात करते हुए बाबासाहब कहते हैं, ''भारत को स्वतंत्रता मिली, तब विश्व के सारे राष्ट्रों से हमारे मैत्रीपूर्ण रिश्ते थे और वे राष्ट्र भारत के शुभचिंतक थे। आज की स्थिति एकदम विपरीत है। आज भारत का सच्चा मित्र कोई नहीं है। सारे राष्ट्र भारत के दुश्मन नहीं हैं, फिर भी वे भारत से नाराज हैं। वे भारत का हित नहीं देखते हैं। कांग्रेस सरकार की ढुलमुल विदेश नीति इसका कारण है। भारत की कश्मीरी नीति, कम्युनिस्ट चीन को राष्ट्रसंघ में प्रवेश दिलाने में जल्दबाजी और कोरियाई युद्ध के प्रति अनास्था पर पिछले तीन वर्षों की बचकानी नीतियों के कारण अन्य राष्ट्रों ने भारत से पीठ फेर ली है।''[8]

आदर्शवाद का अतिरेक करके पं. नेहरू ने दो बड़ी गलतियाँ की हैं—(1) उन्होंने तिब्बत चीन को दान में दे दिया और (2) चीन के साथ पंचशील के तत्त्वों के आधार पर समझौता कर लिया। इन दो बड़ी गलतियों की भारत को बहुत बड़ी कीमत चुकानी पड़ेगी, यह बात बाबासाहब ने किसी की नाराजी की परवाह किए बिना कह दी थी। पं. नेहरू ने एक हास्यास्पद विषय हाथ में लिया था और वह था चीन को राष्ट्रसंघ में प्रवेश दिलाने का। इसके लिए नेहरू अंतरराष्ट्रीय स्तर पर उठापटक कर रहे थे। बाबासाहब का प्रश्न है, चीन की समस्या लेकर संघर्ष करने की हमें क्या जरूरत है ? चीन अपनी लड़ाई लड़ने के लिए स्वयं समर्थ है। कम्युनिस्ट चीन का पक्ष लेकर हम अमेरिका से किस बात के लिए शत्रुता ले रहे हैं ? राष्ट्रीय सुरक्षा का विचार करें तो अमेरिका से दुश्मनी लेने का भारत को कोई कारण नहीं था।

डॉ. बाबासाहब नेहरू से कहा करते थे कि देश की विदेश नीति निर्धारित करते समय पूँजीवाद तथा संसदीय लोकतंत्र के बीच फर्क करना चाहिए। पूँजीवाद का विरोध समझा जा सकता है, किंतु इसका मतलब यह नहीं कि पूँजीवाद का विरोध करते-करते आप तानाशाही के पक्षधर बन जाएँ। बाबासाहब का स्पष्ट संकेत चीन की ओर था। चीन में कम्युनिस्ट पार्टी की तानाशाही सत्ता थी (आज भी है)। चीन को राष्ट्रसंघ की स्थायी सदस्यता दिलाने के झंझट में पड़ने के बजाय भारत स्वयं राष्ट्रसंघ (अर्थात् सुरक्षा परिषद्) का स्थायी सदस्य बनने की कोशिश करे। 1951 में व्यक्त बाबासाहब का यह मत है। भारत आज भी सुरक्षा परिषद् का सदस्य नहीं है। भारत की विदेश नीति पर बाबासाहब की राय उनके ही शब्दों में— "This quizotic (Quixotic) policy of saving the world is going to bring about the ruination of India and the sooner this suicidal foreign policy is reversed the better for India". अर्थात् दुनिया को बचाने के लिए अपनाई गई यह क्विक्झोटिक उठापटख भारत की जड़ों पर ही आघात कर देगी। इस आत्मघाती नीति को यथासंभव शीघ्र ही त्यागना चाहिए (क्विक्झोटिक का अर्थ है अपनी वीरता दिखाने के चक्कर में अत्यंत हास्यास्पद उठापटक करने वाला, जिसे 'डॉन क्विक्झोट' कहते हैं। काल्पनिक दुनिया का यह एक विलक्षण पात्र है।)

पं. नेहरू ने कहा कि माओ ने पंचशील का स्वीकार किया है। परंतु चीन पंचशील का पालन नहीं करेगा, चीन तानाशाह है, और उससे भारत को खतरा है, इसे बाबासाहब बार-बार कहते रहे। वे कहते हैं, ''माओ के पंचशील को स्वीकार करने को पं. नेहरू ने गंभीरता से लिया यह अचरज की बात है। पंचशील बौद्ध धर्म का महत्त्वपूर्ण अंग है। माओ का पंचशील पर यदि विश्वास हो तो अपने देश के बौद्ध बंधुओं से वह अलग बरताव करेगा। राजनीति में पंचशील का कोई काम नहीं है और कम्युनिस्ट राजनीति में तो बिल्कुल नहीं है। सारे कम्युनिस्ट देश केवल दो तत्त्व मानते हैं। पहला तत्त्व नैतिकता अस्थिर होती है, दुनिया में नीतिमूल्य जैसी कोई चीज नहीं होती है, आज के नीतिमूल्य कल के नीतिमूल्य नहीं होते। इसका अर्थ यह कि चीन के किसी भी कथन पर भरोसा नहीं करना चाहिए। चीन आज एक कहेगा और उसके विपरीत कल बोलेगा। चीन के संदर्भ में 1951-52 में उन्होंने जो कुछ कहा, उसकी सचाई का अनुभव आज हमें हो रहा है। चीन पर बिल्कुल विश्वास नहीं रखा जाना चाहिए, यह बाबासाहब आग्रहपूर्वक कहते रहे। आखिर 1962 में चीन ने भारत पर आक्रमण कर दिया और बाबासाहब का कहना सच हो गया। (बुद्ध पंचशील यानी (1) हत्या न करना, (2) चोरी न करना,

(3) व्यभिचार न करना, (4) झूठ न बोलना, और (5) मद्यपान न करना।

बाबासाहब के जीवनकाल में अंतरराष्ट्रीय क्षेत्र में अनेक घटनाएँ हो रही थीं। भारत पर प्रभाव डालनेवाली कुछ घटनाएँ हैं—(1) स्वेज नहर संघर्ष, (2) कोरियाई युद्ध, (3) वियतनाम युद्ध (4) सीटो तथा सिंटो संधियाँ। बाबासाहब इन घटनाओं का दूरगामी विचार किया करते थे। भूमध्य सागर एवं लाल सागर को जोड़नेवाले मिस्र में स्थित नहर का नाम स्वेज नहर है। 1859 में फ्रांस के इंजीनियर ने इस नहर की खुदाई आरंभ की। उसकी लंबाई 165 कि.मी. एवं चौड़ाई 48 मीटर है। इस नहर के बन जाने से भारत और यूरोप के बीच अंतर साढ़े चार हजार मील से कम हो गया और अफ्रीका खंड का चक्कर काटने से मुक्ति मिली 1956 में मिस्र के राष्ट्रपति नासिर ने इस नहर का राष्ट्रीयकरण किया। इंग्लैंड, फ्रांस एवं अमेरिका को यह बात पसंद नहीं आई और उन्होंने मिस्र पर बमबारी शुरू की। पं. नेहरू ने नासिर को समर्थन घोषित किया। बाबासाहब ने इसका विरोध किया। उनका कहना था, स्वेज नहर अंतरराष्ट्रीय बोर्ड के नियंत्रण में होनी चाहिए, मिस्र के कब्जे में नहीं। भारत का विदेश व्यापार इसी नहर के जरिए चलता है। कल मिस्र भारत का दुश्मन बना तो भारत की स्थिति क्या होगी? मिस्र मुसलिम देश है, पाकिस्तान मुसलिम देश हैं, मिस्र पाकिस्तान का दोस्त है, इन रिश्तों को ध्यान में रखें तो बाबासाहब की दूरदृष्टि का पता चलता है।

कोरिया और वियतनाम में कम्युनिस्टों के हमले बढ़ते जा रहे थे। उत्तर कोरिया पर कम्युनिस्टों ने कब्जा कर लिया था। वियतनाम पर भी कब्जे की उनकी कोशिश थी। बाबासाहब कम्युनिस्टों के कट्टर विरोधी थे। इसके तीन कारण थे : (1) कम्युनिज्म का आर्थिक तत्त्वज्ञान उन्हें मान्य नहीं था, (2) कम्युनिस्ट तानाशाह थे, बाबासाहब लोकतंत्र के पक्षधर थे, और (3) कम्युनिस्ट हिंसक एवं किसी भी नीतिमूल्य का पालन न करने वाले थे। अतः इस तरह के कम्युनिज्म का दुनिया भर में प्रसार होना वे मानवता के लिए घातक मानते थे। उनका विचार था कि हमें अमेरिका से सहयोग करना चाहिए।

अमेरिका ने कम्युनिज्म को रोकने के लिए दक्षिण-पूर्व एशिया में राष्ट्रों का एक संघ बनाया था। मनीला संधि के तहत यह संघ बना था। उसका नाम सीटो था। इस संधि का मुख्य उद्देश्य था सदस्य देश आपस में फौजी सहयोग करें, एक पर आक्रमण होने पर दूसरे की सहायता के लिए दौड़े। इसी तरह की दूसरी संधि बगदाद संधि के रूप में जानी जाती है। उसे सिंटो संधि कहते हैं। इन दोनों संधियों में पाकिस्तान शामिल हुआ। भारत सहभागी नहीं हुआ। पं. नेहरू का अमेरिका

द्वेष एवं रूस प्रेम इसका कारण था। उसके साथ उनका दिखावटी आदर्शवाद था। बाबासाहब को यह बात बिल्कुल पसंद नहीं थी। उनकी राय थी कि अपनी सुरक्षा के लिए हमें विभिन्न संधियों का हिस्सा बनना चाहिए। बर्नार्ड शॉ का एक वचन बाबासाहब ने उद्धृत किया है। वह है, 'Good ideas are good but one must not forget that it is often dangerous to be too good.' बाबासाहब की सभी चेतावनियों को अनदेखा किए जाने के कारण दुनिया में आज भी हम अकेले ही हैं।

देश की सुरक्षा के संदर्भ में बाबासाहब ने आग्रहपूर्वक कहा कि भारत को दूसरी राजधानी की आवश्यकता है और वह दक्षिण में होनी चाहिए। वे कहते हैं, ''राष्ट्र की फौजी सुरक्षा और सत्ता में समान हिस्से की दृष्टि से दक्षिण में भारत की उपराजधानी स्थापित करना आवश्यक है। मेरी बहुत दिनों से राय है कि हैदराबाद, सिकंदराबाद व बोलाराम यह इलाका केंद्र सरकार को अपने कब्जे में लेना चाहिए और वहाँ उपराजधानी स्थापित की जानी चाहिए। दिल्ली में बैठकर सरकार चलाना चाहते हैं, तब मुझे उनकी फौजी निपुणता पर हँसी आती है। हमें फौजी दृष्टि से ताकतवर बनना है तो दक्षिण भारत में राजधानी कायम करना सुरक्षा की दृष्टि से न्यूनतम आवश्यकता है। आज केंद्र सरकार में उत्तर भारतीयों का वर्चस्व है। राष्ट्रपति एवं प्रधानमंत्री इन दो पदों पर दो ही प्रांतों के वरिष्ठ नेता बारी-बारी से आरूढ़ होनेवाले हैं। दक्षिण भारत के आम आदमियों का आज भी नौकरी के लिए दिल्ली जाना संभव नहीं है, इसलिए शासन में उनकी सहभागिता भी असंभव ही लगती है। भारतीय सब एक हैं यह सच है, लेकिन व्यवहार में यह भावना निरर्थक हो गई है। राजनीति में ऐसी उदारता घातक होती है और सीधे-सादे आदमी का घात हो जाता है। इसलिए यदि हैदराबाद में उपराजधानी बनती है तो दक्षिण भारतीयों को शासन में स्थान मिलेगा। सत्ता में यहाँ के लोग भी सहभागी बनेंगे। यह बात हमारे ध्यान में नहीं आ रही है।''[9]

देश की अर्थव्यवस्था अत्यंत मजबूत होनी चाहिए, केवल फौज होने से काम नहीं चलता। 1990 तक रूस महासत्ता था। 1990 में रूस दीवालिया होने के कगार पर आ गया। रूस ने फौजी शक्ति से जो देश अपने कब्जे में लिये थे, वे स्वतंत्र हो गए, सोवियत संघ टूट गया। बाबासाहब ने अनेक बार आर्थिक लोकतंत्र एवं आर्थिक समानता के बारे में अपने विचार रखे हैं। संविधान सभा की अंतिम बैठक में बाबासाहब ने देश की सुरक्षा के बारे में अत्यंत मौलिक विचार पेश किए हैं। वे कहते हैं, ''हमारे सामाजिक एवं आर्थिक जीवन में सामाजिक एवं आर्थिक संरचना के कारण हर व्यक्ति को 'समान मूल्य' का तत्त्व हम ठुकराते रहनेवाले हैं।

यदि हम अधिक समय तक इसे ठुकराते रहे तो हमारा राजनीतिक लोकतंत्र अवश्य खतरे में पड़ जाएगा।''

राष्ट्रीय सुरक्षा के संबंध में सबसे बड़ा मुद्दा सामाजिक एकता का होता है। सामाजिक एकता निर्माण करने के लिए सामाजिक लोकतंत्र निर्माण होना चाहिए। सामाजिक लोकतंत्र का अर्थ है—समाज की संरचना स्वतंत्रता, समता एवं बंधुत्व इन तीन तत्त्वों के आधार पर होनी चाहिए। इनमें से बंधुत्व का तत्त्व सबसे महत्त्वपूर्ण है। बाबासाहब कहते थे, ''सभी भारतीयों को एक-दूसरे से सगे भाइयों की तरह प्रेम करना चाहिए। यह सामाजिक एकता का मूलभूत तत्त्व है। सामाजिक ऐक्य हो तो वह समाज किसी भी तरह का विदेशी आक्रमण सहन नहीं करता और उस आक्रमण को नाकाम कर देता है। इंग्लैंड, रूस, जापान, फ्रांस, जर्मनी इन देशों के इतिहास में यह बात ठोस रूप से उभरती है।

अंत में देश की सुरक्षा का विचार फौज तक सीमित न होकर वह उससे अधिक व्यापक है। राष्ट्रपुरुष डॉ. बाबासाहब आंबेडकर इस बात को हमारे समक्ष सभी पहलुओं से उजागर करते रहे हैं। समाज और शासन को इस विचार का अनुशीलन करना चाहिए।

संदर्भ—

1. बहिष्कृत भारत, संपादकीय, पृ. 177
2. उपर्युक्त, पृ. 177
3. उपर्युक्त, पृ. 171
4. पाकिस्तान, पृ. 95-96
5. उपर्युक्त, पृ. 99
6. www.ambedkar.org
7. चां.भ. खेरमोडे, खंड 10 पृ. 170
8. डॉ. बाबासाहब आंबेडकर के भाषण भाग-3
9. बहुस्पर्शी आंबेडकर, पृ. 54 से 58

□

राज्य-राष्ट्र निर्माण में बाबासाहब की भूमिका

—नचिकेता कुमार

डॉ. बाबासाहब आंबेडकर भारतीय राज्य संविधान के शिल्पकार माने जाते हैं। संविधान सभा की मसौदा समिति में उन्हें आमंत्रित किया गया और बाद में सर्वसम्मति से उन्हें समिति का अध्यक्ष चुना गया। बी.एन. राव ने राज्य संविधान का एक मसौदा चर्चा के लिए तैयार किया था। उसके आधार पर हर अनुच्छेद पर विस्तृत चर्चा हुई। इन चर्चाओं को ध्यान में रखकर आज जिस स्वरूप में राज्य संविधान है, उस रूप में शब्दबद्ध करने का काम डॉ. बाबासाहब आंबेडकर को करना पड़ा। राज्य संविधान के विभिन्न अनुच्छेदों पर चर्चा के समय अनेक संशोधन, अनेक नई बातें, कुछ गंभीर आक्षेप दर्ज किए गए। इन सभी का डॉ. बाबासाहब ने जवाब दिया है। इस राज्य संविधान को बनाते समय डॉ. बाबासाहब के समक्ष कौन सी चुनौतियाँ थीं, उन्हें जाने बगैर राष्ट्र निर्माण में उनका योगदान ध्यान में नहीं आएगा।

भारतीय राज्य संविधान पर 'The Indian Constitution-Cornerstone of a Nation' नामक Granville Austin की अत्यंत प्रसिद्ध पुस्तक है। इस पुस्तक की प्रस्तावना में वे कहते हैं, "जब राष्ट्रीय एकता एवं स्थैर्य लक्ष्य होता है, तब सामाजिक क्रांति का महत्त्व उजागर होता है। इसे प्राप्त करने के लिए आवश्यक बातें यही हैं, अपितु सामाजिक पुनरुत्थान के लिए भी आवश्यक पूर्व शर्त भी यही बातें हैं। लेकिन अपने संविधान में अनेक स्थानों पर यह स्पष्ट दिखाई देता है कि संवैधानिक प्रावधानों तथा संघीय एवं भाषा संबंधी प्रावधानों का प्रारूप बनाते समय एकता केंद्रीय मुद्दा बन गया है। आंतरिक एकता बनाए रखने की आवश्यकता के

कारण सामान्यतया संघीय संरचना पर परिणाम हुआ है और कुछ आपातकालीन प्रावधान सम्मिलित करते समय इसका विशेष परिणाम दिखाई दिया। अन्य उद्‌देश्यों के कारण भी संविधान की निर्मिति पर प्रभाव पड़ा है। अल्पसंख्यकों के हितों की रक्षा, कार्यक्षम शासन और प्रशासन का निर्माण और राष्ट्रीय सुरक्षा अन्य उद्‌देश्य हैं। इन सभी उद्‌देश्यों का परोक्ष-अपरोक्ष रूप से संविधान में समावेश हो गया है, क्योंकि इन उद्‌देश्यों को प्राप्त करने का यही साधन है, यह संसद् सदस्यों की अपेक्षा थी।''[1]

15 अगस्त, 1947 को हम आजाद हुए, यानी हमें राजनीतिक स्वतंत्रता मिली। इसके पूर्व 762 वर्ष तक देश मुसलमानों के कब्जे में था और करीब 200 वर्ष अंग्रेजों के अधीन था। राज्य से क्या तात्पर्य है ? उसका शासन कैसे चलाया जाता है ? राज्यसत्ता से क्या तात्पर्य है ? उसे किस तरह संचालित किया जाता है ? जनता और शासनकर्ताओं के संबंध किस तरह के होने चाहिए ? राजनीतिक स्थैर्य किस व्यवस्था से प्राप्त होगा ? राज्य को लोककल्याणकारी बनाने के सिद्धांत क्या हैं ? सत्ता का उद्‌गम कहाँ से होता है ? इस तरह के असंख्य प्रश्नों पर अपना राज्य संचालित करते समय विचार करना होता है। एक हजार वर्षों की पराधीनता के कारण स्वशासन, स्वराज्य, स्वतंत्र जैसे शब्दों को हम भूल चूके थे। अपने देश के लोगों को विदेशी लोगों की दासता की आदत लग चुकी थी। 'जी हुजूर', 'येस सर' की मानसिकता बन गई थी। इस तरह के भारत से स्व-शासन चलाने की व्यवस्था देने की जिम्मेदारी संविधान सभा की थी और समग्र बहस को शब्दबद्ध करने की जिम्मेदारी डॉ. बाबासाहब के कंधों पर थी।

डॉ. बाबासाहब की आँखों के समक्ष भातृभाव युक्त, एकरस एवं समर्थ राष्ट्र खड़ा था; परंतु 1947 में क्या भारत राष्ट्र था ? बाबासाहब का इस पर जवाब था कि हम एक राष्ट्र नहीं हैं। एक राष्ट्र निर्माण होने के लिए समस्त लोगों के बीच प्रखर राष्ट्र भावना होनी चाहिए, हम सब एक हैं, यह भावना होनी चाहिए, हम सब बंधु हैं, यह भावना होनी चाहिए। भारतीय समाज जातियों का गुच्छा और भिन्न-भिन्न धर्म माननेवालों का समुच्चय है। पारिभाषिक शब्दों में कहना हो तो भारत में कम्युनिटीज से हमें लोग इस संज्ञा तक जाना था। राज्यशास्त्र की परिभाषा में लोग का अर्थ किसी एक भूभाग पर रहनेवाले और अपने समान हितों के प्रति जागरूक लोग होता है। इसलिए अपने राज्य संविधान के उद्‌देश्य-पत्र में हम भारतीय लोग इस तरह शब्दप्रयोग नहीं है। लोगों से राष्ट्र तक जाने का मार्ग हमारा राज्य संविधान तय करता है और बाबासाहब का यह सबसे बड़ा योगदान है।

डॉ. बाबासाहब प्रखर लोकतंत्रवादी थे। लोकतंत्र की कई परिभाषाएँ हैं। 'लोगों का, लोगों के लिए, लोगों द्वारा संचालित राज्य अर्थात् लोकतंत्र' यह अब्राहम लिंकन की परिभाषा तो सर्वमान्य है। इसी का प्रयोग डॉ. आंबेडकर ने कई बार अपने भाषणों में, लेखों में किया है। लोकतंत्र के बारे में डॉ. बाबासाहब का अत्यंत बेहतरीन भाषण 22 दिसंबर, 1952 को पुणे में हुआ। इस भाषण में बाबासाहब कहते हैं, "लोकतंत्र का अर्थ क्या है? लोकतंत्र शब्द की व्याख्याएँ अनेक लोगों ने अनेक तरह से की हैं। वाल्टर बेजुअट नामक संविधान विशेषज्ञ की लोकतंत्र की परिभाषा है—आपस में चर्चा कर राज्य शासन चलाना। 'लोगों की, लोगों के लिए, लोगों द्वारा चलाई गई सरकार' यह लोकतंत्र की परिभाषा अब्राहम लिंकन ने गेटिसबर्ग के प्रसिद्ध भाषण में की। मेरी अपनी परिभाषा अलग है। मेरी परिभाषा है कि लोगों के राजनीतिक व सामाजिक जीवन में रक्तहीन क्रांतिकारी बदलाव कराना ही लोकतंत्र है। लोकतांत्रिक शासन चलाना जिनका कर्तव्य है और जिन्हें वैसा अधिकार है, ऐसे लोग खून की एक बूँद भी गिराए बिना समाज में सामाजिक व आर्थिक समता स्थापित करें, तो मैं उन्हें लोकतंत्र के सच्चे सेवक कहूँगा! लेकिन क्या यह कल्पना सच्चाई बनना संभव है? हाँ, है! लेकिन इसके लिए लोकतंत्र की शासन व्यवस्था किस तरह संचालित करने से वह सफल होगा, इसे समझना होगा। इसे समझने के बहुत से मार्ग हैं; परंतु लोकतंत्र का राज्य चलाने के लिए उसमें कुछ निश्चित नियम (सिद्धांत), उपनियम (उपसिद्धांत) हमें दिखाई नहीं देंगे। उन्हें किसी दार्शनिक ने भी नहीं बनाया है। इसके लिए हमें इतिहास को ही खँगालना होगा।[2]

लोकतंत्र को सफल बनाने के लिए क्या करना होगा, यह भी बाबासाहब ने स्पष्ट किया है। बाबासाहब ने कहा, "(1) लोकतंत्र को सफल बनाना हो तो समाज में श्रेष्ठ-कनिष्ठ जैसे भेद नहीं होने चाहिए। समस्त समाज समान स्तर पर होना चाहिए। समाज में भेद हों तो समाज की शक्ति का विभाजन होता है और समाज नि:सत्त्व होता है। (2) लोकतंत्र को अमर बनाने की दूसरी संजीवनी है—विपक्षी राजनीतिक दल। राज्यकर्ताओं का एक पक्ष और विरोधियों का दूसरा पक्ष इन दो स्तंभों पर लोकतंत्र का महल खड़ा होता है। (3) लोकतंत्र को अमर बनानेवाली तीसरी संजीवनी है—कानून एवं राज्य शासन के समक्ष सबको समान मानना। (4) चौथी संजीवनी है—संसदीय नीतिमूल्य और विवेक का कड़ाई से पालन करना। संवैधानिक नीतिमूल्य और उनका पालन करने की मन की तैयारी लगभग अदृश्य रूप में संविधान में ही निहीत होती है।" इस संवैधानिक नैतिकता

के प्रति बाबासाहब बहुत आग्रही थे। इस भाषण में उन्होंने दो उदाहरण दिए हैं। वे उनके ही शब्दों में यों हैं—"जॉर्ज वॉशिंगटन अमेरिका के प्रथम राष्ट्रपति बने। वे जनता में इतने प्रिय थे कि राष्ट्रपति चुनाव में दस बार भी खड़े होते, तब भी जनता उन्हें हर बार चुनती, लेकिन वे दूसरी बार भी चुनाव लड़ने के लिए तैयार नहीं हुए। जनता ने बहुत आग्रह किया, तब उन्होंने कहा, 'मित्रो! हमने खुद अपना राज्य संविधान बनाया है। उसका मुख्य उद्देश्य क्या है? अब तक की परंपरा के अनुसार एक ही वंश के हाथों में राजसत्ता चलती आई है, उसे खत्म करना तथा जनता की राय से किसी बेहतर व्यक्ति को उस सत्ता पर स्थापित करना। आप सब मुझे दूसरी बार चुनेंगे यह सच है, लेकिन इससे अपने संविधान पर धब्बा लगेगा ना?' फिर भी जनता के बेहद आग्रह पर वे दूसरी बार राष्ट्रपति बने, लेकिन तीसरी बार राष्ट्रपति होने से उन्होंने स्पष्ट इनकार किया। आठवें एडवर्ड राजवंश में न जनमी एक अमेरिकी महिला से विवाह करने वाले हैं, यह खबर इंग्लैंड में फैली तब देश भर में हड़कंप मच गया। इस विवाह को कंजर्वेटिव पार्टी का घोर विरोध था। मुख्य प्रधान बाल्डविन कलई नहीं चाहते थे कि राजा इस महिला से विवाह करे और राजगद्दी पर बने रहें। लेकिन चर्चिल को इस बात से कोई आपत्ति नहीं थी। लेबर पार्टी चाहती थी कि इस घटना का राजनीतिक लाभ उठाकर कंजर्वेटिव पार्टी को सत्ता से पदच्युत कर दिया जाए। लेबर पार्टी की इस नीति पर प्रो. हेराल्ड लास्की ने कई लेख लिखकर लेबर पार्टी को चेतावनी दी कि कंजर्वेटिव पार्टी के प्रमुख की सलाह न मानकर राजा अगर अपनी मनमानी करते रहेंगे और लेबर पार्टी ने उसका समर्थन किया तो वह समर्थन राजा की अनियंत्रित सत्ता का समर्थन करने जैसा होगा। मुख्य प्रधान की सलाह न मानकर इंग्लैंड की परंपरा तोड़ने का अधिकार राजा के हाथों में होगा और लेबर पार्टी से यह अपराध न हुआ तो सत्ता हथियाने के बाद उन्हें इसके परिणाम भुगतने पड़ेंगे। प्रो. लास्की की यह सलाह मानकर बाल्डविन के कहने के अनुसार राजा एडवर्ड ने राज्य त्याग कर दिया।"[3]

इस भाषण में डॉ. बाबासाहब ने एक राष्ट्रीयत्व के अतिविशिष्ट कारक की ओर सबका ध्यान आकर्षित किया। उनका भाषण यद्यपि लोकतंत्र विषय पर था, किंतु लोकतंत्र जिस समाज को अंगीकार करना है, उस समाज में क्या होना चाहिए, इसे भी बाबासाहब ने स्पष्ट किया। वे कहते हैं, "समाज नैतिक मूल्यों का पक्षधर हो, इस तरह का वातावरण समाज में मौजूद होना अत्यंत आवश्यक है। ऐसे माहौल से राजनीति में अनिष्ट प्रवृत्तियों का प्रवेश नहीं होगा। इस तरह का माहौल लोकतंत्र के लिए पोषक है। ऐसा माहौल अपने देश में नहीं है और भारतीय समाज में भी

नहीं है। अपना लोकतंत्र इस तरह के माहौल में टिका रहना कठिन काम है।''

इस माहौल को पोषक एक बात की जरूरत है और वह है 'सार्वजनिक विवेकपूर्ण विचारशक्ति'। न्याय-अन्याय, पाप-पुण्य इन बातों का समाजशक्ति पर भला-बुरा असर होता है, यह जानने की शक्ति ही सार्वजनिक विवेकपूर्ण विचारशक्ति होती है। यह अनुभूति सभी नागरिकों में हो और उसके अनुसार उनका बरताव हो यह समाज व देश की भी दृष्टि से बहुत सौभाग्य की बात समझनी चाहिए। इंग्लैंड में यह कानून था—''यहूदी समाज के व्यक्ति का देहांत होने पर उसकी सारी जायदाद राजा के कोष में जमा हो जाती थी। इस जायदाद पर यहूदी के पुत्र (वारिस) का हक नहीं होता था। यह कानून इंग्लैंड में बहुत दिनों तक जारी रहा। क्योंकि बहुसंख्य ईसाइयों को वह पसंद था और राजा को अधिक धन-भूमि आदि संपदा मिलती थी, इसलिए उसे भी यह कानून मंजूर था। इस कानून के खिलाफ यहूदियों ने जब आंदोलन छेड़ा, तब उन्हें ईसाइयों एवं राजा के अत्याचार सहने पड़े। बाद में कानून में सुधार लाने के लिए कुछ विचारशील लोग आगे आए, उन्होंने सामाजिक विवेक के विचार समाज में प्रस्तुत किए। अन्याय कहीं भी, किसी भी धर्म, वंश या पंथ के लोगों पर हुआ हो, उसे मिटाने के लिए प्रयत्न करनेवालों को सबसे समर्थन मिलना चाहिए। हर इनसान का यह कर्तव्य है, भले ही उस अन्याय से उसका कोई संबंध न हो।''[4]

संविधान सभा के समक्ष बाबासाहब के कुछ भाषण हुए। उनमें से तीन अत्यंत महत्त्वपूर्ण हैं। इन भाषणों में उनकी राष्ट्रीय दृष्टि, अपने राष्ट्र के समक्ष समस्याएँ और उन्हें हल करने के लिए उनका मार्गदर्शन बहुत महत्त्वपूर्ण है। उनका पहला भाषण 17 दिसंबर, 1946 को हुआ। 9 दिसंबर, 1946 को पं. नेहरू ने उद्देश्य-प्रस्ताव पेश किया। इस प्रस्ताव से केंद्र सरकार दुर्बल बननेवाली थी, प्रांतों को केंद्र से अधिक अधिकार दिए गए थे। प्रांतीय घटक स्वायत्त रहेंगे, उन्हें अधिकार भी होंगे, घटक प्रांतों के ऊपरी स्तर पर संघराज्य होगा। उसे कुछ बातों में कानून बनाने, उन अमल करने और प्रशासन का अधिकार होगा। बाबासाहब ने इसका विरोध किया। उन्होंने कहा, इस तरह के इकाईगत गुट बनाने की कल्पना ही मुझे मंजूर नहीं है। मुझे सशक्त केंद्र सरकार पसंद है।

बाबासाहब ने इस भाषण में अपने राष्ट्र के संदर्भ में दो अत्यंत महत्त्वपूर्ण मुद्दों को स्पर्श किया—''महोदय, इस महान देश की सामाजिक, आर्थिक तथा राजनीतिक संरचना के बारे में तथा इसके उज्ज्वल भविष्य के बारे में मेरे मन में जरा सी भी आशंका नहीं है। मैं जानता हूँ कि आज हम सामाजिक, आर्थिक तथा

राजनीतिक दृष्टि से विभक्त हैं। हम एक-दूसरे के विरुद्ध लड़नेवाले शिविरों के समूह हैं और मैं तो इससे भी आगे जाकर यह कहूँगा कि लगभग ऐसे ही एक शिविर का मैं भी नेतृत्व कर रहा हूँ; परंतु महोदय यह सच होने पर भी मुझे पूरा यकीन है कि अगर अनुकूल समय और स्थिति बनाई गई तो दुनिया की कोई भी ताकत इस देश को एक होने से रोक नहीं सकेगी। विभिन्न जातियाँ एवं संप्रदाय होने पर भी हममें एकत्व अवश्य निर्माण होगा, इस बारे में मुझे किंचित् भी संदेह नहीं है। आज मुसलिम लीग यद्यपि भारत के बँटवारे के लिए प्रयत्नशील है, लेकिन अखंड भारत ही अपने लिए फायदेमंद है, यह बात एक-न-एक दिन उसे जरूर समझ में आएगी, यह कहने में मुझे जरा भी संकोच नहीं है।''

दूसरे शब्दों में डॉ. बाबासाहब ने अखंड भारत की संकल्पना संविधान सभा में प्रस्तुत की है। बाबासाहब कहते हैं, हमारा अंतिम लक्ष्य हिंदू और मुसलमानों का साथ-साथ और इसी देश में रहना है। बाबासाहब का यह कथन कालातीत सत्य है। मुसलिमों में पनपी अलगाव की भावना को कैसे दूर किया जाए, इसके लिए भी बाबासाहब ने कुछ विचार पेश किए हैं। वे कहते हैं, ''इस देश के जो घटक पूर्वग्रह के कारण अब भी मुख्यधारा में शामिल होने के लिए तैयार नहीं हुए हैं, इस तरह के घटकों को प्रवाह में लाने के लिए यदि कुछ सहूलियतें भी देनी पड़े तो बहुसंख्यक पक्षों को उन्हें देने की राजनीतिक समझदारी प्रदर्शित करनी चाहिए, इसलिए मैं यह अनुरोध कर रहा हूँ। लोगों के मन में डर पैदा करनेवाले शब्दों एवं नारों को हमें दूर ही रखना चाहिए, अपने विरोधियों के पूर्वग्रह ध्यान में रखकर हम उन्हें कुछ सहूलियतें दें, ताकि हम जिस राह पर चल रहे हैं, उस मार्ग पर वे अपनी खुशी से आ जाएँ।''[5]

दूसरा मुद्दा राष्ट्र के भविष्य के बारे में है—''राष्ट्र के भविष्य का विचार करते समय लोगों की प्रतिष्ठा, नेताओं की प्रतिष्ठा तथा दलों की प्रतिष्ठा नगण्य होती है। इनमें से किसी भी बात की अपेक्षा राष्ट्र का भविष्य अधिक महत्त्वपूर्ण होता है।'' बाबासाहब ने कहा, ''बल प्रयोग से मुसलमानों या अन्य धर्मियों को बंधन में नहीं रखा जा सकेगा। बल के आधार पर राज्य नहीं चलाया जा सकता।'' बल प्रयोग कुछ हद तक किया भी जा सकता है, उसके आधार पर अल्पकाल हुकूमत भी चलाई जा सकती है, लेकिन इससे उन्हें सत्ता के अधीन रखने के लिए बल का प्रयोग करने की आवश्यकता हमेशा ही कायम रहेगी। जिस राष्ट्र (कौम) को अपने अधीन रखना है, उन पर इस तरह शासन नहीं दिया जा सकता। बाबासाहब का संकेत मुसलमान समाज की ओर है। 1947 में जो पाकिस्तान चाहते थे, वे वहाँ

चले गए। शेष मुसलमानों को भारतीय प्रवाह में शामिल कर एक राष्ट्रीयत्व की भावधारा में लाना होगा।

विविधता से संपन्न इस देश को समान सूत्रों में बाँधना अत्यंत आवश्यक है। ये समान सूत्र कौन से हैं ? डॉ. बाबासाहब ने राज्य संविधान की जो भूमिका लिखी है, उसमें सबको एकत्व में बाँधे रखनेवाले सूत्रों का जिक्र किया है। इसमें सामाजिक, आर्थिक, राजनीतिक न्याय, विचार अभिव्यक्ति, विश्वास, श्रद्धा, उपासना की स्वतंत्रता, स्तर एवं अवसरों की समानता एवं राष्ट्र की एकता व एकात्मता का विश्वास दिलानेवाली बंधुता का समावेश है। पं. नेहरू के उद्‌देश्यक प्रस्ताव में बंधुता का मुद्‌दा नहीं था। डॉ. बाबाबासाहब ने जानबूझकर इसे वहाँ उपस्थित किया है—"वंश एक होने से, संस्कृति एक होने से, भूमि एक होने से राष्ट्र नहीं बनता। राष्ट्र का अर्थ ही यह होता है कि, देश में रहनेवाले सभी लोग एक दृष्टि से भावनात्मक रूप से गहराई से जुड़े होने चाहिए। बंधुता से इस तरह की भावनात्मक एकता निर्माण होती है। भारतीय शासनकर्ता, भारत के विचारक, प्रसार माध्यमों के पंडित, व्यावसायिक, कलाकार यदि इन समान सूत्रों पर अमल करें तो भारत को महान राष्ट्र बनने से दुनिया की कोई शक्ति रोक नहीं सकेगी। इतनी ताकत है इन सूत्रों में।"[6]

डॉ. बाबासाहब ने अत्यंत परिश्रमपूर्वक भारतीय राज्य संविधान बनाया है। उस प्रारूप को अंतिम मंजूरी हेतु चर्चा के लिए प्रस्तुत किया। उसपर पूरे देश में चर्चा हुई। संविधान के मसविदे पर अनेक आपत्तियाँ उठाई गईं, अनेक त्रुटियों की ओर ध्यान आकर्षित किया गया। इस प्रारूप पर आरोप थे कि यह संविधान गवर्नमेंट ऑफ इंडिया 1935 के कानून की महज नकल है, संविधान में नया कुछ नहीं है, भारतीय राजनीतिक विचारों का प्रतिबिंब इसमें नहीं है, अन्य देशों के राज्य संविधानों की इसमें नकल की गई है। इन सारे आरोपों का जवाब बाबासाहब ने 4 नवंबर, 1948 के भाषण में दिया। उनका मूल भाषण अंग्रेजी में है और बहुत विस्तृत है। पहले भाषण में तत्कालीन राजनीति के संदर्भ हैं। इन संदर्भों का जिक्र पहले ही आ चुका है। इस भाषण में तत्कालीन राजनीति के बहुत उल्लेख नहीं है। संविधान के बारे में सैद्धांतिक विचार रखे गए हैं। कुछ सिद्धांतों के आधार पर बाबासाहब ने यह भाषण किया है।

डॉ. बाबासाहब ने संविधान का लिखित प्रारूप चर्चा के लिए प्रस्तुत करते समय यह भाषण किया। इस पर देशभर में खूब चर्चा हुई थी और बाबासाहब उसका जवाब भी देते रहे। प्रथम तीन-चार परिच्छेदों में कुछ तकनीकी बातें आई हैं,

उदाहरण के लिए प्रारूप समिति की ओर विभिन्न विषयों की समितियों की जो रिपोर्ट आई, उसका जिक्र है। राज्य संविधान की मौलिक गुणवत्ता के बारे में बाबासाहब ने वैचारिक भाषण दिया। वे महज संविधान का समर्थन करने की वकालत नहीं करते रहे। एक तटस्थ व्यक्ति की दृष्टि से या एक विधिज्ञ की हैसियत से उन्होंने संविधान की विशेषताएँ विशद कीं।

ये विशेषताएँ कौन सी हैं, इन्हें हम बाद में देखेंगे। किंतु पूरे भाषण में एक बात ठोस रूप से उभरकर आई कि डॉ. बाबासाहब दूरदृष्टि रखनेवाले राष्ट्रनिर्माता थे। संविधान बनाते समय उन्होंने किसी भी तरह का दलीय दृष्टिकोण सामने नहीं रखा। संविधान समिति में आने के पूर्व वे दलित नेता के रूप में प्रसिद्ध हो चुके थे। संविधान बनाते समय उनकी भूमिका राष्ट्र का विचार करनेवाले एक नेता की ही थी। दीर्घकाल में सब के लिए कल्याणकारी क्या होगा, इसका उन्होंने बहुत गहराई एवं गंभीरता से विचार किया था। इस भाषण के प्रत्येक परिच्छेद में इसका अनुभव होता है।

भारतीय संविधान ने संसदीय लोकतंत्र का स्वीकार किया है; परंतु अमेरिकी राष्ट्रपति शासन प्रणाली की तरह अपने यहाँ भी शासन का प्रमुख राष्ट्रपति है। अमेरिकी प्रणाली एवं संसदीय प्रणाली का मेल बाबासहब ने क्यों किया होगा? इस प्रश्न के उत्तर से बाबासाहब की दूरदृष्टि का पता चलता है। इसके लिए संविधान जिस समय बनाया गया, उस समय की परिस्थिति पर गौर करना होगा। धूर्त अंग्रेज देश का विभाजन करने का निर्णय कर चुके थे। उसी समय उन्होंने देश की रियासतों को स्वतंत्रता दे दी। भारत में रहना है या पाकिस्तान में जाना है, यह निर्णय उन पर छोड़ दिया गया। मतलब यह कि अंग्रेज भारत को शतखंडित कर जाना चाहते थे। सरदार वल्लभभाई पटेल ने सभी रियासतों को भारत में विलीन कर दिया और सभी को एक देश में बाँध देनेवाला संविधान बाबासाहब ने बनाया।

भारत जैसे विशाल देश के लिए कौन सी शासन प्रणाली उपयुक्त होगी, यह निश्चित करना बड़ा कठिन काम था। अंग्रेजों के आने के पहले भारत में एक केंद्र शासन नहीं था। अंग्रेजों ने वह प्रस्थापित किया। अंग्रेजों ने भौगोलिक, राजनीतिक भारत खड़ा किया। इस राजनीतिक भारत को एक राष्ट्र बनाने का काम करना था। यद्यपि भारत एक प्राचीन राष्ट्र है, फिर भी असंख्य कारणों से भारत की राष्ट्रीय भावना दुर्बल हो गई थी। प्रबल केंद्रीय सत्ता का अभाव था। इस तरह की प्रबल केंद्रीय सत्ता स्वाधीनता में खड़ी करनी थी। इस व्यवस्था को लोकतांत्रिक रखना भी अत्यावश्यक था। लोकतांत्रिक शासन व्यवस्थाएँ दो प्रकार की थीं—एक अमेरिका

का राष्ट्रपति शासित लोकतंत्र और दूसरा इंग्लैंड का संसदीय लोकतंत्र। अमेरिका के राष्ट्रपति शासित लोकतंत्र में राष्ट्रपति के हाथ में सारी सत्ता केंद्रित होती है। उसकी संसद् में प्रति कोई जवाबदेही नहीं होती। उसका मंत्रिमंडल भी संसद् के प्रति जवाबदेह नहीं होता। उसके खिलाफ अविश्वास का प्रस्ताव नहीं लाया जा सकता। एक बार चुने जाने पर चार वर्ष की अवधि तक उसे कोई हिला नहीं सकता।

इस प्रणाली के कुछ लाभ हैं। इस प्रणाली से शासन स्थिर होता है और राष्ट्रपति खुद के दायित्व पर निर्णय कर सकता है। उसे संसद् की मंजूरी की आवश्यकता नहीं होती। समाज के कर्तव्यशील व्यक्तियों को वह मंत्री बना सकता है। इस प्रणाली की अमेरिका को आदत पड़ गई है। कोई व्यक्ति दो बार ही राष्ट्रपति बन सकता है। तीसरी बार वह नहीं बन सकता। संविधान में वैसी सुविधा नहीं दी गई है। इस नियम का सभी लोग पालन करते हैं। राष्ट्रपति संवैधानिक नीति का पालन करता है। वह तानाशाह जैसा बरताव नहीं करता। समस्त देश को साथ लेकर चलना है, यह उसकी भूमिका होती है।

यह प्रणाली भारत के लिए अनुकूल नहीं है। भारत में भी अमेरिका जैसी राष्ट्रपति शासन प्रणाली लागू करने की बीच-बीच में कुछ लोग माँग करते हैं। उस पर खूब चर्चा भी होती है। बाबासाहब ने बहुत दूरगामी विचार कर अमेरिकी की राष्ट्रपति शासन प्रणाली को नकार दिया है। अमेरिका जैसी राजनीतिक परिपक्वता 1947 में भारतीय जनता में नहीं थी और आज भी वह परिपक्वता आ चुकी है, ऐसा हम नहीं कह सकते। अमेरिकी मतदाता मतदान करते समय उम्मीदवार के विचार, विभिन्न मुद्दों पर उसकी भूमिका, संसद् में विभिन्न विधेयकों के दौरान उसके मतदान का स्वरूप, सार्वजनिक सभाओं में उसके भाषण आदि सभी बातों पर विचार करता है। भारत में मतदाता सब से पहले उम्मीदवार की जाति देखता है, फिर उसका घराना, उसकी सांपत्तिक स्थिति, उसका सामाजिक स्तर और अंत में उसके विचारों पर गौर करता है। भारत में राष्ट्रपति शासन व्यवस्था कायम की गई तो जनता को आकृष्ट करनेवाला, सम्मोहित करनेवाला कोई भी व्यक्ति राष्ट्रपति हो सकता है। कोई लोकप्रिय फिल्मी अभिनेता अथवा कोई बड़ा मशहूर क्रिकेट खिलाड़ी भी राष्ट्रपति हो सकता है। जनता यह विचार नहीं करेगी कि वह देश के शासन का दायित्व सँभाल सकता है या नहीं। अतः इस तरह की गैर-जिम्मेदाराना व्यवस्था गैर-जिम्मेदार मतदाताओं के भरोसे छोड़ना खतरे से खाली नहीं होगा। राष्ट्रपति शासन प्रणाली को बाबासाहब नहीं लाए, यह उनका देश पर बड़ा उपकार है।

संसदीय शासन व्यवस्था संसद् के प्रति उत्तरदायी होती है। प्रधानमंत्री संसद्

के प्रति उत्तरदायी होता है। जब तक संसद् का उस पर विश्वास है, तब तक वह अपने पद पर रह सकता है। अटल बिहारी वाजपेयी की सरकार बहुमत के लिए केवल एक वोट कम पड़ने से गिर गई, यह इतिहास ताजा ही है। इसी कारण प्रधानमंत्री या उनका मंत्रिमंडल अपनी मनमर्जी से निर्णय नहीं कर सकता। इस बारे में बाबासाहब कहते हैं, "अमेरिका में कार्यकारी मंडल असंसदीय होता है, इसलिए अमेरिकी कांग्रेस उसे बरखास्त नहीं कर सकती। लेकिन संसदीय प्रणाली में सभागृह के बहुसंख्य सदस्यों का विश्वास खो देने पर सरकार को तुरंत त्यागपत्र देना ही पड़ता है। असंसदीय मंत्रिमंडल संसद् से संबंधित नहीं होता, इसलिए विधिमंडल के प्रति उसका उत्तरदायित्व कम होता है। इसके विपरीत संसदीय मंत्रिमंडल संसद् के बहुमत पर चलता हैं, अतः उसका संसद् के प्रति उत्तरदायित्व अधिक होता है।"[7]

भारतीय विविधता से संपन्न देश है। इस विविधता में एक गहरी सांस्कृतिक एकता है। जातीयता एवं अस्पृश्यता पूरे देश में एक सी फैली है। जीवन के बारे में आध्यात्मिक दृष्टिकोण भी सभी जगह एक है, मतलब इंद्रियों की सुखलोलुपता यही जीवन का एकमात्र लक्ष्य नहीं है। सर्वोच्च सुख की प्राप्ति ही जीवन का लक्ष्य होना चाहिए और यह सुख इंद्रिय-सुख नहीं है। इस तरह कुछ बातों में सकारात्मक एवं कुछ में नकारात्मक एकता होने से देश में राजनीतिक एकता का निर्माण करना कठिन काम होता है। विविधता की रक्षा करते हुए जातीयता व अस्पृश्यता को मिटाना तथा धर्म-पंथ निरपेक्ष समाज की रचना बहुत कठिन है। बाबासाहब ने यह कठिन काम किया है। वह कैसे? यह उनके भाषणों के अंश पढ़ने से समझ में आएगा।

डॉ. बाबासाहब सशक्त केंद्रीय सत्ता के पुरजोर समर्थक थे। भारत में विविध राज्य हैं और कुछ मात्रा में वे स्वायत्त भी हैं, परंतु देश की प्रभुता केंद्रीय सत्ता के हाथ में है। अमेरिका में भी अनेक राज्य हैं। उन राज्यों के स्वतंत्र संविधान हैं। उनके अपने कानून हैं। इन कानूनों का कई बार एक-दूसरे से टकराव होता है। एक राज्य में जो बात कानूनी होती है, वही दूसरे राज्य में गैरकानूनी होती है। अमेरिका के दोहरी नागरिकता है। संयुक्त राज्य अमेरिका भिन्न-भिन्न राज्यों का संघ है। भारत भी विभिन्न राज्यों का संघ है। बाबासाहब ने इस संघ को यूनियन कहा है। बाबासाहब इन दोनों की तुलना करते हुए कहते हैं, "प्रस्तावित भारतीय संविधान में दुहरी राज्य व्यवस्था है, लेकिन नागरिकत्व एक ही है। संपूर्ण भारत का नागरिकत्व एक ही है। वह भारतीय नागरिकत्व है, राज्य का नागरिकत्व नहीं। किसी भी राज्य का निवासी होने पर भी प्रत्येक भारतीय नागरिक को नागरिकत्व के समान अधिकार

हैं। प्रस्तावित भारतीय संविधान की दुहरी राज्य व्यवस्था अमेरिका की दुहरी राज्य व्यवस्था से एक अन्य बात में भिन्न है।''[8]

डॉ. बाबासाहब ने संविधान के माध्यम से राज्यों को अपने हिसाब से अपना विकास करने की स्वतंत्रता प्रदान की है, परंतु किसी भी राज्य को भारत से कटकर अलग होने की स्वतंत्रता नहीं है। भारतीय यूनियन अर्थात् संघराज्य अविच्छेदनीय है यह महत्त्वपूर्ण बात बाबासाहब ने स्पष्ट की है। राज्यों में विविधता है, यह सही है, उस विविधता का जतन होना चाहिए, यह भी सही है, परंतु वह भारत की संकल्पना को सँभालकर रखनेवाली होनी चाहिए। इस बारे में बाबासाहब क्या कहते हैं, यह महत्त्वपूर्ण है, ''एकता अबाधित रखने के लिए आवश्यक बुनियादी एकरूपता निर्माण की गई है। संविधान के प्रारूप में इसके लिए तीन उपाय बताए हैं—

1. एक ही न्याय प्रणाली,
2. बुनियादी दीवानी एवं फौजदारी कानूनों में एकरूपता, और
3. महत्त्वपूर्ण पदों पर नियुक्तियों के लिए समान अखिल भारतीय नागरी सेवा।''

देश के निर्माण में देश की हर इकाई का सहभाग होना चाहिए। उनके सहभाग के बिना राष्ट्रीय भावना नहीं पनपेगी। आत्मीयता निर्माण नहीं होगी। मेरा देश, मेरा लोकतंत्र, मेरा देशबंधु जैसी आत्मीयता पैदा होने के लिए प्रशासन में सबका सहभाग होना जरूरी है। इसी लिए हमारे संविधान में प्रशासकीय विषयों के अनेक अनुच्छेद बाबासाहब ने सम्मिलित किए हैं। संविधान का सुचारु संचालन होने के लिए संवैधानिक नैतिकता का सबको पालन करना चाहिए। संवैधानिक नैतिकता का पालन करने का अर्थ संविधान में प्रस्तुत नियमों का ईमानदारी से पालन करना है। बाबासाहब कहते हैं, ''संवैधानिक नैतिकता स्वाभाविक भावना नहीं होती। उसकी संवर्धन करना होता है। आज भी हम लोगों में वह निर्माण नहीं हुई है, इसे हमें समझना चाहिए, ऐसी स्थिति में प्रशासकीय व्यवस्था निर्माण करने के सुझावों के लिए विधि मंडल पर विश्वास करना ठीक नहीं होगा। संविधान में उन्हें शामिल करने के पीछे भूमिका यही है।'' प्रशासकीय व्यवस्था का मतलब सरकार चलानेवाली व्यवस्था। प्रशासन का संचालन करनेवाली व्यवस्था में सभी के सहभाग की दृष्टि से संविधान में विभिन्न अनुच्छेद शामिल किए गए हैं। इसे तय करने का काम बाबासाहब ने विधिमंडल अथवा कार्यकारी मंडल को नहीं सौंपा है।

भारतीय संविधान में मार्गदर्शक तत्त्वों का समावेश किया गया है, जिसे अंग्रेजी में 'डायरेक्टिव प्रिंसिपल्स ऑफ स्टेट पॉलिसी कहते हैं। विश्व में उन दिनों जो राज्य

संविधान अस्तित्व में थे, उनमें से आइरिश राज्य संविधान छोड़ दिया जाए तो अन्य किसी भी राज्य संविधान में इस तरह के अनुच्छेद नहीं हैं। इन मार्गदर्शक तत्त्वों की विशेषता यह है कि वे राज्यकर्ताओं के लिए बंधनकारी नहीं है। इसका अर्थ यह कि इन तत्त्वों पर अमल न हो तो अदालत में मामला चलाया नहीं जा सकता। मूलभूत अधिकारों के साथ ऐसा नहीं है। मूलभूत अधिकारों के साथ ऐसा हुआ तो अदालत में जाकर न्याय की गुहार लाई जा सकती है। फिर इस तरह के मार्गदर्शक तत्त्वों को बाबासाहब ने राज्य संविधान में क्या शामिल किया है?

इस प्रश्न का उत्तर खोजते समय डॉ. बाबासाहब ने कितना दूरगामी मौलिक विचार किया है, इसका पता चलता है और हम चकित हो जाते हैं। पाँच साल बाद चुनाव (कभी-कभी मध्यावधि चुनाव भी) होते हैं, नई सरकार सत्ता में आती है। सत्ता में आनेवाली हर सरकार को, चाहे वह किसी भी दल की हो, राज्य संविधान के अनुसार काम करना होता है, मार्गदर्शक तत्त्वों की ओर ध्यान देना होता है। बाबासाहब के शब्द इस प्रकार हैं, "सरकार किसकी हो यह निर्णय पूरी तरह जनता पर निर्भर है, लेकिन सत्ता पर चाहे जो आए, परंतु वह सत्ता का मनमानी तरीके से इस्तेमाल करने के लिए स्वतंत्र नहीं होगा। सत्ता का उपयोग करते समय उसे मार्गदर्शक तत्त्वों का सम्मान करना ही होगा, वह उसकी उपेक्षा नहीं कर सकेगा। उसके उल्लंघन पर उसे अदालत में जवाब नहीं देना होगा, लेकिन चुनाव के समय मतदाताओं के समक्ष उसे निश्चित रूप से जवाब देना ही होगा।" दूसरे शब्दों में, "डॉ. बाबासाहब ने जनता पर भी बड़ी जिम्मेदारी डाली है। जनता को सतर्क रहकर यह देखना चाहिए कि यह शासन लोककल्याणकारी है या नहीं।"[9]

संविधान सभा के समक्ष उनका तीसरा भाषण राष्ट्रवाद का सर्वोत्तम दस्तावेज ही है। इस भाषण का मुख्य अंश यह है, संविधान सभा में शामिल होते समय अस्पृश्य समाज के हितों की रक्षा के अलावा मेरे मन में और कोई हेतु नहीं था। संविधान सभा के अत्यंत महत्त्वपूर्ण कार्य करने के लिए मेरा चयन होगा, यह मैंने कभी सोचा भी नहीं था। मसविदा समिति में जब मुझे शामिल किया गया, तब मुझे आश्चर्य हुआ और इस समिति का जब अध्यक्ष बनाया गया तो मेरे अचरज का ठिकाना ही नहीं रहा।

"संविधान बनाने के लिए मेरा जो गौरव किया जाता है, उसका मैं एकमात्र अधिकारी नहीं हूँ। भारत सरकार के संविधान सलाहकार सर बी.एन. राव को इस संविधान का श्रेय देना होगा। भारत सरकार के संविधान सलाहकार के रूप में उन्होंने संविधान का मोटा खाफा मसविदा समिति के समक्ष रखा। संविधान निर्माण

का कुछ श्रेय मसविदा समिति के सदस्यों को भी देना होगा। भिन्न-भिन्न फॉर्मूले बनाने के लिए उनके द्वारा प्रदर्शित कौशल और भिन्न-भिन्न दृष्टिकोण समझ लेने की उनकी सहनशीलता सराहनीय है।''

''फिर भी, एक ही पार्टी की हुकूमत के तले रहकर सब लोग झुक जाते तो संविधान समिति का कामकाज बिल्कुल नीरस और बेजान हो जाता; और पार्टी के अनुशासन के कारण समिति केवल 'हाँ जी' वालों की हो जाती; परंतु सौभाग्य से संविधान समिति में कुछ बागी भी थे। श्री कामथ, डॉ. देशमुख, प्रो. सक्सेना के नाम बागी के रूप में लेने में कोई हर्ज नहीं है। उनके द्वारा उपस्थित कई मुद्दे तात्त्विक थे। उनके सुझाव मैंने स्वीकार नहीं किए इसलिए उनका महत्त्व कम नहीं हो जाता। उनके प्रति भी मैं आभार प्रकट करता हूँ। उनके विरोध के कारण ही भारतीय संविधान के मूल में छिपे बुनियादी तत्त्वों को विशद् करने का अवसर मुझे मिला।''[10]

क्या यह कोई बता सकता है कि भारतीय जनता व राजनीतिक दल कैसा बरताव करेंगे? अपने उद्देश्यों को पूरा करने के लिए वे वैधानिक मार्ग का इस्तेमाल करेंगे या क्रांति की राह पर चलेंगे? अगर क्रांतिकारी या विघातक मार्ग अपनाएँगे तो निर्दोष होने पर भी संविधान असफल सिद्ध होगा, यह बताने के क्या लिए किसी दृष्टा की आवश्यकता है? अत: भारतीय जनता एवं राजनीतिक दलों का जिक्र किए बिना संविधान की सफलता के बारे में कोई राय देना व्यर्थ है। संविधान में व्यक्त विचारों के बारे में उन्होंने कहा, ''राज्य संविधान में व्यक्त विचार वर्तमान पीढ़ी के हैं, यही क्यों; मैं यह कहूँ कि ये विचार संविधान समिति के सदस्यों के हैं तो अतिशयोक्ति नहीं होगी।'' अपने कथन के समर्थन में उन्होंने जेफरसन का कथन उद्धृत किया है। अमेरिकी राज्य संविधान के निर्माण में जेफरसन का बहुत बड़ा योगदान है।

जेफरसन कहते हैं, ''राष्ट्र की हर पीढ़ी भिन्न राष्ट्र ही होती है। बहुमत के आधार पर स्वयं को बाँध लेने का उसे अधिकार है; लेकिन भावी पीढ़ी पर इस तरह के बंधन वह लाद नहीं सकती।'' एक अन्य स्थान पर जेफरसन ने कहा है, ''The idea that institutions established for the use of the nation cannot be touched or modified, even to make them answer their end because of rights gratutiously supposed in those employed to manage them in the trust for the public, may perhaps be a statutory provision against the abuse of a monarch, but is most absured against the nation itself. Yet our lawyers and priests generally inculcate this doctrin and suppose that preceding generations held the earth more freely than we do; had a right to impose laws and impose burdens on future generations, which they will have no right to alter, in fine, that the earth belongs to the dead and not to the living.''

इसका सार यह है—''राष्ट्र के लिए निर्मित संस्थाएँ एवं उनके उद्देश्यों को पूरा करने के लिए उनमें कोई परिवर्तन नहीं किया जा सकता यह संकल्पना राष्ट्र की दृष्टि से गलत है। इसी संकल्पना का समर्थन हमारे वकील, धर्मगुरु जोर-शोर से करते हैं। उनकी राय में वर्तमान पीढ़ी की अपेक्षा पिछली पीढ़ी का देश पर ज्यादा अधिकार है, पिछली पीढ़ी को वर्तमान पीढ़ी पर कानून लादने का अधिकार है। इसी तरह हमें भी अगली पीढ़ी पर कानून लादने का अधिकार है, यह मानना इस धरती पर वर्तमान पीढ़ी का अधिकार नहीं है, बल्कि मृत पीढ़ी का अधिकार है, यह मानने जैसा है।''

इसका अर्थ यह भी है कि राज्य संविधान अपरिवर्तनीय दस्तावेज नहीं है अथवा वह परंपरागत धार्मिक ग्रंथ भी नहीं है। आनेवाली हर पीढ़ी को उसमें आवश्यक संशोधन करने का अधिकार है और बाबासाहब ने इस बात को स्वीकार किया है।

देश की स्वतंत्रता के बारे में चिंता व्यक्त करते हुए उन्होंने कहा, ''मेरे मन को इस बात से अत्यंत वेदना होती है कि भारत ने अपनी स्वतंत्रता एक बार ही खोई है, ऐसा नहीं है; परंतु वह भारतीय लोगों के विश्वासघात, देशद्रोह के कारण कई बार खोनी पड़ी है। जब मुहम्मद बिन कासिम ने सिंध पर आक्रमण किया, तब राजा दाहीर के सेनापति ने मुहम्मद बिन कासिम के मुनीम से रिश्वत लेकर अपने राजा की तरफ से लड़ने से साफ इनकार कर दिया। जयचंद ने पृथ्वीराज से लड़ने में सहायता करने का वचन देकर मुहम्मद गोरी को हिंदुस्थान पर आक्रमण करने का बुलावा भेजा। उसने मुहम्मद घोरी को सोलंकी राज्य एवं स्वयं की सहायता देने का वचन दिया था। जब शिवाजी महाराज हिंदुओं के स्वराज्य के लिए युद्धरत थे, तब अन्य मराठा सरदार तथा राजपूत मुगलों के पक्ष में लड़ रहे थे। जब ब्रिटिश और सिक्ख राज्यकर्ताओं में युद्ध हुआ, तब सिक्ख सरदार निष्क्रिय होकर बैठे थे। सिक्खों की स्वतंत्रता की रक्षा करने का जरा भी प्रयास उन्होंने नहीं किया। 1857 में बहुसंख्य भारतीय राज्यकर्ताओं ने ब्रिटिशों के खिलाफ स्वतंत्रता संग्राम छेड़ा, तब भी सिक्ख सरदार दर्शकों की तरह उसे चुपचाप देखते रहे।

भारत के इतिहास में यह जो घटनाक्रम हुआ, क्या उसकी फिर से पुनरावृत्ति

होगी, इस आशंका से मेरा मन व्यथित होता है। जातिभेद एवं पंथभेद जैसे अपने पुराने दुश्मनों के साथ ही नई-नई राजनीतिक विचारधाराएँ लेकर नए-नए दल स्थापित किए जा रहे हैं। ये दल अपने दल की विचारधारा देश से बड़ी मानेंगे अथवा देश को दल की विचारधारा से बड़ा मानेंगे? यदि अपने दल की विचारधारा देश से बड़ी माने तो भारत की स्वतंत्रता फिर से खतरे में पड़ जाएगी। शायद वह हमेशा के लिए नष्ट हो जाएगी। इसलिए हमारे शरीर में खून की अंतिम बूँद जब तक शेष है तब तक जी-जान से हम अपनी स्वतंत्रता की रक्षा करेंगे, यह दृढ़ निश्चय हमें करना चाहिए।

इसके बाद लोकतंत्र के बारे में उन्होंने अपने विचार प्रकट किए। उन्होंने कहा, "26 जनवरी, 1950 को भारत गणतांत्रिक देश बनेगा। इसका अर्थ यह कि जनता का, जनता द्वारा, जनता के लिए संचालित शासन उस दिन से अस्तित्व में आएगा। मेरे मन में वापस पहले का विचार आता है। भारत के लोकतांत्रिक संविधान का क्या होगा? भारत यह संविधान कायम रख पाएगा या वापस नष्ट कर देगा? यह दूसरा विचार मेरे मन में उत्पन्न होता है और पहले विचार की तरह मेरे मन को चिंतित कर देता है।

"भारत गणतांत्रिक प्रणाली से अनभिज्ञ था ऐसी बात नहीं है। एक समय था जब भारत में कई छोटे-छोटे लोकतांत्रिक गणराज्य थे। जिन प्रदेशों में राजाशाही थी, वहाँ भी राजाओं की नियुक्ति जनमत से होती थी। भिक्खु संघ का, जिन्होंने अध्ययन किया है, उन्हें भी यह दिखाई देगा कि वे साक्षात् 'लोकसभा' थे। क्योंकि आजकल लोकसभा में जिन नियमों का पालन किया जाता है, उन सभी का पालन भिक्खु संघ की बैठकों में होता था। भारत ने एक बार गणतांत्रिक प्रणाली गँवाई है, क्या वह उसे फिर से गँवा देगा? यह मैं नहीं बता सकता। जिस देश में गणतंत्र का बहुत उपयोग नहीं किया गया है, उस देश में गणतंत्र एक नई चीज मानी जाती है। भारत भी उनमें से एक देश है।"

इसके बाद लोकतंत्र को सफल बनाने के कुछ उपाय बाबासाहब ने बताए हैं, "लोकतंत्र को बचाए रखना हो तो सर्वप्रथम यह बात करनी होगी कि हम हमारे सामाजिक एवं आर्थिक उद्देश्यों को प्राप्त करने के लिए केवल वैधानिक मार्ग का ही इस्तेमाल करेंगे। इसका अर्थ यह कि विनाशकारी मार्ग को वर्जित करना होगा। कानून की अवज्ञा, असहयोग एवं सत्याग्रह का हमें त्याग करना होगा, क्योंकि असंवैधानिक मार्गों से अराजकता को ही निमंत्रण मिलेगा।"

लोकतंत्र को दूसरा खतरा विभूति-पूजा से है, इसे स्पष्ट करते हुए डॉ.

बाबासाहब ने जॉन स्टुअर्ट मिल के विचारों का स्मरण दिलाया। मिल कहते हैं, "कोई कितना भी महान हो फिर भी लोगों को उसके चरणों पर अपनी स्वतंत्रता अर्पित नहीं करनी चाहिए अथवा अपनी संस्था का विनाश हो इतनी बड़ी सत्ता उसे नहीं सौंपनी चाहिए।" उन्होंने आगे कहा, "जिन महान लोगों ने जीवन भर राष्ट्र की सेवा की, उनके प्रति कृतज्ञता रखना गैर नहीं है; परंतु ऐसी कृतज्ञता की भी कुछ मर्यादाएँ होती हैं। आयरिश देशभक्त ओकोनेल के कथन के अनुसार अपनी आत्मप्रतिष्ठा को बलि चढ़ाकर कोई भी मनुष्य कृतज्ञ नहीं रह सकता; अपने शील की बलि चढ़ाकर कोई भी राष्ट्र कृतज्ञ नहीं रह सकता। अन्य किसी देश की अपेक्षा भारत में यह सतर्कता बरतना बहुत आवश्यक है, क्योंकि भारतीय राजनीति में विभूति-पूजा का इतना जबरदस्त प्रभाव होता है कि उतना विश्व के किसी भी अन्य देश की राजनीति में नहीं होगा। राजनीति में भक्ति अथवा विभूति-पूजा से देश अधोगति की तरफ जाएगा और अंत में तानाशाही का आना निश्चित समझना चाहिए।"

लोकतंत्र के अस्तित्व की रक्षा के लिए तीसरी बात हमें जो करनी है, वह यह है कि हमें केवल राजनीतिक लोकतंत्र से संतुष्ट नहीं हो जाना चाहिए। राजनीतिक लोकतंत्र का रूपांतर हमें सामाजिक एवं आर्थिक लोकतंत्र में करना चाहिए। सामाजिक लोकतंत्र ता अर्थ है स्वतंत्रता, समता एवं बंधुत्व प्रत्येक व्यक्ति के जीवन के जीवनतत्त्व हैं, इसे स्वीकार करनेवाली प्रणाली। स्वतंत्रता, समता एवं बंधुत्व एक अखंड एवं अभंग त्रिमूर्ति है। यदि सामाजिक समता न हो तो स्वतंत्रता का अर्थ मुट्ठी भर लोगों द्वारा जनता पर राज करना होगा। यदि समता स्वतंत्रता-शून्य होगी तो व्यक्ति के जीवन की स्वयंप्रेरणा नष्ट होगी। यदि बंधुभाव न हो तो स्वतंत्रता और समता का संवर्धन ही नहीं होगा।

सामाजिक दृष्टि से देखना हो तो अपने भारत की समाज रचना चढ़ती ढलान या उतरती ढलान (क्रमिक स्तर) के तत्त्वों पर आधारित होने से कुछ जातियों को उच्च दर्जा दिया गया है। आर्थिक दृष्टि से देखना हो तो कुछ लोगों के द्वार पर गजांतलक्ष्मी है, तो बहुसंख्य लोगों के घर में अति दरिद्रता है। इस तरह परस्पर विरोधी घटनाओं से जुड़े अपने राष्ट्रीय जीवन की 26 जनवरी, 1950 को हम शुरुआत करनेवाले हैं। इस दिन से राजनीतिक मामलों में हमें समता प्राप्त होनेवाली है। 'एक व्यक्ति एक वोट और एक वोट का मूल्य समान' इस तत्त्व की अनुभूति हमें राजनीतिक बातों में प्राप्त होनेवाली है। सामाजिक एवं आर्थिक मामलों में अपनी विशिष्ट सामाजिक एवं आर्थिक संरचना के कारण हम ऊपर उल्लेखित तत्त्व को 26 जनवरी, 1950

से तिलांजलि देंगे या पूर्व परंपरा को जारी रखनेवाले हैं? परस्पर के विरुद्ध बातों से भरा अपनी जीवन और कितने दिन हम आगे भी जारी रखेंगे? सामाजिक एवं आर्थिक मामले में समता स्थापित करना हम और कब तक टालते रहनेवाले हैं? यह टालमटोल हम यदि लंबे समय तक जारी रखेंगे तो अपने राजनीतिक लोकतंत्र का जीवन खतरे में डालकर ही इस टालमटोल को बनाए रखा जा सकेगा। इस विषमता को हमें यथासंभव शीघ्र खत्म करना चाहिए; अन्यथा इस स्थिति से पीड़ित लोग इस संविधान समिति द्वारा अत्यंत परिश्रमपूर्वक बनाई गई लोकतांत्रिक शासन व्यवस्था को छिन्न-भिन्न कर आकाश में उछाल देंगे।

हम लोग बंधुत्व का पालन नहीं करते, यह हमारी एक और खामी है। अखिल हिंदू लोग एक-दूसरे के सगे बंधु हैं, समस्त हिंदी जनता अपनत्व से जुड़ी एकात्म जनता है, यह मन में जो भावना होती है, वह बंधुभाव के रूप में जानी जाती है। सामाजिक जीवन में एक्य का अमृत-सिंचन यदि कोई तत्त्व करता हो तो वह बंधुभाव है। इस तत्त्व का रोजमर्रे के जीवन में सफलतापूर्वक पालन करना कठिन कार्य है। भारत में भिन्न-भिन्न जातियाँ हैं और यह भिन्नता देश विघातक हैं। इसका पहला कारण यह है कि जातियाँ सामाजिक जीवन में अलगाव पैदा करती हैं। जातियाँ देश विघातक होने का दूसरा कारण यह है कि इससे जातियों में परस्पर द्वेष एवं घृणा पैदा होती है। राष्ट्र के रूप में यदि हमें स्थापित होना है तो हमें इन सभी बाधाओं को अपने मार्ग से हटाना पड़ेगा।

इसके बाद भारत में सत्ता पर काबिज लोगों के बारे में उन्होंने अपना चिंतन प्रकट किया। उन्होंने कहा, ''भारत के कुछ लोगों ने राजनीतिक सत्ता पर काबिज रहने का वंशानुगत एकाधिकार लंबे समय तक भोगा है। शेष बहुजन लोग सत्ताधारी लोगों की आज्ञा में रहकर किसी तरह जीवन जीनेवाले शाषित लोग हैं। राजनीतिक सत्ता के वंशानुगत एकाधिकार के कारण बहुजन समाज को अपनी सर्वांगीण उन्नति करने का कभी अवसर ही नहीं मिला। सत्ताधीशों के पैरों तले रौंदे ये लोग अब दूसरे के वर्चस्व में रहने से उकता चुके हैं। अपने व्यवहार वे खुद करना चाहते हैं और उसके लिए वे वैसा अधिकार चाहते हैं। बहुजन समाज का आत्मभान जाग्रत् हुआ है। अपने आपको सिद्ध करने की ज्योति उनमें प्रस्फुटित हुई है, उसका रूपांतर कहीं वर्ग-कलह अथवा वर्ग-युद्ध में न हो इसका हमें ध्यान रखना चाहिए। यदि ऐसा होने दिया गया तो इस देश में आपसी फूट की फसल खूब बढ़ेगी। ऐसी स्थिति जिस दिन बनेगी, वह दिन देश के लिए घातक होगा, क्योंकि जिस घर में फूट है, वह घर ज्यादा दिन तक टिक नहीं सकता, यह अब्राहम लिंकन कह ही चुके

हैं। अत: बहुजन समाज की आकांक्षाओं की पूर्ति के लिए शीघ्रातिशीघ्र यथोचित व्यवस्था स्थापित करना यह इन मुट्ठी भर लोगों के हित में, देश के हित में, देश की स्वतंत्रता कायम रखने के हित में है तथा लोकतांत्रिक संरचना के हित में है।''[11]

भाषाई प्रांत रचना का बाबासाहब ने आरंभिक काल में विरोध किया था, क्योंकि वे यह भय महसूस करते थे कि पहले से जातियों में बँटे समाज में भाषावाद का पिशाच घुस गया तो समाज के और टुकड़े होंगे और देश दुर्बल होगा। वे किसी भी स्थिति में देश को दुर्बल होने नहीं देना चाहते थे। 'थॉट्स ऑन लिंग्विस्टिक' शीर्षक शोध प्रबंध में डॉ. बाबासाहब ने एक राज्य एक भाषा के तत्त्व के आधार पर राज्यों के पुनर्गठन का समर्थन करते हुए लिखा है, ''आपसी आत्मीयता के आधार पर राज्यों की निर्मिति होती है। आपसी आत्मीयता क्या है? इसे संक्षेप में परिभाषित करना हो तो एकत्व के सहजीवन की भावना ही आपसी आत्मीयता है। यह भावना यदि लोगों में बलवती हो तो उन्हें ऐसा लगता है कि वे आपस में परस्पर से जुड़े हैं और जो बाहर के लोग हैं, वे अपने नहीं हैं, यह भावना निर्माण होती है। इस भावन को अंग्रेजी में 'Consciousness of Kind' (विशिष्ट प्रकार की अनुभूति) कहते हैं। यह भावना एक ओर जिनमें यह अनुभूति है, उन्हें गहराई से जोड़े रखती है और दूसरी ओर परस्पर को गहराई से बाँधे रखने की अनुभूति आर्थिक और अन्य संघर्षों, सामाजिक भेदभावों से ऊपर उठने की शक्ति देती है और उसी समय पराए लोगों के प्रति दूरत्व की भावना निर्माण करती है। परस्पर के बारे में यह आत्मीय भावना स्थिर तथा लोकतांत्रिक राज्य की नींव है।''[12]

इस प्रबंध में उन्होंने राष्ट्रीय भावना निर्माण होने के लिए संपर्क की एक भाषा होने की आवश्यकता प्रतिपादित की है। उनकी राय थी कि यह भाषा हिंदी होनी चाहिए। वे स्वयं बेहतरीन अंग्रेजी बोलते थे, लेकिन उनका स्वदेशाभिमान इतना बड़ा था कि उन्होंने संपर्क भाषा के रूप में हिंदी का समर्थन किया। वे कहते हैं, ''कोई भी प्रादेशिक भाषा राष्ट्रभाषा नहीं होनी चाहिए। देश की राष्ट्रभाषा हिंदी होनी चाहिए और जब तक वैसी (हिंदी का स्वीकार करने की) स्थिति निर्माण नहीं होती तब तक अंग्रेजी से काम चलाना चाहिए। क्या भारतीय इसका स्वीकार करेंगे? और यदि वे स्वीकार न करें तो भाषाई राज्यों से संकट उत्पन्न होगा। भाषा से संस्कृति का संवर्धन होता है। भारतीयों की इच्छा संगठित होकर एक समान संस्कृति का विकास करने की होने से हिंदी को राष्ट्रभाषा बनाना उनका प्राथमिक कर्तव्य बनता है। भाषाई राज्यों के एक अविभाज्य अंग के रूप में जिन भारतीयों को यह संकल्पना मंजूर नहीं है, उन्हें स्वयं को भारतीय कहलाने का हक नहीं है।

वह शत प्रतिशत महाराष्ट्रीयन, तमिल, गुजराती हो सकता है, लेकिन सच्चे अर्थ में भारतीय नहीं हो सकता। हाँ, भौगोलिक दृष्टि से वह भारतीय होगा।''[13]

God seems to have laid a heavy curse on India & Indians, saying hey Indians hey shall always remain divided & hey shall always be slaves. (ईश्वर ने भारत और भारतीयों को एक बड़ा अभिशाप दिया है तुम भारतीय हमेशा विभक्त ही रहोगे और फलस्वरूप हमेशा गुलाम ही बने रहोगे।) बाबासाहब ने यह लिखते हुए भारतीयों को आह्वान किया है कि ईश्वर का यह अभिशाप हम झूठा साबित कर दें। छोटे-छोटे राज्य गठित करने चाहिए और इन राज्यों में एक भाषा के लोगों को राज्य के जरिए अपनी समस्याएँ हल करने की स्वतंत्रता दी जानी चाहिए। लोकतांत्रिक मार्ग से लोग अपनी उन्नति करें इस पर उनका बल था।

राष्ट्र-निर्माण में डॉ. बाबासाहब के योगदान का विचार करते समय भारतीय राज्य संविधान के माध्यम से उन्होंने क्या योगदान दिया है, इसकी मीमांसा करनी होती है। डॉ. बाबासाहब ने सच्चे अर्थ में भारत की संकल्पना राज्य संविधान के माध्यम से हमारे समक्ष रखी। भारत की संकल्पना बहुत प्राचीन है। उसके कुछ श्लोक पूर्व में दिए जा चुके हैं; परंतु राज्य-राष्ट्र-भारत यह संकल्पना नई है। भारत प्राचीन राष्ट्र है, परंतु वह प्राचीन राज्य-राष्ट्र है, यह अपना इतिहास नहीं बताता। महाभारत काल में अथवा गौतम बुद्ध के काल में भारत में अनेक छोटे-छोटे राज्य थे। राष्ट्र एक, परंतु राज्य अनेक यह अपना दीर्घकालीन इतिहास है। 1947 में भारत नामक राज्य अस्तित्व में आया। अंग्रेज के अधीन था ही, लेकिन 1947 में वही स्वतंत्र हुआ। यह भारत सचे अर्थ में आधुनिक राष्ट्र-राज्य बने यह बाबासाहब की इच्छा थी। इसलिए 1947 में राष्ट्र-राज्य-भारत की संकल्पना का जन्म हुआ, यह कहने में कोई हर्ज नहीं है।

भारत राज्य को एक राष्ट्र बनने के लिए क्या-क्या करने होगा, इसका बाबासाहब ने गहराई से विचार किया। भारत में विविधता के साथ-साथ सांस्कृतिक एकता है, परंतु सामाजिक एकता नहीं है और फलस्वरूप राजनीतिक एखता नहीं है यह अपनी 1947 में स्थिति थी। सामाजिक ऐक्य निर्माण करने के लिए जातिभेद निर्मूलन आवश्यक था। अस्पृश्यता की पृष्ठभूमि में धार्मिक नियमों का अधिष्ठान खत्म करना आवश्यक था। राज्य संविधान के 17वें अनुच्छेद से अस्पृश्यता का पालन करना अपराध करार दिया गया। इसी तरह मूलभूत अधिकारों के अनुच्छेदों ने किसी प्रकार का जातिभेद न करने, सब को समान अवसर दिलाने, सब की

स्वतंत्रता की रक्षा करने और सब से समता का व्यवहार करने की गारंटी दी है। हमारा समाज परंपरा से सामाजिक विषमता का पालन करनेवाला है। एक राष्ट्र के नागरिक के रूप में बाबासाहब ने प्रत्येक नागरिक को एक स्वतंत्र पहचान दी है और उसके पक्ष में उसके अधिकारों की रक्षा की राष्ट्र की गारंटी खड़ी की है। ऐहिक व्यवहार करते समय वे देश के कानून के अनुसार चलने चाहिए। इन व्यवहारों को नियंत्रित करने की स्वतंत्रता किसी भी धर्मगुरु को नहीं दी जा सकती, यह इसकी पीछे की मूल संकल्पना है। समस्त हिंदुओं के लिए बाबासाहब ने एक समान नागरी कानून बनाया। उनकी इच्छा सभी नागरिकों के लिए समान कानून बनाने की थी; परंतु तब यह संभव नहीं हो सका। एक समान नागरिक कानून, एक राष्ट्रीयत्व को मजबूती प्रदान करता है।

डॉ. बाबासाहब ने भारत की संकल्पना को विकसित करते समय सभी भारतीयों को एक-नागरिकत्व दिया है। न्याय व्यवस्था समान है। सभी को समान नागरिक अधिकार हैं। सैद्धांतिक रूप से उन्होंने परंपरा से शासन करनेवाले वर्गों का एकाधिकार खत्म किया है। सैद्धांतिक रूप से उन्होंने घरानेशाही खत्म की है। प्रत्यक्ष व्यवहार में उसका प्रतिबिंब जस-के-तस यद्यपि दिखाई नहीं देता, फिर भी उसे खत्म करने में कोई कानूनी बाधा नहीं है। फलस्वरूप, जैसे-जैसे लोग सामाजिक दृष्टि से, राजनीतिक दृष्टि से साक्षर होंगे, वैसे-वैसे यह एकाधिकार खत्म होता जाएगा।

भारतीयों का स्वभाव किस तरह का है, इसका बाबासाहब को बेहतर ज्ञान था। भारतीय स्वभाव से ही सहमति से चलनेवाले, विभिन्न विचारों को साथ लेकर चलनेवाले, उन विचारों का उचित आदर कर आगे बढ़नेवाले हैं। भारतीय मानस कट्टरतावाद को स्वीकार नहीं करता। इसका सुंदर विवेचन ग्रेनविले आस्टीन ने अपने ग्रंथ में किया है। पृष्ठ 369 पर वे कहते हैं, "The most notable characteristic in every field of Indian activity...is the constant attempt to reconcile conflictiong views or actions, to discover a workable compromise, to avoid seeing the human situation in terms of all black or all white...As India's philosoopher Vice President (now President) Sarvapalli Radhakrishnan as put it : Why look at things in terms of this or that? Why not try to have both this and that?"[14]

आज 69 वर्षों के बाद भारत के किसी भी प्रदेश के नागरिक को दुहरी पहचान सहजता से प्राप्त हुई है। उसकी पहली पहचान प्रादेशिक होती है और दूसरी पहचान भारतीय होती है। इन दो पहचानों के बीच जब कभी तनाव पैदा होता है, तब मैं

पहले भारतीय हूँ, यह भावना उसके मन में प्राथमिकता से आती है। इसका अनुभव प्राकृतिक आपदा के समय, भूकंप, बाढ़, अकाल जैसी विपत्ति आने पर आता है और यह विपत्ति मेरे देश पर है, यह भावना निर्माण होती है और फिर वह अपने स्थान पर उसकी क्षमता के अनुसार काम करने लगता है। बाबासाहब ने जिस सामाजिक, विवेकपूर्ण विचारशक्ति की संकल्पना प्रस्तुत की, उसका विकास होते दिखाई दे रहा है। भारत में कहीं भी जिहादी आतंकवादी हमला होने पर प्रतिक्रियाएँ समान होती हैं। एक राष्ट्रीयत्व यह भावनात्मक संकल्पना है और इस भावनात्मक संकल्पना की दिशा में हम सशक्त रूप से मार्गक्रमण कर रहे हैं। इसलिए भारत की संकल्पना का श्रेय बाबासाहब को देना होगा।

संदर्भ—

1. The Indian Constitution-Cornerstone of a Nation, पृ. 21-22
2. चां.भ. खैरमोडे, खंड 11, पृ. 31
3. उपर्युक्त, पृ. 33
4. उपर्युक्त, पृ. 34
5. बहुस्पर्शी आंबेडकर, पृ. 10-11
6. उपर्युक्त, पृ. 12-13
7. बोल महामानवाचे, खंड 2, पृ. 552
8. उपर्युक्त, पृ. 554
9. उपर्युक्त, पृ. 557
10. बहुस्पर्शी आंबेडकर, पृ. 14 से 18
11. संघर्ष महामानवाचा, पृ. 139
12. स्मरण, समन्वय आणि संवाद, पृ. 12
13. उपर्युक्त, पृ. 13
14. The Indian Constitution-Cornerstone of a Nation, पृ. 396-397

□

एक सांस्कृतिक राष्ट्रवादी विचारक के रूप में

—डॉ. शिवाली

डॉ. बी.आर. आंबेडकर प्रख्यात तत्त्वचिंतक ऋषितुल्य मनीषी थे। जिनकी राष्ट्रनिर्माता के रूप में सर्वमान्य छवि थी। डॉ. आंबेडकर बहुपठित थे और राष्ट्रनिष्ठ थे। उन्होंने ऋग्वेद सहित संपूर्ण प्राचीन भारतीय वाङ्मय का अध्ययन किया और भारतीय संस्कृति के विभिन्न आयामों का ज्ञान प्राप्त किया। वे एक सांस्कृतिक राष्ट्रवादी विचारक थे। इस तथ्य को स्थापित करने का प्रयास बहुत से शोधार्थियों के लिए एक कौतूहल का विषय हो सकता है, परंतु उनके वक्तव्यों, भाषणों और मंतव्यों से यह सिद्ध हो चुका है कि वे एक सांस्कृतिक राष्ट्रवादी विचारक थे।

अथर्ववेद के पृथ्वी सूक्त में मंत्र है—

जनं विभ्रती बहुधा विवाचसं नानाधर्माणं पृथिवी यथौकसम्।
सहस्रं धारा द्रविणस्य में दुहां ध्रनेवधेनुरन पस्फुंरती॥ (12/1/45)

अर्थात् धर्मों के माननेवाले, विविध प्रकार के जन को पृथ्वी धारण करती है, इसमें स्पष्ट ही भाषा, धर्म और जन, इन तीन तत्त्वों के भेद को स्वीकार किया गया है, लेकिन इसमें कहीं भी जातिभेद का भाव नहीं हैं। अनेकता में एकता के भाव है। स्पृश्य और अस्पृश्य का भाव नहीं है। यह सांस्कृतिक राष्ट्रवाद का आधार है। आंबेडकर इस मंत्र के भाव के आधार पर राष्ट्रीय एकता और हिंदू समाज की एकता के लिए सामाजिक सुधारक की भूमिका में खड़े हुए। जाति विभेद और एक जाति का दूसरी जाति के प्रति विभेदात्मक व्यवहार हिंदू जाति की एकता और राष्ट्रीय

एकता में बाधक है, इस बात की सार्वजनिक घोषणा की।

वे कहते हैं—"हिंदू यह भूल जाते हैं कि यह सामाजिक भावना उनकी अपनी जाति प्रथा का ही एक सबसे घृणित पक्ष है, एक जाति के लोग आनंद लेकर ऐसे गीत गाते हैं, जिनमें दूसरी जाति के प्रति घृणा छिपी रहती है। पिछले विश्वयुद्ध में जर्मन लोगों ने भी अंग्रेजों के लिए ऐसे ही अपमान भरे गीत गाए थे। हिंदुओं के साहित्य में जाति विषयों उद्गत के संबंध में ऐसे अनेक गीत हैं, जिनमें एक जाति को सर्वोच्च और दूसरी जाति को निंदा का पात्र बनाने का प्रयास किया गया है। इसने उपजातियों के आपसी संबंधों को भी विकृत किया है। स्वयं ब्राह्मणों की ही अनेक उपशाखाएँ हैं, जैसे गोलक ब्राह्मण, देवरूख ब्राह्मण, कराड ब्राह्मण, पाल्श ब्राह्मण और चित्तपावन ब्राह्मण, लेकिन इनमें परस्पर जो असामयिकता की भावना है, वह उतनी ही अधिक उग्र है, जैसे कि ब्राह्मणों और अन्य गैर-ब्राह्मणों के बीच है।"

आंबेडकर एक जाति का दूसरी जाति के प्रति घृणा का व्यवहार सांस्कृतिक राष्ट्रवाद के विरुद्ध मानते थे। जब भारतीय का भाव है, सांस्कृतिक एकरूपता का भाव है तो दुराव कैसा? वे कहते हैं—"जब भी कोई समुदाय अपने स्वार्थ से प्रेरित हो जाता है तो उसमें असामाजिकता की भावना उत्पन्न हो जाती है। इसके कारण वह समुदाय अन्य समुदायों से पूरा संवाद-संपर्क बंद कर देता है, क्योंकि वह अपने स्वार्थ की रक्षा करना ही अपना उद्देश्य मान बैठता है। यह असामाजिक भावना अर्थात् अपने स्वार्थ की रक्षा की भावना ही विभिन्न जातियों का एक-दूसरे से अलग होने का वैसा ही विशिष्ट लक्षण है, जैसा कि अलग-अलग राष्ट्रों का। सभी जातियाँ एक-दूसरे के विरुद्ध अपने स्वार्थ की रक्षा के लिए रत हैं। इस प्रकार हिंदू समुदाय विभिन्न जातियों का एक संग्रह मात्र नहीं है, बल्कि वह शत्रुओं का समुदाय हो गया है।"

बाबा साहब मानते हैं कि सांस्कृतिक राष्ट्रवाद का आधार समरसता है। जिस तरह प्रकृति और व्यक्ति में समरसता होनी चाहिए, उसी तरह व्यक्ति-व्यक्ति में भी समरसता होनी चाहिए। तभी सांस्कृतिक राष्ट्रवाद का विकास होगा। भेद-विभेद सांस्कृतिक राष्ट्रवाद को विकृत करता है। भेद-विभेद से कायरता का जन्म होता है। कायर समाज बहुत दिन तक टिक नहीं पाता। भेदभाव दूर होकर जब हिंदू समाज समरस होगा, तभी बाह्य और आंतरिक आक्रमणों से शक्ति और साहस के साथ सामना किया जा सकता है। इसलिए हिंदू समाज या भारतीय समाज की कायरता दूर करना आवश्यक है। वे कहते हैं—"संगठन का मूल आधार यह है कि हिंदुओं के मन में से उस कायरता और बुजदिली को हटा दिया जाए, जिसके

कारण वे मुसलमानों से अलग हो जाते हैं तथा अपनी रक्षा के लिए वीरता के स्थान पर चालाकी से घटिया तरीके अपनाते हैं। मुसलमान को अपनी शक्ति पर विश्वास है और वह जानता है कि यदि किसी मुसलमान के ऊपर आक्रमण होता है तो सारे मुसलमान उसकी मदद को आएँगे। हिंदुओं के पास ऐसी शक्ति नहीं है, उनके मन में यह विश्वास नहीं है कि शेष हिंदू उसके बचाव के लिए आएँगे। अकेले होने के कारण वह शक्तिहीन रहता है और उसके मन में कायरता घर कर जाती है। लड़ाई होने पर वह या तो आत्मसमर्पण कर देता है या भाग जाता है। जब तक जातिप्रथा रहेगी, तब तक हिंदुओं में संगठन के नाम की कोई बात नहीं रहेगी और जब तक उनमें संगठन नहीं होगा, हिंदू कमजोर और डरपोक रहेंगे। हिंदुओं की दयनीय स्थिति की कल्पना करना संभव नहीं है। उदासीनता किसी समुदाय को लगनेवाली सबसे घातक बीमारी है।''

सांस्कृतिक राष्ट्रवाद में सशक्त संगठन रहना एक अनिवार्य अवयव है। एकता का बोध उसका आधार है। इसलिए बाबा साहब ने सशक्त हिंदू संगठन के निर्माण पर बल दिया। सशक्त हिंदू संगठन सांस्कृतिक राष्ट्रवाद को आगे बढ़ा सकता है। बाबा साहब कहते हैं कि उदासीनता के कारण ही हिंदू असंगठित है। उनके अनुसार—''हिंदुओं के देवता भी धैर्यवान और सहिष्णु हैं। इसलिए अन्याय और उत्पीड़न के शिकार हुए हिंदुओं की दयनीय स्थिति की कल्पना करना असंभव नहीं है। उदासीनता किसी समाज को लगनेवाली सबसे घातक बीमारी है।'' हिंदू परस्पर इतने उदासीन क्यों हैं ? मेरे विचार से यह उदसीनता जाति-प्रथा के कारण है और इसके कारण किसी अच्छे कार्य के लिए भी उसमें संगठन और सहयोग होना असंभव हो गया है।''

सांस्कृतिक राष्ट्रवाद तब तक प्रबल नहीं हो सकता, जब तक हिंदू जाति में बँटे रहेंगे। हिंदू अपनी जाति पर गर्व करता है। मुसलमान, ईसाई आदि के लिए अपना धर्म प्रमुख होता है। जाति गौण होती है। आंबेडकर के अनुसार—''किसी मुसलमान, सिख या ईसाई से पूछिए कि वह कौन है, तो वह यहीं कहेगा कि वह मुसलमान या सिख है। वह अपनी जाति नहीं बताएगा, यद्यपि उसकी भी जाति है। आप उसके उत्तर से संतुष्ट हो जाएँगे। उससे यह नहीं पूछेंगे कि वह शिया है, सुन्नी है, शेख है, सैयद है, खान है, खटीक है या पिंजारी। जब कोई अपने को हिंदू बताता है तो आप उसकी जाति अवश्य पूछेंगे या कोई ऐसे सुव्यवस्थित तंतु हैं, जो सामाजिक भावना जाति भावना से ऊपर ले जाते हों ? हिंदुओं का यह भ्रम जितना जल्दी दूर हो, उतना ही अच्छा है।''

बाबा साहब जिस सूत्र की खोज में थे, वह सूत्र सांस्कृतिक राष्ट्रवाद है। यही वह सूत्र है, जो जाति भावना से ऊपर उठकर सामाजिक भावना को बल देता है। समरसता को एक उत्सव में परिवर्तित करता है। हिंदुओं को एकता के सूत्र में बाँधता है। सांस्कृतिक विचारधारा पर आधारित संगठन ही जाति का बंधन तोड़कर एकात्म-बोध की स्थापना कर सकता है। आंबेडकर सांस्कृतिक राष्ट्रवादी इसलिए हैं कि उन्होंने मेले-उत्सव की महत्ता को समझा। मेले और उत्सव विभेद मिटाते हैं। एक समाज का आनंद देते हैं। उन्होंने जाति तोड़क मंडल को सामूहिक उत्सव मनाने की जिम्मेदारी सौंपी। वे कहते हैं—यदि अलग-अलग लोग एक जैसा ही सब कुछ कर रहे हैं, तब भी उन्हें उसी समाज का अंग नहीं माना जा सकता। यह इस बात से स्पष्ट होता है कि हिंदुओं की विभिन्न जातियों के लोग एक से ही त्योहार मनाते हैं, किंतु अलग-अलग जातियों द्वारा उन्हीं त्योहारों को मनाए जाते रहने के बावजूद वे एक समाज में बँध नहीं पाए हैं। इसके लिए अनिवार्य है कि सभी लोग किसी सामूहिक कार्य में इस प्रकार बिल्कुल मिल-जुलकर बराबरी से हिस्सा लें कि उन सभी में भी वे ही भाव हों, जिनसे शेष अन्य लोग अनुप्राणित होते हैं। लोगों को जो आपस में एक सूत्र में बाँधती है और उन्हें एक समाज में पूरी तरह शामिल करती है, वह यह है कि हर व्यक्ति को सामाजिक गतिविधियों में इस तरह हिस्सेदार या भागीदार बनाया जाए, ताकि उसकी सफलता में उसे स्वयं अपनी सफलता और उसकी विफलता में अपनी विफलता दिखाई दे।''

सांस्कृतिक राष्ट्रवाद का एक अन्य आधार है। महापुरुषों का आदर करना और उनसे प्रेरणा लेना। महापुरुष ही सांस्कृतिक राष्ट्रवाद के तंतुओं को सुदृढ़ करते हैं। भारत में सांस्कृतिक राष्ट्रवाद अथवा एकात्म मानवतावाद स्वतंत्रता के बाद इसलिए सुदृढ़ नहीं हो पाए हैं कि हमने महापुरुषों को भी जाति के कठघरे में कैद कर दिया है। क्या यह विकृत रूप दिखाई नहीं पड़ रहा है। इससे समाज महापुरुषों की श्रेष्ठताओं से लाभान्वित होने से वंचित हो गया है। डॉ. साहब ने कहा है कि ''हिंदुओं ने अपनी जाति के हितों की रक्षा करने में अपने देश के प्रति विश्वासघात किया है।''

बाबा साहब के इस भाव को और अधिक स्पष्ट करते हुए कृष्ण गोपाल अपनी पुस्तक **बाबा साहब व्यक्ति और विचार** में लिखते हैं—''क्षेत्रवाद और जातिगत भाव के हावी होने से लोगों ने महापुरुषों को भी अपने क्षेत्र तथा जाति की सीमाओं के अंदर बाँधने की कोशिश की है। महापुरुष तो जाति-पथ और केंद्र की सीमाओं से ऊपर होते हैं, लेकिन आज देश में एक घातक प्रवृत्ति पनप रही है। लोकमान्य

तिलक जैसे व्यक्ति को भी केवल महाराष्ट्र की विरासत समझा जाता है। वहीं लोग रवींद्रनाथ ठाकुर पर बंगाल का और महात्मा गांधी पर गुजरात का हक बताते हैं। इसी प्रकार संत ज्ञानेश्वर ब्राह्मणों के, तुकाराम बनिया के, नामदेव दर्जियों के, संते गोरा कुम्हारों के, चोखा मेला महारों के माने जाने लगे हैं। संपूर्ण मानवजाति को उनकी विरासत मिलनी चाहिए। उन वंदनीय को भी जाति क्षेत्र के संकुचित दायरे में बंद कर दिया जाता है। इसलिए इन श्रेष्ठ व्यक्तियों के बारे में भी यह गलतफहमी पैदा होती है कि उन्हें जो विश्व को देना चाहिए था, वह उन्होंने मात्र अपनी जाति को दिया। इस प्रवृत्ति के बारे में डॉ. साहब कहते थे—"जातीयता के बड़वानल ने गौतम बुद्ध, विवेकानंद, ज्ञानदेव, तुकाराम आदि सभी को खाक कर डाला।" यह बात भी सभी को खटकती है कि बाबासाहब को उनके समर्थक और विरोधी एक वर्ग विशेष के नेता के रूप में निरूपित करते हैं। उन्हें रामास्वामी नायकर, जिन्ना, लाल डेंगा या फीजो की तरह एक वर्ग का प्रतिनिधित्व करनेवाला मानना उनके साथ सरासर अन्याय है और उनके विषय में घोर अज्ञान ही इसका कारण है।"

सांस्कृतिक राष्ट्रवाद का एक पक्ष है कि समाज के बनवासी सबल बनें। बनवासी ही संस्कृति की रक्षा के आधार हैं। बनवासियों की सज्जनता और मौलिकता को कोई भी भटका सकता है। समाज के कमजोर वर्ग आगे बढ़ेंगे तो धर्म-परिवर्तन जैसी समस्या का समाधान होगा। धर्म-परिवर्तन सांस्कृतिक राष्ट्रवाद के मार्ग में बाधक है। कृष्ण गोपाल कहते हैं—"डॉ. आंबेडकर के सामने ही ईसाई लोग जोर-शोर से हिंदू समाज के कमजोर वर्ग को ईसाई बनाने की मुहिम में जुटे हुए थे। उनका मुख्य लक्ष्य था कि अनुसूचित जाति और वनवासियों को ईसाई बनाया जाए। दलितों को ईसाई बनाने के प्रयत्नों को तो डॉ. आंबेडकर अपने सामर्थ्य से रोक रहे थे, परंतु ईसाई मिशनरियों ने अपनी संपूर्ण ताकत दूर जंगलों में रह वनवासी जनजातियों के ऊपर लगा दी थी। डॉ. आंबेडकर ईसाई मत में हो रहे इस परिवर्तन के दूरगामी तथा देशघाती परिणामों से भलीभाँति परिचित थे। वे जानते थे कि किस प्रकार ईसाई लोग भोले-भाले, निरीह गरीब एवं अशिक्षित बनवासियों को ईसाई बनाकर हिंदू समाज के शत्रुओं की संख्या ही बढ़ा रहे हैं। इन बनवासियों को अपना बनाने का कार्य होना चाहिए। अर्थात् उनके मध्य जाकर रहना, उनकी शिक्षा, चिकित्सा आदि की व्यवस्था करना, जो जाति प्रथा की इस जड़ता के कारण शायद नहीं हो पा रहा। हिंदुओं को ईसाइयों द्वारा किए जा रहे इस आक्रमण की गंभीरता को समझना चाहिए और सभी रूढ़ियाँ को छोड़कर वनवासियों के विकास के लिए जुट जाना चाहिए।" आंबेडकर यदि जीवित रहते तो उन्हें यह जानकर

प्रसन्नता होती कि आज संपूर्ण देश में इन्हीं बनवासियों में हजारों हिंदू युवक अपने जातिगत भेदभावों को भुलाकर बनवासी कल्याण आश्रम के नाम से समरसता का एक विशाल अभियान चला रहे हैं। देशभर में उनके द्वारा चलाए जा रहे प्रकल्पों एवं सेवा कार्यों की संख्या भी लगभग 10,000 से अधिक हो गई है, हिंदू धर्मग्रंथ सांस्कृतिक राष्ट्रवाद के मूल्यों से भरा पड़ा है। मनुस्मृति का जो मूल ग्रंथ है, उसमें विभेदकारी सिद्धांत नहीं है। मनुस्मृति का सातवाँ अध्याय, जिसमें 'राजधर्म' के सिद्धांत हैं, उसमें कहीं भी विभेद और दुराव की बात नहीं है। मनुस्मृति का एक श्लोक है, जो सर्व समावेषिता को वैश्वीकरण की स्थिति में ले जाता है—

एतद्‍देश प्रसूतस्य भाकाशादग्रजन्मः।
एव स्वं चरित्र शिक्षेरक्पृथित्यां सर्व मानवाः।।

मनु, 2/20

मनुस्मृति विश्व मानवतावाद की बात करती है। डॉ. आंबेडकर ने जो मनुस्मृति पढ़ी, वह प्रक्षिप्त मनुस्मृति थी। हो सकता है कि देश, काल और पात्र के प्रभाव में मनुस्मृति में युगानुरूप तथ्य जोड़े गए हों, इसी से समस्या खड़ी हुई हो। डॉ. आंबेडकर स्वयं भी स्वीकार करते हैं कि ''ऐसा नहीं है मनुस्मृति के सभी भाग घृणास्पद हैं अथवा उसमें अच्छे सिद्धांत नहीं है।''

मनुस्मृति में 'मनुवाद' जैसा कोई सिद्धांत नहीं। यदि मनुस्मृति विभेदकारी होती, तो दुनिया इसे स्वीकार क्यों करती? मनुस्मृति काल 188 ईसा पूर्व है। उस काल में विभेद कहाँ था? उस काल में एकात्म बोध था। यह पतंजलि का काल है। पतंजलि ने क्या कोई विभेदकारी दर्शन दिए हैं। मौलिक मनुस्मृति की महानता थी कि उसके सांस्कृतिक राष्ट्रवाद को विश्व ने स्वीकार किया। चीन, फारमोसा, फिलीपाइन, न्यूजीलैंड, दक्षिण-पूर्व एशिया के अन्य देशों में मनुस्मृति के दर्शन का प्रभाव पड़ा। नीत्से लिखता है, ''मनुस्मृति के समान बाइबिल से किसी प्रकार की प्रेरणा नहीं प्राप्त होती, मनुस्मृति सकारात्मक, दैवी एवं मानवीय धर्म का आधार है। बाइबिल दासों, अछूतों और चांडालों का धर्मसार है।''[1] पी.डी. ओवेन्स्की का कहना है कि मनुस्मृति की सबसे ऊँची समझदारी एवं ग्राह्यता इस बात की माँग करती है कि सभी व्यक्तियों का सर्वोच्च विकास होना चाहिए।[2] वास्तव में मनुस्मृति में कुछ तथ्य बाद में जोड़ दिए गए। मनुस्मृति सांस्कृतिक राष्ट्रवाद का विश्वग्रंथ है। आंबेडकर को ये सभी तथ्य मालूम थे। इसीलिए उन्होंने मनृस्मृति की समीक्षा की भी बात की। सावरकर ने कहा, ''हिंदू अपने धर्मग्रंथों की समीक्षा करें, विज्ञान के आधार पर उनकी परीक्षा करें और जो कुछ मानवता के लिए अच्छा हो, उसे

ग्रहण करें तथा जो प्रगति में बाधक हो उसे परित्याग करें।''[3] जब आंबेडकर ने मनुस्मृति को जलाया तो सनातन धर्मावलंबियों में तीखी प्रतिक्रिया हुई। आंबेडकर को द्रोही माना गया। आंबेडकर को यह बात पीड़ा पहुँचाने वाली लगी कि वे संस्कृति और धर्म के द्रोही हैं। उन्होंने प्रतिक्रिया में कहा, ''यदि मेरे द्वारा निर्मित भारत का संविधान मेरी ध्येयपूर्ति में बाधक बनेगा तो उसे भी जलाने में मुझे कोई संकोच नहीं होगा।''[4] इन बातों से यह ध्वनि तो निकलती ही है कि आंबेडकर महान राष्ट्रवादी थे, सर्वसमावेशी थे तथा संस्कृति को राष्ट्रवाद का आधार स्वीकार करते थे। आंबेडकर को उपनिषद् और वदों के सिद्धांत को स्वीकार करने में कोई आपत्ति नहीं थी। उपनिषद् और वेद भी सांस्कृतिक राष्ट्रवाद के पोषक हैं। आंबेडकर मानते हैं कि वेदों और उपनिषदों में समानता और बंधुत्व की भावना भरी पड़ी है। उन्होंने कहा, ''हिंदुओं को इस बात पर विचार करना चाहिए कि उन्हें अपनी संपूर्ण सामाजिक धरोहर को सुरक्षित रखना है या जो उपयोगी है, केवल उसको चुनकर भावी पीढ़ियों को हस्तांतरित करना है, उससे अधिक बिल्कुल नहीं।''[5]

सांस्कृतिक राष्ट्रवाद में हर व्यक्ति को आगे बढ़ाने का मौका होता है। समाज के पुनर्गठन और पुनर्निर्माण का अवसर होता है। कर्मशील होने का संदेश मिलता है। यह सभी कुछ सांस्कृतिक और संवेदनशील मन से हो सकता है। बाबासाहब कहते हैं—''अपने पुरखों की तरह तुम भी चिथड़े पहनते हो। उनकी तरह तुम भी फेंके गए रोटी के टुकड़ों पर जिंदा हो, उन्हीं की तरह तुम भी इन गंदी बस्तियाँ में सड़ रहे हो। याद रखो कि केवल संख्यात्मक बहुमत में होना ही पर्याप्त नहीं होता है, तुमको सदैव जागरूक, शक्तिशाली, अच्छी तरह पढ़ा-लिखा तथा आत्मसम्मानी भी होना चाहिए, तभी तुम सफलता प्राप्त कर सकते हो और उसे स्थायी रूप से बनाए रख सकते हो।''[6]

सांस्कृतिक राष्ट्रवाद में कायरता का भाव नहीं होता। कर्मठता, वीरता, संवेदनशीलता और सहयोग का भाव होता है। विपरीत परिस्थितियों में भी सत्य का मार्ग न छोड़ना सांस्कृतिक राष्ट्रवादी का संकल्प होता है। आंबेडकर लिखते हैं—''धन्य हैं वे लोग, जो उन बंधुओं के जीवन स्तर को ऊँचा उठाने के कर्तव्य के प्रति सचेत हैं, जिनमें वे पैदा हुए। वे पुरुष सौभाग्यशाली हैं, जो अपने बहुमूल्य दिनों एवं रातों को दासता के प्रति विद्रोह के आंदोलन की प्रगति में न्योछावर करते हैं। धन्य हैं वे पुरुष, जो यह प्रतिज्ञा करते हैं कि उस समय तक दम नहीं लेंगे, जब तक अछूत पूर्णत: अपने मानवत्व को प्राप्त न कर लें, भले ही मार्ग में अच्छाई, बुराई, धूप, तूफान, सम्मान, अनादर आदि कुछ भी क्यों न आए।''[7]

आंबेडकर महान राष्ट्रवादी थे। उनका राष्ट्रवाद पश्चिमी राष्ट्रवाद नहीं था। वे भारतीय राष्ट्रवाद के पोषक थे। भारतीय राष्ट्रवाद व्यष्टि एवं सृष्टि के समन्वय में विश्वास करता है। वे उदात्त सांस्कृतिक राष्ट्रवाद को आगे बढ़ाने को कटिबद्ध थे। सांस्कृतिक राष्ट्रवाद एकात्मक है। आंबेडकर सभी कुछ स्वीकार करने को तैयार थे, बस वे यह चाहते थे कि देश में स्वराज्य, स्वतंत्रता के साथ-साथ अस्पृश्यों को भी अधिकार मिलना आवश्यक है। वे कहते हैं—''केवल स्वराज्य, स्वतंत्रता व संविधान के अंतर्गत ही आप लोगों को राजनीतिक सत्ता प्राप्त करने का अवसर मिल सकता है। इसके बिना हम अपने लोगों की मुक्ति संभव नहीं बना सकते। गोलमेज सम्मेलन में जाते समय उन्होंने कहा कि मेरे लोग के लिए जो उपयुक्त है, मैं उसी की माँग करूँगा और निश्चित रूप से स्वराज्य की माँग के प्रति अडिग रहूँगा।''[8]

आंबेडकर ने वर्ण-व्यवस्था के दार्शनिक पक्ष की व्याख्या नहीं की। उन्होंने जन्म के आधार पर वर्ण-व्यवस्था की आलोचना की। वास्तव में वर्ण-व्यवस्था की व्याख्या कर्म के आधार पर भी की जाती है। एक ग्रंथ है 'नीति रसार्णव', जो चौथी शताब्दी की रचना है। उसमें लिखा है कि 'वर्ण कर्म के आधार पर है'।[9] इसका निहितार्थ है कि भारत में वर्ण-व्यवस्था जन्म के आधार पर भी थी, लेकिन जब वर्ण-व्यवस्था जन्म के आधार पर विकसित हुई तो उसके दुष्परिणाम सामने आने लगे। आंबेडकर लिखते है—''इस व्यवस्था के कारण केवल एक ही वर्ग, शिक्षा तथा ज्ञान का अधिकारी रह गया। केवल एक ही वर्ग हथियारों को रखने एवं चलाने का अधिकारी था। केवल एक ही वर्ग, व्यापार और केवल एक ही वर्ग सेवा का अधिकारी रह गया। इस व्यवस्था के कारण 90 प्रतिशत हिंदू, चाहे वे ब्राह्मण, वैश्य, शूद्र, कोई भी क्यों न हो, हथियार के प्रयोग से वंचित रह गए। देश के संकट की घड़ी में उसकी फौज में वृद्धि किस प्रकार की जा सकती थी।''[10]

आंबेडकर में सांस्कृतिक राष्ट्रवाद का भाव इसलिए भी झलकता है कि वे राष्ट्र की अखंडता के प्रति कटिबद्ध थे। अखंडता का भाव एकात्मक है। अखंडता शब्द में सांस्कृतिक पक्ष भी जुड़ा हुआ है, मानवीय पक्ष भी। अल्पसंख्यक-बहुसंख्यक में एकात्व का बोध होना सांस्कृतिक राष्ट्रवाद का आधार है। आंबेडकर कहते हैं—''देश भिन्न-भिन्न जाति और पक्षों में बँटा हुआ है। अल्पसंख्यकों की सुरक्षा के लिए आवश्यक संवैधानिक प्रबंध किए बिना एक संघ स्वयं शासित समाज के रूप में नहीं खड़ा हो सकेगा। इस विषय में किसी को कोई आपत्ति नहीं हो सकती, किंतु अल्पसंख्यकों को भी यह ध्यान में रखना चाहिए कि आज यद्यपि हम भिन्न-भिन्न जाति-पंथों के टुकड़ों में बँटे हुए हैं, फिर भी हमारा लक्ष्य

एक संघ अखंड भारत ही है। इस ध्येय को बाधा पहुँचाने वाली कोई भी माँग अल्पसंख्यकों द्वारा जाने-अनजाने में नहीं की जानी चाहिए।''[11]

आंबेडकर पूर्व शत्रुता भूलकर कार्य करने को पक्षधर थे। वे कहते हैं—''जब हमारे देश में अंग्रेजों का शासन था, तब किस वर्ग को क्या अधिकार देना है, वह उन शासकों पर निर्भर था। उस समय हम अन्य वर्गों के लोगों से खिंचे रहते थे। अब अंग्रेज जा चुके हैं, अतः अब अन्य वर्गों एवं दलों से सहानुभूतिपूर्ण व्यवहार रखना पड़ेगा। वैधानिक रीति से हम अपनी उन्नति करना चाहते हैं तो हमें सभी के साथ मिल-जुलकर ही चलना पड़ेगा, शत्रुता भुलानी होगी तथा पहले जैसा एकाकीपन अब काम नहीं देगा।''[12]

डॉ. कृष्ण गोपाल का मानना है कि डॉ. आंबेडकर ने संपूर्ण भारतवर्ष को एक राष्ट्र के रूप में स्वीकार किया था। उनका मानना था कि इस राष्ट्र की निर्मिति कोई सौ-दो सौ वर्ष में नहीं की गई है। इसको प्रकृति, समाज एवं उसकी संस्कृति ने एक राष्ट्र के अखंड स्वरूप के साथ निर्मित किया है। देश की एकता और अखंडता इस राष्ट्र की स्वाभाविक प्रकृति है। इस देश की एकता का आधार प्राकृतिक एवं सांस्कृतिक दोनों हैं।[13] आंबेडकर भी लिखते है—''इस मौलिक तथ्य को भूलना नहीं चाहिए कि प्रकृति ने भारत को एक भौगोलिक इकाई के रूप में निर्मित किया है। इसकी एकता उतनी ही प्राचीन है, जितनी प्राचीन प्रकृति है। इस भौगोलिक एकता के अंतर्गत अति प्राचीन समय से यहाँ सांस्कृतिक एकता रही है, इस सांस्कृतिक एकता में राजनीतिक तथा जातीय विभाजन का सदैव विरोध किया है। किसी भी मूल्य पर यह कहा जा सकता है कि विगत 150 वर्षों से सभी सांस्कृतिक, राजनीतिक, आर्थिक, वैधानिक तथा प्रशासनिक संस्थाएँ एक ही समान उद्‌गम-स्थल से कार्य कर रही हैं। पाकिस्तान से संबंधित किसी भी विवाद पर विचार करते समय यह तथ्य आँखों से ओझल नहीं होना चाहिए कि किसी भी बात का प्रारंभिक बिंदु भले ही वह निर्णायक न ही हो, भारत की मौलिक सांस्कृतिक एकता ही है। तब यह एकता क्यों छिन्न-भिन्न की जाए? क्या केवल इसलिए कुछ मुसलमान असंतुष्ट हैं? इसके टुकड़े-टुकड़े क्यों करते हो, जबकि ऐतिहासिक समय से यह एक संपूर्ण इकाई है।''[14]

आंबेडकर मानते हैं कि भारत की एकता बहुत प्राचीन हैं, यही भाव सांस्कृतिक एकता है। सांस्कृतिक एकता को बनाए रखना ही सांस्कृतिक राष्ट्रवाद है। जो लोग यह मानते हैं कि भारत की एकता अंग्रेजों की देन है, वे सांस्कृतिक राष्ट्रवाद के विरोध में विचार व्यक्त करते हैं। वास्तव में अंग्रेजों के आने के सैकड़ों

वर्ष पूर्व भी यह एक राष्ट्र था। डॉ. आंबेडकर कहते है—"यह देश हजारों वर्ष से अपनी सांस्कृतिक समरसता एवं विशिष्टता के कारण ही संगठित है। यह संकलन सांस्कृतिक रूप से अत्यंत गुँथा हुआ है। इसी आधार पर मेरा यह कहना है कि इस प्रायद्वीप को छोड़कर संसार का कोई ऐसा देश नहीं है, जिसमें इतनी सांस्कृतिक समरसता हो। हम केवल भौगोलिक दृष्टि से ही सुगठित नहीं हैं, बल्कि हमारी सुनिश्चित सांस्कृतिक एकता अविच्छन्न और अटूट है, जो पूरे देश में चारों दिशाओं में व्याप्त है।"[15]

आंबेडकर के उक्त विचारों से उनके सांस्कृतिक राष्ट्रवादी होने का बोध होता है। उनकी दृष्टि विशाल थी। वे भारत के सनातन सांस्कृतिक प्रवाह को स्वीकार करते हैं। भारत अपने जन और संस्कृति के नूतन विकास का साक्षी बनकर आज भी जीवित है। उसका मन विश्व मानवता के प्रति स्वच्छ है। आंबेडकर भी मानते हैं कि देश और भूमि के विषय में उसके सात्त्विक भाव-संसार के लिए भी मूल्यवान है। तमाम जातीय एवं एक-दूसरे के प्रति घृणात्मक विडंबनाओं के बावजूद भारत की सांस्कृतिक एकता की संजीवनी हमारे समाज को बिखरने नहीं देती। सांस्कृतिक एकता की संजीवनी न हो तो क्षुद्रता के भाव हमारे मनों को दबोचने और सामूहिक जीवन के टुकड़े-टुकड़े कर डालें। भूमि की सांस्कृतिक एकता अनमोल वरदान है। इस ऐक्य का गंगाजल हमारे राष्ट्रीय एवं सामाजिक दोषों को हटा सकता है, इसके प्रेक्षण से हमारे विचारों की संकीर्णता मिट सकती है। आंबेडकर ने इसी कारण से भारत की भौगालिक एवं सांस्कृतिक एकता को स्वीकार किया और उसी शक्ति के आधार पर सामाजिक कुवृत्तियों के निवारण के लिए संघर्ष किया।

संदर्भ—

1. नीत्से, दी बिल ऑफ पावर, वॉ. 1, बुक 2, पृ. 126
2. पी.डी. ओवेनेस्की, एन्यू मॉडल ऑफ यूनीवर्स, पृ. 508
3. व्यक्तित्व एवं कृतित्व, पृ. 149
4. दत्तोपंत ठेंगड़ी, संकेत रेखा, 1989, दिल्ली, पृ. 259
5. बाबासाहब, संपूर्ण वाङ्मय, खंड-1, पृ. 104
6. लाइफ एंड मिशन, पृ. 235
7. आंबेडकर के आलोचक, पृ. 81
8. आंबेडकर के आलोचक , पृ. 50-51

9. नीति रसार्णव, 3/2/51
10. Dr. B.R. Ambedkar: Gandhi and Jinnah Fakkar and Co., Bombay, 1943, Pg. 12-20
11. Thus Spoke Ambedkar, Vol. Pg. 105, Edited by Bhagwandas
12. कृष्ण गोपाल, बाबा साहब, व्यक्ति और विचार, पृ. 85
13. कृष्ण गोपाल, बाबा साहब, व्यक्ति और विचार, पृ. 95
14. Writing and Speeches, Vol. 8, Pg. 348
15. Writing and Speeches, Vol. 8, Pg. 348

□

डॉ. आंबेडकर की जानें 7 बातें!

—अरविंदन नीलकंदन

संभवत: बाबा साहेब के विचारों को पह-पहल तवज्जो न दी गई हो और फिर उनको गलत ढंग से लोगों के सामने लाया गया हो, क्योंकि बुद्धिजीवी वर्ग को पता था कि वे विचार उनके 'वामपंथी-उदारवादी' कथानक के लिए मुफीद नहीं होंगे। एक सक्षम विद्वान् और देशभक्त डॉ.आंबेडकर ने विभिन्न विषयों, घटनाओं, समस्याओं और बहस-मुबाहिसों को न केवल बहुत गहराई से देखा-परखा, साथ-ही-साथ उनके बारे में लिखा भी था। उनमें से सात ऐसी मुख्य बातें, जिन्हें मुख्यधारा का मीडिया हो या वामपंथी शिक्षाविद्, नहीं चाहते कि आपको पता चलें।

1. डॉ. आंबेडकर उपनिषद् के महावाक्यों को लोकतंत्र का आध्यात्मिक आधार मानते थे। जात-पाँत तोड़क मंडल को दिए गए अपने प्रसिद्ध भाषण में डॉ. आंबेडकर ने सुझाव दिया था कि हिंदुओं को स्वतंत्रता, समानता और बंधुत्व के आदर्शों पर आधारित समाज के निर्माण के लिए अपने शास्त्रों से बाहर कहीं से प्रेरणा लेने की कोई आवश्यकता नहीं है। उन्हें इन मूल्यों के लिए उपनिषदों का अध्ययन करना चाहिए। बाद में, 'हिंदुत्व की पहेलियाँ' किताब में हिंदुत्व पर अपने भीषण आक्रमण में अपने इस विचार पर वापस लौटते हुए उन्होंने इसे विस्तार से समझाया भी। उन्होंने तीन महावाक्यों : 'सर्वम् खल्विदम् ब्रह्मा, अहम ब्रह्मास्मि, तत्त्वमसि' का संयुक्त उद्देश्य बताते हुए लिखा—हम सभी एक ही ईश्वर की संतानें हैं। लोकतंत्र के समर्थन के लिए ये आधार बेहद कमजोर होगा। यही वजह कि जहाँ भी लोकतंत्र का आधार इस विचार को माना गया, वहाँ उसकी स्थिति डाँवाँडोल है। जबकि एक बार अगर यह मान लिया जाए कि आप और हम सभी एक ही लौकिक सिद्धांत का एक हिस्सा हैं, लोकतांत्रिक जीवन-पद्धति के अलावा किसी और सिद्धांत के लिए कोई स्थान नहीं रह जाता। यह सिद्धांत केवल लोकतंत्र का उपदेश नहीं देता, बल्कि

इससे लोकतंत्र हममें से प्रत्येक के लिए एक बाध्यता बन जाता है।

2. डॉ. आंबेडकर हिंदू सिविल कोड को एकीकृत सिविल कोड के लक्ष्य में कदम मानते थे। डॉ. आंबेडकर, जिन्होंने स्मृति-परंपरा को उसके अमानवीय और अतिप्राचीन होने के कारण सीधे-सीधे अस्वीकार कर दिया था। उनका मानना था कि इन्हीं परंपराओं को इनके अमानवीय तत्त्वों से मुक्त करके एक ऐसी हिंदू नियमावली की स्थापना की जा सकती है, जिसमें सामाजिक लोकतंत्र और लैंगिक समानता के लिए पर्याप्त स्थान हो।

वे हिंदू कोड बिल को समानता और स्वतंत्रता के सिद्धांतों पर एकीकृत हिंदू समाज के निर्माण में एक अति महत्त्वपूर्ण अंग मानते थे। 11 जनवरी, 1950 को दिए गए एक भाषण में उन्होंने घोषणा की—"यह बिल प्रगतिशील है। यह भारतीय संविधान के अंतर्गत आनेवाले सभी नागरिकों के लिए एकमात्र सिविल लॉ लाने की दिशा में एक महत्त्वपूर्ण प्रयास है। यह नियमावली हिंदू धार्मिक ग्रंथों पर आधारित है।"

जहाँ नेहरू के लिए हिंदू कोड बिल परंपरावादी हिंदुओं और राष्ट्रवादी हिंदुओं के बीच अंतर्विरोध पैदा करने का एक औजार भर था, तो वहीं डॉ. आंबेडकर के लिए हिंदू कोड बिल एक मजबूत और स्वस्थ हिंदू समाज के निर्माण का साधन था, जो आधुनिक भारतीय राष्ट्र का आधार बन सकता था।

3. डॉ. आंबेडकर पाकिस्तान के सिंधु नदी के पानी पर भारतीय किसानों के प्रथम अधिकार को मान्यता दिए बगैर पाकिस्तान को सिंधु नदी का पानी देने के विरोध में थे।

ब्रिटिश उपनिवेशवादी सरकार की सूचना मंत्रालय की एंपायर डिविजन के निदेशक और वाइसराय के संवैधानिक सलाहकार जैसे महत्त्वपूर्ण पदों पर रहे ब्रिटिश अर्थशास्त्री हेनरी विन्सेंट हाडसन अपनी किताब 'द ग्रेट डिवाइड : ब्रिटेन-इंडिया-पाकिस्तान' (1969) में डॉ. आंबेडकर के पाकिस्तान को सिंधु नदी का पानी देने से इनकार करने और माउंटबेटन ने कैसे पाकिस्तान की ओर हस्तक्षेप किया, इस बारे में विस्तृत ब्योरा दिया है।

3 मई, 1948 को भारत और पाकिस्तान के मंत्रिमंडल के प्रतिनिधियों की एक बैठक में डॉ. आंबेडकर ने जोर देकर कहा कि पाकिस्तान को तब तक सिंधु का पानी नहीं दिया जा सकता, जब तक कि पाकिस्तान भारत का कानूनी दावा कि सिंधु नदी के पानी पर पूर्वी पंजाब का हक है और उसका अपनी इच्छानुसार उपयोग करना पूर्वी पंजाब का अधिकार है। पाकिस्तान के मुख्य प्रतिनिधि गुलाम मोहम्मद, जब इस बैठक के बाद लॉर्ड माउंटबेटन से मिलने आए तो इस बात से बुरी तरह परेशान थे। इस पर वायसराय ने पं. नेहरू को फोन किया और उन्हें बताया कि यह बहुत ही

घृणास्पद है कि मुश्किल में फँसे किसानों और शरणार्थियों को परेशान किया जा रहा है, जबकि इस मामले पर अभी भी बातचीत चल रही है। पं. नेहरू ने उन्हें सम्मेलन को आगे बढ़ाने और इस मामले में अपने स्तर से हस्तक्षेप करने का आश्वासन दिया।

4. डॉ.आंबेडकर संस्कृत को भारत की राष्ट्रभाषा बनाना चाहते थे, जैसाकि अब सभी को ज्ञात है, डॉ. आंबेडकर संस्कृत को भारत की राष्ट्रीय भाषा बनाना चाहते थे। 11 सितंबर, 1949 को द संडे हिंदुस्तान स्टैंडर्ड ने बताया कि कानून मंत्री के रूप में बाबासाहेब संघ की आधिकारिक भाषा के रूप में संस्कृत चाहते थे। अखिल भारतीय अनुसूचित जाति संघ की कार्यकारी समिति में डॉ. आंबेडकर ने दोहराया।

बाद में, जब भाषाई राज्यों का सृजन एक ज्वलंत मुद्दा बन गया तो डॉ. आंबेडकर ऐसे राज्यों के निर्माण के पक्ष में थे, हालाँकि उन्होंने यह स्वीकार किया कि भाषाई राज्यों के निर्माण में एक अंतर्निहित खतरा है, उनका मानना था कि यह एक ऐसा खतरा था, जिसे एक बुद्धिमान और दृढ़ राजनीतिज्ञ पलट भी सकता था।

आखिर में डॉ. आंबेडकर ने निम्नलिखित मजबूत सिफारिश की थी—

इस खतरे से मुकाबला करने का एकमात्र तरीका जो मैं समझ सकता हूँ, वो यह है कि संविधान में व्यवस्था की जाए कि कोई भी क्षेत्रीय भाषा किसी राज्य की आधिकारिक भाषा नहीं होगी। राज्य की आधिकारिक भाषा हिंदी होगी और जब उपयुक्त समय आने पर अंग्रेजी को ये अधिकार चला जाएगा। चूँकि भारत में एकजुट होकर एकसमान संस्कृति विकसित करना चाहते हैं, इसलिए यह सभी भारतीयों का बाध्य दायित्व है कि वे हिंदी को अपनी भाषा के रूप में अपनाए। कोई भी भारतीय जो हिंदी को भाषायी राज्य के अभिन्न हिस्से के रूप में नहीं अपनाता है, उसे भारतीय होने का कोई अधिकार नहीं है। वह भौगोलिक सीमाओं के अतिरिक्त किसी भी प्रकार सच्चा भारतीय नहीं हो सकता।

यह सिफारिश केवल हिंदी को भारत की आधिकारिक भाषा बनाने की सिफारिश नहीं है। साथ-ही-साथ ये भारत को सांस्कृतिक रूप से एकजुट राज्य के रूप में करने की आवश्यकता पर भी बल देती है। यह राष्ट्रवाद की क्षेत्रीय अवधारणा को खारिज कर देता है, और वास्तविकता में राष्ट्रवाद के आधार के रूप में मजबूत सांस्कृतिक राष्ट्रवाद की वकालत करता है।

5. डॉ. आंबेडकर भारतीय सेना को भारत के शत्रुतापूर्ण तत्त्वों से मुक्त करना चाहते थे। विभाजन-पूर्व की भारतीय सेना की जनसांख्यिकी के अपने निर्दयतापूर्ण विश्लेषण में डॉ. आंबेडकर ने दिखाया कि भारतीय सेना में उत्तर-पश्चिमी क्षेत्र में इसलामवादियों का बहुत उच्च अनुपात था। उन्होंने इस ब्रिटिश तर्क को भी गलत घोषित किया कि उत्तर-पश्चिम क्षेत्र के मुसलिम योद्धा कौम से ताल्लुक रखते थे,

जबकि हिंदू ऐसे नहीं थे। उन्होंने बताया कि यह वास्तव में 1857 का विद्रोह था, जोकि उत्तर पश्चिमी क्षेत्र के लोगों की भारतीय सेना में प्रधानता का कारण था। न कि योद्धा और गैर-योद्धा कौम का प्रश्न, जोकि पूरी तरह से 'मनमाना और कृत्रिम' विभेद था।

विभाजन-पूर्व की भारतीय सेना में हिंदुओं के खिलाफ सभी असमानताओं और अंतर्निहित असुरक्षा को संबोधित करते हुए डॉ. आंबेडकर ने भारतीय सेना में मुसलिम प्रधानता से छुटकारा पाने की आवश्यकता के बारे में लिखा।

सेना के बजट पर खर्च होनेवाले 52 करोड़ रुपए की राशि का एक बड़ा हिस्सा हिंदू प्रांतों द्वारा दिया जाता है और जिस सेना पर खर्च होता है, वह अधिकांशत: गैर-हिंदुओं से बनी हुई है। कितने हिंदू इस दुखांत नाटक के बारे में जानते हैं ? कितने यह जानते हैं कि यह दुखांत नाटक किसकी कीमत पर खेला जा रहा है ? आज हिंदू इसके लिए जिम्मेदार नहीं हैं, क्योंकि वे इसे रोक नहीं सकते। प्रश्न तो यह है कि क्या वे इस दुखांत नाटक को जारी रहने की अनुमति देंगे।

जबकि भारत और पाकिस्तान के बीच विभाजन के फॉर्मूले पर डॉ. आंबेडकर के पूर्ण आबादी के आदान-प्रदान के बयान के बारे में सभी जानते हैं, भारतीय राष्ट्रीय जीवन के विरोधी शत्रुतापूर्ण तत्त्वों से भारतीय संस्थानों को मुक्त रखने के उनके विचार ज्यादा मशहूर नहीं हैं।

6. दलितों के मकसद के लिए मिशनरी से मिलनेवाले समर्थन को डॉ. आंबेडकर संदेहपूर्ण ढंग से देखते थे। प्रोफेसर लक्ष्मी नरसू की किताब 'द एसेंशल्स ऑफ बुद्धिज्म' की अपनी भूमिका में उन्होंने कहा कि सामाजिक सुधार के लिए मिलनेवाला मिशनरी समर्थन किसी वास्तविक चिंता की वजह से नहीं, बल्कि धर्म-परिवर्तन के साधन के रूप में था।

''यही समय था, जब ईसाई मिशनरी न केवल सामाजिक सुधारों को समर्थन दे रहे थे, बल्कि इसे बड़े ही उत्साह से रूढ़िवादी हिंदुत्व और ईसाइयत में धर्म-परिवर्तन के बीच में कहीं देखते थे। इस तरह के प्रगतिशील आंदोलनों को धर्म-परिवर्तन के रास्ते में वास्तविक बाधा है, अपने विचारों को इस तरह बदलने में उन्हें ज्यादा समय नहीं लगा।''

यह दिलचस्प है कि 'कलेक्टेड वर्क्स ऑफ डॉ. आंबेडकर' (भाग-17) में अनुसूचित समाज के एक और बड़े नेता बाबू जगजीवन राम का एक पत्र भी शामिल किया गया है। ये पत्र ब्रिटिश सीआईडी की बिहार प्रांत की फाइल से मिला है और यह एक विशेष अफसर की 9 मार्च, 1937 की रिपोर्ट का हिस्सा है।

बाबा साहेब को 'मेरे प्रिय डॉक्टर साहब' के रूप में संबोधित करते हुए बाबू

जगजीवन राम ने इलाहाबाद के एक 'श्री बलदेव प्रसाद जायसवाल' के खिलाफ चेतावनी दी थी। बिहार का कोई भी व्यक्ति उसके साथ नहीं है, उनका यहाँ स्थित एक कैथोलिक चर्च में दफ्तर है और सबकुछ मिशनरीज द्वारा किया जा रहा है। बाबू जगजीवन राम ने आगे लिखा और बताया, "वह एक सौ से अधिक दलित वर्गों का आयोजन नहीं कर सकेंगे। हाँ, वह हजार से भी ज्यादा मुसलिमों और ईसाइयों को बुला सकते हैं, जैसाकि उन्होंने लखनऊ में किया था। मुझे इस तरीके पर सख्त एतराज है। हमें असली दलित वर्ग का सम्मेलन करना चाहिए।"

पत्र से पता चलता है कि दोनों ही नेताओं को अनुसूचित समुदायों की गतिविधियों में मिशनरियों के दखल देने के सिद्धांत के विरुद्ध थे। ब्रिटिश सी.आई.डी. की फाइल में इस पत्र के मिलने से ही उन दोनों नेताओं में ब्रिटिश उपनिवेशवादी सरकार की दिलचस्पी और उनके खिलाफ उसकी भागीदारी का पता चलता है।

7. डॉ. आंबेडकर चाहते थे कि भारतीय राष्ट्र/राज्य हिंदुत्व के लिए एक पुरोहित सेवा चलाए अपनी किताब 'द अन्नाहिलेशन ऑफ कास्ट' में डॉ.आंबेडकर चाहते थे कि राज्य प्रशासनिक सेवा की तर्ज पर ही पुरोहितों की एक परिषद् बनाए। उनका मानना था कि इस तरह से पुरोहित सेवा वंशानुगत नहीं रह जाएगी। उनके अनुसार, प्रत्येक हिंदू को पुरोहित होने के लिए पात्र होना चाहिए। हिंदू पुरोहितों के लिए परीक्षा सरकार द्वारा निर्धारित की जानी चाहिए। ऐसे पुरोहित, जिनके पास कोई सनद नहीं है, ऐसे पुरोहितों द्वारा किए गए किसी भी आयोजन को कानूनी तौर पर वैध न माना जाए, साथ ही ऐसे किसी भी व्यक्ति को जिसे सनद नहीं प्राप्त है, उसका पुरोहित का कार्य करना दंडनीय अपराध माना जाए।

आगे उन्होंने कहा कि आई.सी.एस. (इंडियन सिविल सर्विस, तब) के अधिकारियों की ही तरह पुरोहितों की संख्या भी राज्य की आवश्यकता के अनुसार सीमित रखी जाए।

हालाँकि दूर से देखने में लगता है और शायद ठीक भी है कि राज्य का किसी धर्म में हस्तक्षेप न्यायोचित नहीं है और इससे राज्य हिंदू धर्म का संरक्षक भी बन जाता है। यदि भारतीय राष्ट्र/राज्य को भ्रष्टाचार मुक्त पुरोहित सेवा परिषद् का निर्माण करना है, जो लगातार स्वयं को अपडेट रखे और आज की स्थिति के अनुसार स्वयं को परिवर्तित-परिवर्द्धित करती रहे, तो राजनीतिक हिंदुओं के लिए एक पुरोहित परिषद् से ज्यादा वांछनीय अन्य कुछ भी नहीं हो सकता।

दिलचस्प बात यह है कि डॉ. आंबेडकर का यह सपना जल्द ही एक अत्यंत व्यावहारिक योजना के जरिए सच हो सकता है।

□

संदर्भ सूची

- बाबासाहब डॉ. आंबेडकर संपूर्ण वांङ्मय,
  डॉ. आंबेडकर प्रतिष्ठान
- डॉ. आंबेडकर : जीवन और कार्य
  (लेखक : धनंजय कीर)
- डॉ. आंबेडकर और सामाजिक क्रांति की यात्रा
  (लेखक : दत्तोपंत ठेंगडी)
- डॉ. आंबेडकर का सामाजिक दर्शन
  (डॉ. डी.आर. जाटव)
- संघर्ष महामानव का
  (लेखक : रमेश पतंगे)
- सामाजिक क्रांति के महानायक : डॉ. बाबासाहब आंबेडकर
  (लेखक : किशोर मकवाणा)
- डॉ. आंबेडकर : आत्मकथा एवं जनसंवाद, डॉ. आंबेडकर : सामाजिक विचार एवं दर्शन, डॉ. आंबेडकर : राजनीति, धर्म और संविधान विचार, डॉ. आंबेडकर : आर्थिक विचार एवं दर्शन
  (लेखन-संपादन : डॉ. नरेंद्र जाधव)
- सामाजिक समरसता
  (चिंतन-आस्वाद : नरेंद्र मोदी-संपादन : किशोर मकवाणा)
- सामाजिक क्रांति का दर्शन
  (संपादक : राकेश सिन्हा)
- डॉ. आंबेडकर विशेषांक, पाञ्चजन्य साप्ताहिक

□□□